CONTENCIOSO DA UNIÃO EUROPEIA

FAUSTO DE QUADROS
Professor Catedrático da Faculdade de Direito da Universidade de Lisboa
Advogado

ANA MARIA GUERRA MARTINS
Professora Associada da Faculdade de Direito da Universidade de Lisboa
Juíza do Tribunal Constitucional

CONTENCIOSO DA UNIÃO EUROPEIA

2.ª EDIÇÃO, REVISTA E ACTUALIZADA

REIMPRESSÃO

2009

CONTENCIOSO DA UNIÃO EUROPEIA

AUTORES
FAUSTO DE QUADROS
ANA MARIA GUERRA MARTINS

EDITOR
EDIÇÕES ALMEDINA, SA
Av. Fernão Magalhães, n.° 584, 5.° Andar
3000-174 Coimbra
Tel.: 239 851 904
Fax: 239 851 901
www.almedina.net
editora@almedina.net

PRÉ-IMPRESSÃO | IMPRESSÃO | ACABAMENTO
G.-C. GRÁFICA DE COIMBRA, LDA.
Palheira – Assafarge
3001-453 Coimbra
producao@graficadecoimbra.pt

Dezembro de 2009

DEPÓSITO LEGAL
254726/07

Os dados e as opiniões inseridos na presente publicação
são da exclusiva responsabilidade dos seus autores.

Toda a reprodução desta obra, por fotocópia ou outro qualquer
processo, sem prévia autorização escrita do Editor e dos Autores, é ilícita
e passível de procedimento judicial contra o infractor.

Biblioteca Nacional de Portugal – Catalogação na Publicação

QUADROS, Fausto de, 1944- , e outro

Contencioso da União Europeia / Fausto de
Quadros, Ana Maria Guerra Martins. – 2ª ed.
(Manuais universitários)
ISBN 978-972-40-3084-5

I – MARTINS, Ana Maria Guerra
CDU 342
      341

NOTA PRÉVIA À 2.ª EDIÇÃO

A primeira edição deste livro, publicada, em 2002, esgotou-se rapidamente, o que prova a aceitação e o interesse que os teóricos e práticos do Direito – Estudantes, Investigadores, Magistrados, Advogados e juristas da Administração Pública – lhe dedicaram. O livro chegou inclusivamente a ser citado na fundamentação de muitas sentenças judiciais de diversos tribunais portugueses. Por seu lado, ele foi adoptado como obra de referência no ensino em várias Escolas de Direito, nacionais e estrangeiras, a começar pela Escola onde ensinam os autores, e tanto na licenciatura como a nível de pós-graduação. Em suma, os autores sentem que o livro permitiu alargar o círculo de pessoas interessadas nas matérias do Contencioso da União Europeia, o que muito os alegra.

Do facto de, como se disse na nota prévia à primeira edição, a finalidade fundamental do livro ser de ordem didáctica permitiu aos autores recolher, de Colegas, de Assistentes e de Estudantes (alguns dos quais souberam tirar muito bom proveito do livro), sugestões para o aperfeiçoamento de alguns passos da obra, o que fica aqui profundamente agradecido.

Mas uma outra razão houve para que fosse neste momento publicada esta segunda edição. De facto, a matéria objecto deste livro tem vindo a sofrer alterações muito significativas, por um lado, devido à entrada em vigor do Tratado de Nice, que alterou profundamente o sistema jurisdicional da União Europeia e, por outro lado, por força da própria evolução da jurisprudência do Tribunal de Justiça neste domínio. Além disso, e apesar de o Tratado que estabelece uma Constituição para a Europa não ter ainda entrado em vigor, as soluções nele consagradas foram consideradas, na justa medida em que ele constituirá um marco importante no debate que vai continuar a travar-se sobre o futuro da Europa, em geral, e do Contencioso da União Europeia, em especial.

Para que o livro se adaptasse ao estado actual da matéria de que se ocupa, o seu título passou a ser o de Contencioso da União Europeia.

A estrutura e o plano do livro mantêm-se. Quer dizer, continuam a não ser contemplados dois meios contenciosos: o chamado contencioso de "repressão" (artigo 229.º, ex-artigo 172.º do Tratado CE) e o contencioso da função pública comunitária (artigo 236.º, ex-artigo 179.º CE), bem como a execução das sentenças dos Tribunais Comunitários.

A investigação levada a cabo para a elaboração desta nova edição terminou em Outubro de 2006.

Lisboa, Janeiro de 2007.

Os autores

NOTA PRÉVIA À 1.ª EDIÇÃO

O Contencioso Comunitário é leccionado há anos em algumas Faculdades de Direito portuguesas, inclusive naquela onde os autores ensinam. Além disso, ele tem sido objecto de diversos cursos de formação, organizados, por entidades idóneas, sobretudo para Magistrados e Advogados. Não obstante isso, o Contencioso Comunitário levou tempo a conquistar a simpatia e o interesse de teóricos e práticos do Direito. Só agora é que se começa a assistir a uma mais generalizada curiosidade por esta matéria da parte de Magistrados, Advogados, juristas com actividade profissional na Administração Pública ou em entidades do sector privado, e de cidadãos em geral.

Por isso, justifica-se que finalmente na literatura jurídica portuguesa veja a luz do dia uma obra com este objecto e com este âmbito.

A finalidade primeira deste livro é de índole didáctica. Por isso o seu plano está muito perto do programa da disciplina de Contencioso Comunitário quando o primeiro dos autores o tem regido no Curso de Pós-Graduação em Estudos Europeus da Faculdade de Direito da Universidade de Lisboa. Mas ele foi concebido também para permitir, a todos aqueles que tiverem na prática de se servir dos meios do contencioso comunitário, um domínio rigoroso e aprofundado da matéria.

A publicação desta obra foi atrasada durante alguns meses porque o Tratado de Nice introduziu algumas modificações no estatuto e na competência do Tribunal de Justiça e do Tribunal de Primeira Instância. Contudo, não só enquanto o Tratado de Nice não entra em vigor o Tratado da União Europeia continua a aplicar-se na versão que lhe deu o Tratado de Amesterdão, como também não se imagina quando é que o Tratado de Nice entrará em vigor, dado o atraso que se está a verificar na sua ratificação pelos Estados membros da União. Há mesmo boas razões para se pôr em dúvida se aquele Tratado algum dia vigorará, ou se haverá vantagem em que vigore, dado que já começaram formalmente os trabalhos preparatórios da Conferência Intergovernamental que em 2004 terá como encargo rever outra vez o Tratado da União Europeia.

Por tudo isto, decidiu-se não levar em conta nesta edição as inovações trazidas pelo Tratado de Nice e só se considerar, portanto, o Direito Comunitário efectivamente em vigor hoje.

Como acontece com várias obras dedicadas a este tema, nesta edição não foram contemplados dois meios contenciosos: o chamado contencioso de "repressão" (artigo 229.º, ex-artigo 172.º do Tratado CE) e o contencioso da função pública comunitária (artigo 236.º, ex-artigo 179.º CE). A razão é simples: trata-se dos dois tipos de contencioso que menos problemas teóricos suscitam.

Pelos mesmos motivos não se estuda nesta edição do livro a execução das sentenças dos dois Tribunais Comunitários.

A investigação levada a cabo para a elaboração deste livro foi terminada em 31 de Julho de 2001. Na fase conclusiva deste livro foram publicadas novas edições de uma ou outra das obras nele citadas. Todavia, elas não foram levadas em consideração, porque nada de novo traziam em relação à respectiva edição anterior.

Lisboa, Janeiro de 2002.

Os autores

BIBLIOGRAFIA GERAL

I – OBRAS BÁSICAS

a) Em língua portuguesa

A. Barbosa de Melo – *Notas de contencioso comunitário*, Coimbra, 1986.

João Mota de Campos / João Luiz Mota de Campos – *Contencioso Comunitário*, Lisboa, 2002.

Maria Luísa Duarte – *Contencioso Comunitário – Programa, Conteúdos e Métodos do Ensino Teórico e Prático (Relatório)*, Cascais, 2003.

b) Em língua francesa

Maurice-Christian Bergerès – *Contentieux communautaire*, 3.ª ed., Paris, 1998.

Jean Boulouis / Marco Darmon / Jean-Guy Huglo – *Contentieux communautaire*, 2.ª ed., Paris, 2001.

Louis Cartou – *Cour de Justice et Tribunal de Première Instance*, in AAVV, Contentieux et droit communautaire, Paris, 1995, pgs. 1-66.

René Joliet – *Le Droit Institutionnel des Communautés européennes – Le contentieux*, Liège, 1981.

Philippe Manin – *Droit Constitutionnel de l'Union Européenne*, Paris, 2004.

Joël Moulinier – *Droit du contentieux européen*, Paris, 1996.

Jean Moussé – *Le contentieux des organisations internationales et de l'Union Européenne*, Bruxelas, 1997.

Jean-Luc Sauron – *Droit et pratique du contentieux communautaire*, 3.ª ed., Paris, 2001.

Denys Simon – *Le système juridique communautaire*, 3.ª ed., Paris, 2001.

G. Vandersanden / A. Barav – *Contentieux communautaire*, Bruxelas, 1977.

c) Em língua inglesa

Gerhard Bebr – *Development of Judicial Control of the European Communities*, Haia, 1981.

Lionel Neville Brown / Tom Kennedy – *The Court of Justice of the European Communities*, 5.ª ed., Londres, 2000.

Paul Craig / Grainne de Búrca – *EU Law. Text, cases and materials*, 3.ª ed., Oxford, 2003.

Grainne de Búrca / J.H.H. Weiler (ed.) – *The European Court of Justice*, Oxford, 2001.

Michael Dougan – *National Remedies Before the Court of Justice – Issues of Harmonisation and Differentiation*, Oxford, 2004.

K. P. E. Lasok – *The European Court of Justice: practice and procedure*, 2.ª ed., Londres, 1994.

Koen Lenaerts / Dirk Arts / Ignace Maselis – *Procedural Law of the European Union*, 2.ª ed., Londres, 2006.

Hjalte Rasmussen – *European Court of Justice*, 1.ª ed., Copenhaga, 1998.

Henry G. Schermers / Denis Waelbroeck – *Judicial Protection in the European Communities*, 6.ª ed., Deventer, 2001.

d) Em língua italiana

Paolo Biavati / Federico Carpi – *Diritto Processuale Comunitario*, Milão, 2.ª ed., 2000.

e) Em língua espanhola

José Palacio González – *Derecho Procesal y del Contencioso Comunitario*, Navarra, 2000.

f) Em língua alemã

Christian Koenig / Matthias Pechstein / Claude Sander – *Einführung in das EG-Prozessrecht: mit Aufbaumustern und Prüfungsübersichten*, 2.ª ed., Tübingen, 2002.

Hans-Werner Rengeling / Andreas Middeke / Martin Gellermann – *Handbuch zum Rechtsschutz in der Europäischen Union*, 2.ª ed., Munique, 2002.

Bibliografia

II – COMENTÁRIOS AOS TRATADOS

CRISTIAN CALIESS / MATTHIAS RUFFERT – *Kommentar zu EU-Vertrag und EG-Vertrag*, 2.ª ed., Neuwied Kriftel, 2002.

EBERHARD GRABITZ / MEINHARD HILF – *Das Recht der Europäischen Union – Kommentar*, 4 volumes, Munique, 2003.

HANS VON DER GROEBEN / JOCHEN THIESING / CLAUS-DIETER EHLERMANN – *Kommentar zum EU-/EG-Vertrag*, 5 volumes, 5.ª ed., Baden-Baden, 1999.

HANS VON DER GROEBEN / JÜRGEN SCHWARZE – *Kommentar zum Vertrag über die Europäische Union und zur Gründung der Europäischen Gemeinschaft*, vol. I (art. 1.º a 53.º TUE e 1.º a 80.º TCE, vol. II (art. 81.º a 97.º TCE), 6.ª ed., Baden-Baden, 2003.

JÜRGEN SCHWARZE – *EU-Kommentar*, 2 volumes, 1.ª ed., Baden-Baden, 2000.

M. WAELBROECK / D. WAELBROECK – *La Cour de Justice, les actes des institutions, in* Commentaire MEGRET. Le droit de la CEE, vol. 10, Bruxelas, 1993.

RUDOLF STREINZ – *EUV / EGV Vertrag über die Europäische Union und Vertrag zur Gründung der Europäischen Gemeinschaft*, Munique, 2003.

VLAD CONSTANTINESCO / ROBERT KOVAR / JEAN-PAUL JACQUÉ / DENYS SIMON (dir.) – *Traité instituant la CEE – commentaire article par article*, Paris, 1992.

VLAD CONSTANTINESCO / ROBERT KOVAR / JEAN-PAUL JACQUÉ / DENYS SIMON (dir.) – *Traité instituant l'Union européenne – commentaire article par article*, Paris, 1995.

III – SOBRE O CONTENCIOSO ADMINISTRATIVO

Como se verá ao longo deste livro, o regime jurídico do Contencioso da União Europeia foi definido sob forte influência do Contencioso Administrativo francês e alemão. Por isso, indicam-se a seguir algumas obras básicas, de carácter geral, sobre o Contencioso Administrativo na França e na Alemanha.

A) EM FRANÇA

RENÉ CHAPUS – *Droit du Contentieux Administratif*, 12.ª ed., Paris, 2006.

CH. DEBBASCH / J. C. RICCI – *Contentieux Administratif*, 7.ª ed., Paris, 1999.

EUGÈNE LAFERRIÈRE – *Traité de la juridiction administrative et des recours contentieux*, tomos I e II, Paris, 1989.

B) NA ALEMANHA

CARL HERMANN ULE / HANS-WERNER LAUBINGER – *Verwaltungsverfahrensrecht*, 4.ª ed., Colónia, 1995 (esta obra também se ocupa do procedimento administrativo).

WOLF-RÜDIGER SCHENKE – *Verwaltungsprozessrecht*, 10.ª ed., Heidelberga, 2006.

FREDERIK K. SCHOB / WOLFGANG BIER / EBERHARD SCHMIDT-ASSMANN / RAINER PIETZNER – *Verwaltungsgerichtsordnung – Kommentar*, Munique, 1996.

WALTER SCHMITT GLAESER / HANS-DETLEF HORN – *Verwaltungsprozessrecht*, 15.ª ed., Estugarda, 2006.

C) EM PORTUGAL

O Contencioso Administrativo Português sofreu, nos últimos anos, uma profunda reforma, até por influência do Direito da União Europeia, pelo que se indicam também algumas obras, de carácter geral:

MÁRIO AROSO DE ALMEIDA – *O Novo Regime do Processo nos Tribunais Administrativos*, 4.ª ed., Coimbra, 2005.

VASCO PEREIRA DA SILVA – *O Contencioso Administrativo no Divã da Psicanálise – Ensaio sobre as Acções no Novo Processo Administrativo*, Lisboa, 2005.

JOSÉ MANUEL SÉRVULO CORREIA – *Direito do Contencioso Administrativo*, vol. I, Lisboa, 2005.

JOSÉ CARLOS VIEIRA DE ANDRADE – *A Justiça Administrativa (Lições)*, 8.ª ed., Coimbra, 2006.

ABREVIATURAS UTILIZADAS

AAVV	Autores vários
Ac.	Acórdão
Act. Dr.	Actualités de Droit
AUE	Acto Único Europeu
BCE	Banco Central Europeu
BEI	Banco Europeu de Investimentos
BEUR	Boletín Europeo de la Universidad de la Rioja
BFDUC	Boletim da Faculdade de Direito da Universidade de Coimbra
Bol. CE	Boletim das Comunidades Europeias
Bul. CE	Bulletin des Communautés Européennes
CDE	Cahiers de Droit Européen
CECA	Comunidade Europeia do Carvão e do Aço
CEDH	Convenção Europeia dos Direitos do Homem
CE	Comunidade Europeia
CEE	Comunidade Económica Europeia
CEEA	Comunidade Europeia da Energia Atómica
CIG	Conferência Intergovernamental
CJAI	Cooperação Judiciária e em matéria de Assuntos Internos
CMLR	Common Market Law Review
Col.	Colectânea de Jurisprudência do Tribunal de Justiça e do Tribunal de Primeira Instância
cons.	Considerando
CPA	Código do Procedimento Administrativo
CPJP	Cooperação Policial e Judiciária Penal
CPTA	Código de Processo dos Tribunais Administrativos
CV	Convenção de Viena sobre Direito dos Tratados de 1969
DCDSI	Diritto Comunitario e degli Scambi Internazionali
DDC	Documentação e Direito Comparado
Dir.	O Direito

Dir. Un. Eur.	Il Diritto dell'Unione Europea
DJAP	Dicionário Jurídico da Administração Pública
EBLR	European Business Law Review
EJIL	European Journal of International Law
ELR	European Law Review
EPL	European Public Law
ERPL / REDP	European Review of Public Law / Revue Européenne de Droit Public
EuGRZ	Europäische Grundrechte – Zeitschrift
EuR	Europarecht
JCMS	Journal of Common Market Studies
JOCE	Jornal oficial das Comunidades Europeias/Journal officiel des Communautés européennes
LIEI	Legal Issues of European Integration
MJ	Maastricht Journal of Comparative and International Law
PE	Parlamento Europeu
PESC	Política Externa e de Segurança Comum
RAE	Revue des Affaires Européennes
RCADE	Recueil des Cours de l'Académie du Droit Européen
Rec. Dalloz	Recueil Dalloz
Rec.	Recueil de Jurisprudence de la Cour de Justice des Communautés Europénnes
Rev. Esp. Der. Const.	Revista Española de Derecho Constitucional
Rev. Der. Com. Eur.	Revista de Derecho Comunitario Europeo
Rev. Gen. Der. Eur.	Revista General de Derecho Europeo
Rev. Inst. Eur.	Revista de Instituciones Europeas
RFDUNL	Revista da Faculdade de Direito da Universidade Nova de Lisboa
Riv. Dir. Eur.	Rivista di Diritto Europeo
Riv. Ital. Dir. Pub. Com.	Revista Italiana di Diritto Pubblico Comunitario
Riv. Trim. Dir. Proc. Civ.	Rivista Trimestrale di Diritto è Procedura Civile
RMC	Revue du Marché Commun
RMCUE	Revue du Marché Commun et de l'Union Européenne
RMUE	Revue du Marché Unique Européen
ROA	Revista da Ordem dos Advogados
RP do TJ	Regulamento de Processo do Tribunal de Justiça
RP do TPI	Regulamento de Processo do Tribunal de Primeira Instância
RTDE	Revue Trimestrielle de Droit Européen
TCECA	Tratado institutivo da Comunidade Europeia do Carvão e do Aço
TCE	Tratado institutivo da Comunidade Europeia

TCEE	Tratado institutivo da Comunidade Económica Europeia
TCEEA	Tratado institutivo da Comunidade Europeia da Energia Atómica
TEDH	Tribunal Europeu dos Direitos do Homem
TFP	Tribunal da Função Pública da União Europeia
TG	Tribunal Geral
TIJ	Tribunal Internacional de Justiça
TJ	Tribunal de Justiça
TPI	Tribunal de Primeira Instância
TUE	Tratado da União Europeia
UEM	União Económica e Monetária
vol.	volume
YEL	Yearbook of European Law

CAPÍTULO I

INTRODUÇÃO

Bibliografia específica: H. G. SCHERMERS, *The European Court of First Instance*, CMLR, 1988, pgs. 541-558; R. JOLIET / W. VOGEL, *Le tribunal de première instance des Communautés européennes*, RMC, 1989, pgs. 423-431; JOSÉ LUÍS DA CRUZ VILAÇA / LUÍS MIGUEL PAIS ANTUNES, *The Court of First Instance of the European Communities: A Significant Step Towards the Consolidation of the European Community as a Community Governed by the Rule of Law*, YEL, 1990, pgs. 1-56; JACQUES BIANCARELLI, *La création du Tribunal de première instance des Communautés européennes: une luxe ou une nécessité?*, RTDE, 1990, pgs. 1-25; ANTHONY ARNULL, *Does the Court of Justice Have Inherent Jurisdiction?* CMLR, 1990, pgs. 683-708; P. PESCATORE, *Art. 164.° – Comentário, in* VLAD CONSTANTINESCO e outros, Traité instituant la CEE – Commentaire article par article, Paris, 1992, pgs. 941-974; A. BARAV, *Cour de Justice des Communautés Europeénnes, in* A. BARAV / C. PHILIP, Dictionnaire juridique des Communautés européennes, Paris, 1993, pgs. 319-327; REIMER VOSS, *The National Perception of the Court of First Instance and the European Court of Justice*, CMLR, 1993, pgs. 1119-1134; VASSILI CHRISTIANOS, *Évolution récente du droit judiciaire communautaire,* vol. I, Maastricht, 1994; UBERTO LEANZA / / PASQUALE PAONE / ANTONIO SAGGIO (dir.), *Il Tribunale de Primo Grado della Comunità Europea,* Nápoles, 1994; D. RUZIÉ, *Arts. 165.° a 168.°A – Comentário, in* VLAD CONSTANTINESCO e outros, Traité sur l'Union Européenne – Commentaire article par article, Paris, 1995, pgs. 975-1006; AAVV, *Colloque: Tribunal de première instance des Communautés Européennes*, Bordeaux, Maio 1995, RMCUE, 1995, pgs. 563-612; JEAN-CLAUDE GAUTRON, *Les compétences du Tribunal de première instance*, RMCUE, 1995, pgs. 568-575; JOËL MOLINIER, *L'apport du Tribunal de première instance au Droit du contentieux communautaire*, RMCUE, 1995, pgs. 576-583; MASSIMO CONDINANZI, *Il Tribunale di Primo Grado e la giurisdizione comunitaria*, Milão, 1996; PAOLO MENGOZZI, *Le Tribunal de Première Instance des Communautés Européennes et la protection des particuliers*, Dir. Un. Eur., 1999, pgs. 181-205; JOSÉ LUIS DA CRUZ VILAÇA, *A evolução do sistema jurisdicional comunitário: antes e depois de Maastricht*, BFDUC, 1999, pgs. 15-50; ULRICH KLINKE, *Quelques réflexions à propos de la relation entre la Cour de Justice et le*

Tribunal de Première Instance des Communautés européennes, RAE, 2000, pgs. 239-253; KOEN LENAERTS, *Le Tribunal de Première Instance des Communautés Européennes: regard sur une décennie d'activités et sur l'apport du double degré d'instance au droit communautaire*, CDE, 2000, pgs. 323-411; JOËL RIDEAU, *Droit institutionnel de l'Union et des Communautés européennes*, 4.ª ed., Paris, 2002, pgs. 384-434; PHILIPPE DE KOSTER, *L'évolution du système juridictionnel de l'Union européenne, in* MARIANNE DONY / EMMANUELLE BRIBOSIA, L'avenir du système juridictionnel de l'Union européenne, Bruxelas, 2002, pgs. 19-29; FAUSTO DE QUADROS, *Direito da União Europeia*, Coimbra, 2004, pgs. 281-295; PHILIPPE MANIN, *Droit Constitutionnel de l'Union Européenne*, Paris, 2004, pgs. 365-460; ANA MARIA GUERRA MARTINS, *Curso de Direito Constitucional da União Europeia*, Coimbra, 2004, pgs. 314-324; JEAN-VICTOR LOUIS, *La fonction juridictionnelle – De Nice à Rome…et au delà, in* OLIVIER DE SCHUTTER / PAUL NIHOUL, Une Constitution pour l'Europe – Réflexions sur les transformations du droit de l'Union européenne, Bruxelas, 2004, pgs. 119-140; TAKIS TRIDIMAS, *The European Court of Justice and the Draft Constitution: A Supreme Court for the Union?, in* TAKIS TRIDIMAS / / PAOLISA NEBBIA (ed.), European Union Law for the Twenty-First Century – Rethinking the New Legal Order, vol. 1, 2ª ed., Oxford, 2004, pgs. 113-141.

1. O conceito de Contencioso da União Europeia

1.1. *Os conceitos restrito e amplo*

O conceito de Contencioso da União Europeia não é unívoco na doutrina, havendo autores que defendem uma concepção mais restrita e, outros, uma concepção mais ampla.

a) Numa **acepção restrita**, contencioso é sinónimo de litígio. O Contencioso da União Europeia é o estudo dos litígios que podem ser resolvidos mediante a aplicação do Direito da União Europeia[1]. De acordo com esta acepção, poderão ficar excluí-

---

[1] A expressão Direito da União Europeia é empregue num sentido amplo, incluindo o Direito das Comunidades Europeias *stricto sensu* e o Direito dos pilares intergovernamentais (PESC e CPJP). Como veremos ao longo deste livro, após a entrada em vigor do Tratado de Amesterdão a competência do Tribunal de Justiça também passou a abranger alguns aspectos do terceiro pilar.

Capítulo I – Introdução

dos do Contencioso da União Europeia todos os processos nos quais não há litígio, como, por exemplo, o processo das questões prejudiciais, previsto no artigo 234.º (ex-artigo 177.º) do Tratado CE, ou o processo consultivo em matéria de acordos internacionais, ao abrigo do artigo 300.º (ex-artigo 228.º) do Tratado CE[2].

b) Numa **acepção ampla**, entende-se por contencioso o conjunto dos processos de natureza jurisdicional que permitam resolver os diferendos. O Contencioso da União Europeia é, portanto, composto pelas vias de Direito e pelas regras de processo aplicáveis perante o Tribunal de Justiça, perante o Tribunal de Primeira Instância e perante o recentemente criado Tribunal da Função Pública[3]. Saber-se se o Contencioso da União Europeia poderá também abranger os meios internos dos Direitos nacionais pelos quais os tribunais estaduais aplicam o Direito da União Europeia é questão que será examinada adiante.

1.2. *O sentido orgânico e o sentido material*

A expressão Contencioso da União Europeia pode ainda ser entendida num sentido orgânico e num sentido material.

a) De acordo com o **sentido orgânico**, o Contencioso da União Europeia é o estudo da competência do TJ[4] e dos meios que perante ele se podem exercer.

A competência do TJ retira-se, antes de mais, do artigo 46.º do Tratado da União Europeia[5] e abrange os tratados institutivos das duas

---

[2] Todos os preceitos citados, sem indicação da fonte, deve entender-se que fazem parte do Tratado da Comunidade Europeia.

[3] Ver *infra* n.º 2.4.

[4] O Tribunal de Justiça é composto pelo Tribunal de Justiça propriamente dito e pelo Tribunal de Primeira Instância, ao qual foi acoplado o Tribunal da Função Pública.

[5] Tratado assinado, em Maastricht, em 7 de Fevereiro de 1992, que entrou em vigor em 1 de Novembro de 1993, com as modificações introduzidas em Amesterdão, em 2 de Outubro de 1997, cuja entrada em vigor ocorreu em 1 de Maio de 1999, e em Nice, em 26 de Fevereiro de 2001, com entrada em vigor em 1 de Fevereiro de 2003.

Comunidades Europeias; as disposições relativas ao terceiro pilar, mas com as restrições constantes do artigo 35.º TUE; as disposições relativas à cooperação reforçada (artigos 11.º e 11.º A TCE e 40.º TUE); a protecção dos direitos fundamentais no âmbito do pilar comunitário, as disposições processuais previstas no artigo 7.º TUE e as disposições finais do TUE (artigos 46.º a 53.º).

Deve sublinhar-se que o Tratado de Maastricht tinha subtraído amplas franjas do Direito da União Europeia à jurisdição do TJ. Assim, de acordo com o antigo artigo L, as disposições dos artigos A a F não estavam abrangidas pela jurisdição do TJ, bem como as normas respeitantes aos pilares intergovernamentais (Política Externa e de Segurança Comum – artigos J – e Cooperação Judiciária e em matéria de Assuntos Internos – artigos K.), com excepção do artigo K.3, n.º 2, al. c).

Pelo contrário, o Tratado de Amesterdão procedeu ao alargamento da competência do TJ, o que decorreu, em primeiro lugar, da integração da matéria dos vistos, do asilo, da imigração e de outras matérias referentes à livre circulação de pessoas no pilar comunitário, bem como da comunitarização do acervo proveniente dos acordos de Schengen[6]. Essa dupla integração material vai conduzir à extensão da competência do TJ a essas áreas. Em segundo lugar, a competência do TJ estendeu-se, embora com restrições, ao terceiro pilar, que actualmente está reduzido à cooperação policial e em matéria de cooperação judiciária penal. Em terceiro lugar, o TJ é o garante do cumprimento das condições relativas à cooperação reforçada. Por fim, o Tratado de Amesterdão veio confirmar expressamente a jurisdição do TJ em matéria de protecção dos direitos fundamentais no âmbito do pilar comunitário.

O Tratado de Nice também trouxe alterações neste domínio, alargando a jurisdição do Tribunal às disposições processuais do artigo 7.º relativo à suspensão dos direitos dos Estados-Membros.

Convém, no entanto, referir que a extensão da competência do TJ ao título IV do TCE e ao terceiro pilar apresenta desvios aos princípios consagrados, desde a versão original dos Tratados, em matéria de Contencioso da União Europeia. Esses desvios estão previstos nos

---

[6] O protocolo que integra o acervo de Schengen no âmbito da União Europeia contém um anexo, no qual se enumeram os actos que fazem parte deste acervo.

artigos 68.º do TCE e 35.º do TUE, respectivamente e serão analisados no lugar próprio.

A delimitação da competência do TJ só ficará completa após a averiguação dos poderes de que o Tribunal de Justiça dispõe em cada um dos tratados institutivos das duas Comunidades. Assim, o Tratado CE prevê no artigo 220.º (ex-artigo 164.º) que o TJ está incumbido de assegurar o respeito do Direito na interpretação e aplicação dos Tratados, o que é retomado no artigo 136.º do Tratado CEEA[7].

Para garantir essa missão existem meios jurisdicionais que se inscrevem em regras de processo particularmente completas. O objecto do Contencioso da União Europeia é o estudo desses meios jurisdicionais e do processo seguido no TJ.

O contencioso abrange não só os litígios que o juiz comunitário é chamado a solucionar, como também situações equiparadas a litígios em relação às quais a regra de Direito previu a possibilidade de sujeição a um exame jurisdicional (artigos 234.º TCE – ex-artigo 177.º e artigo 300.º TCE – ex-artigo 228.º).

> *b)* De acordo com um **sentido material**, o Contencioso da União Europeia é o estudo da aplicação do Direito da União Europeia pelos órgãos jurisdicionais, nacionais e comunitários.

Tendo em conta a característica essencial do Direito Comunitário – que é a de ser invocável em justiça pelos sujeitos de Direito cuja situação regula – o juiz comum do Direito Comunitário é o juiz nacional[8], pelo que há que levar em conta, em primeiro lugar, o primado do Direito Comunitário sobre o Direito nacional, a aplicabilidade directa e o efeito directo.

Por força desta situação o TJ está investido de dois tipos de funções:

> – com vista à eliminação dos riscos de perda da uniformidade na interpretação e na aplicação do Direito Comunitário coopera

---

[7] E enquanto o Tratado CECA vigorou no seu artigo 31.º.

[8] Esta expressão foi finalmente consagrada pelo TPI no acórdão *Tetra Pak*, proc. T-51/89, de 10/7/90, Col. 1990, pgs. II-309 e segs. Ver FAUSTO DE QUADROS, *A nova dimensão do Direito Administrativo*, Coimbra, 1999, pg. 29.

com o juiz nacional, que é o juiz comum de Direito Comunitário, através do mecanismo previsto no artigo 234.° TCE (ex-artigo 177.°);

– são-lhe confiados meios contenciosos específicos, que se considerou deverem pertencer a um órgão jurisdicional próprio (recurso de anulação, processo por incumprimento, acção de omissão, acção de indemnização).

2. Os tribunais que aplicam o Direito da União Europeia

O Direito da União Europeia pode ser aplicado por vários tribunais pertencentes a Ordens Jurídicas distintas.

2.1. *Os tribunais dos Estados-Membros*

A Ordem Jurídica instituída pelo Tratado não seria verdadeiramente eficaz se as suas normas não beneficiassem de sólida garantia jurisdicional. Quer dizer: por um lado, todos os seus destinatários (União Europeia, Comunidades Europeias, órgãos comunitários, Estados e particulares) devem respeitar as normas comunitárias e, por outro lado, todas as normas comunitárias devem estar sujeitas a fiscalização jurisdicional. A tutela judicial efectiva é, como se sabe, um dos requisitos da União de Direito[9].

Essa garantia foi deixada a cargo, sobretudo, dos tribunais da União Europeia – o Tribunal de Justiça, o Tribunal de Primeira Instân-

---

[9] Sobre a tutela jurisdicional efectiva em Direito Comunitário, ver JOSE MA FERNANDEZ MARTIN, *El principio de tutela efectiva de los derechos subjectivos derivados del Derecho Comunitario. Evolución y alcance*, Rev. Inst. Eur, 1994, pgs. 845 e segs; ERIKA SZYSZCZAK, *Making Europe More Relevant to Its Citizens: Effective Judicial Process*, ELR, 1996, pgs. 351 e segs; ASTERIS PLIAKOS, *Le principe général de la protection juridictionnelle efficace en droit communautaire*, Atenas, 1997; GEORGES VANDERSANDEN, *La protection juridictionnelle effective: une justice ouverte et rapide?*, in MARIANNE DONY/ /EMMANUELLE BRIBOSIA, L'avenir du système juridictionnel de l'Union européenne, Bruxelas, 2002, pgs. 119 e segs.

Capítulo I – Introdução   23

cia e, actualmente, também o Tribunal da Função Pública[10] – e dos tribunais nacionais em geral.

Os tribunais nacionais são considerados como tribunais comuns da Ordem Jurídica da União Europeia, porque um número considerável de normas e de actos comunitários é constituído por disposições directamente aplicáveis ou com efeito directo, cabendo aos tribunais nacionais aplicá-las nos litígios que ocorram nas relações entre particulares (indivíduos ou empresas) ou entre particulares e os Estados--Membros.

Por outro lado, quer o regime do processo das questões prejudiciais, tal como ele se encontra regulado no artigo 234.º do TCE (ex-artigo 177.º), quer o princípio da aplicação descentralizada do Direito da União Europeia pelos tribunais nacionais que a jurisprudência do TJ tem vindo a aprofundar particularmente a partir da década de 90 e, de modo especial, no que respeita ao julgamento da responsabilidade extracontratual dos Estados-Membros por incumprimento do Direito Comunitário e à competência dos tribunais nacionais para decretarem providências cautelares, fundadas no Direito Comunitário, para proteger direitos subjectivos conferidos ao indivíduo pela Ordem Jurídica Comunitária, mesmo contra disposições internas de sentido contrário, mais tem alargado o âmbito da jurisdição dos tribunais estaduais como tribunais normais ou comuns do Contencioso da União Europeia. São eles que, em primeira linha, zelam pela aplicação do Direito Comunitário na ordem interna dos Estados-Membros.

2.2. *O Tribunal de Justiça das Comunidades Europeias*[11]

Antes de mais importa fazer a seguinte prevenção: o Tribunal de Justiça enquanto órgão das Comunidades Europeias previsto artigo 7.º

---

[10] O Tribunal da Função Pública foi criado, com fundamento nos artigos 225.º A e 245.º TCE, pela Decisão 2004/752/CE, Euratom do Conselho, de 2 de Novembro de 2004 (publicada no JOUE L 333, de 9/11/2004).

[11] Tendo em conta que o Tribunal de Justiça tem actualmente competência que extravasa das Comunidades Europeias, seria mais correcto designá-lo como Tribunal de Justiça da União Europeia. O Tratado mantém, porém, a denominação Tribunal de Justiça das Comunidades Europeias.

TCE comporta actualmente dois tribunais – o Tribunal de Justiça propriamente dito e o Tribunal de Primeira Instância, sendo que, para o contencioso específico da função pública, a este último foi acoplado o Tribunal da Função Pública da União Europeia.

2.2.1. *A competência*

O TJ está incumbido de assegurar o respeito do Direito na interpretação e na aplicação dos Tratados (artigo 220.° – ex-artigo 164.° do TCE).

O TJ é dotado de competência muito vasta, que vai desde o controlo dos actos dos outros órgãos da União e das Comunidades Europeias até à fiscalização do cumprimento das obrigações dos próprios Estados-Membros. Daí que se torne muito difícil subsumi-lo nas categorias tradicionais de tribunais internacionais, constitucionais ou administrativos.

Pode afirmar-se que o TJ exerce funções próprias de um Tribunal Constitucional quando interpreta ou aprecia a validade de uma norma comunitária por confronto com os Tratados, ao abrigo do artigo 234.° TCE (ex-artigo 177.°), assim como quando aprecia a validade dos actos legislativos do Conselho, ou do Conselho e do Parlamento Europeu e ainda da Comissão, nos casos em que ela detém competência legislativa, a requerimento de algum destes órgãos ou dos Estados-Membros (artigo 230.° TCE – ex-artigo 173.°). O Tribunal exerce um controlo constitucional *a priori* quando aprecia a compatibilidade de um projecto de acordo internacional de que a Comunidade é parte com o Tratado (artigo 300.° TCE, ex-artigo 228.°). O TJ é, portanto, nestes casos um tribunal constitucional em sentido funcional[12].

---

[12] O TJ também actua, do ponto de vista material, como um verdadeiro tribunal constitucional quando exerce o controlo da constitucionalidade do direito derivado; quando salvaguarda os princípios do equilíbrio institucional, da subsidiariedade e da proporcionalidade; quando garante a repartição de atribuições entre os Estados-Membros e a União Europeia; quando assegura a protecção dos direitos fundamentais. Neste sentido, ANA MARIA GUERRA MARTINS, *A natureza jurídica da revisão do Tratado da União Europeia,* Lisboa, 2000, pgs. 344 e segs; *Idem, O Tribunal de Justiça como garante da constituição europeia, in* Estudos em homenagem ao Professor Doutor Armando Marques Guedes, Coimbra, 2004, pgs. 761 e segs.

Mas o TJ não é mais do que um Tribunal Administrativo quando se pronuncia sobre recursos de anulação de actos individuais ou sobre acções de omissão nas mesmas condições.

O TJ actua também como um Tribunal Internacional quando declara o incumprimento de um Estado, ao abrigo do disposto no artigo 227.° TCE (ex-artigo 170.°). Como veremos ao longo deste livro a componente internacional do Tribunal foi reforçada após a entrada em vigor do Tratado de Amesterdão.

Por fim, deve ainda referir-se que o Tribunal também exerce funções próximas das de um tribunal interno de natureza cível, nomeadamente em matéria de responsabilidade civil extracontratual das Comunidades Europeias.

2.2.2. As características da jurisdição do TJ

O TJ é um dos órgãos jurisdicionais próprios de um sistema jurídico concreto – o sistema da União Europeia –, pelo que comunga do carácter inovador da Ordem Jurídica em que se integra.

A análise da competência do TJ e da sua jurisprudência é um bom exercício para a compreensão da natureza jurídica da União Europeia e das Comunidades Europeias.

As principais características da jurisdição do Tribunal de Justiça são as seguintes:

1 – O TJ começou por ser um tribunal de primeira e última instância, o que o afastava dos tribunais supremos das Ordens Jurídicas internas. A sobrecarga com processos de menor importância e a falta de protecção judicial dos particulares – que se foi associando ao facto de haver uma só instância –, levaram à criação do TPI. Todavia, o TJ continua a julgar um grande número de casos em primeira e última instância.

2 – É uma jurisdição obrigatória e exclusiva. É obrigatória, porque não é necessária a aceitação por parte do réu, demandado ou recorrido. É exclusiva, porque os litígios para os quais está prevista a sua jurisdição estão subtraídos à competência de qualquer outro tribunal nacional ou internacional.

3 – O TJ está obrigado a pronunciar-se sobre todos os litígios que lhe são submetidos, ou seja, não pode produzir um *non liquet*.

4 – O TJ é dotado de competência de atribuição, que vem prevista nos artigos 220.° TCE (ex-artigo 164.°) e seguintes. Cabe-lhe, por isso, exercer a função jurisdicional apenas nos casos em que a respectiva competência, de carácter contencioso ou não, lhe foi expressamente conferida. Como veremos ao longo deste trabalho, o Tribunal nem sempre se manteve fiel a este princípio.

No n.° 5 desta Introdução estudaremos este Tribunal com mais pormenor.

2.3. *O Tribunal de Primeira Instância*

I. A base legal e a competência

O artigo 225.° TCE (ex-artigo 168.°A), incluído no Tratado de Roma pelo artigo 11.° do Acto Único Europeu, previa a possibilidade de o Conselho, por unanimidade, sob proposta do Tribunal de Justiça e após consulta da Comissão e do Parlamento Europeu, decidir a criação de um Tribunal de Primeira Instância. Trata-se de uma habilitação específica dada ao Conselho, habilitação de tipo constitucional, que não necessitou de ratificação por parte dos Estados-Membros.

O TPI foi, efectivamente, criado através da Decisão 88/591/ /CECA, CEE, Euratom, de 24/10/88[13]. Instalado em 1 de Setembro de 1989, o TPI começou a funcionar em 31 de Outubro de 1989. Inicialmente, o TPI podia julgar certas categorias de meios contenciosos propostos por pessoas singulares ou colectivas, mas não teria competência para proceder ao julgamento de processos apresentados por Estados--Membros ou por órgãos comunitários, nem de questões prejudiciais submetidas nos termos do artigo 234.° TCE (ex-artigo 177.°).

---

[13] Publicada no JOCE L 319, de 25/11/88, pg. 1.

Capítulo I – Introdução 27

A Decisão de criação do TPI sofreu sucessivas alterações, no sentido de um alargamento da competência deste Tribunal[14], bem como da possibilidade de decisão em formação de juiz singular[15], acabando por ser revogada pelo Tratado de Nice.

O Tratado de Maastricht iniciou o processo de «constitucionalização» do TPI, o qual não figurava até então no Direito Originário. Este Tratado permitiu ainda a extensão da competência do Tribunal, só se encontrando verdadeiramente excluídas da sua jurisdição, de modo expresso, as questões prejudiciais (artigo 234.º TCE). Esta exclusão fundava-se na necessidade de manter a unidade e a coerência do Direito Comunitário.

Todavia, o TPI continuava a ter, essencialmente, competência no âmbito do contencioso administrativo restrito – contencioso da função pública e recursos interpostos por pessoas singulares ou colectivas.

Das suas decisões caberia recurso para o Tribunal de Justiça restrito às questões de direito.

O Tratado de Nice veio alterar, profundamente, o estatuto do Tribunal de Primeira Instância, que passou a estar regulado nos artigos 224.º e 225.º TCE, bem como nos artigos 47.º a 62.ºB do Estatuto do Tribunal de Justiça[16].

A Decisão 88/591/CECA, CEE, Euratom, de 24/10/88, como já se referiu, foi revogada, uma vez que o TPI passou a estar mencionado ao lado do Tribunal de Justiça, no artigo 220.º TCE.

---

[14] V. Decisão 93/350/Euratom, CECA, CEE de 8/6/93, publicada no JOCE L 144, de 16/6/93, pg. 21, e a Decisão 94/149/CECA, CE, de 7/3/94, publicada no JOCE L 66, de 10/3/94, pg. 29.

[15] V. Decisão 99/291/CE, CECA, Euratom do Conselho, publicada no JOCE L 114, de 1/5/99, pg. 52.

[16] Protocolo relativo ao Estatuto do Tribunal de Justiça anexo ao Tratado da União Europeia, ao Tratado que institui a Comunidade Europeia e ao Tratado que institui a Comunidade Europeia da Energia Atómica, em conformidade com o artigo 7.º do Tratado de Nice, alterado pela Decisão do Conselho, de 15 de Julho de 2003 (JO L 188, de 26/7/2003, pg. 1), pelo artigo 13.º, segundo parágrafo, do Acto relativo às condições de adesão, de 16 de Abril de 2003 (JO L 236, de 23/9/2003, pg. 37), pelas Decisões do Conselho, de 19 e 26 de Abril de 2004 (JO L 132, de 29/4/2004, pgs. 1 e 5, e JO L 194, de 2/6/2004, pgs. 3 – rectificações), pela Decisão do Conselho que institui o Trbunal da Função Pública da União Europeia (JO L 333, de 9/11/2004, pg. 7) e pela Decisão do Conselho, de 3 de Outubro de 2005 (JO L 266, de 11/10/2005, pg. 60).

Além disso, o TPI deixa de ser um tribunal de primeira instância, pois passa a ser um tribunal de recurso quanto às questões de direito das resoluções das câmaras jurisdicionais[17], que vierem a ser criadas.

O Tratado de Nice alarga a competência do Tribunal de Primeira Instância a todas as acções e a todos os recursos, com excepção do processo por incumprimento, dos recursos de cassação ou, excepcionalmente, de apelação, contra resoluções das câmaras jurisdicionais que vierem a ser criadas, ficando assim reservado para o Tribunal de Justiça o «contencioso constitucional». O TPI passa até a ter competência para apreciar questões prejudiciais submetidas por força do artigo 234.° TCE, em matérias específicas, determinadas pelo Estatuto.

A consagração desta competência deparou com a oposição de alguns, fundamentada no receio de que a passagem de uma parte deste contencioso para o Tribunal de Primeira Instância viesse pôr em causa a uniformidade de interpretação e aplicação do Direito Comunitário, escopo principal do artigo 234.° TCE.

O Tratado de Nice procurou ultrapassar estas reacções negativas através do artigo 62.° do Estatuto, que prevê uma espécie de recurso no «interesse da lei» a dois níveis. Por um lado, se existir um risco grave de lesão da unidade ou da coerência do Direito Comunitário, o primeiro advogado-geral pode propor ao Tribunal de Justiça que reaprecie a decisão do TPI. Por outro lado, o próprio TPI tem competência, de acordo com o n.° 3, par. 2.°, do art. 225.° TCE, para remeter a causa ao

---

[17] A possibilidade de criação de câmaras jurisdicionais para contenciosos específicos (artigo 220.°, par. 2.°, que remete para o artigo 225.°A TCE), como é o caso do contencioso da função pública ou do contencioso relativo à propriedade industrial e comercial foi introduzida pelo Tratado de Nice. O carácter muito específico das matérias em causa, bem como a enorme quantidade de processos envolvidos – ou que se prevê que venham a surgir – impõem uma solução que não passe pelos Tribunais Comunitários já existentes.

A criação das câmaras jurisdicionais depende de uma decisão do Conselho, por unanimidade, sob proposta da Comissão e após consulta do Parlamento Europeu e do Tribunal de Justiça, ou a pedido do Tribunal de Justiça e após consulta ao Parlamento Europeu e à Comissão. Essa decisão deve fixar a composição e a competência da câmara.

Como já se viu, foi ao abrigo desta possibilidade que se criou o Tribunal da Função Pública.

Capítulo I – Introdução

TJ, para que esse delibere sobre ela, quando considerar que a mesma exige uma decisão de princípio susceptível de afectar a unidade e coerência do Direito Comunitário.

Deve, todavia, sublinhar-se que a extensão da competência do TPI é mais aparente e virtual do que real, uma vez que o artigo 51.° do Estatuto continua a consagrar uma reserva de competência do Tribunal de Justiça, no que toca aos processos propostos pelos Estados-Membros, pelos órgãos comunitários e pelo BCE. O *status quo* anterior ao Tratado de Nice mantém-se quase inalterado.

O Tratado de Nice procede à «constitucionalização» definitiva do TPI, mas não se retiram daí todas as consequências, dado que não se altera o artigo 7.° do TCE, continuando o Tribunal de Justiça a ser o órgão de controlo jurisdicional da Comunidade[18].

II. Os objectivos do TPI

Este Tribunal foi criado com o duplo objectivo de:

– descongestionar o TJ, que na época contava com 650 processos pendentes, permitindo dessa forma reduzir o prazo necessário à resolução de um litígio[19], a fim de preservar a qualidade, a eficiência e a credibilidade do Contencioso da União Europeia;

– instaurar na Ordem Jurídica Comunitária um duplo grau de jurisdição, com vista a melhorar a protecção jurisdicional dos particulares.

---

[18] Especificamente sobre as modificações introduzidas no Tribunal de Primeira Instância pelo Tratado de Nice, ver EMMANUEL COULON, *L'indispensable réforme du Tribunal de première instance des Communautés européennes*, RAE, 2000, pgs. 254 e segs; OLIVIER DUBOS, *Quel avenir pour le Tribunal de première instance après le traité de Nice?*, RAE, 2000, pgs. 426 e segs.

[19] A verdade é que a criação do Tribunal de Primeira Instância não conduziu, como se esperava, a essa redução. Pelo contrário, a crescente importância que o Direito Comunitário tem adquirido nos últimos anos, levou a um aumento dos processos no Tribunal e do seu tempo de resolução.

III. A composição do TPI, o modo de designação, a duração do mandato e o estatuto dos juízes

O Tratado de Nice refere, no artigo 224.° TCE, que o Tribunal de Primeira Instância contará com, pelo menos, um juiz por cada Estado--Membro, o que significa que após o último alargamento – à Roménia e à Bulgária – em 1 de Janeiro de 2007, o TPI conta com vinte e sete juízes. Não se aumentou, portanto, o número de juízes, ao contrário, do que já foi defendido pelo TJ.

Os juizes do TPI são indicados pelos Estados-Membros, de comum acordo, sem intervenção do PE nem do TJ. São nomeados por seis anos, sendo metade substituídos de três em três anos. Beneficiam dos privilégios e das imunidades idênticos aos juizes e aos advogados-gerais do TJ.

O TPI, ao contrário do TJ, não dispõe de advogados-gerais permanentes. O artigo 224.° TCE mantém, contudo, a possibilidade de o TPI ser assistido por advogados-gerais e o art. 49.°, par. 1.°, do Estatuto prevê que os juízes possam, em certas circunstâncias, ser chamados a desempenhar as funções de advogado-geral, possibilidade esta que, devido ao excesso de trabalho dos juízes, hodiernamente não tem tido aplicação prática.

A sede do TPI é, tal como a do TJ, no Luxemburgo e a sua organização e o seu funcionamento são também decalcados deste Tribunal, com a particularidade de após 1 de Julho de 1999 ele poder decidir em formação de juiz singular[20].

2.4. *O Tribunal da Função Pública da União Europeia*

I. A base legal e a competência do TFP

O Tribunal da Função Pública fundamenta-se nos artigos 225.°-A TCE e 140.°-B TCEEA, os quais habilitam o Conselho a criar câmaras

---

[20] Esta possibilidade foi admitida, pela primeira vez, na Decisão 1999/291/CE, CECA e Euratom do Conselho, de 26 de Abril de 1999, e consta, actualmente, do artigo 50.°, par. 2.°, do Estatuto do TJ.

jurisdicionais encarregadas de conhecer em primeira instância de certas categorias de recursos.

Nos termos do artigo 1.º da Decisão 2004/752/CE, Euratom do Conselho, de 2 de Novembro de 2004, é adstrita ao Tribunal de Primeira Instância das Comunidades Europeias uma câmara jurisdicional para conhecer do Contencioso da Função Pública, a qual passa a ser denominada Tribunal da Função Pública da União Europeia.

O artigo 2.º da Decisão altera o Estatuto do Tribunal de Justiça, aditando o artigo 62.º-C que dispõe o seguinte:

> *«As disposições relativas à competência, composição, organização e processo das câmaras jurisdicionais instituídas por força do artigo 225.º-A do Tratado CE e do artigo 140.º-B do Tratado CEEA são incluídas em anexo ao presente Estatuto».*

O TFP tem competência para conhecer, em primeira instância, dos litígios entre as Comunidades e os seus agentes, com base no artigo 236.º TCE e 152.º TCEEA, incluindo os litígios entre qualquer órgão ou organismo e o seu pessoal, relativamente aos quais seja atribuída competência ao Tribunal de Justiça (artigo 1.º do Anexo à Decisão *supra* citada).

Das decisões do TFP cabe recurso para o TPI, o qual se encontra limitado às questões de direito (artigos 8.º e 9.º do Anexo). O TPI deixa, portanto, de ser um tribunal exclusivamente de primeira instância para passar a ser também um tribunal de recurso.

II. Os objectivos do TFP

Este Tribunal tem por objectivo:

– melhorar o funcionamento do sistema judicial da União Europeia, através do descongestionamento do Tribunal de Primeira Instância;

– permitir a adaptação às particularidades do contencioso em causa.

III. A composição do TFP, o modo de designação, a duração do mandato e o estatuto dos juízes

O TFP é composto por sete juízes, podendo este número ser aumentado a pedido do Tribunal de Justiça, deliberando por maioria qualificada (artigo 2.º, par. 1.º, do Anexo).

Os juízes são nomeados pelo Conselho, deliberando, de acordo com o artigo 225.º-A TCE e 140.º-B TCEEA, após consulta de um Comité composto por sete personalidades escolhidas de entre antigos membros do TJ e do TPI e de juristas de reconhecida competência (artigo 3.º, n.os 1 e 3 do Anexo).

Tendo em conta que nem todos os Estados terão um nacional como juiz do TFP, ao nomear os juízes, o Conselho deve garantir que a composição do Tribunal seja equilibrada e assente na mais ampla base geográfica possível de cidadãos dos Estados-Membros e dos regimes jurídicos representados (artigo 3.º, n.º 1, do Anexo).

O mandato dos juízes é de seis anos, renovável (artigo 2.º, par. 2.º, do Anexo). Os juízes designam entre si o Presidente por um período de três anos, podendo ser reeleito (artigo 4.º do Anexo).

O TFP tem sede junto do Tribunal de Primeira Instância (artigo 1.º da Decisão mencionada).

2.5. *Os tribunais internacionais*

I. Os tribunais internacionais universais

Para além dos tribunais nacionais e dos tribunais comunitários parece que, pelo menos, em teoria, também os tribunais internacionais podem ser chamados a aplicar Direito da União Europeia, embora até hoje, que se saiba, nunca o tenham feito.

Efectivamente, os Tratados institutivos das Comunidades Europeias estipulam, nos artigos 293.º TCE (ex-artigo 219.º) e 193.º TCEEA, que os Estados-Membros não devem submeter as disputas entre eles, relativas à interpretação e aplicação do Direito Comunitário, a meios de solução de conflitos não previstos nos Tratados, o que, em última análise, implica que só o TJ, o TPI ou o TFP e os tribunais

Capítulo I – Introdução 33

nacionais são competentes para o efeito. Não sendo também presumível que Estados terceiros invoquem o Direito da União Europeia à escala universal, não vai ser fácil, por exemplo, o Tribunal Internacional de Justiça ser algum dia chamado a aplicar Direito da União Europeia.

II. Os tribunais internacionais regionais

O mesmo já não se dirá dos tribunais internacionais ou órgãos jurisdicionais regionais. Parece possível a invocação do Direito Comunitário no Tribunal Europeu dos Direitos do Homem e anterior-mente à entrada em vigor do Protocolo n.° 11 à CEDH também teria sido possível invocá-lo perante a Comissão Europeia dos Direitos do Homem em duas situações:

– um Estado-Membro acusado de violar a Convenção Europeia de Direitos do Homem invoca o Direito Comunitário como uma excepção;
– um particular pode queixar-se de que uma determinada norma comunitária viola a Convenção.

É evidente que as hipóteses de o Tribunal Europeu dos Direitos do Homem vir a pronunciar-se sobre questões deste tipo são remotas, devido ao princípio da exaustão dos meios internos que vigora no âmbito da Convenção (artigo 26.°)[21]. Em princípio, estes problemas serão resolvidos ao nível dos tribunais nacionais e da cooperação entre estes e o TJ e não chegarão às instâncias internacionais extracomunitárias.

Porém, a questão não é meramente académica, pois, recentemente, no acórdão *Matthews*[22], o Tribunal Europeu dos Direitos do Homem acabou por aplicar Direito Comunitário ao considerar que «*o*

---

[21] Sobre este princípio, ver FAUSTO DE QUADROS, *O princípio da exaustão dos meios internos na Convenção Europeia dos Direitos do Homem e a Ordem Jurídica portuguesa*, ROA, 1990, pgs. 119 e segs.

[22] Caso *Matthews c. Reino Unido*, de 18/2/99, *Reports of Judgments and Decisions*, 1999-II, par. 52.

Parlamento Europeu representa a principal forma de democracia e responsabilidade política no sistema da Comunidade ...» e que «*deve ser visto como a parte da estrutura da Comunidade Europeia que melhor reflecte o que diz respeito à "democracia política efectiva"*» (par. 52).

Esta situação poderá vir a alterar-se, profundamente, se o Tratado que estabelece uma Constituição para a Europa assinado, em 29 de Outubro de 2004, em Roma, vier a entrar em vigor, dado que aí se prevê expressamente a adesão da União Europeia à Convenção Europeia dos Direitos do Homem (artigo 9.º, n.º 2).

2.6. *Os tribunais estrangeiros*

Também os tribunais estrangeiros, em virtude das normas de conflitos estaduais, podem ser chamados a aplicar Direito Comunitário. É um problema de Direito Internacional Privado.

2.7. *Os tribunais arbitrais*

Dentro da liberdade que cabe às partes, num compromisso arbitral, para escolherem o Direito aplicável ao litígio, nada impede que elas escolham, para o efeito, o Direito da União Europeia.

Nesse quadro, nem é necessário que as partes pertençam aos Estados-Membros da União.

Assim, os tribunais arbitrais também podem ser chamados a aplicar o Direito da União Europeia.

3. O lugar do Contencioso da União Europeia na disciplina de Direito da União Europeia

O Contencioso da União Europeia vem assegurar a plena eficácia das normas comunitárias.

O Contencioso da União Europeia tem vindo a desempenhar um papel fundamental na criação e no desenvolvimento do sistema jurídico

Capítulo I – Introdução

comunitário, graças ao activismo dos Juízes do Luxemburgo. É justo dizer-se que a Ordem Jurídica da União Europeia é, em grande parte, de criação pretoriana.

O Contencioso da União Europeia tem, pois, de ser visto, antes de mais, como um sistema de garantias da eficaz aplicação das regras comunitárias.

A existência do Contencioso da União Europeia contribui para o afastamento do Direito da União Europeia em relação ao Direito Internacional Público, uma vez que neste último as garantias contenciosas são bem mais frágeis, mesmo quando se trata de garantir direitos humanos e, além disso, elas acabam, quase sempre, por ser politizadas[23].

4. O lugar do Contencioso da União Europeia na Ciência do Direito; a subsidiariedade do Contencioso da União Europeia em relação ao Contencioso Administrativo, sobretudo francês e alemão

4.1. *O sistema de Contencioso da União Europeia na Ciência do Direito*

Os autores dos Tratados de Paris e de Roma, em 1951 e 1957, pretenderam romper com os processos habituais de resolução de diferendos a nível internacional, instituindo um sistema próprio de um verdadeiro Estado de Direito, isto é, um sistema de relação entre governantes e governados em que todos estão sujeitos à lei.

O sistema do Contencioso da União Europeia é, portanto, inovador na Ciência do Direito no plano das relações interestaduais.

O TJ não tem, no entanto, a natureza de um tribunal hierarquicamente superior, habilitado a revogar ou reformar as decisões proferidas pelo tribunal nacional, no âmbito do Direito da União Europeia. Neste aspecto é infundada qualquer aproximação do TJ em relação ao Supremo Tribunal de qualquer Federação.

---

[23] Sobre as garantias contenciosas do Direito Internacional dos Direitos Humanos, ver ANA MARIA GUERRA MARTINS, *Direito Internacional dos Direitos Humanos,* Coimbra, 2006, pgs. 179 e segs e 256 e segs.

4.2. A influência do Contencioso Administrativo no Contencioso da União Europeia

O Contencioso da União Europeia é fortemente influenciado pelos contenciosos administrativos nacionais, mas também ele influencia os contenciosos administrativos nacionais[24]. Foram as soluções encontradas pelos Estados para o Contencioso Administrativo que inspiraram as acções e os recursos, previstos no Tratado. Assim, como veremos, o recurso de anulação aproxima-se bastante do «*recurso por excesso de poder*» do Direito francês e inspira-se também nas soluções do Direito alemão, especialmente no que se refere aos actos susceptíveis de recurso e à legitimidade para recorrer.

O Tribunal adoptou ainda um conjunto de técnicas processuais provenientes dos sistemas jurídicos dominantes aquando da redacção dos Tratados e da sua criação.

5. O Tribunal de Justiça das Comunidades Europeias

5.1. A composição do Tribunal

As origens do TJ remontam ao Tratado de Paris. Posteriormente, passou a constituir um órgão comum às três Comunidades (artigo 3.º da Convenção relativa a certas instituições comuns às três Comunidades, de 25/3/57), o que permitiu ao TJ assegurar uma certa continuidade da sua jurisprudência.

O TJ era composto inicialmente por sete juízes e dois advogados-gerais.

Com as adesões de novos Estados o número de juizes foi sendo gradualmente aumentado, tendo atingido o número de quinze com a

---

[24] Sobre a influência do Contencioso da União Europeia nos contenciosos administrativos nacionais, ver FAUSTO DE QUADROS, *A nova dimensão ..., cit.*; FAUSTO DE QUADROS, *A Europeização do Contencioso Administrativo, in* Estudos em Homenagem ao Professor Doutor Marcello Caetano no Centenário do seu Nascimento, Vol. I, Coimbra, 2006, pgs. 385 e segs.

adesão da Áustria, da Suécia e da Finlândia. Naquela época, o número de advogados-gerais foi aumentado para oito (Decisão do Conselho 95/1/CE, Euratom, CECA, de 1 de Janeiro de 95).

Na CIG 2000, o futuro alargamento trouxe à ribalta a questão da composição do Tribunal de Justiça. As opiniões dividiam-se entre, por um lado, aqueles que consideravam que se deveria consagrar, definitivamente, o princípio, que tem sido aplicado na prática, de que a cada Estado corresponde um juiz, e, por outro lado, aqueles que entendiam que esse princípio não deveria ser formalmente adoptado. Os primeiros argumentavam, essencialmente, com a necessidade de representação de todos os sistemas jurídicos nacionais, por força das competências de cooperação do Tribunal de Justiça com os tribunais nacionais e das relações estreitas entre o Direito da União Europeia e os Direitos nacionais, assim como com o acréscimo de trabalho do Tribunal, devido aos alargamentos. Os segundos contrapunham o facto de que, numa União a vinte e cinco ou trinta, a manutenção desse princípio poderia significar a impossibilidade de o Tribunal funcionar em pleno e a sua consequente inoperacionalidade.

O Tratado de Nice acabou por optar pelo princípio de que a cada Estado deve corresponder um juiz, acolhendo-o, formalmente, no artigo 221.°, par. 1.°, TCE. Assim, o eventual acréscimo de trabalho, devido aos alargamentos, tenderá a ser compensado pelo aumento do número de juízes. Além disso, a questão da composição do Tribunal deixa de ter de ser reequacionada em cada alargamento.

Em conclusão, o número de juizes depois do último alargamento – à Bulgária e à Roménia, em 1 de Janeiro de 2007 – é de vinte e sete.

5.1.1. *Os juízes*

I. **O modo de designação dos juízes, a duração e a renovação do mandato**

Os juízes são designados de comum acordo por um período de seis anos, pelos governos dos Estados-Membros (artigo 223.°, par. 1.°, TCE, ex-artigo 167.°).

Este sistema de designação torna o TJ autónomo em relação aos outros órgãos comunitários, especialmente em relação ao Conselho.

O mandato dos juízes é renovável.

O Tratado prevê a renovação parcial dos juízes de três em três anos, o que permite que a renovação não ponha em causa a linha jurisprudencial do TJ.

A designação dos juízes não está sujeita a qualquer condição de nacionalidade. Em teoria, poderá ser designado juiz um cidadão de um Estado terceiro. No entanto, na prática, tal não é viável. De facto, sucede com frequência que nos seus julgamentos o TJ necessita de ter um conhecimento aprofundado do Direito nacional em causa, pelo que a presença de um juiz de cada Estado-Membro é fundamental para o bom funcionamento do TJ[25].

II. Os critérios de recrutamento dos juízes

Os juízes têm de ser escolhidos entre personalidades que ofereçam todas as garantias de independência e reúnam as condições exigidas nos respectivos Estados para o exercício de funções jurisdicionais ou que sejam juristas de reconhecida competência (artigo 223.º, par. 1.º, TCE, ex-artigo 167.º).

A garantia da independência não se refere unicamente ao comportamento do juiz no exercício das suas funções, mas também à própria personalidade do juiz.

O Tratado não se limita a exigir a garantia de independência no momento da sua designação: contém uma série de disposições que pretendem assegurar a manutenção desta independência ao longo do exercício das suas funções.

III. O estatuto dos juízes

Os juízes comprometem-se, sob juramento, a exercer as suas funções em plena imparcialidade e consciência e a nada divulgar do segredo das deliberações. Estas obrigações mantêm-se após a cessação

---

[25] De acordo com o artigo 17.º, par. 1.º, do Estatuto, o Tribunal só pode reunir validamente com um número ímpar de juízes, pelo que se os Estados-Membros forem em número par, os Grandes devem designar um segundo juiz, sucessivamente, o que ao longo da história da integração já sucedeu diversas vezes.

Capítulo I – Introdução   39

de funções (artigos 2.º do Estatuto e 3.º, n.º 1, do Regulamento de Processo, a seguir RP[26]).

O Estatuto prevê incompatibilidades: os juízes não podem exercer qualquer actividade política ou administrativa (artigo 4.º, par. 1.º, do Estatuto). Não podem exercer nenhuma outra actividade profissional, remunerada ou não, salvo autorização, a título excepcional, do Conselho (artigo 4.º, par. 2.º, do Estatuto).

Para garantir a sua imparcialidade os juízes não podem participar na solução dos diferendos em que anteriormente tenham intervindo como agentes, conselheiros ou advogados de uma das partes, ou como membro de um tribunal, de uma comissão de inquérito, ou a outro título (artigo 18.º, par. 1.º, do Estatuto).

Os juízes podem pedir escusa quando entenderem que não devem tomar parte num dado processo (artigo 18.º, par. 2.º, do Estatuto).

Em contrapartida, as partes não podem invocar nem a nacionalidade de um juiz, nem o facto de nenhum juiz da sua nacionalidade fazer parte do Tribunal ou de uma das suas secções, para pedirem a alteração da composição do Tribunal ou de uma das suas secções (artigo 18.º, par. 4.º, do Estatuto).

Como contrapartida destas obrigações os juízes gozam de certos direitos:

a) a inamovibilidade durante a duração do mandato, só podendo ser removidos pelo próprio Tribunal por decisão unânime dos juízes e advogados-gerais (artigo 6.º do Estatuto);

b) a imunidade de jurisdição para todos os actos que praticarem enquanto durar o seu mandato, quer tenham sido praticados no exercício da sua função ou não. Continuam a gozar da imunidade após a cessação de funções para todos os actos praticados

---

[26] Regulamento de Processo de 19 de Junho de 1991 (JOCE L 176, de 4/7/91, pg. 7), com a redacção que lhe foi dada em 28 de Novembro de 2000 (JOCE L 322, de 19/12/2000, pg. 1) e as alterações introduzidas em 3 de Abril de 2001 (JOCE L 119, de 27/4/2001, pg. 1), em 17 de Setembro de 2002 (JO L 272 de 10/10/2002, pg. 24), em 8 de Abril de 2003 (JO L 147, de 14/6/2003, pgs.17 e segs), em 19 e 20 de Abril de 2004 (JO L 132, de 29/4/2004, pg. 2 e JO L 127, de 29/4/2004, pg. 107, respectivamente), em 12/7/2005 (JO L 203, de 4/8/2005) e, por último, em 18/10/2005 (JO L 288, de 29/10/2005).

no desempenho delas. A imunidade de jurisdição pode ser retirada pelo TJ por decisão tomada por maioria absoluta, sem a participação dos advogados-gerais (artigo 3.º do Estatuto);

c) outros privilégios e imunidades previstos em favor dos funcionários e agentes da Comunidade (artigo 3.º, par. 4.º, do Estatuto que remete para o Protocolo relativo aos Privilégios e Imunidades das Comunidades Europeias).

Cada juiz dispõe de três assessores (os *referendaires*) que são juristas qualificados.

Os juízes têm obrigatoriamente residência no Luxemburgo (artigo 14.º do Estatuto).

IV. As causas de cessação de funções dos juízes

De acordo com o artigo 5.º do Estatuto, as causas de cessação de funções dos juízes podem ser três:

– as substituições normais, que mencionámos no n.º I deste ponto;
– o falecimento;
– a demissão.

5.1.2. *Os advogados-gerais*

I. O número de advogados-gerais

O TJ é assistido por oito advogados-gerais.

Antes de mais, uma prevenção terminológica: preferimos falar, em português, em procurador-geral, como fizemos na 1ª edição deste livro, e não em advogado-geral, porque, em bom rigor, o advogado--geral não é advogado no sentido da palavra em português, isto é, não representa, nem defende, o interesse de qualquer das partes. Pelo contrário, tem de agir «*com toda a imparcialidade e independência*». Assim, já o entendeu, aliás, o próprio TJ[27]. A sua posição, de

---

[27] Acórdão de 4/2/2000, *Emesa Sugar*, Proc. C-17/98, Col. 2000, pgs. I-665 e segs, sobretudo, cons. 12 e 13.

Capítulo I – Introdução 41

promoção da legalidade, aproxima-se mais do Ministério Público em Portugal.

A figura do advogado-geral é próxima da do *commissaire de gouvernement* junto do Conselho de Estado em França ou da do *auditeur--général* no Conselho de Estado da Bélgica[28].

E é nesse sentido, aliás, que o Conselho da Europa distingue o advogado-geral (*avocat général*), que é advogado do Estado, do procurador-geral (*procureur général*), que é, ou só, ou sobretudo, um promotor da legalidade que exerce essas funções com independência e apenas no interesse geral da comunidade[29].

Apesar disso, dado que na língua portuguesa, designadamente, no próprio Direito Originário e no Direito Derivado, se tem vindo a generalizar a expressão advogado-geral, também nós a vamos utilizar, sem prejuízo – repetimos – de entendermos que não é essa a expressão mais adequada em português.

A instituição do advogado-geral pretendeu compensar a rejeição, na feitura do Tratado, de uma proposta da delegação holandesa no sentido de os juízes poderem emitir opiniões dissidentes. Permite-se por esta via a uma personalidade independente exprimir uma opinião que nem sempre é coincidente com a do Tribunal.

O Tratado de Nice, ao contrário do que se chegou a admitir, não aumentou o número de advogados-gerais, mas permite que esse número venha a ser aumentado a pedido do Tribunal e por decisão unânime do Conselho (artigo 222.º, par. 1.º, TCE).

O Tratado introduziu, no entanto, algumas modificações, no que se refere à intervenção dos advogados-gerais nos processos. Ao contrário do que sucedia anteriormente, o par. 2.º do artigo 221.º TCE prevê a apresentação de conclusões dos advogados-gerais apenas em relação às causas que, nos termos do Estatuto, requeiram essa

---

[28] Neste sentido, ver D. Ruzié, *Artigo 165 – comentário*, in Vlad Constantinesco e outros, Traité instituant la CEE – Commentaire article par article, Paris, 1992, pg. 979 e Florence Benoît-Rohmer, *Le commissaire du governement auprès du Conseil d'État, l'avocat général auprès de la Cour de justice des Communautés européennes et le droit à un procès equitable*, RTDE, 2001, pg. 737.

[29] Conselho da Europa, *L'Europe judiciaire*, Estrasburgo, 2000, pgs. 18, 81, 113, 138, 152, 177, 197, 248, 287, 299, 315 e 345.

intervenção, sendo que o seu artigo 20.º, par. 5.º, permite ao Tribunal, ouvido o advogado-geral, prescindir das conclusões, se considerar que não se suscitam novas questões de direito.

Procura-se, deste modo, evitar o acréscimo de trabalho dos advogados-gerais, por força dos alargamentos. Porém, convém sublinhar que não se afigura seguro que esta disposição consiga na prática atingir este desiderato, pois a ambiguidade dos termos (*nova questão de direito*) deixa uma grande margem de manobra ao Tribunal na sua interpretação.

II. O estatuto dos advogados-gerais

O estatuto dos advogados-gerais aproxima-se do estatuto dos juízes, no que diz respeito às qualificações exigidas, ao modo de designação, à duração do mandato e aos privilégios e imunidades (artigo 8.º do Estatuto).

III. As funções dos advogados-gerais

As funções dos advogados-gerais são as seguintes:

– a apresentação de conclusões fundamentadas sobre as causas que lhes forem atribuídas pelo Primeiro Advogado-geral (artigo 222.º TCE – ex-artigo 166.º). Estas conclusões devem ser apresentadas com toda a imparcialidade e independência. A leitura das conclusões do advogado-geral é imprescindível para a compreensão do acórdão, pois aquelas terão de exa-minar todos os aspectos jurídicos da causa, enquanto o TJ se pode ater apenas a alguns dos seus aspectos;

– a função consultiva nas matérias previstas no artigo 108.º, n.º 2, do RP;

– a participação nas deliberações relativas ao funcionamento do TJ, com direito a voto. É o caso da decisão de afastar um juiz das suas funções (artigo 6.º do Estatuto) e de todas as decisões administrativas (artigo 27.º, n.º 7, do RP).

5.1.3. *O secretário*

I. O modo de designação, a duração do mandato e o estatuto

Segundo os artigos 223.°, par. 5.°, TCE e 12.° RP, o TJ nomeia o seu secretário[30]. O Tribunal pode designar também secretários-adjuntos encarregados de assistir o primeiro e de o substituir (artigo 13.° do RP).

O secretário é nomeado por um período de seis anos, renovável (artigo 12.°, n.° 4, do RP).

O secretário goza dos privilégios e imunidades reconhecidos aos funcionários e agentes das Comunidades pelos artigos 12.° a 15.° e 18.° do Protocolo sobre privilégios e imunidades.

II. As funções

O secretário dirige o serviço da Secretaria ("greffe"). O seu estatuto é manifestamente mais rico que o dos escrivães na generalidade dos Estados latinos, por exemplo, em Portugal. De facto, ele tem competência importante tanto na organização como na administração do TJ, como no desenrolar do processo. Se não, vejamos:

a) ele é responsável pela condução do processo (registo, intimação, notificações, comunicações várias, organização das audiências, arquivos, autenticação de documentos);

b) ele chefia os serviços do TJ, tendo a seu cargo a administração do pessoal e dos serviços e a preparação e a execução do orçamento. É uma espécie de Director-Geral do Pessoal e do Orçamento do Tribunal (artigo 23.° do RP);

c) ele é responsável pela edição da colectânea de jurisprudência (artigo 18.° do RP).

---

[30] Na anterior edição deste Manual designámos o secretário como escrivão, dado que assim era denominado pelo Tratado. As modificações introduzidas pelo Tratado de Nice no sistema jurisdicional atingiram também a terminologia, pelo que passaremos a usar a expressão secretário, embora considerando que a expressão escrivão era mais correcta.

5.1.4. *Os serviços*

Os serviços do Tribunal estão a cargo do secretário, sob a direcção do presidente (artigos 20.° a 23.° do RP) e estão organizados em Serviços, Direcções e Divisões.

Para além da Secretaria do Tribunal de Justiça e da Secretaria do Tribunal de Primeira Instância, fazem parte deles os seguintes:

– Serviço de Interpretação;
– Serviço de Imprensa e Informática;
– Serviço de Protocolo e Visitas;
– Serviço de Biblioteca;
– Serviço de Investigação e Documentação;
– Serviço de Tradução – o Serviço de Tradução é comum ao TJ e ao TPI e constitui uma Direcção – a Direcção de Tradução – que é composta por 20 Divisões linguísticas que asseguram a tradução dos textos;
– Serviço de Administração – é composta pela Divisão interna e pela Divisão Informática e das Novas Tecnologias.

5.2. *A organização interna e o funcionamento do Tribunal*

5.2.1. *O Presidente*

O TJ tem um presidente, que é eleito por três anos, em escrutínio secreto, por maioria absoluta (artigo 7.°, n.ᵒˢ 1 e 3, do RP). O Presidente dirige os trabalhos e os serviços do TJ e preside às audiências (artigo 8.° do RP). O Presidente tem um papel importante no desenrolar do processo, nomeadamente, na repartição dos processos pelas secções, fixando os prazos nos quais os actos do processo devem ser praticados, assim como a data do processo oral.

5.2.2. *O funcionamento*

Antes da entrada em vigor do TUE, o artigo 165.° TCE (actual artigo 221.°) previa a obrigação de o Tribunal funcionar em sessão plenária nos processos a pedido de um Estado-Membro ou de um órgão comunitário e nos processos das questões prejudiciais, na medida em que o RP não atribuísse competência às secções. Ora, o artigo 95.º, n.º 1, do RP não permitia que os processos do artigo 234.º (ex-artigo 177.º) e os recursos interpostos por particulares fossem enviados às secções.

O Tratado de Maastricht modificou o artigo 165.º (actual artigo 221.º) do Tratado CE, restringindo a obrigação de julgar em sessão plenária aos casos em que um Estado-Membro ou um órgão comunitário, que seja parte na instância, o solicitar.

O Tratado de Nice alterou profundamente a organização e o funcionamento do Tribunal de Justiça[31]. Na verdade, um tribunal composto por vinte e sete juízes poderia estar mais próximo de uma assembleia do que de um órgão jurisdicional, a menos que o funcionamento em plenário fosse a excepção e não a regra.

É precisamente com o objectivo de impedir que o Tribunal de Justiça se transforme numa assembleia que o artigo 221.º, pars. 2.º e

---

[31] Sobre a reforma jurisdicional efectuada pelo Tratado de Nice, ver, entre outros, GEORGES VANDERSANDEN, *Le système juridictionnel communautaire après Nice*, CDE, 2003, pgs. 3 e segs; JEAN-VICTOR LOUIS, *La Cour de justice après Nice, in* MARIANNE DONY / EMMANUELLE BRIBOSIA, L'avenir..., pgs. 5 e segs; ROBERT KOVAR, *La réorganisation de l'architecture juridictionnelle de l'Union européenne, in* MARIANNE DONY / EMMANUELLE BRIBOSIA, L'avenir..., pgs. 33 e segs; KOEN LENAERTS, *L'organisation de l'architecture juridictionnelle de l'Union européenne: quel angle d'approche adopter?, in* MARIANNE DONY / EMMANUELLE BRIBOSIA, L'avenir..., pgs. 49 e segs; DÁMASO RUIZ-JARABO, *La reforma del Tribunal de Justicia realizada por el Tratado de Niza y su posterior desarrollo, in* CARLOS MOREIRO GONZÁLEZ (coord.), Tratado de Niza – Análisis, comentarios y texto, Madrid, 2002, pgs. 83 e segs; RUI MANUEL MOURA RAMOS, *O Tratado de Nice e a reforma do sistema jurisdicional comunitário*, Temas de Integração, 2.º semestre 2001 / 1.º semestre 2002, pgs. 77 e segs; ANA MARIA GUERRA MARTINS, *O Tratado de Nice – a reforma institucional e o futuro da Europa*, AAVV, Estudos em homenagem à Professora Doutora Isabel de Magalhães Collaço, Coimbra, Almedina, 2002, pgs. 798 e segs; P.J.G. KAPTEYN, *Reflections on the Future of the Judicial System of the European Union after Nice*, YEL, 2001, pgs. 173 e segs; JAVIER ROLDÁN BARBERO, *La reforma del poder judicial en la Comunidad Europea*, Rev. Der. Com. Eur., 2001, pgs. 77 e segs; OLIVIA TAMBOU, *Le système juridictionnel communautaire revu et corrigé par le Traité de Nice*, RMCUE, 2001, pgs. 164 e segs; ANGUS JOHNSTON, *Judicial Reform and the Nice Treaty*, CMLR, 2001, pgs. 499 e segs; MANUEL LÓPEZ ESCUDERO, *Modificaciones del Tratado de Niza en el sistema jurisdiccional comunitario*, BEUR, 2001, pgs. 27 e segs; BERNHARD W. WEGENER, *Die Neuordnung der EU-Gerichtsbarkeit durch den Vertrag von Nizza*, DVBl., 2001, pgs. 1258 e ss.

46   *Contencioso da União Europeia*

3.º, TCE prevê a reunião do Tribunal de Justiça a três níveis: em Secções, em Grande Secção e em Pleno.

De acordo com o artigo 16.º do Estatuto, as Secções são compostas por três e cinco juízes, os quais, por sua vez, elegem os seus presidentes. No caso das secções de cinco juízes, estes são eleitos por três anos e podem ser reeleitos uma única vez.

A Grande Secção é composta por treze juízes e pelos presidentes das secções de cinco juízes, assim como pelos juízes designados nas condições estabelecidas no RP (artigos 11.º-A, 11.º-B e 11.º-C). A Grande Secção é presidida pelo Presidente do Tribunal. O quorum de deliberação é de nove juízes (artigo 17.º do Estatuto). O Tribunal reúne em Grande Secção sempre que um Estado-Membro ou um órgão das Comunidades, que seja parte na instância, o solicitem (artigo 16.º, par. 3.º, do Estatuto).

O Pleno é composto por todos os juízes do Tribunal de Justiça, presidido pelo Presidente do TJ. O seu quorum de deliberação é de quinze juízes. O Tribunal reúne em Pleno, nos casos previstos no par. 4.º do artigo 16.º do Estatuto. Além disso, se o Tribunal considerar que a causa é de excepcional importância pode remetê-la para o Pleno, depois de ouvido o advogado-geral.

Segundo o artigo 17.º do Estatuto, o Tribunal só pode deliberar validamente com um número ímpar de juízes. Se por ausência ou impedimento de algum juiz, os juízes presentes forem em número par o menos antigo deles deve abster-se de votar (artigo 26.º, n.º 1, do RP).

Do exposto resulta que a regra é a da apreciação do processo pelas Secções, sendo a formação em Grande Secção ou em Pleno a excepção, ao contrário do que sucedia anteriormente.

5.3. *O Direito Processual no Tribunal*

O Direito Processual do Tribunal[32], embora conste do próprio Tratado, releva, sobretudo, do RP do TJ, previsto no artigo 245.º

---

[32] Não vamos no âmbito deste livro desenvolver o Direito Processual Comunitário. Algumas das obras indicadas na bibliografia geral contêm indicações muito úteis a este respeito.

(ex-artigo 188.°) do Tratado e nos artigos 160.° do TCEEA, e do Estatuto do TJ.

5.4. *A jurisprudência do Tribunal e a sua divulgação*

5.4.1. *A importância da jurisprudência do Tribunal*

Como já dissemos, a jurisprudência do Tribunal assume no Direito da União Europeia um papel extremamente importante. Poucos ramos do Direito deverão tanto à jurisprudência como o Direito da União Europeia.

Devido ao carácter intencionalmente vago dos Tratados Comunitários, ligado à natureza intrinsecamente evolutiva do processo de integração europeia, foi ao Tribunal que coube interpretar, desenvolver e aprofundar os Tratados e, desse modo, contribuir de forma decisiva para a elaboração e sedimentação progressivas da Ordem Jurídica Comunitária. Bom exemplo disso é o facto de princípios fundamentais do Direito da União Europeia serem de criação pretoriana: pense-se na coerente e bem elaborada teoria do primado do Direito Comunitário sobre os Direitos nacionais, no efeito directo do Direito Comunitário nas Ordens Jurídicas internas, no princípio da proporcionalidade, no princípio do paralelismo de atribuições e competências internas e externas das Comunidades, no princípio da responsabilidade civil extracontratual dos Estados por incumprimento do Direito Comunitário, etc.

A grande panóplia de meios contenciosos que provocam a sua intervenção e a enorme diversidade das matérias sobre as quais aqueles meios contenciosos o levam a intervir – do Direito Administrativo ao Direito Civil, do Direito Constitucional ao Direito Penal, do Direito do Trabalho ao Direito do Ambiente – fazem dele porventura o Tribunal do Mundo com maior e mais variada competência. Pois, não obstante isso, o Tribunal, ao longo destes mais cinquenta anos, habituou-nos a não fugir aos problemas, a não denegar justiça, e, pelo contrário, a não perder qualquer oportunidade para a clarificação e para o aprofundamento dogmáticos do Direito da União Europeia. E a paralisia dos órgãos de deliberação e de decisão, devido ao seu processo interno de funcionamento, paralisia essa que durou muitos anos e cujos vestígios ainda perduram, alcandorou o Tribunal ao papel de verdadeiro motor da integração jurídica no âmbito da União Europeia.

5.4.2. As técnicas de interpretação utilizadas pelo Tribunal

Os tratados institutivos das Comunidades Europeias criaram uma Ordem Jurídica nova, autónoma e específica que se encontra em concorrência com as Ordens Jurídicas nacionais, o que obrigou o Tribunal a privilegiar alguns métodos de interpretação em detrimento de outros.

Em consequência, as técnicas que o TJ vem utilizando na interpretação do Direito da União Europeia são diferentes das técnicas utilizadas pelos tribunais internacionais e pelos tribunais internos, reflexo da diferente natureza das Comunidades Europeias.

O TJ parte do texto do tratado[33], aí se incluindo o elemento literal *stricto sensu,* o gramatical, o lógico e o sistemático[34]. Mas o TJ, ao procurar o sentido que se retira do texto, depara com algumas dificuldades, provenientes das especificidades do Direito a interpretar.

As normas comunitárias são redigidas oficialmente em várias línguas (melhor dito: nas várias línguas nacionais), apresentando todas elas o mesmo valor interpretativo. O TJ, para atingir o sentido correcto de uma norma comunitária, socorre-se da comparação entre as várias versões linguísticas. Caso a divergência se apresente apenas em relação a uma das versões, tal será entendido como um argumento a favor de que a interpretação correcta da norma é a das outras versões. Se a divergência for insolúvel por este método, então o Tribunal socorre-se de outros métodos de interpretação, sobretudo, funcionais ou teleológicos[35].

---

[33] Ver, a título exemplificativo, acórdão de 6/10/70, *Grad*, proc. 9/70, Rec. 1970, pg. 841; acórdão de 13/12/79, *Hauer*, proc. 44/79, Rec. 1979, pg. 3743; acórdão de 14/1/82, *Corman*, proc. 64/81, Rec. 1982, pg. 23.

[34] A propósito da aplicação do elemento sistemático da interpretação ver, por exemplo, acórdão de 14/12/62, *Pain d'épice*, proc. 2 e 3/62, Rec. 1962, pg. 827; acórdão de 30/4/74, *Sacchi*, proc. 153/73, Rec. 1974, pg. 429; acórdão de 28/2/80, *Fellinger*, proc. 67/79, Rec. 1980, pg. 544; acórdão de 23/3/82, *Levin*, proc. 53/81, Rec. 1982, pgs. 1048 a 1050.

[35] Acórdão de 27/10/77, *Bouchereau*, proc. 30/77, Rec. 1977, pg. 1999; acórdão de 13/12/91, *Mario Nijs*, proc. 158/90, Col. 1991, pgs. 2035 e segs.

Capítulo I – Introdução

O Direito da União Europeia deve ser interpretado e aplicado uniformemente em todos os Estados-Membros, pelo que não se compadece com interpretações divergentes nem «nacionalistas», o que levou o TJ a rejeitar a ideia do sentido comum atribuível aos termos, afirmada pelo Tribunal Internacional de Justiça, substituindo-a pela ideia do sentido comunitário dos termos. Assim, por exemplo, os conceitos de monopólio nacional de natureza comercial (artigo 37.º – actual artigo 31.º)[36], de organização nacional de mercado (45.º)[37], de trabalhador (artigo 48.º – actual artigo 39.º)[38], de segurança social (artigo 51.º – actual artigo 42.º)[39], de serviço público[40], de imposições internas (artigo 95.º – actual artigo 90.º)[41], de órgão jurisdicional e recurso judicial (artigo 177.º – actual artigo 234.º)[42] são conceitos comunitários e não nacionais.

O TJ utiliza com frequência o elemento sistemático da interpretação, apelando ao contexto em que as disposições se inserem, chegando a abranger o próprio sistema geral do Tratado.

O TJ, quando interpreta o Tratado institutivo de uma Comunidade, recorre muitas vezes à comparação com as disposições de outros Tratados sobre a mesma matéria.

O carácter dinâmico, evolutivo e progressivo das Comunidades levou o TJ a dar uma especial relevância à interpretação teleológica e à regra do efeito útil[43].

---

[36] Acórdão de 15/7/64, *Costa/Enel*, proc. 6/64, Rec. 1964, pg. 1163; acórdão *Sacchi*, cit., pgs. 428 e 429.

[37] Acórdão de 13/11/64, *Comissão c. Luxemburgo e Bélgica*, proc. 90 e 91/63, Rec. 1964, pgs. 1235 e 1236; acórdão de 10/12/74, *Charmasson*, proc. 48/74, Rec. 1974, pgs. 1393, 1395 e 1396.

[38] Ver acórdão de 19/3/64, *Unger*, proc. 75/63, Rec. 1964, pgs. 362 e 363; acórdão *Levin*, cit., pgs. 1048 a 1050; acórdão de 3/7/86, *Lawrie-Blum*, proc. 66/85, Col. 1986, pg. 2144.

[39] Acórdão de 9/10/74, *Biaison*, proc. 24/74, Rec. 1974, pg. 1007.

[40] Acórdão de 19/5/93, *Corbeau* (proc. C-320/91, Col. 1993, pgs. I-2533 e segs.), de 27/4/94, *Almelo* (proc. C-393/92, Col. 1994, pgs. I-1477 e segs.) e de 18/6/98, *Corsica Ferries France* (proc. C-266/96, Col. 1998, pgs. I-3949, par. 60).

[41] Acórdão de 4/4/68, *Gebruder Lück*, proc. 34/67, Rec. 1968, pg. 356; *Ianelli*, proc. 74/76, de 22/3/77, Rec. 1977, pgs. 557 e 558.

[42] Ver *infra* Capítulo I.

[43] São inúmeros os acórdãos em que o TJ aplica estes métodos de interpretação. A título meramente exemplificativo, ver, acórdão de 9/3/78, *Simmenthal*, proc. 106/77, Rec. 1978, pg. 643 e de 4/10/91, *Madeleine de Paep*, proc. 196/90, Col. 1991, pg. 4838.

Efectivamente, as disposições de Direito da União Europeia são interpretadas com base nos primeiros artigos dos tratados, referentes aos objectivos das Comunidades, e nos preâmbulos dos Tratados, o que confere a estes uma importância especial. Além disso, o método da interpretação teleológica é o mais apropriado para se completar as disposições de alcance genérico e as disposições incompletas e integrar as respectivas lacunas.

O TJ, para além da regra do efeito útil, com a qual pretende conferir o máximo de eficácia aos Tratados comunitários, socorre-se ainda da regra do efeito necessário. Esta última tem sido utilizada particularmente em matéria de extensão das atribuições das Comunidades para concluírem acordos internacionais.

Como é sabido, os autores dos Tratados acordaram em não preservar os trabalhos preparatórios escritos dos Tratados. Da fase da preparação e da redacção dos Tratados pouco mais ficou, pois, do que um conjunto de depoimentos e de estudos dos fundadores das Comunidades. Ora, o TJ dá pouca relevância a esses trabalhos. O elemento histórico da interpretação e o método subjectivista da interpretação têm pouco peso na jurisprudência do Tribunal.

Ou seja, o TJ privilegia o método objectivista da interpretação e a interpretação extensiva, embora aceite que as excepções e derrogações às normas comunitárias devem ser interpretadas restritivamente[44].

5.4.3. A publicação da jurisprudência do TJ

A jurisprudência dos tribunais comunitários é publicada, em todas as línguas oficiais, na *Colectânea de Jurisprudência do Tribunal de Justiça*. A Colectânea é da responsabilidade do Tribunal. A jurisprudência pode também ser consultada na Internet, no sítio http://curia.eu.int.

---

[44] Acórdão *Pain d'épice*, cit., pg. 827 e de 28/10/75, *Rutili*, proc. 36/75, Rec. 1975, pg. 1231.

6. Os meios contenciosos nos tribunais da União Europeia

6.1. *A classificação dos meios contenciosos*

Como já vimos, o TJ é dotado de competência bastante ampla.

A doutrina, desde muito cedo, tentou estabelecer classificações dos meios contenciosos que se podem utilizar perante ele, obedecendo a vários critérios.

A. É tradicional a distinção entre competência contenciosa e competência consultiva dos órgãos jurisdicionais.

Muitas vezes os tribunais acumulam estes dois tipos de funções. É o caso do Conselho de Estado francês, que exerce uma função consultiva a nível legislativo e uma função contenciosa a nível administrativo.

Os tribunais internacionais são dotados de uma função consultiva geral. É o caso do TIJ, que tem competência para emitir parecer sobre todas as questões jurídicas, mas apenas a pedido de um órgão das Nações Unidas e não de um Estado (artigo 96.º, n.º 2, da Carta). A competência contenciosa do TIJ é restrita.

O TJ acumula estes dois tipos de competência. Os autores do Tratado conceberam uma Ordem Jurídica fortemente integrada, dotada de meios de tutela jurisdicional susceptíveis de assegurar o seu respeito e a sua coerência.

O TJ dispõe, na maior parte dos casos, de jurisdição obrigatória, embora as técnicas clássicas de resolução dos diferendos internacionais não tenham sido totalmente abandonadas. O TJ é competente para decidir com fundamento em cláusula compromissória, constante de um contrato de Direito Público ou Privado, celebrado pela Comunidade, ou por sua conta, de acordo com o artigo 238.º TCE (ex--artigo 181.º). O Tratado prevê igualmente, em caso de diferendo entre os Estados-Membros relacionado com o objecto do Tratado, a possibilidade de estes se socorrerem do Tribunal por força de compromisso arbitral (artigo 239.º TCE, ex-artigo 182.º). Além disso, várias convenções internacionais celebradas pelos Estados-Membros atribuem-lhe, ou atribuíram-lhe, competência a nível de interpretação das suas disposições[45].

O TJ tem também competência consultiva, por exemplo, a nível do artigo 300.º (ex-artigo 228.º).

B. Alguns autores tentaram agrupar a competência contenciosa do TJ por referência aos modelos conhecidos de outras Ordens Jurídicas. É tradicional dividir a jurisdição obrigatória em três categorias: competência internacional, constitucional e administrativa.

Para alguns, o TJ funciona como um tribunal internacional em sede de processo por incumprimento, previsto nos artigos 226.º e 227.º TCE (ex-artigos 169.º e 170.º). Trata-se de um processo contra o Estado-Membro que não cumpriu uma obrigação imposta pelo Direito Comunitário.

Mas, ao contrário de um tribunal internacional, cuja jurisdição é normalmente facultativa, o TJ tem jurisdição obrigatória, o que leva os autores alemães a equipararem este processo aos litígios entre o Estado Federal e os Estados federados ou entre os Estados federados entre si que relevam da jurisdição constitucional.

O TJ funciona como um tribunal constitucional quando interpreta o Direito Comunitário, ao abrigo do artigo 234.º TCE (ex-artigo 177.º). Em relação à apreciação de validade é controverso se ela releva da jurisdição constitucional ou da jurisdição administrativa. Por um lado, o TJ, no âmbito da competência que lhe é conferida pelo artigo 234.º (ex-artigo 177.º), não tem competência para anular os actos comunitários, declarando apenas a sua inaplicabilidade, o que dificulta a inclusão deste meio contencioso no âmbito da jurisdição adminis-

---

[45] O mecanismo das questões prejudiciais de interpretação aplicou-se, por força de dois protocolos, assinados em 3 de Junho de 1971, à Convenção de 29 de Fevereiro de 1968 sobre o reconhecimento mútuo de sociedades e outras pessoas colectivas e à Convenção de 27 de Setembro de 1968 sobre a competência judiciária e a execução de decisões em matéria civil e comercial, concluídas com base no artigo 293.º (ex-artigo 220.º) do Tratado. Esta última já não está em vigor, pois foi substituída pelo Regulamento n.º 44/2001, do Conselho, de 22 de Dezembro de 2000, relativo à competência judiciária, ao reconhecmento e à execução de decisões em matéria civil e comercial (JO L 12, de 16/1/2001, pg. 1 e segs). O artigo 234.º (ex-artigo 177.º) aplica-se também, por força do protocolo assinado em 19/12/88 à Convenção de Roma de 19/6/80 sobre a lei aplicável às obrigações contratuais.

trativa. Por outro lado, quando se trata da apreciação de validade de actos individuais não é correcto incluí-la na jurisdição constitucional.

O TJ funciona como um tribunal administrativo em matéria de recurso de anulação de actos individuais interposto por particulares, mas já não quando o objecto do recurso é um regulamento. Neste último caso, parece aproximar-se mais de um tribunal constitucional.

Do exposto resulta que a subsunção dos meios contenciosos previstos no Tratado a esta classificação é extremamente difícil e controversa e subestima a especificidade da Ordem Jurídica Comunitária.

Por fim, importa afirmar que a acção de responsabilidade civil extracontratual, prevista nos artigos 235.º (ex-artigo 178.º) e 288.º (ex-artigo 215.º) do Tratado, inclui-se nalguns Estados na jurisdição administrativa e noutros na jurisdição cível.

Perante todas estas dificuldades, a doutrina tentou outros critérios para chegar à classificação dos meios contenciosos.

C. J. BOULOUIS e R-M. CHEVALLIER[46], com base no critério da natureza e da extensão dos poderes do juiz, dividem as competências do TJ em três categorias:

– contencioso de plena jurisdição;
– contencioso de legalidade;
– contencioso de interpretação.

No contencioso de plena jurisdição incluem os Autores os litígios relativos à responsabilidade civil extracontratual das Comunidades e as reclamações relativas às sanções pecuniárias previstas no artigo 88.º do TCECA, que já não está em vigor.

O contencioso de legalidade abrange a validade dos actos decisórios, quer se trate de recurso de anulação, de não aplicação de um acto na sequência de uma excepção de ilegalidade ou de apreciação de validade ao abrigo do artigo 234.º (ex-artigo 177.º).

O contencioso de interpretação inclui as questões prejudiciais de interpretação do artigo 234.º (ex-artigo 177.º).

---

[46] *Les grands arrêts de la Cour de Justice des Communautés européennes*, tomo I, 6.ª ed., Paris, 1997.

Segundo critérios idênticos, LILIANE PLOUVIER[47] classifica a jurisdição do Tribunal em três categorias, a saber:

– contencioso de anulação;
– contencioso de plena jurisdição;
– contencioso de declaração.

O contencioso de anulação abarca, entre outros, o recurso de anulação e a acção de omissão.

No contencioso de plena jurisdição incluem-se, entre outros, a responsabilidade extracontratual e contratual das Comunidades.

O contencioso de declaração abrange o processo por incumprimento e o processo das questões prejudiciais interpretativas e de validade, assim como a excepção de ilegalidade.

Esta classificação é bastante criticável, na medida em que inclui a acção por omissão no contencioso de anulação, o que como veremos, não tem base no Tratado CE. Além disso, após o Tratado de Maastricht também não faz muito sentido considerar o processo por incumprimento como contencioso de mera declaração. Por outro lado, a caracterização do processo das questões prejudiciais do artigo 234.° (ex-artigo 177.°) também não nos parece correcta.

D. Por sua vez, J. RIDEAU e R-M. CHEVALLIER[48], ao contrário dos Autores anteriores que importaram as classificações de outras Ordens Jurídicas, procuraram um critério específico do Direito Comunitário e, nessa medida, agruparam os meios contenciosos por referência ao critério das funções de cada um deles.

Assim, distinguem:

– o controlo dos actos dos órgãos comunitários;
– o controlo dos actos dos Estados-Membros;
– as questões prejudiciais colocadas ao TJ.

---

[47] *Les décisions de la Cour de justice des Communautés européennes et leurs effets juridiques,* Bruxelas, 1975.

[48] *Droit institutionnel des C.E.,* Paris, 1974.

Recentemente esta classificação foi adoptada por DENYS SIMON[49]. PAUL CRAIG e GRÁINNE DE BÚRCA[50] também não se afastam muito dela. H. SCHERMERS e D. WAELBROECK[51] seguem uma classificação semelhante. Distinguem, por um lado, o controlo dos actos dos órgãos comunitários, por outro, o controlo dos actos dos Estados-Membros.

E. A classificação por nós adoptada tem preocupações essencialmente didácticas e pedagógicas.

Vejamos:

Competência do Tribunal

1 – contenciosa

   a) a título prejudicial

   b) de fiscalização de legalidade

      – Recurso de anulação
      – Acção de omissão
      – Excepção de ilegalidade

   c) de plena jurisdição

      – Acção de responsabilidade extracontratual
      – Processo por incumprimento
      – Recurso dos funcionários
      – Contencioso de repressão

2 – arbitral

3 – consultiva

---

[49] *Le système* ..., pgs. 331 e segs.
[50] *EU Law* ..., pgs. 397 e segs.
[51] *Op. cit.*, pgs. 139 e segs.

Deve mencionar-se que a segunda Autora deste livro segue, no seu *Curso de Direito Constitucional da União Europeia*, uma classificação diferente dos meios contenciosos, reflexo da perspectiva constitucionalista do Direito da União Europeia que adopta[52]. Isso não implica, todavia, um afastamento substancial do Manual de Contencioso, no qual se continua a rever.

6.2. *A importância dos meios contenciosos para a caracterização da competência e da natureza dos Tribunais da União Europeia*

Do que acaba de ser dito resulta claro que o TJ possui uma competência muito vasta e diversificada, que, nesse aspecto, como já se afirmou, não encontra paralelo em qualquer outro tribunal nacional ou internacional, a não ser no Tribunal do Benelux e no Tribunal do Pacto Andino[53].

Quanto à sua jurisdição, o TJ afasta-se de um tribunal internacional em vários aspectos. Possui jurisdição obrigatória, permanente e exclusiva, que não pode ser objecto de quaisquer reservas. A iniciativa de intervenção do TJ não é deixada exclusivamente aos Estados, pois também têm capacidade judiciária activa a Comissão, o Conselho, o Parlamento Europeu e, em casos bem demarcados, os particulares. As sentenças do TJ que condenem empresas ao pagamento de multas são executórias de pleno direito, sem necessidade de *exequatur* das autoridades nacionais.

Mas também não é ainda um tribunal federal, pois não tem competência para anular ou declarar a nulidade ou a inexistência de uma norma estadual que contrarie uma norma comunitária e também não é um tribunal hierarquicamente superior aos tribunais estaduais e,

---

[52] ANA MARIA GUERRA MARTINS, *Curso de Direito Constitucional da União Europeia*, Coimbra, 2004, pgs. 463 e segs.

[53] O Tribunal do Pacto Andino tem competência de contencioso de anulação, para declarar o incumprimento dos Estados e competência consultiva. Ver PEDRO NIKKEN, *Andean Common Market, Court of Justice, in* R. BERNHARDT (ed.), Encyclopedia of International Law, Instalment 6 (1983), pgs. 15 e segs.

Capítulo I – Introdução

portanto, não é um tribunal de revista de sentenças de tribunais dos Estados-Membros. A estrutura das relações que intercedem entre o TJ e os tribunais nacionais não foi pensada de modo idêntico à estrutura das relações que ligam entre si os tribunais que compõem o sistema judiciário de um Estado federal, porque à integração jurisdicional, que imporia a hierarquia vertical entre o TJ e os tribunais estaduais, os Tratados preferiram o princípio da cooperação ou colaboração horizontal[54].

Todavia, o Tratado contém já alguns laivos de federalismo judiciário. É o caso do n.º 2 do artigo 228.º (ex-artigo 171.º), aditado pelo Tratado de Maastricht, em matéria de efeitos dos acórdãos proferidos num processo por incumprimento, que permite ao Tribunal a aplicação de sanções pecuniárias aos Estados-Membros que não cumpram um acórdão anterior que declare o incumprimento[55].

6.3. *A restrição do estudo à CE e aos meios contenciosos mais importantes*

O estudo que se fará a seguir dos meios contenciosos é restrito num duplo sentido.

Por um lado, restringe-se ao Tratado da Comunidade Europeia. As referências às especifidades do artigo 35.º do Tratado da União Europeia, bem como a análise das diferenças de regime em relação ao Tratado da Comunidade Europeia do Carvão e do Aço, que já não está em vigor, serão meramente instrumentais do estudo dos meios contenciosos previsto no TCE.

Por outro lado, não se procederá ao estudo de todos os meios processuais previstos neste Tratado, mas apenas dos mais importantes, a saber:

– o processo das questões prejudiciais;

---

[54] Para maiores desenvolvimentos, ver FAUSTO DE QUADROS, *Direito das Comunidades Europeias e Direito Internacional Público – Contributo para o estudo da natureza jurídica do Direito Comunitário Europeu*, Lisboa, 1984, pgs. 431 e segs.

[55] FAUSTO DE QUADROS, *Incumprimento (em Direito Comunitário)*, in DJAP, vol. V, Lisboa, 1993, pgs. 204 e segs.

- o recurso de anulação;
- a acção de omissão;
- a excepção de ilegalidade;
- o processo por incumprimento;
- a acção de responsabilidade civil extracontratual;
- as providências cautelares.

7. O Tribunal de Justiça segundo a Constituição Europeia

Em bom rigor, a parte introdutória deste trabalho está concluída. Todavia, tendo em conta que o Tratado que estabelece uma Constituição para a Europa[56] (a seguir designado, abreviadamente, por Constituição Europeia) foi assinado por todos os Estados-Membros e já foi ratificado por mais de metade, vamos, em seguida, ver quais as soluções que ele preconiza para os temas analisados. É certo que os referendos negativos francês e holandês não auspiciam um futuro muito risonho para a Constituição Europeia, mas mesmo assim pensamos que se justifica fazer-lhe uma breve referência.

Em primeiro lugar, deve sublinhar-se que, ao contrário do que se verificou em relação ao regime jurídico de outros órgãos principais da União, a Constituição Europeia não alterou substancialmente as disposições relativas ao Tribunal de Justiça, o que se explica pelo facto de o Tratado de Nice ter introduzido profundas alterações no sistema jurisdicional, as quais ainda não foi possível testar, dado que o Tratado entrou em vigor há relativamente pouco tempo[57].

7.1. *A nova denominação e a estrutura do Tribunal de Justiça*

Segundo o artigo I-29.° da Constituição Europeia, o novo Tribunal passará a denominar-se Tribunal de Justiça da União Europeia, em coerência com a estrutura unitária da União que introduz[58].

---

[56] Publicado no JO C 310, de 16 de Dezembro de 2004.
[57] Relembre-se que o Tratado de Nice entrou em vigor em 1 de Fevereiro de 2003.
[58] V. artigo I-1.° da Constituição.

Nos termos do n.° 1 do mesmo preceito, o Tribunal de Justiça da União Europeia inclui o Tribunal de Justiça, o Tribunal Geral e tribunais especializados. O Tribunal de Justiça funcionará, portanto, a três níveis ou instâncias, tal como actualmente.

O Tribunal de Primeira Instância verá a sua denominação alterada para «Tribunal Geral», melhor adequando o nome às funções. Como vimos, a partir das modificações introduzidas em Nice, aquele Tribunal deixa de ser apenas um tribunal de primeira instância para passar a ser também um tribunal de recurso, dado que as decisões das câmaras jurisdicionais são, segundo o artigo 225.°A, par. 3.°, TCE, recorríveis para o TPI.

Os tribunais especializados substituem as câmaras jurisdicionais[59].

7.2. *A jurisdição do Tribunal de Justiça da UE*

A competência do TJ vem definida, em termos genéricos, no artigo I-29.° da Constituição Europeia.

Segundo o n.° 1 daquele preceito, o Tribunal de Justiça é o garante do respeito pela lei na interpretação e aplicação da Constituição, dispondo o n.° 3 que o Tribunal tem competência para decidir:

a) sobre os recursos interpostos por um Estado-Membro, por um órgão ou por pessoas singulares ou colectivas;

---

[59] Sobre as inovações introduzidas no sistema jurisdicional pela Constituição Europeia, ver JOSÉ MANUEL SOBRINO HEREDIA, *El sistema jurisdiccional en el proyecto de Tratado constitucional de la Unión Europea*, Rev. Der. Com. Eur., 2003, pgs. 993 e segs; A. TIZZANO, *La "Costituzione europea" e il sistema giurisdizionale comunitario*, Dir. Un. Eur., 2003, pgs. 455 e segs; MARIA JOSÉ RANGEL MESQUITA, *O Projecto de Tratado que estabelece uma Constituição para a Europa e a competência ratione materiae do Tribunal de Justiça*, in Estudos em homenagem ao Prof. Doutor Armando Marques Guedes, Lisboa, 2004, pgs. 793 e segs; JOSÉ LUÍS DA CRUZ VILAÇA, *Il controllo giurisdizionale di costituzionalità: alcune riflessioni*, in LUCIA SERENA ROSSI, Il progetto di Trattato-costituzione, Milão, 2004, pgs. 205 e segs; ANA MARIA GUERRA MARTINS, *O Tribunal de Justiça como garante da Constituição Europeia*, *cit.*, pgs. 761 e segs.

b) a título prejudicial, a pedido dos órgãos jurisdicionais nacionais, sobre a interpretação do Direito da União ou sobre a validade dos actos adoptados pelos órgãos;

c) em todos os demais casos previstos pela Constituição.

Esta aparente extensão da competência do Tribunal de Justiça não deve, todavia, obnubilar os casos de exclusão ou de limitação da jurisdição do Tribunal, os quais têm de ser equacionados como uma reminiscência da estrutura da União em pilares adoptada desde o Tratado de Maastricht[60].

I. Os casos de exclusão da competência

O artigo III-376.º, par. 1.º, exclui a competência do TJ, nos seguintes casos:

– artigos I-40.º e 41.º relativos à política externa e de segurança comum e à política comum de segurança e defesa;
– as disposições do Capítulo II do Título V respeitantes à PESC (artigos III-294.º e segs);
– artigo III-293.º, no que se refere à Política Externa e de Segurança Comum.

O Tribunal tem, todavia, competência em matéria de PESC nos seguintes casos:

– para controlar a observância do artigo III-308.º relativo à execução da PESC;
– para se pronunciar sobre os recursos interpostos nas condições do n.º 4 do artigo III-365.º, relativos à fiscalização de legalidade das decisões europeias que estabeleçam medidas restritivas contra pessoas singulares ou colectivas adoptadas pelo Conselho, com base no mencionado Capítulo II do Título V.

---

[60] Ver artigo L do Tratado de Maastricht.

Capítulo I – Introdução

II. Os casos de limitação da jurisdição do TJ

A jurisdição do TJ também se encontra limitada, no domínio do espaço de liberdade, segurança e justiça.

Efectivamente, nos termos do artigo III-377.º, o Tribunal não pode fiscalizar a validade ou a proporcionalidade de operações efectuadas pelos serviços de polícia ou outros serviços de execução das leis dos Estados-Membros, nem pode decidir sobre o exercício das responsabilidades que incumbem aos Estados-Membros em matéria de manutenção da ordem pública e de garantia da segurança interna, desde que estes sejam regidos pelo direito interno[61].

7.3. *O Tribunal de Justiça*

7.3.1. *A composição*

O Tribunal de Justiça continua a ser composto por um juiz de cada Estado-Membro e assistido por advogados-gerais (artigo I-29.º, n.º 2), cujo número, de acordo com o artigo III-354.º, continua a ser de oito, podendo ser aumentado, a pedido do próprio Tribunal, por uma decisão europeia do Conselho de Ministros, por unanimidade, tal como actualmente[62].

Os juízes e os advogados-gerais continuarão a ser escolhidos de entre personalidades que ofereçam todas as garantias de independência e reúnam as condições exigidas, nos respectivos países, para o exercício das mais altas funções jurisdicionais ou que sejam jurisconsultos de reconhecida competência (artigo III-355.º, par. 1.º) e continuarão a ser nomeados, de comum acordo, pelos Governos dos Estados--Membros.

A novidade introduzida pela Constituição Europeia, neste domínio, radica na criação de um comité composto por sete persona-

---

[61] Sobre a competência do Tribunal de Justiça na Constituição Europeia, ver, por todos, MARIA JOSÉ RANGEL MESQUITA, *O Projecto de Tratado* ..., pgs. 793 e segs.

[62] Ver artigo 222.º, par. 1.º, TCE.

lidades, cuja função é dar parecer sobre a adequação ao exercício das funções de juiz ou de advogado-geral do TJ e do TG (artigo III-357.°). Consequentemente, os Governos dos Estados-Membros antes de procederem à nomeação quer dos juízes quer dos advogados-gerais devem ouvir o referido comité.

Mantém-se também substituição parcial dos juízes e dos advogados-gerais de três em três anos (artigo III-355, par. 2.°) e a eleição entre si, por um período de três anos, do Presidente do Tribunal, que pode ser reeleito (artigo III-355.°, par. 3.°).

7.3.2. *O modo de funcionamento*

Também não se verificam modificações dignas de assinalar quanto ao modo de funcionamento do TJ. Ele continuará a funcionar em secções, em grande secção e em tribunal pleno, em conformidade com o Estatuto do Tribunal de Justiça (artigo III-353.°).

7.3.3. *A competência*

O TJ detém competência relativamente a todas as matérias, que não se encontrem reservadas ao Tribunal Geral ou aos tribunais especializados. Trata-se, portanto, de uma competência residual, que só será clarificada após a enumeração da competência dos outros tribunais da União.

7.4. *O Tribunal Geral*

7.4.1. *A composição e o modo de funcionamento*

No que diz respeito ao Tribunal Geral, a Constituição Europeia também mantém, *grosso modo*, o que tinha sido aprovado em Nice.

Assim, o TG é constituído, no mínimo, por um juiz de cada Estado-Membro, sendo o número de juízes fixado pelo Estatuto do TJ (artigo I-29.°, n.° 2). Os critérios de escolha dos juízes do TG, os períodos para a sua substituição parcial, bem como a designação do seu Presidente e respectiva duração do mandato são decalcados do regime dos juízes do TJ (artigo III-356.°).

Segundo o artigo 356.º, par. 7.º, as disposições da Constituição Europeia relativas ao Tribunal de Justiça são subsidiariamente aplicáveis ao Tribunal Geral.

7.4.2. A competência

A competência do TG abrange:

– em primeira instância, os recursos de anulação, as acções por omissão, a acção de responsabilidade extracontratual, o contencioso de funcionários e as acções provenientes de cláusula compromissória (artigo III-358, n.º 1), com excepção dos processos atribuídos a um tribunal especializado e dos recursos e acções reservados ao TJ pelo Estatuto;
– os recursos interpostos das decisões dos tribunais especializados (artigo III-358.º, n.º 2);
– questões prejudiciais, nas condições a fixar pelo Estatuto do TJ (artigo III-358.º, n.º 3).

No fundo, o único processo que fica reservado ao Tribunal de Justiça é o processo por incumprimento (arts. III-360.º a 362.º).

Porém, esta erosão da competência do TJ com a consequente extensão da competência do TG pode ser mais aparente do que real, tal como já aconteceu com o Tratado de Nice. Basta para tanto que o actual artigo 51.º do Estatuto se mantenha, consagrando uma reserva de competência do Tribunal de Justiça, no que toca aos processos propostos pelos Estados-Membros, pelos órgãos comunitários e pelo BCE.

7.5. *Os tribunais especializados*

Na sequência do Tratado de Nice, a Constituição Europeia afirma que a lei europeia pode criar tribunais especializados, adstritos ao TG, encarregados de conhecer em primeira instância de certas categorias de acções em matéria específica (artigo III-359.º, par. 1.º).

Essa lei europeia é adoptada, quer sob proposta da Comissão e após consulta ao Tribunal de Justiça, quer a pedido deste e após consulta à Comissão.

Ao contrário do que dispõe o Tratado de Nice, não se exige a unanimidade no seio do Conselho para a criação dos tribunais especializados, o que, certamente, facilitará a tomada de decisão.

A criação dos tribunais especializados é imposta pelo carácter muito específico das matérias em causa, bem como pela enorme quantidade de processos, que se prevê que venham a surgir. Afigurou-se necessário encontrar uma solução que não passasse pelos tribunais da União já existentes.

As decisões destes tribunais especializados são susceptíveis de recurso para o TG (artigo III-359.°, n.° 3), o que, de resto, já está previsto também no Tratado de Nice, no que diz respeito às câmaras jurisdicionais (artigo 225.°A, par. 3.°).

7.6. *Os meios contenciosos na Constituição Europeia*

Competência do Tribunal

1 – contenciosa

- *a)* a título prejudicial (artigo III-369.°)
- *b)* de fiscalização de legalidade

  - Recurso de anulação (artigos III-365.°, 366.° e III-371.°)
  - Acção de omissão (artigos III-367.° e 368.°)
  - Excepção de ilegalidade (artigo III-378.°)

- *c)* de plena jurisdição

  - Acção de responsabilidade extracontratual (artigos III-370.° e 431.°)
  - Processo por incumprimento (artigos III-360.° a 362.°)
  - Recurso dos funcionários (artigo III-372.°)
  - Contencioso de repressão (artigo III-363.°)

2 – arbitral (artigo III-374.°)

3 – consultiva (artigo III-325.°, n.° 11)

CAPÍTULO II

A COMPETÊNCIA A TÍTULO PREJUDICIAL

O processo das questões prejudiciais
(artigo 234.° – ex-artigo 177.°)

Bibliografia específica: ULRICH EVERLING, *Das Vorabentscheidungsverfahren vor dem Gerichtshof der Europäischen Gemeinschaften – Praxis und Rechtsprechung*, Baden-Baden, 1986; ANA MARIA GUERRA MARTINS, *Os efeitos dos acórdãos prejudiciais do art. 177.° do TR (CEE)*, Lisboa, 1988; JOSE LUIS DOMINGUEZ GARRIDO, *Juez nacional y juez comunitario, un analisis del articulo 177 del Tratado CEE*, Revista de Trabajo, 1989, pgs. 63-93; NUNO PIÇARRA, *O Tribunal de Justiça das Comunidades Europeias como juiz legal e o processo do artigo 177.° do Tratado CEE*, Lisboa, 1991; JOSÉ CARLOS MOITINHO DE ALMEIDA, *O reenvio prejudicial perante o Tribunal de Justiça das Comunidades Europeias*, Coimbra, 1992; ROBERTA GRAPPIOLO, *La giurisprudenza della Corte de Giustizia sul rinvio pregiudiziale ai sensi dell'art. 177 del Trattato CEE*, DCDSI, 1992, pgs. 63-79; P. PESCATORE, *Comentário ao art. 177.°*, *in* VLAD CONSTANTINESCO e outros, Traité instituant la CEE – Commentaire article par article, Paris, 1992, pgs. 1073-1122; LUIGI FUMAGALLI, *Competenza della Corte di Giustizia e ricevibilità della domanda nella procedura prègiudiziale*, DCDSI, 1993, pgs. 311-327; DÁMASO RUIZ-JARABO COLOMER, *El Juez nacional como Juez comunitario*, Madrid, 1993; RUI MANUEL MOURA RAMOS, *Reenvio prejudicial e relacionamento entre as ordens jurídicas na construção comunitária, in* Das Comunidades à União Europeia. Estudos de Direito Comunitário, Coimbra, 1994, pgs. 213-237; VASSILI CHRISTIANOS (dir.), *Evolution récente du droit judiciaire communautaire*, Maastricht, 1994, pgs. 73-171; WILLY ALEXANDER, *La recevabilité des renvois préjudiciels dans la perspective de la réforme institutionnelle de 1996*, CDE, 1995, pgs. 561-576; MARCO DARMON, *Réflexions sur le recours préjudiciel*, CDE, 1995, pgs. 577-584; DAVID W. K. ANDERSON, *References to the European Court*, Londres, 1995; CARLO NIZZO, *La notion de juridiction au sens de l'article 177: la portée de l'arrêt JOB CENTRE*, Riv. Dir. Eur., 1995, pgs. 335-

-343; Catherine Barnard / Eleanor Sharpson, *The Changing Face of Article 177 References*, CMLR, 1997, pgs. 1113-1171; Bernhard Schima, *Das Vorabentscheidungsverfahren vor dem EuGH: unter besonderer Berücksichtigung der Rechtslage in Österreich*, Viena, 1997; Ami Barav, *Le renvoi prejudiciel communautaire*, Rev. Gen. Dr. Proc., 1997, pgs. 1-14; Georges Rouhette, *Quelques aspects de l'application du mécanisme du renvoi préjudiciel*, Rev. Gen. Dr. Proc., 1997, pgs. 15-29; David O'Keeffe, *Is the Spirit of Article 177 under Attack? Preliminary References and Admissibility*, ELR, 1998, pgs. 509-536; José Carlos Moitinho de Almeida, *La notion de juridiction d'un Etat membre (article 177)*, in Mélanges en hommage à Fernand Schockweiler, Baden-Baden, 1999, pgs. 463-478; Peter Oliver, *La recevabilité des questions préjudicielles: la jurisprudence des années 1990*, CDE, 2001, pgs. 15-43; Nuno Piçarra, *O Tribunal de Justiça das Comunidades Europeias e o novo espaço de liberdade, de segurança e de justiça*, RFDUNL, 2000, pgs. 81-125; Jacques Pertek, *La pratique du renvoi préjudiciel en droit communautaire – Coopération entre CJCE et juges nationaux*, Paris, 2001; Giovanni Ratti, *Prima e dopo Nizza: il futuro della «pregiudiziale comunitaria» tra opposte istanze di conservazione e innovazione*, Riv. Trim. Dir. Proc. Civ., 2002, pgs. 605-624; Anthony Arnull, *The Past and Future of the Preliminary Rulings Procedure*, EBLR, 2002, pgs. 183-191; Mariola Urrea Corres, *El espacio de libertad, seguridad y justicia y la competencia del Tribunal de Justicia de las Comunidades Europeas: hacia una jurisdicción flexible*, Boletín de la Facultad de Derecho, 2003, pgs. 66-101; Takis Tridimas, *Knocking on Heaven's Door: Fragmentation, Efficiency and Defiance in the Preliminary Reference Procedure*, CMLR, 2003, pgs. 9-50; Daniel Sarmiento, *Poder Judicial e Integración Europea – La construcción de un modelo jurisdiccional para la Unión*, Madrid, 2004; Peter J. Wattel, *KÖBLER, CILFIT AND WELTHGROVE: We can't go on like this*, CMLR, 2004, p. 177-190; Anne-Sophie Botella, *La responsabilité du juge national*, RTDE, 2004, pgs. 283-315; Fausto de Quadros, *Direito da União Europeia*, cit., pgs. 456 e segs; Ana Maria Guerra Martins, *Curso de Direito Constitucional da União Europeia*, cit., pgs. 504 e segs; Manuel Cienfuengos Mateo, *La noción comunitaria de órgano jurisdiccional de um Estado miembro ex artículo 234 del Tratado CE y su necesaria revisión*, GJ, 2005, pgs. 3-26; Luigi Raimondi, *La nozione di giurisdizione nazionale ex art. 234 TCE alla luce della recente giurisprudenza comunitaria*, Dir. Un. Eur., 2006, pgs. 369-405; Cyril Ritter, *Purely internal situations, reverse discrimination, Guimont, Dodzi and Article 234*, ELR, 2006, pgs. 690-710; Maria Inês Quadros, *A função subjectiva da competência prejudical do Tribunal de Justiça das Comunidades Europeias*, Coimbra, 2007.

Capítulo II – A Competência a Título Prejudicial   67

1. Prevenções quanto à terminologia a adoptar: não há «reenvio», não há «recurso prejudicial», não há «acção prejudicial»

Antes de mais cumpre-nos proceder a algumas prevenções quanto à terminologia a adoptar, no que diz respeito ao processo previsto no artigo 234.º TCE (ex-artigo 177.º).

Por influência da doutrina estrangeira têm-se generalizado em português expressões como «reenvio prejudicial», «recurso prejudicial» e «acção prejudicial» para se designar este meio processual. Mas, em nosso entender, nenhuma destas expressões é verdadeiramente adequada. Com fidelidade à terminologia do Direito Processual Civil português, o que há aqui são questões prejudiciais, que são suscitadas por órgãos jurisdicionais nacionais perante o TJ.

1.1. *Não há «reenvio»*

Efectivamente, há quem denomine este processo como «reenvio prejudicial», fazendo uma tradução literal da expressão francesa *"renvoi préjudiciel"*. Todavia, no Direito Português o reenvio tem um significado preciso. É um instituto de Direito Internacional Privado, que significa devolução[63], e que, portanto, nada tem a ver com um processo judicial.

1.2. *Não há «acção»*

Por outro lado, também não há aqui uma acção.

A acção é o modo de fazer valer um direito em juízo. Ela pressupõe a existência de partes, pedido e causa de pedir. Ora, o artigo 234.º (ex-artigo 177.º) prevê a cooperação entre o juiz comunitário e o juiz nacional. A relação estabelece-se entre o tribunal nacional e o TJ, o que conduz ao apagamento das partes do processo principal. Estas

---

[63] Sobre o reenvio em Direito Internacional Privado, ver, por todos, ISABEL MAGALHÃES COLLAÇO, *Direito Internacional Privado,* Lisboa, 1959, pgs. 326 e segs; A. FERRER CORREIA, *Lições de Direito Internacional Privado,* vol. I, Coimbra, 2000, pgs. 265 e segs.

não detêm os poderes de iniciativa processual, alteração do pedido e desistência dele, que normalmente lhe são atribuídos. As partes intervêm no processo através da elaboração de observações escritas e orais, em pé de igualdade com os Estados-Membros e os órgãos comunitários – Comissão, Conselho e Parlamento Europeu –, não detendo qualquer posição privilegiada pelo facto de serem partes no processo principal. Por outro lado, não estamos aqui perante uma acção prejudicial também porque a questão prejudicial prevista no artigo 234.° surge-nos como uma questão <u>incidental</u> dentro do processo principal, que corre num tribunal nacional. Ela não se confunde, portanto, com a questão prejudicial que pode ser objecto autónomo de uma acção, permitindo que, nesse caso, se fale em acção prejudicial[64]: é o caso, no Direito português, por exemplo, da acção prejudicial prevista no artigo 15.° do Código de Processo dos Tribunais Administrativos.

1.3. *Não há «recurso»*

O recurso é o pedido de reponderação de uma decisão de um tribunal por um outro hierarquicamente superior ou a impugnação de um acto administrativo.

Ora, como veremos, no processo das questões prejudiciais não há recurso, pois não há impugnação de um acto judiciário nem administrativo. Ninguém recorre de nada.

2. A origem histórica do artigo 234.° (ex-artigo 177.°)

2.1. *A influência dos Direitos nacionais*

O artigo 234.° (ex-artigo 177.°) institui um processo bastante original que se inspirou, fundamentalmente, no Tratado da CECA, mas também em alguns Direitos nacionais.

---

[64] Veja-se José ALBERTO DOS REIS, *Comentário ao Código de Processo Civil*, vol. I, 2.ª ed., Coimbra, anotação ao artigo 97.°.

Capítulo II – A Competência a Título Prejudicial

O controlo jurisdicional da constitucionalidade das normas jurídicas, previsto nos Direitos alemão e italiano, foi, decerto, uma fonte inspiradora do artigo 234.º (ex-artigo 177.º) na parte relativa à apreciação de validade.

Por outro lado, o Direito interno dos Estados-Membros conhecia o mecanismo das questões prejudiciais nas relações entre os tribunais civis, penais e administrativos[65].

Por fim, o artigo 234.º (ex-artigo 177.º) foi influenciado pelo uso judiciário francês de reenvio ao governo, em matéria de interpretação de tratados internacionais.

2.2. A influência do artigo 41.º do Tratado CECA

O artigo 177.º (actual 234.º) do TCEE teve a sua origem próxima no artigo 41.º do TCECA. Este preceito previa a competência exclusiva do TJ para decidir, a título prejudicial, sobre a validade das deliberações da Alta Autoridade e do Conselho, no caso de um litígio pendente num tribunal nacional pôr em causa essa validade.

Se compararmos o texto do artigo 41.º do TCECA, hoje revogado, com o do artigo 177.º (actual 234.º) encontraremos duas importantes diferenças. São elas:

a) o âmbito de aplicação do artigo 177.º (actual 234.º) é muito mais amplo, abrangendo questões de interpretação, incluindo do Direito originário, e de validade do Direito derivado. O TCECA, pelo contrário, não continha qualquer disposição que previsse o processo das questões prejudiciais de interpretação, pelo que se encontrava restringido à apreciação de validade do Direito derivado. Esta lacuna explica-se pelo facto de a aplicação do TCECA só raramente ser confiada aos tribunais nacionais. O órgão que, por excelência, aplicava o TCECA era a Alta Autoridade;

b) de acordo com o artigo 41.º do TCECA, se for suscitada a questão de validade num litígio pendente num tribunal

---

[65] V. artigo 97.º do Código de Processo Civil português.

nacional, só o TJ era competente para decidir, a título prejudicial, sobre a validade das deliberações da Alta Autoridade e
do Conselho. Assim, todos os tribunais estavam obrigados a
submeter a questão prejudicial ao TJ, mesmo que não estivessem a julgar em última instância. Pelo contrário, a letra do
artigo 177.° (actual 234.°) só exige que o juiz nacional suscite a
questão prejudicial se estiver a julgar em última instância.

As divergências na letra destes dois preceitos não impediram a
sua aproximação por parte da jurisprudência do TJ.

Em primeiro lugar, a ausência de disposição sobre a interpretação
no TCECA não foi obstáculo para o TJ proceder à interpretação de
disposições deste Tratado, quando lhe era suscitada uma questão
prejudicial, com base no TCEE ou no TCEEA.

O TJ pronunciou-se, pela primeira vez, no caso *Lord Bruce*[66] –
ainda que em termos não muito explícitos – pela interpretação
extensiva do artigo 177.° (actual 234.°) no sentido da sua aplicação à
interpretação das disposições do TCECA.

Mas foi no caso *Busseni*[67] que o TJ considerou que seria contrário à finalidade e à coerência dos Tratados que, quando estivessem
em causa normas do TCEE e TCEEA, a fixação do seu sentido
relevasse em última análise do TJ (artigos 177.° TCEE e 150.°
TCEEA), permitindo, assim, a uniformidade da sua aplicação, enquanto situação idêntica não se verificava quando estivessem em
causa normas do TCECA, pois aí a competência seria de múltiplos
tribunais nacionais, cujas interpretações poderiam divergir, sem que o
TJ pudesse assegurar a interpretação uniforme.

O Tribunal acabou, com base nestes fundamentos, por se considerar competente para apreciar uma questão prejudicial de interpretação relativa ao TCECA.

Em segundo lugar, a divergência dos dois Tratados relativa à obrigação de suscitar a questão de validade no TCECA e à ausência dela
no TCEE, acabou por se atenuar bastante, pois, como veremos, o TJ

---

[66] Acórdão de 15/9/81, proc. 208/80, Rec. 1980, pg. 2205.
[67] Acórdão de 22/2/90, proc. C-221/88, Col. 1990, pgs. I-523 e segs.

Capítulo II – A Competência a Título Prejudicial   71

exigiu, no caso *Foto-Frost*[68], que os tribunais nacionais suscitassem obrigatoriamente a questão prejudicial quando estejam em causa questões de invalidade de actos comunitários.

3. O fundamento jurídico deste meio contencioso

3.1. *Breve explicação do processo das questões prejudiciais*

O juiz nacional, juiz comum do Direito Comunitário, ao resolver um caso concreto pode ver-se confrontado com a necessidade de aplicar uma norma comunitária, pois o Direito Comunitário goza, em muitos casos, de aplicabilidade directa ou de efeito directo, pelo que pode ser invocado pelas partes nos órgãos jurisdicionais nacionais. Além disso, compete, em primeira linha, ao juiz nacional assegurar o primado, ou seja, dar prevalência ao Direito Comunitário sobre o Direito nacional.

O juiz nacional pode, entretanto, ter dúvidas sobre a interpretação ou a validade da concreta norma ou acto de Direito Comunitário. Se lhe fosse permitido resolvê-las sozinho e livremente, isso implicaria, a prazo, um fraccionamento do Direito Comunitário, quebrando-se, desse modo, a uniformidade que se pretende atingir na interpretação e na aplicação da Ordem Jurídica comunitária. Assim, foi necessário criar um mecanismo que evitasse divergências de jurisprudência nos vários Estados-Membros.

O artigo 234.º (ex-artigo 177.º) prevê um mecanismo pelo qual todo e qualquer tribunal nacional pode submeter ao TJ questões de interpretação ou de validade do Direito Comunitário que sejam relevantes para a boa decisão da causa.

Além disso, há casos em que o tribunal nacional está *obrigado* a submeter a questão ao TJ: quando julga em última instância. Se este mecanismo funcionar correctamente toda a parte num litígio que suscite uma questão de interpretação ou aplicação do Direito Comunitário tem a garantia de poder vir a obter uma decisão do TJ sobre a interpretação ou sobre a validade da disposição em causa.

---

[68] Acórdão de 22/10/87, proc. 314/85, Col. 1987, pg. 4225.

O TJ afirmou, desde cedo, que o então artigo 177.º (hoje artigo 234.º) é essencial à preservação do carácter comunitário instituído pelo Tratado e tem por efeito assegurar que em todas as circunstâncias este Direito se aplica da mesma forma em todos os Estados-Membros[69]. Como vimos, foi precisamente o objectivo de assegurar a interpretação e a aplicação uniformes do Direito Comunitário que fundamentou, até ao Tratado de Nice, a exclusão deste processo da competência do Tribunal de Primeira Instância (artigo 225.º (ex-artigo 168.ºA, n.º 1)), pois considerou-se, durante muito tempo, que a uniformidade só se conseguiria atingir se apenas um tribunal tivesse competência para fixar a interpretação do Direito Comunitário. Já explicámos as razões que levaram à alteração em Nice[70].

O artigo 234.º (ex-artigo 177.º) visa, portanto, assegurar a aplicação correcta do Direito Comunitário, colocando ao dispor do juiz nacional um meio de eliminar as dificuldades que poderiam advir da necessidade de dar ao Direito Comunitário o seu pleno efeito nos vários sistemas jurisdicionais dos Estados-Membros[71].

Toda e qualquer lacuna no sistema poria em causa a eficácia das disposições do Tratado e do Direito derivado.

Convém sublinhar que o artigo 234.º (ex-artigo 177.º) constitui uma das manifestações mais claras da especificidade da Ordem Jurídica comunitária.

3.2. *As razões da existência do artigo 234.º (ex-artigo 177.º)*

As razões que justificam a existência do artigo 234.º (ex--artigo 177.º) podem subdividir-se em duas grandes categorias, a saber:

a) Objectivas;
b) Subjectivas.

---

[69] Acórdão de 16/1/74, *Rheinmühlen*, proc. 166/73, Rec. 1974, pg. 38.

[70] Cfr. *supra* n.º 2.3. da Introdução

[71] Ver Nota Informativa do Tribunal de Justiça relativa à apresentação de pedidos de decisão prejudicial pelos órgãos jurisdicionais nacionais, publicada no JO C 143/1, de 11/06/2005, pgs. 1 e segs.

Capítulo II – A Competência a Título Prejudicial

a) Dentro das razões objectivas são de mencionar as seguintes:

i) a aplicação descentralizada do Direito Comunitário como premissa do processo – o juiz nacional é o juiz comum do Direito Comunitário;

ii) assegurar a uniformidade de interpretação e aplicação do Direito Comunitário[72] – o objectivo fundamental do artigo 234.º (ex-artigo 177.º) é assegurar a uniformidade na interpretação e na aplicação do Direito Comunitário pelos tribunais nacionais;

iii) assegurar a estabilidade do Direito derivado – a apreciação de validade constitui uma garantia e também deve impedir a desnaturação do Direito Comunitário por parte dos tribunais nacionais;

iv) favorecer o desenvolvimento do Direito Comunitário – o artigo 234.º (ex-artigo 177.º) desempenhou um papel fundamental no desenvolvimento do Direito Comunitário, contribuindo para a sua evolução. A maior parte das grandes inovações jurisprudenciais aconteceram em processos baseados no artigo 234.º (ex-artigo 177.º).

b) Dentro das razões subjectivas devem referir-se:

i) a protecção jurídica dos particulares – o processo do artigo 234.º (ex-artigo 177.º) é a «última esperança» de aplicação correcta do Direito Comunitário para os particulares;

ii) a compensação das restrições impostas aos particulares em sede de recurso de anulação (artigo 230.º) – o processo das questões prejudiciais, na modalidade de invalidade, pode ser visto como uma forma de compensar os particulares pelas condições muito restritivas que o Tratado lhes impõe para a impugnação de actos normativos. Nesta linha, o Tribunal afirmou, recentemente, no caso *Unión de Pequeños Agricultores*[73], que «*o Tratado nos seus artigos 173.º e 184.º (actualmente artigos 230.º e 241.º), por um lado, e no seu ar-*

---

[72] Acórdão de 1/12/65, *Schwarze*, proc. 16/65, Rec. 1965, pgs. 1094 e 1095.
[73] Acórdão de 25/7/2002, proc. C-50/00 P, Col. 2002, pgs. I-6677 e segs.

tigo 177.º (actual artigo 234.º), por outro, estabeleceu um sistema completo de vias de recurso e de procedimentos destinados a garantir o controlo da legalidade dos actos das instituições, confiando esse controlo ao juiz comunitário. Nesse sistema, as pessoas singulares ou colectivas que, devido aos requisitos de admissibilidade previstos no artigo 173.º, parágrafo 4.º, não possam impugnar directamente actos comunitários de alcance geral, têm a possibilidade, segundo os casos, de invocar a invalidade de tais actos, ou de maneira incidental perante o juiz comunitário, (...) ou perante os órgãos jurisdicionais nacionais e instar esses órgãos, que não são competentes para declarar por si a invalidade de tais actos (...), a suscitarem uma questão prejudicial ao Tribunal de Justiça».

4. Análise do artigo 234.º TCE

4.1. *O domínio material das questões prejudiciais*

4.1.1. *O âmbito das questões prejudiciais*

Segundo o artigo 234.º (ex-artigo 177.º), o TJ tem competência para apreciar questões prejudiciais sobre:

a) a interpretação do Tratado;

b) a interpretação e a validade dos actos aprovados pelos órgãos comunitários e pelo BCE;

c) a interpretação dos estatutos dos organismos criados por um acto do Conselho, desde que estes o prevejam.

A questão prejudicial pode, portanto, incidir sobre a interpretação de normas e actos comunitários e sobre a sua validade.

Comecemos por estudar as questões prejudiciais de interpretação.

Capítulo II – A Competência a Título Prejudicial

4.1.2. As questões prejudiciais de interpretação

I. O sentido da expressão «interpretar»

Em primeiro lugar, importa definir o sentido da expressão «interpretar», para o efeito da aplicação do artigo 234.º (ex-artigo 177.º). Interpretar significa não só esclarecer o sentido material das disposições do Direito Comunitário em causa, mas também determinar o seu alcance e definir os seus efeitos.

II. As fontes sujeitas a interpretação

Em segundo lugar, importa esclarecer qual o âmbito material das questões prejudiciais de interpretação, ou seja, quais as disposições que o TJ pode interpretar à luz do artigo 234.º (ex-artigo 177.º).

A) O «presente tratado»

Esta expressão abrange não só o Tratado institutivo da Comunidade Europeia, como também todas as disposições que têm o mesmo valor jurídico. Assim, incluem-se os anexos e protocolos que dele fazem parte (artigo 311.º – ex-artigo 239.º), bem como os tratados de adesão, os actos provenientes da revisão, com base no artigo 48.º TUE (ex-artigo N e 236.º TCE) e todos os tratados e actos que completaram o Tratado institutivo, como, por exemplo, os Tratados em matéria orçamental, a Decisão do Conselho relativa à eleição do PE por sufrágio directo e universal e a recente Decisão de criação do TFP. Em suma, todo o Direito originário relativo à Comunidade Europeia. O Tribunal não tem, contudo, competência para interpretar disposições do Tratado da União Europeia que não estejam incluídas na sua jurisdição pelo artigo 46.º TUE (ex-artigo L)[74].

---

[74] O Tribunal, no caso *Grau Gomis* (ac. de 7/4/95, proc. C-167/94, Col. 1995, pgs. I-1025 e segs), considerou-se manifestamente incompetente para interpretar o artigo B do TUE no âmbito do processo das questões prejudiciais.

B) «Os actos adoptados pelos órgãos comunitários»

O TJ tem também competência para interpretar todos os actos adoptados pelo Conselho, pela Comissão e pelo Parlamento Europeu[75].

O TUE alargou o âmbito material das questões prejudiciais aos actos do BCE[76] e do Tribunal de Contas.

O TJ entende que a sua competência de interpretação se estende a todos os actos de Direito derivado, sem excepções. Daqui decorre que lhe é permitido interpretar, por exemplo, uma recomendação[77], ou outros actos não vinculativos, como sejam os acordos de aplicação de uma convenção[78].

O TJ aceita também questões prejudiciais de interpretação de actos atípicos, tais como as resoluções do Conselho, que considera como actos que exprimem a vontade política do seu autor[79].

O acto em causa pode ser directamente aplicável ou não[80].

O tribunal nacional pode ainda obter esclarecimentos sobre o alcance de um acórdão anterior, o que, em última análise, implica que é possível suscitar questões prejudiciais de interpretação sobre um acto jurisdicional[81]. Deve, todavia, sublinhar-se que o Tribunal de Justiça tem vindo a restringir esta possibilidade[82].

---

[75] Sobre a interpretação de actos do PE, ver acórdãos de 15/9/81, *Lord Bruce*, cit., pg. 2205 e de 10/7/86, *Wybot, Faure e a.*, proc. 149/85, Col. 1986, pg. 2391.

[76] O BCE, para o desempenho das atribuições que lhe são conferidas pelo Tratado, pode aprovar regulamentos, tomar decisões, formular recomendações e emitir pareceres, segundo o artigo 110.º (ex-artigo 108.ºA).

[77] Acórdão de 13/12/89, *Grimaldi*, proc. C-322/88, Col. 1989, pgs. 4407, 4419.

[78] Acórdão de 18/6/76, *Giordano Fracasseti*, proc. 113/75, Rec. 1976, pg. 983; acórdão de 21/1/93, *Deutsche Shell*, proc. C-188/91, Col. 1993, pgs. I-363, 388.

[79] Acórdão de 24/10/73, *Carl Schlüter*, proc. 9/73, Rec. 1973, pgs. 1135, 1161; ac. de 3/2/76, *Manghera*, proc. 59/75, Rec. 1976, pgs. 91, 102.

[80] Embora inicialmente o TJ se tenha inclinado para a rejeição da possibilidade de suscitar questões prejudiciais sobre actos não directamente aplicáveis (acórdão de 6/10/70, *Franz Grad*, proc. 9/70, Rec. 1970, pg. 839) acabou por aceitá-las (acórdãos de 20/5/76, *Quirino*, proc. 111/75, Rec. 1976, pgs. 657, 665; de 10/4/84, *Von Colson*, proc. 14/83, Rec. 1984, pg. 1909).

[81] Acórdãos de 3/4/68, *Molkerei Zentrale*, proc. 28/67, Rec. 1968, pg. 211; de 16/6/66, *Lütticke*, proc. 57/65, Rec. 1966, pg. 293.

[82] Ver, entre muitos outros, acórdão de 6/3/2003, *Kaba*, proc. C-466/00, Col. 2003, pgs. I-2219 e segs, em especial, cons. 39.

Capítulo II – A Competência a Título Prejudicial

O âmbito material da questão prejudicial de interpretação é, portanto, muito amplo, podendo incidir sobre qualquer acto ou norma comunitária, que possa ter interesse para a boa decisão da causa.

Assim, o acto pode ser normativo ou individual; típico ou atípico; directamente aplicável ou não; com ou sem efeito directo; obrigatório ou não. O tribunal nacional pode até suscitar questões prejudiciais sobre Direito não escrito, como, por exemplo, os princípios gerais de direito.

O TJ considera que a Ordem Jurídica comunitária é um conjunto complexo, no qual se encontram em interacção os textos escritos e os princípios que não estão formulados por escrito. O caso paradigmático do que acaba de ser afirmado é o sistema de protecção de direitos fundamentais, construído pelo TJ, principalmente, em processos que tinham por base o artigo 234.º (ex-artigo 177.º).

C) Os acordos internacionais em que a Comunidade é parte

O Tribunal considera-se ainda competente para interpretar, a título prejudicial, os acordos internacionais concluídos pela Comunidade.

No caso *Haegeman*[83], a propósito do acordo de associação CEE-Grécia, concluído pelo Conselho, o TJ defendeu que este acordo, no que diz respeito à Comunidade, é um acto adoptado por um órgão comunitário e, como tal, o juiz nacional pode suscitar questões prejudiciais sobre as suas cláusulas. Quando o Tribunal se pronuncia sobre a interpretação de um acordo internacional que obriga a Comunidade está a interpretar o acto interno comunitário de conclusão do acordo e o artigo 300.º (ex-artigo 228.º) do Tratado. Todavia, a interpretação dada pelo TJ é uma interpretação unilateral, válida apenas para a Comunidade, não oponível ao Estado terceiro com quem a Comunidade contratou.

O Tribunal admite também a sua competência para interpretar um acordo internacional concluído pelos Estados membros, agindo por conta e no interesse da Comunidade[84].

---

[83] Acórdão de 30/4/74, proc. 181/73, Rec. 1974, pgs. 449, 459. Para um comentário deste acórdão, ver FAUSTO DE QUADROS, *Direito...*, pgs. 463 e segs.

[84] Acórdão de 16/01/2003, *Cipra e Kvasnicka*, proc. C-439/01, Col. 2003, pgs. I--745 e segs (cons. 23 e 24).

A competência de interpretação de acordos internacionais, no âmbito do artigo 234.° (ex-artigo 177.°), também se aplica aos acordos concluídos pelos Estados-Membros, em que a Comunidade lhes sucedeu[85], e aos acordos mistos, designadamente aos acordos de associação[86].

A competência de interpretação do TJ estende-se também às decisões tomadas pelos órgãos instituídos por um acordo internacional, concluído pela Comunidade[87], e aos actos não obrigatórios concluídos por esses órgãos[88].

Mais recentemente, o Tribunal admite também a sua competência para interpretar, ao abrigo do artigo 234.°, o acordo que cria o Espaço Económico Europeu, restringindo também os efeitos do seu acórdão aos Estados-Membros das Comunidades Europeias, excluindo, portanto, a sua aplicação aos Estados-Membros da AELE[89].

D) Os «estatutos de organismos criados por acto do Conselho, desde que estes o prevejam»

O TJ tem ainda competência para interpretar estes estatutos, mas o Conselho não parece até hoje ter feito uso desta competência.

4.1.3. As questões prejudiciais de apreciação de validade

Para além da competência de interpretação, o TJ tem também competência para apreciar a validade dos actos aprovados pelos órgãos comunitários. A validade do Tratado não pode ser posta em causa, o que se compreende se pensarmos que o TJ é um órgão jurisdicional por ele criado.

---

[85] Acórdão de 12/12/72, *International Fruit*, proc. 21 a 24/72, Rec. 1972, pg. 1219.

[86] Em matéria de acordos mistos a Comunidade tem competência para interpretar as cláusulas que relevam das atribuições comunitárias – ac. de 24/11/77, *Razanatsimba*, proc. 65/77, Rec. 1977, pg. 2229; ac. de 30/9/87, *Demirel*, proc. 12/86, Col. 1987, pgs. 3719, 3751; ac. de 20/09/1990, *Sevince*, proc. C-192/89, Col. 1990, pgs. I-3461 e segs.

[87] Acórdão de 20/09/1990, *Sevince*, cit., pgs. I-3461 e segs.

[88] Ac. de de 21/1/93, *Deutsche Shell*, proc. cit., pg. I-363.

[89] Ver acórdão de 15/06/1999, *Anderson*, proc. C-321/97, Col. 1999, pgs. I-3551 e segs (em especial, cons. 26-32); acórdão de 15/05/03, *Salzmann*, proc. C-300/01, Col. 2003, pgs. I-4899 e segs (em especial, cons. 65-71).

Capítulo II – A Competência a Título Prejudicial

I. A noção de validade

A noção de validade é idêntica à noção de legalidade, utilizada no artigo 230.° (ex-artigo 173.°), ou seja, abrange tanto a legalidade interna como a legalidade externa, embora inicialmente tenha havido quem defendesse uma noção de validade mais restrita[90]. O TJ não seguiu este entendimento, tendo defendido, em vários acórdãos, que o artigo 234.° (ex-artigo 177.°) tem por efeito compensar a limitação da protecção jurisdicional conferida pelo artigo 230.° (ex-artigo 173.°), pelo que se deveria adoptar uma noção ampla de validade[91].

II. As fontes sujeitas a apreciação de validade

A noção de acto comunitário relevante, para o efeito da apreciação de validade, é uma noção ampla, não sendo determinante a qualificação que o órgão comunitário dá ao acto. O que importa é o conteúdo do mesmo.

Questão controversa é a de saber se é possível suscitar questões prejudiciais sobre actos não obrigatórios e sobre actos individuais. A tese da impossibilidade foi defendida, com fundamento no paralelismo com o recurso de anulação. Todavia, o TJ admite questões prejudiciais sobre a validade de actos não obrigatórios[92] e de actos individuais[93], mesmo quando se trata de decisões dirigidas aos Estados-Membros[94], pois o facto de as partes no litígio principal não terem legitimidade para impugnar directamente o acto em causa não impede o TJ de apreciar a validade do mesmo num processo prejudicial.

Uma outra questão que também não é pacífica é a de saber se são admissíveis questões de apreciação de validade em matéria de acordos

---

[90] Neste sentido, G. BEBR, *Examen en validité au titre de l'article 177 du traité CEE et cohésion juridique de la Communauté*, CDE, 1975, pgs. 402 e 403.

[91] Acórdão de 18/2/64, *International Crediet*, proc. 73-74/63, Rec. 1964, pg. 31; ac. de 20/2/79, *Buotini*, proc. 122/78, Rec. 1979, pg. 677; ac. de 21/6/79, *Atalanta*, proc. 240/78, Rec. 1979, pg. 2137.

[92] Ac. de 13/12/89, *Grimaldi*, cit., pgs. 4407, 4419.

[93] Ac. de 12/10/78, *Comissão c. Bélgica*, proc. 156/77, Rec. 1978, pg. 1881; ac. de 21/5/87, *Rau c. Balm*, proc. 133 a 136/86, Col. 1987, pg. 2344.

[94] Ac. de 10/1/73, *Getreidehandel*, proc. 55/72, Rec. 1973, pg. 15.

80   *Contencioso da União Europeia*

internacionais. O TJ parece tê-las admitido, mas é evidente que a declaração de invalidade só pode ter efeitos dentro da Comunidade[95].

Por fim, resta-nos averiguar se o TJ admite questões prejudiciais de apreciação de validade dos seus próprios acórdãos. Parece que, ao contrário do que acontece em sede de interpretação, o TJ não as aceita, pois tal poria em causa a repartição de poderes entre o juiz nacional e o juiz comunitário, levada a cabo pelo artigo 234.º (ex-artigo 177.º)[96].

4.1.4. *As fontes de Direito excluídas da interpretação e da apreciação de validade*

Do exposto resulta que escapam à competência prejudicial de interpretação e de apreciação de validade do TJ as seguintes fontes:

a) o Direito interno – a apreciação da conformidade do Direito nacional com o Direito Comunitário está excluída da competência do TJ. Mas, apesar de este Tribunal não poder apreciar o Direito nacional[97], pode fornecer ao juiz nacional todos os elementos que lhe permitam ele próprio fazer essa apreciação[98];

b) as situações puramente internas: as situações sem elementos de conexão com o Direito Comunitário estão excluídas do âmbito da interpretação e da apreciação de validade, de acordo com o artigo 234.º (ex-artigo 177.º)[99];

---

[95] Ac. de 12/12/72, *International Fruit*, proc. cit., pg. 1219; ac. de 5/5/81, *Dürbeck*, proc. 112/80, Rec. 1981, pg. 1095.

[96] Ac. de 5/3/86, *Wünschel*, proc. 69/85, Col. 1986, pg. 947.

[97] Ac. de 17/12/75, *Adlerblum*, proc. 93/75, Rec. 1975, pg. 2147; de 16/4/91, *Eurim-pharm*, proc. C-347/89, Col. 1991, pg. 1747; de 13/11/90, *Bonfait*, proc. C-269/89, Col. 1990, pg. I-4169; de 6/7/95, *BP Soupergaz*, proc. C-62/93, Col. 1995, pgs. I-1883 e segs.

[98] Ac. de 30/4/98, *Sodiprem*, procs. C-37/96 e C-38/96, Col. 1998, pgs. I-2039 e segs. par. 22.

[99] Ac. de 17/12/75, *Adlerblum*, cit., pg. 2147; de 28/3/79, *Saunders*, proc. 175/78, Rec. 1979, pg. 1129; de 28/76/84, *Moser*, proc. 180/83, Rec. 1984, pg. 2539; de 9/6/85, *Bozzetti*, proc. 179/84, Rec. 1985, pg. 2301; de 23/1/86, *Iorio*, proc. 298/84, Col. 1986, pg. 247.

Capítulo II – A Competência a Título Prejudicial 81

c) as disposições dos artigos 1.° a 7.° TUE (ex-artigos A a F), com excepção do artigo 6.°, n.° 2, e das disposições processuais do artigo 7.°, estão excluídas da jurisdição do TJ pelo artigo 46.° (ex-artigo L) do Tratado da União Europeia;

d) os acordos internacionais entre Estados-Membros fora do domínio material do Tratado da União Europeia[100];

e) as convenções entre associações privadas de seguradores, nas quais não participaram os órgãos comunitários[101];

f) as decisões dos representantes dos Governos dos Estados- -Membros reunidos no seio do Conselho;

g) os acordos concluídos pelos Estados-Membros com vista à realização dos objectivos dos Tratados, de acordo com o artigo 293.° (ex-artigo 220.°), a menos que estes prevejam a competência do TJ[102];

h) os actos do BEI. Existem dúvidas se é possível suscitar questões prejudiciais quanto a estes actos, pois o BEI não é um órgão da Comunidade. O TJ já admitiu, no entanto, que estes actos são recorríveis, com base no artigo 230.° (ex-artigo 173.°)[103].

4.2. *Os tribunais nacionais que podem ou devem suscitar questões prejudiciais*

De acordo com a letra do artigo 234.° (ex-artigo 177.°), todos os órgãos jurisdicionais nacionais têm a faculdade de suscitar questões

---

[100] Ac. de 27/11/73, *Vandeweghe,* proc. C-130/73, Rec. 1973, pgs. 1329 e segs.

[101] Ac. de 6/10/87, *Demouche*, proc. 152/83, Col. 1987, pg. 3833; ac. de 7/1/2003, *BIAO,* proc. C-306/99, Col. 2003, pgs. 1 e segs (cons. 78, 90 a 92 94).

[102] O mecanismo das questões prejudiciais de interpretação aplicou-se, por força de dois protocolos, assinados em 3 de Junho de 1971, à Convenção de 29 de Fevereiro de 1968 sobre o reconhecimento mútuo de sociedades e outras pessoas colectivas e à Convenção de 27 de Setembro de 1968 sobre a competência judiciária e a execução de decisões em matéria civil e comercial (revogada pelo Regulamento (CE) n.° 44/01 do Conselho, de 22/12/2000, JOCE L 12, de 16/1/2001, pgs. 1 e segs), concluídas com base no artigo 220.° do Tratado. O artigo 234.° aplica-se também, por força do protocolo assinado em 19/12/88 à Convenção de Roma de 19/6/80 sobre a lei aplicável às obrigações contratuais.

[103] Ver *infra* n.° 4.2. do Capítulo III, Secção I deste livro.

prejudiciais ao Tribunal de Justiça (par. 2.º). Os órgãos jurisdicionais nacionais, cujas decisões não sejam susceptíveis de recurso judicial, previsto no Direito interno, têm a obrigação de o fazer (par. 3.º).

Daqui decorre que os órgãos jurisdicionais internacionais e os que, de algum modo, são estranhos à Comunidade não podem colocar questões prejudiciais ao TJ. No entanto, o Tribunal já admitiu questões prejudiciais suscitadas por tribunais que não fazem parte do sistema judicial de qualquer Estado-Membro[104] e até por tribunais internacionais, como é o caso do Tribunal do BENELUX[105].

4.2.1. A noção de órgão jurisdicional nacional

A noção de órgão jurisdicional não está definida no artigo 234.º (ex-artigo 177.º), pelo que o primeiro problema que se coloca é o de saber se ela releva do Direito nacional ou do Direito Comunitário.

O TJ não deu até hoje nenhuma definição de órgão jurisdicional, mas já se pronunciou sobre esta matéria em vários acórdãos, dos quais se podem retirar os critérios materiais, orgânicos e processuais por ele adoptados.

De notar que o TJ tem sido muito pouco formalista nesta matéria, incentivando, assim, indirectamente a aplicação do Direito Comunitário nos Estados-Membros. Porém, a actual sobrecarga de processos, que tenderá a agravar-se com os recentes e futuros alargamentos, bem como as críticas de que foi alvo, incluindo dos seus Advogados-Gerais[106], parecem ter impulsionado uma inflexão na jurisprudência sobre esta matéria[107].

---

[104] Ver acórdãos de 12/12/90, *Kaefer e Procacci*, Proc. C-100/89, Col. 1990, pgs. I-4647 e segs; de 12/2/90, *Leplat*, proc. C-260/90, Col. 1992, pgs. I-643 e segs; de 3/7/91, *Barr e Montrose*, Proc. C-355/89, Col. 1991, pgs. I-3479 e segs; de 16/7/98, *Pereira Roque*, proc. C-171/96, Col. 1998, pgs. I-4607 e segs.

[105] Ver Acórdão de 4/11/97, *Parfums Christian Dior*, proc. C-337/95, Col. 1997, pgs. I-6013 e segs.

[106] Ver Conclusões de 28/06/2001, *Coster*, proc. C-17/00, nas quais o Advogado-Geral RUIZ-JARABO COLOMER crítica com veemência a jurisprudência do TJ sobre este assunto e propõe um novo conceito de órgão jurisdicional.

[107] Ver Acórdãos de 30/5/2002, *Walter Schmid*, proc. C-516/99, Col. 2002, pgs. I-4573 e segs; de 31/03/2005, *Syfait*, proc. C-53/03, Col. 2005, pgs. I-4609 e segs.

Capítulo II – A Competência a Título Prejudicial

Os principais aspectos a ter em conta na qualificação de um órgão como jurisdicional são a sua origem legal, a sua permanência, a sua jurisdição obrigatória, o processo contraditório, a aplicação de regras de Direito, bem como a sua independência[108].

Neste contexto, o TJ aceitou questões prejudiciais de entidades tão diversas, como, por exemplo, a *Tariefcommissie*[109], a Comissão de recursos para a medicina geral[110] e o tribunal arbitral da caixa dos empregados das minas[111], na Holanda, a Comissão de reclamação em matéria de seguro obrigatório contra doença e invalidez[112], na Bélgica, o *Ufficio di Conciliazione*[113], em Itália, o *National Insurance Commissioner*[114], no Reino Unido e a Comissão federal de fiscalização alemã[115].

A noção de órgão jurisdicional[116] depende da verificação dos seguintes factores:

– a composição do órgão não deve ter sido deixada à livre escolha das partes[117];
– a nomeação dos membros do organismo, a designação do seu presidente e a adopção do seu regulamento de processo[118] é de competência ministerial, ou então o organismo exerce as suas

---

[108] Entre os mais recentes vejam-se os acórdãos de 21/03/2000, *Gabalfrisa e. a.*, procs. C-110/98 a C-147/98, Col. 2000, pgs. I-1577 e segs (em especial, cons. 33 e 41); de 06/07/2000, *Abrahamsson e Anderson*, proc. C-407/98, Col. 2000, pgs. I-5539 e segs (em especial, cons. 29-30); de 18/06/2002, *HI,* proc. C-92/00, Col. 2002, pgs. I-5553 e segs (em especial cons. 25 a 27).

[109] Acórdão de 5/2/63, *Van Gend & Loos*, proc. 26/62, Rec. 1963, pg. 7.

[110] Acórdão de 6/10/81, *Broekmeulen*, proc. 246/80, Rec. 1981, pg. 2311.

[111] Acórdão de 30/6/66, *Vaassen-Göbbels*, proc. 61/65, Rec. 1966, pg. 395.

[112] Acórdão de 1/12/70, *Mutualités socialistes la marca*, proc. 32/70, Rec. 1970, pg. 987.

[113] Acórdão de 7/7/76, *IRCA*, proc. 7/76, Rec. 1976, pg. 1213.

[114] Acórdão de 29/9/76, *Brack*, proc. 17/76, Rec. 1976, pg. 1429; caso *Drake*, proc. 152/85, de 24/6/86, Rec. 1986, pg. 1995.

[115] Acórdão de 17/9/97, *Dorsch Consult,* proc. C-54/96, Col. 1997, pgs. I-4961 e segs.

[116] Sobre a noção de órgão jurisdicional, ver ainda acórdãos de 22/10/98, *Jokela*, procs. C-9/97 e C-118/97, Col. 1998, pgs. I-6267 e segs; de 2/3/99, *Eddline El-yassan*, proc. C-416/96, Col. 1999, pgs. I-1209 e segs. Na doutrina, ver MANUEL CIENFUENGOS MATEO, *La noción comunitaria…*, pgs. 3 e segs.

[117] Acórdão de 17/10/89, *Danfoss*, proc. 109/88, Col. 1989, pg. 3224.

[118] Acórdão de 30/6/66, *Vaassen-Göbbels*, cit., pg. 395.

84 Contencioso da União Europeia

funções com a aprovação das autoridades públicas e funciona por concurso[119], ou seja, tem origem na lei;
- o órgão deve estar submetido a regras de processo contraditório análogas às que regem o funcionamento dos tribunais de Direito comum[120];
- a sua competência não deve depender do acordo das partes[121], estas têm que se lhe dirigir como instância judiciária[122];
- o organismo é chamado a aplicar regras de Direito[123];
- as decisões, apesar de recorríveis nos tribunais ordinários, devem ser de facto reconhecidas como definitivas[124].

Assim, se estes critérios não estiverem preenchidos o TJ rejeita as questões prejudiciais. Tal sucedeu, nomeadamente, em relação a questões que lhe foram submetidas por árbitros privados[125], com os seguintes fundamentos:
- um dos princípios básicos da arbitragem é o de que as autoridades públicas e os tribunais não tenham participado na decisão final;
- a decisão do tribunal arbitral baseia-se muitas vezes na equidade;
- a razão de ser da arbitragem é a obtenção célere da decisão;
- a aceitação de questões de todos os tribunais arbitrais sobrecarregaria o TJ;
- as decisões dos árbitros não fazem parte da jurisprudência nacional;
- os árbitros não são juízes.

---

[119] Acórdão de 6/10/81, *Broekmeulen*, cit., pg. 2328.

[120] Acórdão de 30/6/66, *Vaassen-Göbbels*, cit., pg. 395; acórdão de 6/10/81, *Broekmeulen*, cit., pg. 2328. Mas o facto de o processo principal não ter um carácter contraditório não torna, por si só, a questão prejudicial inadmissível. Ver acórdãos de 21/2/74, *Birra-Dreher-I*, proc. 162/73, Rec. 1974, pg. 212; de 17/9/97, *Dorsch consult*, cit., pg. I-4994.

[121] Acórdão de 17/10/89, *Danfoss*, cit, pg. 3224.

[122] Acórdão de 30/6/66, *Vaassen-Göbbels*, cit., pg. 395.

[123] Acórdão de 30/6/66, *Vaassen-Göbbels*, cit, pg. 395.

[124] Acórdão de 6/10/81, *Broekmeulen*, cit., pg. 2328.

[125] Acórdão de 23/3/82, *Nordsee*, proc. 102/81, Rec. 1982, pg. 1095, 1110 e 1111.

Capítulo II – A Competência a Título Prejudicial

O TJ rejeitou, no caso *Regina Greis Unterwerger*[126], o pedido de decisão prejudicial da Comissão Consultiva para as infracções em matéria monetária junto do Ministério Italiano do Tesouro por entender que esta Comissão era um organismo do Ministério do Tesouro italiano, que emitia pareceres fundamentados sobre as sanções administrativas a aplicar pelo Ministro. A Comissão era composta por Altos Funcionários e presidida por um magistrado, a regulamentação aplicável não estabelecia nenhuma obrigação de organizar um processo contraditório em que o interessado fosse ouvido, só os órgãos estaduais podiam desencadear o processo e o seu parecer não vinculava o ministro.

Mais recentemente, no caso *Job Centre*[127], o Tribunal reafirmou esta jurisprudência, considerando-se incompetente para se pronunciar sobre as questões prejudiciais suscitadas pelo *Tribunale civile e penale* de Milão no âmbito de um processo de jurisdição voluntária, cujo objectivo era a homologação dos estatutos de uma sociedade para fins da sua inscrição no registo. Não existia, neste caso, um processo contraditório, o tribunal nacional não proferia uma decisão de carácter jurisdicional sobre um litígio pendente, pelo contrário, exercia funções não jurisdicionais que noutros Estados-Membros são confiadas a autoridades administrativas.

O tribunal nacional, para poder suscitar questões prejudiciais, tem de estar a julgar com vista a obter uma decisão jurisdicional. Assim, o TJ rejeitou uma questão prejudicial que lhe foi suscitada pelo Conselho da Ordem dos Advogados de Paris[128], com fundamento no facto de que este organismo não tinha capacidade para produzir uma decisão de carácter jurisdicional, mas apenas uma declaração relativa a um diferendo que opunha um advogado aos tribunais de outro Estado--Membro (no caso, a Alemanha). O Tribunal reafirma esta jurisprudência, no caso *Victoria Film*[129], por considerar que o órgão que suscitou a questão prejudicial – a Comissão de Direito Fiscal – exercia, essencialmente, funções administrativas.

---

[126] Acórdão de 5/3/86, proc. 318/85, Rec. 1986, pg. 955.

[127] Acórdão de 19/10/95, proc. C-111/94, Col. 1995, pgs. I-3361 e segs.

[128] Acórdão de 18/6/80, *Jules Borker*, proc. 138/80, Rec. 1980, pg. 1975.

[129] Acórdão de 12/11/1998, proc. C-134/97, Col. 1998, pgs. I-7023 e ss (em especial, cons. 14 a 16 e 18).

Se a questão for suscitada por um tribunal nacional, após a extinção da instância no processo principal, o TJ também rejeita liminarmente a questão[130].

A noção de órgão jurisdicional releva, portanto, do Direito Comunitário, pelo que o TJ pode admitir questões que lhe sejam suscitadas por órgãos que não tenham carácter jurisdicional, de acordo com as regras internas, assim como pode negar a qualidade de órgão jurisdicional a órgãos a que o Direito interno reconhece essa qualidade.

O TJ já teve ocasião de rejeitar questões prejudiciais de órgãos considerados como tribunais pelo Direito interno de um Estado--Membro. Assim, no caso *Corbiau*[131], rejeitou o pedido do Director das Contribuições do Luxemburgo, apesar de a jurisprudência do Conselho de Estado lhe ter reconhecido carácter jurisdicional quando decidia em matéria graciosa ou em matéria contenciosa.

Recentemente, o Tribunal, no caso *Syfait*[132], contrariando as conclusões do seu Advogado-Geral JACOBS[133], rejeitou uma questão prejudicial da Comissão da Concorrência Grega (*Epitroti Antagonismou*), com fundamento na falta de independência em face do Executivo[134].

O TJ aceita questões prejudiciais de qualquer órgão jurisdicional: civil, penal[135], administrativo, fiscal, comercial e constitucional, qualquer que seja a sua posição na hierarquia judiciária do Estado-Membro e qualquer que seja a sua formação (em secções ou tribunais plenários).

---

[130] Acórdão de 21/4/88, *Pardini II*, proc. 378/85, Col. 1988, pg. 2041.

[131] Acórdão de 30/3/93, proc. C-24/92, Col. 1993, pg. I-1277.

[132] Acórdão de 31/3/2005, proc. cit.

[133] Conclusões de 28/10/2004, *Syfait*, proc. 53/03, Col. 2005, pgs. I-4609 e segs.

[134] Para um comentário deste Acórdão ver LUIGI RAIMONDI, *La nozione di giurisdizione nazionale...*, maxime, pg. 373 e segs; MANUEL CIENFUENGOS MATEO, *La noción comunitaria...*, pgs. 19 e segs.

[135] Acórdãos de 21/3/72, *Sail*, proc. 82/71, Rec. 1972, pg. 119; de 29/11/78, *Pigs marketing board*, proc. 83/78, Rec. 1978, pg. 2347; de 5/4/79, *Tullio Ratti*, proc. 148/78, Rec. 1979, pg. 1629; Despacho de 15/01/2004, *Saetti e Fredaini*, proc. C-235/02, cons. 23.

Capítulo II – A Competência a Título Prejudicial

A legislação nacional não deve impedir os juízes de suscitarem questões prejudiciais, pois isso é considerado contrário ao artigo 234.º (ex-artigo 177.º) e, como tal, viola o primado do Direito Comunitário sobre os Direitos nacionais[136].

4.2.2. As questões prejudiciais facultativas

Como já vimos, o artigo 234.º TCE (ex-artigo 177.º) tanto prevê casos em que o juiz nacional está obrigado a suscitar questões prejudiciais como aqueles em que o pode fazer facultativamente, pelo que importa averiguar em que condições têm cabimento as questões prejudiciais obrigatórias e facultativas.

Começando pelas questões prejudiciais facultativas, o Tribunal reconhece aos tribunais nacionais a mais ampla faculdade de as suscitar[137]. Esta faculdade não pode ser restringida por convenções das partes[138], nem por regras de processo internas, dado que a repartição de competências, prevista no artigo 234.º (ex-artigo 177.º), entre o juiz nacional e o juiz comunitário, é imperativa. Admitir o contrário levaria à violação do princípio do primado do Direito Comunitário sobre o Direito nacional.

A questão prejudicial é suscitada pelo juiz nacional. Todavia, ela tanto pode ter sido levantada pelas partes no processo principal como pelo próprio juiz. Embora a letra do artigo 234.º (ex-artigo 177.º) aponte apenas no primeiro sentido, o Tribunal considerou que a sua finalidade – a cooperação judiciária entre os tribunais nacionais e o TJ e a uniformidade de interpretação e aplicação do Direito Comunitário – impõe a interpretação mais ampla[139].

O juiz nacional pode suscitar a questão, qualquer que seja a fase em que se encontra o processo principal. O TJ chegou a admitir

---

[136] A legislação grega considerava que só o plenário do Conselho de Estado tinha competência para suscitar questões prejudiciais. Esta norma acabou por ser revogada, com fundamento na incompatibilidade com o artigo 234.º TCE (ex-artigo 177.º).

[137] Acórdão de 16/1/74, *Rheinmühlen*, cit., pgs. 33, 38, 39.

[138] Acórdão de 22/11/78, *Mattheus*, proc. 93/78, Rec. 1978, pg. 2203.

[139] Acórdãos de 16/6/81, *Salonia*, proc. 126/80, Rec. 1981, pg. 1563; de 6/10/82, *Cilfit*, proc. 283/81, Rec. 1982, pg. 3415.

Contencioso da União Europeia

questões prejudiciais quando os factos ainda não estavam definitivamente apurados[140], mas, entretanto, afastou-se desta jurisprudência pelas razões que veremos mais à frente.

Deve, contudo, notar-se que o TJ sempre estabeleceu como limite à faculdade de um juiz nacional suscitar as questões prejudiciais, a existência de um processo pendente e a sua necessidade para a boa decisão da causa, competindo ao juiz nacional decidir se a questão era ou não necessária ao julgamento da causa. Ainda hoje é este o entendimento, embora a actual interpretação destes requisitos por parte do Tribunal se tenha tornado um pouco mais rígida.

4.2.3. As questões prejudiciais obrigatórias

O artigo 234.º TCE (ex-artigo 177.º), par. 3.º, prevê questões prejudiciais obrigatórias. Um tribunal nacional cujas decisões não sejam susceptíveis de recurso judicial, previsto no Direito interno, é obrigado a suscitar a questão prejudicial, se tiver dúvidas sobre a interpretação ou sobre a validade de uma norma comunitária.

Esta obrigação tem em vista impedir a formação de jurisprudência nacional contrária ao Direito Comunitário[141].

A aparente rigidez da letra do artigo 234.º, par. 3.º, deixava algumas dúvidas de interpretação que foram sendo esclarecidas ao longo dos anos pelo TJ.

Os principais problemas prendem-se com os seguintes aspectos:

a) o âmbito da obrigação de suscitar a questão prejudicial em matéria de apreciação de validade;

b) a determinação dos tribunais nacionais visados por aquele preceito;

c) a noção de recurso judicial de Direito interno;

d) os eventuais limites à obrigação de suscitar a questão;

e) a existência ou não de sanção para o desrespeito da obrigação de suscitar a questão prejudicial.

---

[140] Acórdão de 14/12/71, *Politi*, proc. 43/71, Rec. 1971, pg. 1039, 1048; de 9/11/83, *San Giorgio*, proc. 199/82, Rec. 1983, pg. 3595.

[141] Acórdão de 24/5/77, *Hoffmann-La Roche*, proc. 107/76, Rec. 1977, pg. 973.

I. A obrigação de suscitar a questão de apreciação de validade

Segundo a letra do artigo 234.° (ex-artigo 177.°), o carácter facultativo ou obrigatório da questão não difere consoante se trate de questões de interpretação ou de validade.

No entanto, o Tribunal, no caso *Foto-Frost*[142], estende a obrigatoriedade de suscitar a questão prejudicial a todos os tribunais nacionais, no que diz respeito à validade dos actos comunitários. Aliás, na senda do que tinha sido reclamado por alguma parte da doutrina.

Assim, mesmo os tribunais que não julgam em última instância, se tiverem dúvidas quanto à validade de um acto comunitário, devem suscitar a questão prejudicial ao TJ[143]. Todavia, são competentes para considerarem o acto como válido e rejeitarem as causas de invalidade invocadas.

Os argumentos aduzidos pelo TJ para chegar a esta interpretação *contra legem* do artigo 234.° (ex-artigo 177.°) são, fundamentalmente, os seguintes:

– a necessidade de aplicação uniforme do Direito Comunitário;
– a coesão do sistema de protecção jurisdicional da Comunidade – a apreciação de validade dos actos comunitários é uma modalidade de controlo da legalidade instituída pelo Tratado, tal como o recurso de anulação ou a excepção de ilegalidade, e, como tal, deve ser da competência exclusiva do TJ;
– a natureza do processo e a sua aptidão para facilitar uma adequada apreciação de validade.

A posição do TJ nesta matéria contribui para uma maior segurança jurídica, para o reforço do princípio da legalidade e para uma mais sólida garantia dos direitos dos particulares.

O TJ reafirmou a jurisprudência *Foto-Frost*, nomeadamente, nos casos *Zuckerfabrik*[144] e *Bakers of nailsea*[145].

---

[142] Acórdão de 22/10/87, *Foto-Frost*, proc. 314/85, Col. 1987, pg. 4199, 4225.
[143] Acórdão de 22/10/87, *Foto-Frost*, cit., pg. 4199.
[144] Acórdão de 21/2/91, procs. C-143/88 e C-92/89, Col. 1991, pg. I-534.
[145] Acórdão de 15/4/97, proc. C-27/95, Col. 1997, pgs. I-1847 e segs.

II. Os tribunais obrigados a suscitar a questão prejudicial

Da letra do artigo 234.º, par. 3.º, também não resulta claro quais são os tribunais que estão obrigados a suscitar a questão prejudicial, pelo que há que esclarecer esta questão.

A doutrina tem defendido, fundamentalmente, duas posições:

i) **a teoria orgânica**, de acordo com a qual só os tribunais colocados no topo da hierarquia judiciária, quer dizer, os supremos tribunais, estão obrigados a suscitar as questões prejudiciais;

ii) **a teoria do litígio concreto**, segundo a qual o tribunal cuja decisão não é susceptível de recurso judicial ordinário, previsto no Direito interno, está obrigado a suscitar a questão prejudicial, ou seja, não o supremo tribunal mas o tribunal supremo naquele litígio concreto.

A teoria orgânica visa impedir a sobrecarga do TJ com processos de menor importância e impedir a formação de jurisprudência divergente ao nível dos supremos tribunais, assegurando, deste modo, a uniformidade do Direito Comunitário, pois são os supremos tribunais que fixam a jurisprudência.

A teoria do litígio concreto tem como objectivo assegurar plenamente a uniformidade de aplicação do Direito Comunitário, tendo sido, desde o início, adoptada pelo TJ[146]. De facto, só esta teoria se compatibiliza com a letra e o espírito do artigo 234.º (ex-artigo 177.º).

Recentemente, no caso *Lyckeskog,* o TJ pode ter lançado algumas dúvidas sobre a sua posição a este propósito ao declarar que «*um tribunal nacional não está submetido à obrigação prevista no artigo 234.º, se as suas decisões são susceptíveis de recurso perante um Supremo Tribunal, mesmo quando o exame de fundo desse Tribunal depende de uma declaração prévia de admissibilidade*»[147].

---

[146] Acórdãos de 15/7/64, *Costa c. ENEL,* proc. 6/64, Rec. 1964, pgs. 592 e 593; de 24/5/77, *Hoffmann-La Roche*, cit., pg. 973.

[147] Acórdão de 4/6/2002, *Lyckeskog,* proc. C-99/00, Col. 2002, pgs. I-4839, cons. 16 e 19.

III. A noção de recurso judicial de Direito interno

O artigo 234.°, par. 3.°, prevê que um tribunal cuja decisão não é susceptível de recurso judicial de Direito interno deve suscitar a questão prejudicial, pelo que importa definir a noção de recurso judicial de Direito interno.

Trata-se de uma noção comunitária, que deve ser entendida como todo o recurso ordinário, ou seja, aberto a cada uma das partes no litígio, e só a elas, sem necessidade de justificação particular e em que é permitido o reexame da aplicação do Direito.

Assim, se cada uma das partes no litígio tiver o direito de obter um reexame que incida sobre o fundo da causa por um tribunal diferente, de acordo com o artigo 234.° (ex-artigo 177.°), existe recurso judicial, independentemente da qualificação que o Direito interno dá a esse processo[148].

Estão excluídos os recursos extraordinários, como, por exemplo, os recursos para os Tribunais Constitucionais.

IV. Os limites à obrigação de suscitar a questão prejudicial

A obrigação de suscitar a questão prejudicial por parte do juiz nacional não é, contudo, absoluta.

O TJ tem admitido casos em que esta obrigação comporta excepções, a saber:

> *a)* se o TJ já se pronunciou sobre uma questão similar, mesmo que não absolutamente idêntica, no âmbito de um processo prejudicial ou não[149];

---

[148] O TJ defendeu, no acórdão de 24/5/77, *Hoffmann-La Roche*, cit., pg. 973, que um tribunal que está a julgar uma providência cautelar não está obrigado a suscitar a questão prejudicial. Esta jurisprudência foi reafirmada no acórdão de 27/10/82, *Morson e Jhanjan*, procs. 35 e 36/82, Rec. 1982, pgs. 3723 e segs.

[149] Acórdãos de 27/3/63, *Da Costa*, proc. 28 a 30/62, Rec. 1963, pg. 73 a 76; de 6/10/82, *Cilfit*, cit., pg. 3415. Nos últimos anos, a jurisprudência do TJ tem sido muito restritiva quanto às questões manifestamente idênticas, rejeitando-as liminarmente ao abrigo do artigo 104.°, n.° 3 do RP. Ver Despacho de 21/03/2002, *Gründerzentrum*, proc. C-264/00, Col. 2002, pgs. I-3333 e segs e Despacho de 24/10/2002, *RAS,* proc. C-233/01, Col. 2002, pgs. I-9411 e segs.

b) se a questão prejudicial suscitada não for pertinente e séria[150] – o tribunal nacional só deve suscitar a questão quando considerar que a decisão do TJ é necessária para a boa decisão da causa;

c) se a norma é de tal modo evidente, que não deixa lugar a qualquer dúvida razoável[151]. Neste caso, porém, o TJ exige ao tribunal nacional que, antes de concluir pela existência de tal clareza, se deve convencer de que a mesma evidência se impõe aos tribunais dos outros Estados-Membros e ao próprio TJ. Para tal, há que ter em conta que os textos comunitários são redigidos em várias línguas, todas fazendo fé, pelo que convém proceder à comparação das várias versões linguísticas da disposição em causa. Mesmo que todas as versões linguísticas coincidam, há que ter em conta que o Direito Comunitário tem a sua própria terminologia e as suas noções nem sempre coincidem com as do Direito nacional. Por fim, cada disposição deve ser interpretada no seu contexto, à luz do conjunto das disposições do sistema jurídico comunitário, das suas finalidades e do estado da sua evolução à data em que se deve proceder à aplicação da disposição. O TJ aplica, neste caso, a teoria do «acto claro» ou do «sentido claro».

Contudo, os requisitos exigidos, no caso *Cilfit*, tornam muito difícil a aplicação da teoria do acto claro em Direito Comunitário. Por isso, o Acórdão proferido naquele caso não se revela de grande utilidade, na medida em que exige uma série de condições indeterminadas e dificilmente verificáveis. A melhor prova do que acaba de se afirmar está no facto de o Tribunal de Cassação italiano ter acabado por colocar a questão prejudicial propriamente dita ao TJ (caso *Cilfit II*[152]).

---

[150] V. Acórdão de 19/12/68, *Salgoil*, proc. 13/68, Rec. 1968, pg. 661. Mais recentemente, ver acórdãos de 5/7/1997, *Celestini*, proc. C-105/94, Rec. 1997, pgs. I-2971 e segs; de 7/9/1999, *Beck e Bergdorf*, proc. C-355/97, Col. 1999, pgs. I-4977 e segs (cons. 22); de 22/6/2000, *Fornasar*, proc. C-318/98, Col. 2000, pgs. I-4785 e segs (cons. 27, 31 e 32); de 25/4/2002, *González Sánchez*, proc. C-183/00, Col. 2002, pgs. I-3901 e segs (cons. 16).

[151] Acórdão de 6/10/82, *Cilfit*, cit., pg. 3430.

[152] Acórdão de 29/4/84, proc. 77/83, Rec. 1984, pg. 1257.

Mais recentemente, o Tribunal de Justiça retoma esta jurisprudência[153], indeferindo liminarmente questões prejudiciais em que não há lugar a nenhuma dúvida razoável e em que a resposta pode ser claramente deduzida da jurisprudência anterior por se tratar de questões manifestamente idênticas[154].

A aplicação da teoria do acto claro teve alguns adeptos, com base nos seguintes argumentos:

– o termo "questão" parece implicar uma dificuldade real de interpretação;
– permite preservar a faculdade de discernimento do juiz e evitar o recurso a manobras dilatórias.

Contra esta teoria há, no entanto, argumentos de maior peso:

– para se saber se o acto é claro tem de se proceder à sua interpretação prévia;
– ela é um meio de tornear a repartição de poderes entre o TJ e os tribunais nacionais;
– ela é um obstáculo à interpretação e aplicação uniformes do Direito Comunitário, que constitui o principal objectivo do artigo 234.º TCE (ex-artigo 177.º).

V. A eventual sanção para o desrespeito da obrigação de suscitar a questão prejudicial

Chegados a este ponto importa saber se existe alguma sanção para o desrespeito da obrigação de suscitar a questão prejudicial.

Em teoria podem descortinar-se dois tipos de sanções. Por um lado, as que prevê a Ordem Jurídica comunitária e, por outro lado, as que estão previstas no Direito interno dos vários Estados-Membros.

Ao nível da Ordem Jurídica comunitária, o meio contencioso adequado para reagir contra a violação de uma obrigação imposta pelo

---

[153] Ver Despacho de 20/10/2000, *Vogler*, proc. C-242/99, Col. 2000, pgs. I-9083 e segs; Despacho de 5/4/2001, *Gaillard,* proc. C-518/99, Col. 2001, pgs. I-2771 e segs; Despacho de 4/3/2002, *Verwayen-Boelen,* proc. C-175/00, Col. 2002, pgs. 2141 e segs.

[154] Ver Despacho de 11/10/2001, *William Hinton & Sons,* proc. C-30/00, pags. I--7511 e segs.

Direito Comunitário por parte de um órgão de um Estado-Membro é o processo por incumprimento, previsto nos artigos 226.º a 228.º do TCE (ex-artigos 169.º a 171.º). De acordo com este processo, a Comissão ou qualquer outro Estado-Membro poderiam accionar o mecanismo previsto naqueles preceitos contra o Estado ao qual pertence o tribunal em causa.

Apesar de se terem verificado violações sistemáticas desta obrigação, a Comissão, durante muito tempo, absteve-se de desencadear um processo por incumprimento, com este fundamento. Foram, essencialmente, duas as razões de tal atitude. Em primeiro lugar, o receio de pôr em causa o clima de confiança e cooperação mútua, necessário ao bom funcionamento do mecanismo do artigo 234.º (ex-artigo 177.º). Em segundo lugar, a possível ineficácia de uma declaração de incumprimento do Poder Judicial. Na verdade, devido ao princípio da separação de poderes vigente em todos os Estados-Membros, o Poder Executivo pode não estar em condições de efectivar internamente a responsabilidade do Poder Judicial, ou por força da independência deste, ou pelo facto de o respectivo Direito interno não dispor de meios adequados à responsabilização do Poder Judicial.

Só muito recentemente, o Tribunal parece ter começado a equacionar este problema de modo diferente. Contudo, isso não significa a procura de uma sanção para o incumprimento da obrigação de suscitar a questão prejudicial, mas antes uma maior preocupação com a necessidade de protecção dos direitos fundamentais das pessoas.

Com efeito, no último trimestre de 2003 e no primeiro de 2004, o Tribunal de Justiça proferiu três acórdãos que parecem confluir no sentido da responsabilidade do juiz nacional enquanto juiz comum do Direito Comunitário[155]. O primeiro deles foi o caso *Köbler*[156], no qual o Tribunal estendeu ao Poder Judicial os princípios da responsabilidade do Estado por violação do Direito Comunitário, embora reconhecendo as particularidades da função judicial neste domínio, bem como as dificuldades de aplicação deste regime ao incumpri-

---

[155] Para uma apreciação crítica destes três acórdãos ver JAN KOMÁREK, *Federal Elements in the Community Judicial System: Building Coherence in the Community Legal Order,* CMLR, 2005, pgs. 9 e segs.

[156] Acórdão de 30/9/2003, proc. C-224/01, Col. 2003, pgs. I-10239 e segs.

mento da obrigação de suscitar a questão prejudicial[157]. Posteriormente, no caso *Comissão contra a Itália*[158], quando podia ter declarado o incumprimento por parte de um órgão jurisdicional, o Tribunal preferiu, por um lado, fechar a porta do processo por incumprimento a violações esporádicas do Direito Comunitário imputáveis a juízes internos e, por outro lado, iludir a condenação directa do tribunal, com fundamento no respeito da independência do Poder Judicial interno, tendo optado pela condenação do Poder Legislativo por não ter modificado a legislação interna. Por fim, no caso *Kühne*[159], o Tribunal admitiu o reexame interno de um acto administrativo, que tinha sido objecto de uma sentença confirmativa já transitada em julgado, com fundamento no facto de a referida sentença se ter baseado numa interpretação do Direito Comunitário que, por força de uma jurisprudência posterior do Tribunal de Justiça, em sede de art. 234.º, se deveria considerar errónea e que o tribunal nacional adoptou sem ter submetido a questão ao Tribunal de Justiça, quando a isso estava obrigado pelo parágrafo 3.º do preceito[160].

O Tribunal consagra, assim, um princípio de conformação de acto administrativo decidido com o Direito Comunitário posterior[161].

De notar que esta solução só foi possível, por força das circunstâncias do caso concreto. Em primeiro lugar, o Direito nacional – holandês – reconhece ao órgão administrativo a possibilidade de revogar uma decisão administrativa definitiva. Em segundo lugar, esta

---

[157] Para um comentário deste acórdão, ver PABLO J. MARTÍN RODRIGUEZ, *La responsabilidad del Estado por actos judiciales en Derecho Comunitario*, Rev. Der. Com. Eur., 2004, pgs. 829 e segs; MARTEN BREUER, *State Liability for Judicial Wrongs and Community Law: the Case of Gerhard Köbler v Austria*, ELR, 2004, pgs. 243 e segs.

[158] Acórdão de 9/12/2003, proc. C-129/00, Col. 2003, pgs. I-4637 e segs, cons 29 e segs.

[159] Acórdão de 13/1/2004, proc. C-453/00, Col 2004, pgs. I-837 e segs, cons. 20 e segs.

[160] Para um comentário deste acórdão, ver PABLO J. MARTÍN RODRIGUEZ, *La revisión de los actos administrativos firmes: un nuevo instrumento de la primacía y efectividad del Derecho comunitario?* Rev. Gen. Der. Eur., 2004, pgs. 1 e segs. http://www.iustel.com

[161] Neste sentido, ver FAUSTO DE QUADROS, *A Europeização do Contencioso Administrativo*, cit., pgs. 397 e 398.

apenas adquiriu o seu carácter definitivo na sequência de um acórdão de um órgão jurisdicional nacional cujas decisões não são susceptíveis de recurso judicial. Em terceiro lugar, esse acórdão fundamenta-se numa interpretação de Direito Comunitário que era, face a um acórdão posterior do Tribunal de Justiça, errada e tinha sido aplicada sem que ao Tribunal de Justiça tivesse sido submetida uma questão prejudicial nas condições previstas no artigo 234.°, par. 3.°, TCE. Em quarto lugar, o interessado dirigiu-se ao órgão administrativo imediatamente depois de ter tido conhecimento deste acórdão do Tribunal de Justiça (cons. 26 do acórdão).

Nestas circunstâncias, o órgão administrativo em causa está obrigado, por aplicação do princípio da cooperação previsto no artigo 10.° TCE, a reexaminar o acto administrativo para ter em conta a interpretação da disposição pertinente do Direito Comunitário entretanto feita pelo Tribunal de Justiça. A revogação do acto não deve, contudo, lesar os interesses de terceiros (cons. 27 do acórdão).

A doutrina do caso *Kühne* foi, mais recentemente, reafirmada pelo TJ no caso *Rosemarie Kapferer*[162].

Só que neste último caso discutiu-se a conformação de uma sentença judicial transitada em julgado (e não de um acto administrativo) com o Direito Comunitário posterior. Atendendo às circunstâncias do caso concreto, o TJ entendeu que a sentença não tinha de ser reapreciada porque isso é impedido pelo Direito nacional em causa (o Direito austríaco).

Prevaleceu o princípio da segurança jurídica.

A jurisprudência *Köbler* foi também, recentemente, reafirmada, no acórdão *Traghetti del Mediterraneo Spa*[163], no qual Tribunal acrescenta que *«o Direito Comunitário se opõe a um regime legal nacional que exclua, de uma forma geral, a responsabilidade do Estado-Membro por danos causados aos particulares em virtude de uma violação do Direito Comunitário imputável a um órgão jurisdicional que decide em última instância pelo facto de essa violação resultar de uma interpretação de normas jurídicas ou de uma apreciação*

---

[162] Acórdão de 16/3/2006, proc. C-234/04, ainda não publicado.
[163] Acórdão de 13 de Junho de 2006, proc. C-173/03, não publicado.

Capítulo II – A Competência a Título Prejudicial 97

dos factos e das provas efectuada por esse órgão jurisdicional. O Direito Comunitário opõe-se igualmente a um regime nacional que limite essa responsabilidade aos casos de dolo ou de culpa grave do juiz...»[164].

Ao nível do Direito interno de cada Estado-Membro poderão existir vias jurisdicionais aptas a sancionar a violação do dever de suscitar a questão prejudicial por parte do tribunal nacional. Parece, no entanto, que apenas a Alemanha, a Áustria e a Espanha dispõem destas vias.

O Direito alemão considera que o TJ é um «juiz legal» das partes para os efeitos da aplicação do artigo 101.° da Lei Fundamental. Assim, se um órgão jurisdicional alemão não suscitar uma questão prejudicial quando a isso estiver obrigado ou se violar um acórdão anterior do TJ, o Tribunal Constitucional Federal (*Bundesverfassungsgericht*) tem competência para revogar esse acórdão por violação da Constituição.

O Tribunal Constitucional alemão admite, portanto, *die Verfassungsbeshwerde* contra decisões judiciais que violaram a obrigação de suscitar a questão prejudicial, com fundamento em violação do direito fundamental à tutela judicial efectiva, sendo que uma das manifestações desse direito é precisamente o direito ao juiz pré-determinado pela lei – o juiz comunitário quando a questão prejudicial é obrigatória.

Na senda do Direito alemão, também o Direito austríaco e o Direito espanhol consagram o direito ao juiz pré-determinado pela lei.

O Tribunal Constitucional espanhol admitiu recentemente, pela primeira vez, na sua decisão n.° 58/2004, de 19 de Abril, um recurso de amparo com base na violação da tutela judicial efectiva, devido à violação da obrigação de suscitar a questão prejudicial[165].

No Direito Português não existe qualquer sanção para a violação do dever de suscitar a questão prejudicial. A única situação em que se pode conceber recurso da decisão judicial que recusa suscitar

---

[164] Acórdão cit., cons. 46.

[165] Para um comentário deste acórdão, ver PABLO J. MARTÍN RODRIGUEZ, *La cuestión prejudicial como garantía constitucional: a vueltas con la relevancia constitucional del derecho comunitário (A propósito de la STC 58/2004, de 19 de abril, assunto tasa fiscal sobre el juego)*, Rev. Esp. Der. Const., 2004, pgs. 315 e segs.

98   *Contencioso da União Europeia*

a questão prejudicial ao TJ é se esta não for fundamentada ou se a fundamentação for manifestamente insuficiente (artigo 158.° do CPC).

5. Os poderes do juiz nacional no processo das questões prejudiciais

5.1. *A ausência de formalismo para o pedido de decisão prejudicial*

Não existe nenhum formalismo particular para o pedido de decisão prejudicial[166]. Segundo o artigo 23.°, par. 1.°, do Estatuto do TJ, a decisão de suscitar a questão prejudicial é notificada ao TJ pelo tribunal nacional. O processo mais simples é a transmissão do processo de um tribunal para o outro, mas o TJ já admitiu uma simples carta assinada por um magistrado competente[167].

Normalmente, o juiz nacional suscita a questão prejudicial através de um despacho em que formula a questão e expõe os seus fundamentos. Como veremos, o Tribunal de Justiça tem-se mostrado cada vez mais exigente quanto à necessidade de o juiz nacional fundamentar o pedido de decisão prejudicial, chegando mesmo a rejeitar liminarmente o pedido quando considera que esta exigência não está manifestamente cumprida.

5.2. *A decisão de suscitar a questão prejudicial*

A decisão de suscitar a questão prejudicial é da competência exclusiva do juiz nacional[168]. As partes não podem dirigir-se direc-

---

[166] Acórdãos de 6/4/62, *Bosch*, proc. 13/61, Rec. 1962, pg. 89; de 12/5/64, *Wagner*, proc. 101/63, Rec. 1964, pgs. 393-394; *Getreidehandel*, proc. 17/72, de 8/11/72, Rec. 1972, pgs. 1077-1078.

[167] Acórdão de 9/3/64, *M.K.H. Unger*, proc. 75/63, Rec. 1964, pg. 361.

[168] Acórdão de 15/6/72, *Frateli Grassi*, proc. 5/72, Rec. 1972, pg. 443; ac. de 26/11/1998, *Bronner*, proc. C-7/97, Col. 1998, pg. I-7791 e segs; ac. de 16/09/1999, *WWF*, proc. C-435/97, Col. 1999, pgs. I-5613 e segs, cons. 31 e 32; ac. de 6/3/2003, *Kaba*, cit.., cons. 40 e 41.

Capítulo II – A Competência a Título Prejudicial

tamente ao TJ para lhe colocar uma questão prejudicial[169], nem podem completar uma questão suscitada por um tribunal nacional[170]. Daqui decorre que é o juiz nacional que tem o monopólio da iniciativa do processo prejudicial.

No puro plano teórico pode colocar-se a questão de saber se quando o artigo 234.º (ex-artigo 177.º) usa a expressão *«questão desta natureza seja suscitada»*, pretende que o juiz só possa agir a pedido das partes. O TJ não aceita esta ideia e tem admitido questões suscitadas *ex officio*[171], com os seguintes fundamentos:

a) o princípio do primado impõe que o juiz coloque todas as questões prejudiciais que tenham a ver com a violação do Direito Comunitário;

b) há processos ao nível interno em que não há partes ou em que estas ainda não intervieram no processo, como, por exemplo:

   – os processos penais – o TJ admitiu que um juiz italiano que exerce ao mesmo tempo funções de juiz de instrução e de ministério público, pode suscitar questões prejudiciais mesmo antes de terem sido identificados os responsáveis pela infracção[172]. O Tribunal aceitou também uma questão prejudicial de um juiz de instrução francês que ainda não tinha procedido à pronúncia do réu[173];

   – os processos não contraditórios – o TJ entendeu que o juiz pode suscitar uma questão prejudicial neste tipo de processos[174].

---

[169] Acórdão de 14/12/62, *Milchwerke Wöhrmann*, proc. 31 e 33/62, Rec. 1962, pg. 965.

[170] Acórdãos de 11/10/90, *Nespoli*, proc. C-196/89, Col. 1990, pg. I-3647; de 6/6/2000, *ATB*, Col. 2000, proc. C-402/98, Col. 5501 e segs, de 6/3/2003, *Kaba*, cit.., cons. 40 e 41.

[171] Acórdão de 16/6/81, *Salonia*, proc. 126/80, Rec. 1981, pg. 1563.

[172] Acórdão de 11/6/87, *Pretore di Saló*, proc. 14/86, Col. 1987, pg. 2545. Ver também Despacho de 15/1/2004, *Saetti e Frediani*, cit., cons. 23.

[173] Acórdão de 16/1/92, *Processo penal contra X*, proc. 373/90, Col. 1992, pg. I-131.

[174] Acórdãos de 17/12/70, *Sace*, proc. 33/79, Rec. 1970, pg. 1213; de 28/6/78, *Simmenthal III*, proc. 70/77, Rec. 1978, pg. 1453; de 18/6/98, *Corsica Ferries France*, proc. C-266/96, Col. 1998, pgs. I-3949 e segs.

5.3. *A apreciação da pertinência da questão*

Por outro lado, as partes não podem impedir o juiz de suscitar uma questão prejudicial. A apreciação da pertinência da questão é da exclusiva competência do juiz nacional[175], uma vez que é ele que tem um conhecimento directo dos factos assim como dos argumentos utilizados pelas partes e será ele que vai assumir a responsabilidade da sentença ou acórdão no caso concreto. Este poder do juiz nacional não pode ser restringido por convenção das partes. Assim, a convenção entre as partes que obriga o juiz nacional a suscitar uma determinada questão prejudicial não restringe o poder de apreciação do tribunal nacional[176].

5.4. *A escolha do momento para suscitar a questão prejudicial*

É também ao juiz nacional que cabe determinar o momento em que suscita a questão prejudicial[177]. O TJ julga que não lhe compete tecer considerações sobre o estádio em que se encontra o processo no âmbito do qual a questão foi formulada[178]. O TJ aceita questões prejudiciais suscitadas no âmbito de um processo sumário e urgente[179].

5.5. *O conteúdo material da questão*

O conteúdo material da questão é também da competência do juiz nacional[180], mas a questão deve ser formulada de tal maneira que per-

---

[175] Acórdãos de 5/2/63, *Van Gend & Loos*, proc. 26/62, Rec. 1963, pg. 1; de 9/7/69, *Portelange*, proc. 10/69, Rec. 1969, pg. 315; de 5/10/77, *Carlo Tedeschi*, proc. 5/77, Rec. 1977, pg. 1555; de 13/3/79, *S.A. des grandes Peureux*, proc. 86/78, Rec. 1979, pg. 897; de 29/11/78, *Pigs Marketing Board*, proc. 83/78, Rec. 1978, pg. 2347; de 16/7/92, *Banca española*, proc. C-67/91, Col. 1992, pg. I-4785.

[176] Acórdão de 22/11/78, *Mattheus*, proc. 93/78, Rec. 1978, pg. 2203.

[177] Acórdão de 10/3/81, *Irish Creamery Milk*, procs. 36 e 71/80, Rec. 1981, pg. 735; de 10/7/84, *Campus oil*, proc. 72/83, Rec. 1984, pg. 2727.

[178] Acórdão de 14/12/71, *Politi*, proc. 43/71, Rec. 1971, pg. 1039; de 21/2/74, *Birra Dreher*, proc. 162/73, Rec. 1974, pg. 201.

[179] Acórdão de 24/5/77, *Hoffmann-La Roche*, proc. 107/76, Rec. 1977, pg. 957, 972; de 12/11/69, *Stauder*, proc. 29/69, Rec. 1969, pg. 419; de 8/6/71, *Gramophon*, proc. 78/70, Rec. 1971, pg. 487.

[180] Acórdão de 6/4/62, *Bosch*, cit, pg. 102.

Capítulo II – A Competência a Título Prejudicial   101

mita ao TJ dar uma resposta útil. Por isso, o juiz nacional deve, quando formula as questões, explicar as razões pelas quais tem necessidade de uma resposta[181], transmitindo dessa forma todas as informações suficientes.

Casos há em que o TJ só poderá dar uma resposta útil se os factos estiverem estabelecidos e os problemas relacionados com o Direito nacional já resolvidos.

O TJ, numa primeira fase, admitiu questões concretas e claras[182], questões não articuladas, com simples transmissão de *dossier*[183], questões abstractas e complicadas, com hipóteses de resposta, formuladas em alternativa, ou questões múltiplas[184], e ainda questões imprecisas[185], ou formuladas de maneira imprópria[186].

O TJ parecia inclinar-se no sentido de que o espírito de cooperação construtiva com os tribunais nacionais impunha a aceitação do máximo número possível de questões prejudiciais, pois tal também lhe permitia firmar jurisprudência sobre os vários temas de Direito Comunitário. Porém, uma vez fixada a jurisprudência em vastos domínios deixou de haver razões para continuar a aceitar todas ou quase todas as questões prejudiciais.

Além disso, a constante acumulação de processos pendentes a partir da década de 80 – problema que nem a criação do TPI conseguiu resolver – não permitiam ao TJ continuar a política permissiva quanto às questões prejudiciais até então levada a cabo.

Assim, a partir do momento em que o Tribunal se começou a aperceber de que estava a ser sobrecarregado pelos tribunais nacionais com questões menores, que em nada contribuíam para o desenvolvimento da jurisprudência comunitária, tinha de modificar a sua aparente benevolência quanto à admissibilidade das questões prejudiciais.

---

[181] Acórdão de 12/6/86, *Bertini/98*, procs. 162, 258/85, Col. 1986, pg. 1885.

[182] Acórdão de 6/4/62, *Bosch*, cit, pg. 102.

[183] Acórdãos de 4/7/71, *Muller*, proc. 10/71, Rec. 1971, pg. 723; de 13/12/84, *Haug-Adrion*, proc. 251/83, Rec. 1984, pg. 4277; de 1/4/82, *Holdijk*, procs. 141 e 142/81, Rec. 1982, pg. 1299.

[184] Acórdãos *Pigs Marketing Board*, cit., pg. 2347; de 18/5/82, *Adoui e Cornuaille*, procs. 115/81 e 116/81, Rec. 1982, pg. 1665.

[185] Acórdão de 11/7/90, *Sermes*, proc. C-323/88, Col. 1990, pg. I-3027.

[186] Acórdão de 6/4/62, *Bosch*, cit., pg. 91.

O Tribunal passou a exigir ao tribunal nacional um maior rigor na definição do «*quadro factual e legal em que se inscrevem as questões que coloca ou que, pelo menos, explique as hipóteses factuais em que assentam essas questões*»[187]. Passou também a considerar necessário que o juiz nacional dê um mínimo de explicações sobre as razões de escolha das disposições comunitárias cuja interpretação solicita e sobre o nexo que estabelece entre essas disposições e a lei nacional aplicável ao litígio[188].

De acordo com o Tribunal, a sua função é a de contribuir para a administração da justiça e não a de formular meros pareceres sobre questões gerais ou hipotéticas, pelo que são manifestamente inadmissíveis questões prejudiciais que contenham referências insuficientemente precisas às situações de direito ou que apresentem um carácter puramente hipotético[189].

Para finalizar, importa ainda referir que o TJ aceita que o juiz nacional lhe suscite questões prejudiciais sobre um acórdão anterior que levanta problemas de compreensão ou de aplicação[190].

5.6. *O papel das partes no processo das questões prejudiciais*

Do que se expôs até este momento não se deve inferir que as partes não detêm um papel importante neste processo. Efectivamente, as partes estão, muitas vezes, na origem da questão prejudicial susci-

---

[187] Despahos de 20/4/98, *Testa e Modesti*, procs. C-128/97 e C-137/97, Col. 1998, pgs. I-2181 e segs; Despacho de 30/4/98, Col. 1998, pgs. I-2183 e segs; de 20/3/96, *Sunino e Data*, proc. C-2/96, Col. 1996, pgs. I-1543 e segs; Despacho de 28/6/2000, *Laguillaumie*, proc. C-116/00, Col. 2000, pg. I-4979 e segs (cons. 14 a 19, 25 e 26); Despacho de 25/3/2003, *Simoncello e Boerio*, proc. C-445/01, Col. 2003, pgs. I -1807 e segs (cons. 22 e 23, 30 e 31).

[188] Acórdão de 7/4/95, *Grau Gomis*, cit., pgs. I-1025 e segs; ac. de 12/7/2001, *Ordine degli Architetti*, proc. C-399/98, Col. 2001, pgs. 5409 e segs (cons. 105 a 107).

[189] Acórdão de 23/3/95, *Mostafa Saddik*, proc. C-458/93, de 23/3/95, Col. 1995, pgs. I-511 e segs; ac. de 27/2/2003, *Adolf Truley*, proc. C-373/00, Col. 2003, pgs. I-1931 e segs (cons. 22).

[190] Acórdãos de 23/11/90, *B & Q*, proc. C-145/88, Col. 1990, pg. 3851; de 28/2/91, *Conforama*, proc. C-312/89, Col. 1991, pg. I-997; de 28/2/91, *Marchandise*, proc. 332/89, Col. 1991, pg. I-1027; de 16/12/92, *B & Q*, proc. C-169/91, Col. 1992, pg. I-6635.

Capítulo II – A Competência a Título Prejudicial

tada, pois foram os seus advogados que, ao invocarem a norma comunitária, por via de acção ou de excepção, fizeram nascer no espírito do juiz a dúvida que vai desencadear a questão prejudicial.

Além disso, o poder dos tribunais nacionais de recusarem uma questão prejudicial que lhe foi suscitada pela parte é mais reduzido do que aparentemente se possa pensar, devido a dois factores:

– as questões prejudiciais obrigatórias;
– os recursos de direito interno que as partes têm ao seu dispor para questionarem o poder do juiz de suscitar a questão prejudicial ao TJ.

Mas as partes no litígio principal não têm o poder de pedir a revisão, de acordo com o artigo 44.º do Estatuto do TJ, do acórdão proferido no âmbito de um processo prejudicial. No Despacho *Reisebüro Binder*, o Tribunal foi peremptório em excluir a aplicação desta disposição aos acórdãos proferidos em matéria prejudicial. Para o Tribunal «*cabe apenas aos órgãos jurisdicionais nacionais decidir do princípio e do objecto de um eventual recurso ao Tribunal de Justiça e cabe igualmente apenas a estes julgar se se consideram suficientemente esclarecidos pela decisão prejudicial proferida a seu pedido ou se lhes parece necessário submeter de novo o assunto à apreciação do Tribunal de Justiça*»[191].

O próprio TJ dá alguma relevância às partes no processo principal. No caso *Simmenthal*[192] afirma que, apesar de o processo do artigo 234.º TCE (ex-artigo 177.º) não estar subordinado ao carácter contraditório do processo principal, parece ser de boa justiça que a questão prejudicial só seja suscitada após um debate contraditório.

---

[191] Acórdão de 28/4/98, proc. C-116/96 REV, Col. 1998, pg. I-1893 e segs.
[192] Acórdão de 9/3/78, proc. 106/77, Rec. 1978, pg. 629.

104 Contencioso da União Europeia

6. Os poderes do Tribunal de Justiça no processo das questões prejudiciais

6.1. A repartição de poderes entre os tribunais nacionais e o TJ

O processo das questões prejudiciais baseia-se numa repartição de poderes entre o TJ e os tribunais nacionais. O TJ começou por afirmar a separação entre o Direito nacional e o Direito Comunitário e, consequentemente, a separação entre a aplicação do Direito Comunitário, reservada ao tribunal nacional, e a interpretação do Direito Comunitário, da competência do TJ. Este não deve conhecer dos factos nem censurar os motivos e os objectivos da questão prejudicial (caso *Costa c. Enel*[193]).

Mais tarde, o TJ veio defender a tese da cooperação entre os tribunais nacionais e ele próprio, na solução de problemas que são de interesse comum. Nesta medida, vai abolir todo o rigor formalista, passando a entender que o tribunal nacional e o TJ são chamados a contribuir directa e reciprocamente para a elaboração de uma sentença ou de um acórdão, com vista à interpretação e aplicação uniformes do Direito Comunitário no conjunto dos Estados-Membros[194].

Esta cooperação e confiança recíprocas implicam que o juiz comunitário e o juiz nacional respeitem mutuamente os limites das suas funções.

Como já referimos, o Tribunal tem vindo a modelar a repartição de competência entre ele próprio e os tribunais nacionais. Assim, apesar de continuar a afirmar que *«segundo jurisprudência constante, é da competência dos órgãos jurisdicionais nacionais, a quem é submetido o litígio e que devem assumir a responsabilidade pela decisão judicial a proferir, apreciar, à luz das particularidades de cada caso, tanto a necessidade de uma decisão judicial para poderem proferir a sua decisão, como a pertinência das questões submetidas ao Tribunal»*[195], declara-se competente para *«proceder a quaisquer*

---

[193] Proc. cit., pg. 1158.

[194] Acórdão de 1/12/65, *Schwarze*, proc. 16/65, Rec. 1965, pg. 1195.

[195] Acórdãos de 18/10/90, *Dzodzi*, procs. C-297/88 e C-197/89, Col. 1990, pgs. I--3763 e segs; de 8/11/90, de 5/10/95, *Gmurzynska*, proc. C-231/89, Col. 1990, pgs. I-4003

apreciações inerentes ao desempenho das suas próprias funções, designadamente para, sendo caso disso, e como compete a qualquer órgão jurisdicional, verificar a sua própria competência»[196]. Nesta medida, o TJ recusa questões que não considera pertinentes e não responde nos casos em que lhe parece desnecessário suscitar as questões prejudiciais.

O Tribunal rejeita um pedido se for manifesto que a interpretação solicitada não tem qualquer relação com a realidade ou com o objecto do litígio no processo principal[197].

Mas, atenção: o juiz nacional continua a deter a competência exclusiva quanto à formulação das questões[198], não podendo o TJ substituir-se-lhe neste domínio.

Além disso, o TJ não tem competência para averiguar se o órgão jurisdicional que suscitou a questão prejudicial é competente para conhecer do litígio[199], nem se tem competência para aplicar o Tratado, tal como foi interpretado.

Mas já compete ao TJ extrair do conjunto dos elementos fornecidos pelo tribunal nacional os elementos de Direito Comunitário que necessitam de uma interpretação tendo em conta o objecto do litígio[200].

Ultimamente, o Tribunal parece ter voltado a encarar a sua relação com os tribunais nacionais de modo bastante rígido, aludindo, frequentemente, nos seus acórdãos *«à nítida separação de funções»*[201] entre ambos.

---

e segs; de 9/2/95, *Leclerc/Siplec,* proc. 412/93, Col. 1995, pg. I-215; de 5/10/95, *Aprile,* proc. C-125/94, Col. 1995, pg. I-2946; de 17/7/97, *Leur-Bloem,* proc. C-28/95, Col. 1997, pgs. I-4161 e segs; de 30/4/98, *Cabour,* proc. C-230/96, pg. 2094.

[196] Acórdão de 15/6/95, *Zabala Erasun,* procs. C-422/93, C-423/93 e C-424/93, Col. 1995, pg. I-1583.

[197] Acórdãos de 26/10/95, *Furlanis,* proc. C-143/95, Col. 1995, pg. I-3633; de 30/4/98, *Cabour,* cit., pg. I-2094; de 18/1/96, *Seim,* proc. C-446/93, Col. 1996, pgs. I-73 e segs.

[198] Acórdão de 12/12/96, *Kontogeorgas,* proc. C-104/95, Col. 1996, pgs. I-6643 e segs.

[199] Acórdão de 19/12/68, *Cicco,* proc. 19/68, Rec. 1968, pgs. 689, 698; de 5/6/97, *Celestini,* proc. C-105/94, Col. 1997, pgs. I-2971 e segs.

[200] Acórdão de 29/11/78, *Pigs Marketing Board,* proc. 83/78, Rec.1978, pg. 2347.

[201] Acórdão de 16/10/2003, *Traunfellner,* proc. C-421/01, Col. 2003, pgs. I-11941 e segs., cons. 21.

6.2. A reformulação das questões suscitadas pelos tribunais nacionais

O TJ reserva-se o direito de reformular as questões no quadro das coordenadas conceptuais do Direito Comunitário, reduzir as questões múltiplas[202], modificar a ordem das questões[203], completá-las[204], responder-lhes globalmente[205], subdividir a questão[206], delimitar a questão[207], determinar o seu verdadeiro objecto[208] e não responder a certas questões, que se tornaram irrelevantes pela resposta dada a outras[209].

Como já vimos, embora inicialmente o TJ respondesse a todas as questões que lhe eram suscitadas, actualmente é bastante mais exigente, recusando-se a responder a questões muito imprecisas, por considerar que não são úteis para a solução do litígio principal[210].

O TJ recusa-se também a responder a questões puramente hipotéticas[211].

---

[202] Acórdão de 18/5/82, *Adoui et Cornuaille*, procs. 115/81 e 116/81, Rec. 1982, pg. 1665.

[203] Acórdãos de 2/5/90, *Hakvoort et St Bremen*, proc. C-348/88, Col. 1990, pg. I--395; de 4/7/90, *Roermond*, procs. 354/88 a 356/88, Col. 1990, pg. I-2753; de 19/3/92, *Batista Morais*, proc. C-60/91, Col. 1992, pg. I-2085.

[204] Acórdão de 18/2/64, *Internationale Crediet*, procs. 73 e 74/63, Rec. 1964, pg. 3.

[205] Acórdãos de 27/6/90, *Berkenheide*, proc. C-67/89, Col. 1990, pg. I-2615; de 3/6/92, *Paletta*, proc. C-45/90, Col. 1992, pg. I-3423.

[206] Acórdão de 12/12/90, *Sarpp*, proc. C-241/89, Col. 1990, pg. I-4695.

[207] Acórdão de 10/5/81, *Irish creamery*, procs. 36/80 e 71/80, Rec. 1981, pg. 752 (ponto 21).

[208] Acórdãos de 26/1/90, *Falcolia*, proc. C-286/88, Col. 1990, pg. I-191; de 07/11/2002, *Bourrasse e Perchicot*, procs. C-228/01 e C-289/01, Col. 2002, pgs. I-10213 e segs (cons. 33).

[209] Acórdão de 26/4/88, *Bond van adverteerders*, proc. 352/85, Col. 1988, pg. 2085.

[210] Acórdãos de 3/2/77, *Benedetti*, proc. 52/76, Rec. 1977, pgs. 179 e 180; de 28/3/79, *ICAP*, proc. 222/78, Rec. 1979, pgs. 1163, 1178; de 21/9/83, *Deutsche Milchkontor*, procs. 205 a 215/82, Rec. 1983, pg. 2633; *Pretore di Saló*, cit., pg. 2565; de 16/9/82, *Vlaeminck*, proc. 132/81, Rec. 1982, pg. 2963; ac. de 5/6/1997, *Celestini*, cit., pgs. I-2971 e segs; ac. de 7/9/1999, *Beck e Bergdorf*, proc. C-355/97, Col. 1997, pgs. I-4977 e segs, cons. 22.

[211] Acórdãos *Mattheus*, cit., pg. 2203; de 16/6/81, *Salonia*, proc. 126/80, Rec. 1981, pg. 1563; de 21/4/88, *Pardini*, proc. 338/85, Col. 1988, pg. 2041; de 10/12/2002, *der Weduwe*, proc. C-153/00, Col. 2002, pgs. I-11319 e segs, cons. 31 a 34, 37 a 40.

Capítulo II – A Competência a Título Prejudicial 107

O TJ pode transformar uma questão de interpretação numa questão de apreciação de validade[212].

Apesar de competir ao tribunal nacional indicar quais os vícios do acto, o TJ pode também conhecê-los *ex officio*[213]. O TJ recusa-se, no entanto, a fazê-lo quando o vício é suscitado pelas partes e não o foi por iniciativa do próprio juiz nacional. Neste último caso, atém-se ao vício invocado pelo tribunal nacional, ainda que – repete-se – ele tenha sido invocado pelas partes[214].

O TJ reformula a questão quando o juiz nacional lhe solicita a interpretação de disposições de Direito nacional ou a aplicação do Direito Comunitário ao caso concreto[215].

O TJ não é competente para interpretar o Direito interno, nem para constatar a incompatibilidade do Direito interno com o Direito Comunitário[216]. Todavia, o TJ é competente para fornecer ao tribunal nacional todos os elementos de interpretação que relevam do Direito Comunitário e que podem permitir-lhe resolver esta incompatibilidade[217]. E fá-lo muito frequentemente.

---

[212] Acórdãos *Schwarze*, cit.; de 3/2/77, *Strehl*, proc. 62/76, Rec. 1977, pg. 211; de 7/7/81, *Rewe*, proc. 158/80, Rec. 1981, pg. 1805; de 14/6/90, *Weiser*, proc. C-37/89, Col. 1990, pg. I-2395.

[213] Acórdãos de 10/1/73, *Getreide Import*, proc. 41/72, Rec. 1973, pg. 1; de 25/10/78, *Royal Scholten Honig*, procs. 103 e 145/77, Rec. 1978, pg. 2037, 2079; de 6/6/2000, *ATB*, cit., pgs. I-5501 e segs, cons. 29.

[214] Acórdão *Internationale Crediet*, cit., pg. 1, 28; de 13/12/67, *Neumann*, proc. 17/67, Rec. 1967, pg. 571, 587 a 593.

[215] Acórdãos de 8/12/70, *Witt*, proc. 28/70, Rec. 1970, pg. 1021; de 12/7/73, *Getreide Import*, proc. 11/73, Rec. 1973, pg. 919; de 23/10/75, *Matisa*, proc. 35/75, Rec. 1975, pg. 1205; de 20/6/91, *Newton*, proc. C-356/89, Col. 1991, pg. I-3017; de 8/6/92, *Knoch*, proc. C-102/91, Col. 1992, pg. I-4341.

[216] Acórdãos de 12/10/78, *Eggers*, proc. 13/78, Rec. 1978, pg. 1935; de 13/3/79, *Grande Distillerie Peureux*, cit., pg. 975, de 22/6/2000, *Fornasar*, proc. C-318/98, Col. 2000, pgs. I-4785 e segs, cons. 27, 31 e 32.

[217] Acórdão de 2/2/76, *Rewe Zentrale V*, proc. 45/75, Rec. 1976, pg. 194; de 17/1/80, *Kefer*, procs. 95 e 96/76, Rec. 1980, pg. 112; de 22/10/98, *IN. CO. GE.'90 E O.*, proces. C-10/97 a C-22/97, Col. 1998, pgs. I-6307 e segs.

6.3. *Casos de rejeição do pedido de questões prejudiciais por parte do TJ*

Como temos vindo a assinalar, os casos de rejeição do pedido de questões prejudiciais são cada vez mais frequentes. Porém, da análise de muitos acórdãos do Tribunal poderia inferir-se exactamente o contrário. Este continua a afirmar, por um lado, que é obrigado a decidir, desde que as questões prejudiciais suscitadas pelos órgãos jurisdicionais se refiram à interpretação de uma disposição de Direito Comunitário[218], e, por outro lado, que quem tem competência exclusiva para suscitar a questão é o juiz nacional.

Mas a verdade é que quem decide se a questão se refere ou não a disposições de Direito Comunitário é o Tribunal de Justiça, e a competência exclusiva do juiz nacional para suscitar a questão está sujeita à condição da aplicação do Direito Comunitário para resolver um litígio.

Assim, o juiz nacional não deve suscitar a questão:

a) se não houver litígio;

b) se manifestamente o Direito Comunitário não se aplicar;

A) *A ausência do litígio*

O TJ declarou-se incompetente para responder às questões suscitadas por um tribunal italiano, no caso *Foglia v. Novello*[219], com fundamento no carácter fictício do litígio. As partes pretendiam a condenação da prática do Estado francês de cobrança dos «direitos de consumo», por violação do artigo 95.° (actual artigo 90.°) do Tratado. A acção foi artificialmente construída para obter do TJ a declaração de incompatibilidade com o Tratado da legislação de um outro Estado--Membro. Ambas as partes descreveram da mesma forma as discriminações fiscais que caracterizavam a legislação francesa em matéria de taxas sobre os vinhos licorosos, defendendo a sua incompatibilidade com o Direito Comunitário.

---

[218] Acórdãos *Leur-Bloem,* cit., pg. 4200; de 17/7/97, *Giloy,* proc. C-130/95, Col. 1997, pg. 4302; de 9/7/2002, *Flightline,* proc. C-181/00, Col. 2002, pgs. I-6139 e segs, cons. 20 e 21.

[219] Acórdão de 11/3/80, proc. 104/79, Rec. 1980, pg. 745.

Capítulo II – A Competência a Título Prejudicial

Perante a recusa do TJ de responder às questões, o tribunal italiano voltou a suscitar uma série de questões prejudiciais ao abrigo do artigo 234.º (ex-artigo 177.º). O TJ reafirmou a sua incompetência para responder às questões colocadas no quadro de construções processuais criadas pelas partes para levar o TJ a tomar posição sobre certos problemas de Direito Comunitário que não correspondem a uma necessidade objectiva relativamente à solução de um caso concreto.

O tribunal nacional só pode suscitar questões prejudiciais no âmbito de um litígio real.

Este Acórdão foi muito criticado pela doutrina, pois põe em causa a repartição de competências entre o TJ e os tribunais nacionais, afirmada no artigo 234.º (ex-artigo 177.º), que até então sempre tinha sido respeitada pela jurisprudência do TJ[220], pela qual compete ao juiz nacional apreciar a pertinência da questão.

A jurisprudência *Foglia Novello* pareceu, durante algum tempo, bastante isolada, não tendo o TJ rejeitado pedidos de questões prejudiciais com este fundamento. Existem, porém, acórdãos da década de 80 em que o TJ faz referência ao caso *Foglia*, como, por exemplo, os casos *Van Eycke*[221] e *Eau de cologne*[222].

Mais recentemente, o TJ parece ter retomado a jurisprudência *Foglia Novello* ao considerar que o processo das questões prejudiciais pressupõe que «*um litígio esteja efectivamente pendente nos órgãos jurisdicionais nacionais*» e a sua justificação é «*a necessidade inerente à efectiva solução de um contencioso*»[223].

Casos há em que o Tribunal, perante o interesse da matéria que lhe foi perguntada – por exemplo, a exclusão da publicidade televisiva do sector económico da distribuição –, parece ter arrepiado caminho, ao considerar que «*o facto de as partes no processo principal estarem de acordo quanto ao resultado a obter em nada diminui a realidade do*

---

[220] Acórdão de 4/2/65, *Albatros*, proc. 20/64, Rec. 1965, pg. 2.

[221] Acórdão de 21/9/88, proc. 267/86, Col. 1988, pg. 4769.

[222] Acórdão de 23/11/89, proc. 150/88, Col. 1989, pg. 3891.

[223] Acórdão de 12/3/98, *Djabali*, proc. C-314/98, Col. 1998, pgs. I-1149 e segs. Ver também ac. de 5/12/1996, *Reisdorf*, proc. C-85/95, Col. 1996, pgs. I-6257 e segs, cons. 15 e 16.

litígio», pelo que a questão submetida, *«na medida em que se prende com esse objecto, corresponde a uma realidade objectiva inerente à resolução do litígio principal»*[224].

B) O Direito Comunitário não se aplica manifestamente ao caso concreto

O juiz nacional deve abster-se de colocar questões prejudiciais, no caso de o Direito Comunitário não se aplicar manifestamente ao caso concreto[225], isto é, se se tratar de questões meramente internas.

O TJ, no caso *Ferrer Laderer*[226], considerou-se incompetente para responder às questões suscitadas por um juiz penal espanhol, com fundamento no facto de que as disposições comunitárias sobre direito de estabelecimento não se aplicavam, uma vez que a senhora Laderer era de nacionalidade suíça.

O TJ reafirmou a sua posição, entre outros, nos casos *Lourenço Dias*[227], *Meilicke*[228] e *Telemarsicabruzzo*[229].

Recentemente, porém, o Tribunal parece ter-se afastado desta jurisprudência mais restritiva. Com efeito, no caso *BIAO*[230], embora partindo, no considerando 89, da afirmação de que *«o Tribunal de Justiça é, em princípio, obrigado a pronunciar-se, salvo se for manifesto que o pedido prejudicial visa, na realidade, levá-lo a pronunciar-se através de um litígio que não existe ou a emitir opiniões consultivas sobre questões gerais ou hipotéticas, que a interpretação do Direito Comunitário solicitada não tem qualquer relação com a realidade ou com o objecto do litígio ou ainda quando o Tribunal não dispõe dos elementos de facto e de direito necessários para responder utilmente às questões que lhe são colocadas»*, acaba por concluir que *«no caso em*

---

[224] Acórdão de 9/2/95, *Leclerc/Siplec*, proc. C-412/93, Col. 1995, pgs. 214 e 215.

[225] Acórdãos de 16/6/81, *Salonia*, proc. 126/80, Rec. 1981, pg. 1563; de 16/9/82, *Vlaeminck*, proc. 132/81, Rec. 1982, pg. 2953, 2963; de 11/6/92, *Di Crescendo e Casagrande*, procs. C-90/91 e C-91/91, Col.1992, pgs. I-3851.

[226] Acórdão de 25/6/92, proc. C-147/91, Col.1992, pgs. I-4097.

[227] Acórdão de 16/7/92, proc. C-343/90, Col. 1992, pgs. I-4673.

[228] Acórdão de 16/7/92, proc. C-83/91, Col. 1992, pgs. I-4919.

[229] Acórdão de 26/1/93, procs. C-320 a 322/90, Col. 1993, pgs. I-423.

[230] Acórdão de 7/1/2003, proc. C-306/99, Col. 2003, pgs. I-1 e segs.

Capítulo II – A Competência a Título Prejudicial 111

apreço, embora as questões sejam relativas à situação fiscal interna e pareçam, à primeira vista, estranhas ao Direito Comunitário, os problemas de interpretação deste que o órgão jurisdicional nacional pretende resolver têm a ver, na verdade e fundamentalmente, com a perspectiva contabilística imposta pela Quarta Directiva, sobretudo no que respeita à tomada em consideração de perdas eventuais resultantes de uma garantia concedida relativamente a u.n crédito cujo futuro era ainda incerto na data de encerramento do balanço da sociedade em causa no litígio principal. Não se trata, portanto, nem de um problema hipotético nem de uma questão que não tem qualquer relação com a realidade ou o objecto desse litígio».

Em conclusão, é certo que o Tribunal se tornou mais exigente quanto à apreciação da sua competência para responder às questões prejudiciais que lhe são suscitadas pelos órgãos jurisdicionais nacionais. Porém, ao contrário do que alguns já afirmaram, o acórdão *BIAO* é a prova de que, tal como defendemos na 1ª edição deste livro, não se está a assistir ao esvaziamento do espírito de cooperação preconizado pelo artigo 234.º (ex-artigo 177.º).

6.4. *A inoponibilidade dos recursos de Direito interno ao TJ*

Por último, importa ver se os recursos de Direito interno são oponíveis ao TJ. Pode acontecer que a decisão do juiz nacional de suscitar a questão prejudicial tenha sido objecto de um recurso de Direito interno interposto pelas partes, pelo Ministério Público ou pela Administração, segundo as regras de processo internas. Neste caso, o acórdão interpretativo arrisca-se a ficar privado de utilidade.

Ora, sendo o processo das questões prejudiciais um processo de juiz a juiz, o TJ considera que o processo prossegue até que o juiz nacional, que suscitou a questão ou um juiz superior que esteja a decidir em vez dele, desista do pedido ou este fique sem efeito[231]. O tribunal nacional

---

[231] Acórdão de 6/4/62, *Bosch*, proc. 13/61, Rec. 1962, pg. 161 e 162; de 30/1/74, *BRT c. Sabam*, proc.127/73, Rec. 1974, pg. 61; de 6/10/83, *Delhaize frères*, proc. 2/82, Rec. 1983, pg. 1973.

deve informar o TJ de que a decisão do recurso fez perder o sentido da questão prejudicial e, nesse caso, o TJ constata que o processo deixou de ter objecto.

7. Os trâmites da questão prejudicial

7.1. *A especificidade dos trâmites do processo*

Como vimos, não há partes neste processo, o que contribui para a especificidade dos seus trâmites.

Trata-se de um processo de cooperação judiciária entre o juiz nacional e o juiz comunitário e que, por isso, se desenrola no tribunal nacional e no Tribunal de Justiça.

O processo das questões prejudiciais inicia-se no tribunal nacional quando o juiz nacional reconhece o problema de Direito Comunitário e formula a questão. O tribunal nacional notifica o TJ da decisão de suscitar a questão prejudicial.

Em seguida, o TJ, através do seu secretário, notifica as partes em causa, os Estados-Membros e a Comissão, bem como o Conselho e o BCE, se o acto cuja validade ou interpretação é contestada deles emanar, e o Parlamento Europeu e o Conselho, se se tratar de um acto adoptado com base no procedimento de co-decisão. Estes têm dois meses a contar da última notificação para apresentarem observações escritas, após o que o processo segue os trâmites de Direito Comum. O Parlamento Europeu também pode intervir quando os seus actos estão em causa (artigo 23.º, paras. 1.º e 2.º, do Estatuto do TJ e artigo 104.º do RP).

Recentemente, o Regulamento de Processo do TJ sofreu algumas modificações[232], que tiveram em vista, por um lado, acelerar a decisão do processo das questões prejudiciais no Tribunal de Justiça e, com isso, possibilitar ao tribunal nacional a decisão também mais célere do processo principal, e, por outro lado, aliviar o Tribunal da sobrecarga de processos, com fundamento no artigo 234.º do Tratado CE.

---

[232] V. *supra* nota 26 da Introdução.

Assim, por força do artigo 104.°-A do RP, a pedido do órgão jurisdicional nacional, o presidente pode, sob proposta do juiz-relator, ouvido o Advogado-Geral, submeter o processo das questões prejudiciais a tramitação acelerada, a título excepcional, quando as circunstâncias invocadas justifiquem a urgência extraordinária em responder à questão submetida a título prejudicial.

Além disso, o artigo 104.°, n.° 3, do RP permite ao TJ, em certos casos[233], decidir por meio de despacho fundamentado, no qual fará, se for caso disso, referência ao acórdão anterior ou à jurisprudência em causa.

O TJ examina a questão colocada pelo juiz nacional e profere o acórdão. O TJ pronuncia-se através de um acórdão fundamentado.

O acórdão é notificado ao tribunal que suscitou a questão assim como a todos os que participaram no processo. Por fim, o juiz nacional resolve o litígio principal à luz das indicações dadas pelo TJ.

7.2. *A repercussão da repartição de poderes entre o juiz nacional e o Tribunal de Justiça nos trâmites do processo*

A repartição de competências, operada pelo artigo 234.° TCE (ex-artigo 177.°), implica que há funções que devem ser desempenhadas pelo juiz nacional, enquanto outras o devem ser pelo juiz comunitário.

Assim, o tribunal nacional não deve solicitar ao TJ a aplicação do Direito Comunitário, pois essa é da sua exclusiva competência.

O TJ considera que só está habilitado a pronunciar-se sobre as regras comunitárias a partir dos factos que lhe foram comunicados pelo tribunal nacional, sendo certo que a verificação da exactidão desses factos é da competência exclusiva do tribunal nacional[234].

É também da competência do juiz nacional fixar os factos que deram origem ao litígio e daí retirar as consequências para a decisão do caso concreto[235], pois, uma vez proferido o acórdão pelo TJ, é o juiz

---

[233] Quando uma questão prejudicial for idêntica a uma outra que o Tribunal já tenha decidido, quando a resposta a essa questão possa ser claramente deduzida da jurisprudência ou quando a resposta à questão não suscite qualquer dúvida razoável.

[234] Acórdão de 16/3/78, *Firma Wolfgang*, proc. 104/77, Rec. 1978, pg. 791.

[235] Acórdão de 29/4/81, *Pabst*, proc. 17/81, Rec. 1982, pg. 1331.

nacional que vai apreciar se as regras comunitárias sobre as quais o TJ se pronunciou se aplicam ao caso concreto[236].

A prática demonstra, no entanto, que o TJ dá interpretações do Direito Comunitário numa perspectiva de aplicação concreta das normas, podendo suceder que a decisão final do litígio decorra directa ou indirectamente da decisão prejudicial[237].

8. Os efeitos do acórdão prejudicial

8.1. Os efeitos materiais do acórdão prejudicial

8.1.1. A colocação do problema

A questão dos efeitos materiais do acórdão prejudicial resume-se a saber se este acórdão produz efeitos obrigatórios ou se, pelo contrário, tem apenas uma força moral. Se se optar pela tese dos efeitos obrigatórios, há que averiguar em relação a quem tais efeitos se produzem[238].

Várias podem ser as respostas a esta questão, a saber:

- o acórdão vincula apenas o juiz nacional que suscitou a questão prejudicial e, consequentemente, as partes no processo principal;
- ficam vinculados todos os tribunais que forem chamados a pronunciar-se sobre o processo principal, no caso de haver recurso da decisão;
- o acórdão vincula todos os tribunais nacionais, inferiores e superiores, do Estado que suscitou a questão ou de qualquer outro Estado-Membro da Comunidade;
- o próprio TJ fica vinculado pelo Acórdão.

---

[236] Acórdãos de 27/3/90, *Angelo Bagli Pennacchiotti*, proc. C-315/88, Col. 1990, pg. I-1323; de 16/7/92, *Belovo*, proc. C-187/91, de 16/7/92, Col. 1992, pgs. I-4937.

[237] A título meramente exemplificativo, ver acórdão de 5/3/96, *Brasserie du Pêcheur*, proc. C-46/93 e C-48/93, Rec. 1996, pgs. I-1029 e segs.

[238] Para maiores desenvolvimentos sobre os efeitos dos acórdãos prejudiciais veja-se ANA MARIA GUERRA MARTINS, *Os efeitos ...*, pgs. 17 e segs.

Capítulo II – A Competência a Título Prejudicial

Questão diversa é a de saber se quem fica obrigado pelo acórdão pode posteriormente suscitar a interpretação ou a apreciação de validade de uma norma que já foi interpretada ou declarada inválida pelo TJ.

Os efeitos materiais do acórdão proferido pelo TJ, no âmbito de um processo das questões prejudiciais, podem diferir consoante se trate de acórdão interpretativo ou de declaração de invalidade ou de validade. Por isso, vamos analisá-los separadamente.

8.1.2. Os efeitos materiais do acórdão interpretativo

O acórdão interpretativo obriga o juiz nacional que suscitou a questão, pelo que este não se pode basear, na solução do litígio principal, numa interpretação diferente da que foi dada pelo TJ[239]. Esta obrigação de respeitar a interpretação dada pelo Tribunal incide não só sobre a decisão propriamente dita, mas também sobre a sua fundamentação[240].

Além disso, o acórdão interpretativo obriga todos os outros juízes nacionais. O TJ afirmou, no caso *Milch-, Fett-, und Eierkontor*[241], que a interpretação obriga todas as instâncias nacionais que se ocuparam do litígio, ou seja, mesmo que se trate de tribunais superiores estes devem considerar-se vinculados pelo acórdão proferido a pedido de um tribunal inferior.

O acórdão interpretativo, tendo em conta o objectivo do artigo 234.º (ex-artigo 177.º) – a uniformidade de interpretação do Direito Comunitário –, tem um alcance geral. A interpretação incorpora-se na norma interpretada, pelo que os juízes nacionais que a quiserem aplicar têm a obrigação de o fazer com o sentido e o alcance que lhe foi dado pelo acórdão[242].

---

[239] Acórdãos de 3/2/77, *Benedetti*, proc. 52/76, Rec. 1977, pg. 163; de 14/12/2000, *Fazenda Pública*, proc. C-446/98, Col. 2000, pgs. I-11435 e segs.

[240] Acórdão de 16/3/78, *Bosch*, proc. 135/77, Rec. 1978, pg. 855.

[241] Acórdão de 24/6/69, proc. 29/68, Rec. 1969, pg. 165.

[242] Acórdãos de 27/3/63, *Da Costa*, procs. 28 e 30/62, Rec. 1963, pg. 61; de 24/6/69, *Milch-, Fett- und Eierkontor*, proc. cit., pg. 165; de 3/2/77, *Benedetti*, cit., pg. 183; de 6/10/82, *Cilfit*, cit., pg. 3429.

116 Contencioso da União Europeia

Daqui resulta que esta interpretação só pode ser posta em causa se posteriormente houver uma modificação da norma ou das normas que com ela se relacionam[243] e que só o próprio TJ pode alterar a sua interpretação anterior[244].

O TJ admite, no entanto, que um tribunal nacional lhe pode suscitar questões prejudiciais mesmo que o TJ já tenha respondido a questões idênticas, por considerar que não está ainda suficientemente esclarecido[245].

A posição que o TJ tem defendido, em sede de efeitos materiais dos acórdãos interpretativos, assemelha-se à tese do precedente anglo--saxónico, embora não se confunda com ela. Aquela tese fundamenta--se na hierarquia dos tribunais. O precedente forma-se das decisões dos tribunais superiores em relação aos inferiores e das decisões de cada tribunal em relação a si próprio, com excepção da *House of Lords*, que, colocada no topo da hierarquia, não está vinculada às decisões por ela própria proferidas, embora as suas decisões vinculem todos os outros tribunais.

O TJ não se situa no topo de uma hierarquia de tribunais comuni-tários, pelo que o fundamento do precedente, neste caso, tem de ser outro. Parece-nos que são os próprios princípios consagrados na Ordem Jurídica comunitária que impõem que assim seja. Em primeiro lugar, é o próprio carácter evolutivo da integração europeia e da sua Ordem Jurídica que exige que o TJ possa adaptar o seu juízo prejudicial às novas condições da integração. Isso ficaria prejudicado se o acórdão prejudicial do TJ fosse por ele definitivamente imodificável. Além disso, não faz sentido que o TJ, ao interpretar o Direito Comunitário, que, de acordo com o princípio do primado do Direito Comunitário sobre o Direito nacional, prevalece sobre os Direitos nacionais, pudesse ver as suas decisões postas em causa pelos tribunais dos Estados--Membros.

---

[243] Acórdão de 17/5/90, *Barber*, proc. C-262/88, Col. 1990, pgs. I-1889.

[244] Acórdão de 17/10/90, *Hag II*, proc. C-10/89, de 17/10/90, Col. 1990, pg. I-3711.

[245] Acórdão de 27/3/63, *Da Costa*, cit., pg. 55; caso *Milch-*, cit., pg. 163.

8.1.3. *Os efeitos materiais da declaração de validade*

A declaração de validade não acrescenta nada ao acto. Um acto goza da presunção de legalidade até prova em contrário. O TJ limita-se a declarar que o exame das questões que lhe foram suscitadas não revela nenhum elemento de natureza a afectar a validade do acto. Posteriormente, o mesmo ou outros tribunais nacionais podem invocar novos fundamentos de invalidade.

Todavia, a declaração de validade produz efeitos obrigatórios e não apenas morais. O tribunal nacional que suscitou a questão prejudicial não pode recusar a aplicação do acto ao caso concreto, com fundamento em invalidade. O mesmo se verifica relativamente aos outros tribunais nacionais. Este raciocínio infere-se do caso *Foto-Frost*[246].

8.1.4. *Os efeitos materiais da declaração de invalidade*

A declaração de invalidade obriga o juiz que suscitou a questão prejudicial. Este não pode aplicar um acto comunitário declarado inválido pelo TJ, salvo se o acórdão dispuser em sentido contrário. Um acórdão que declara a invalidade de um acto comunitário constitui razão suficiente para qualquer outro juiz o considerar como não válido, quando o pretender aplicar a qualquer processo pendente. Assim, a declaração de invalidade obriga todo e qualquer tribunal nacional, pois um acto declarado inválido não deve ser aplicado[247].

Do que acaba de ser dito não se deve inferir que os tribunais nacionais ficam privados do direito de suscitar novamente questões prejudiciais sobre o acto declarado inválido. Tal pode justificar-se se subsistirem dúvidas relativas aos fundamentos, à extensão ou às consequências da invalidade precedentemente declarada[248].

A declaração de invalidade de um acto comunitário pode ter também implicações para os órgãos legislativos comunitários[249] e para

---

[246] Acórdão cit., pg. 4199.

[247] Acórdão de 13/5/81, *International Chemical Corporation (ICC)*, proc. 66/80, Rec. 1981, pg. 1215.

[248] Acórdão *ICC*, cit., pg. 1215.

[249] Acórdãos de 1/6/76, «*Quellmehl*», proc. 117/76, Rec. 1977, pgs. 1753 e segs; de 19/10/77, «*Gritz de maïs*», proc. 124/76, Rec. 1977, pg. 1795; de 29/6/88, *Luc van Landschoot*, proc. 300/86, Col. 1988, pg. 3463.

118   Contencioso da União Europeia

os órgãos nacionais[250]. Foi assim que o TJ considerou, nos casos *Quellmehl*[251] e *Gritz maïs*[252], que declarar a invalidade das normas em causa não apagaria imediatamente a ilegalidade, pelo que competiria aos órgãos comunitários competentes adoptar as medidas necessárias para obviar à incompatibilidade dos preceitos com o princípio da igualdade. Esta solução inspira-se no artigo 233.º (ex-artigo 176.º), relativo ao recurso de anulação.

Se o acto foi declarado inválido, a ilegalidade pode ser invocada pelo particular na excepção de ilegalidade e na acção de responsabilidade (artigo 235.º – ex-artigo 178.º, e artigo 288.º – ex-artigo 215.º do Tratado), sem ter de ser reapreciada.

8.2. *Os efeitos temporais do acórdão prejudicial*

8.2.1. *Posição do problema*

A problemática dos efeitos temporais do acórdão visa esclarecer se o acórdão prejudicial se aplica aos factos ou situações que ocorreram antes da data em que este foi proferido ou se, pelo contrário, se aplica apenas aos factos ou situações que ocorreram após essa data, ou seja, trata-se de saber se o acórdão produz ou não efeitos retroactivos.

Caso se chegue à conclusão de que o acórdão produz efeitos retroactivos, há que averiguar a partir de que momento se dá essa retroacção.

8.2.2. *Os efeitos temporais do acórdão interpretativo*

O acórdão interpretativo tem efeito retroactivo, ou seja, a interpretação dada pelo TJ aplica-se *ab initio*[253]. A regra, com a interpre-

---

[250] Acórdão de 30/10/75, *Rey Soda*, proc. 23/75, Rec. 1975, pg. 1307.

[251] Acórdão cit. pg. 1753.

[252] Acórdão cit., pg. 1795.

[253] Acórdãos de 27/3/80, *Salumi*, procs. 66, 127 e 128/79, Rec. 1980, pg. 1237; de 27/3/80, *Denkavit italiana*, proc. 61/79, Rec. 1980, pg. 1205; de 10/6/80, *Mireco*, proc. 826/79, Rec. 1980, pg. 2559; de 2/2/88, *Blaizot*, proc. 24/86, Col. 1988, pg. 379; de 11/8/95, *Roders,* procs. C-367/93 e C-377/93, Col. 1995, pg. I-2264; de 19/10/95, *Richardson*, proc. C-137/94, Col. 1995, pg. I-3432; de 20/9/2001, *Grzelczyk*, proc. C-184/99, Col. 2001, pgs. I-6193 e segs.

Capítulo II – A Competência a Título Prejudicial 119

tação que lhe foi dada pelo TJ, pode e deve ser aplicada pelo juiz às relações jurídicas nascidas e constituídas antes do acórdão interpretativo, «*se estiverem reunidas as condições que permitem submeter aos órgãos jurisdicionais competentes um litígio relativo à aplicação da mesma regra*»[254].

Os principais fundamentos da retroactividade são os seguintes:

– a natureza declarativa do acórdão – quando o TJ interpreta uma regra comunitária limita-se a precisar o significado, o sentido e os limites da regra já existente, não está a criar uma nova regra, pelo que não há razões para restringir os efeitos do acórdão para o passado;

– a finalidade e a natureza do processo do artigo 234.º (ex-artigo 177.º) – a interpretação e aplicação uniformes do Direito Comunitário só poderá ser assegurada se o acórdão tiver efeitos retroactivos;

– o princípio da legalidade – implica uma interpretação correcta do Direito Comunitário. Atribuir à norma um sentido até um dado momento e outro a partir daí acarretaria o fraccionamento do sentido da norma que deve ser um só. Este princípio só deve ceder perante considerações de segurança jurídica, confiança legítima e estabilidade nas relações jurídicas em situações muito excepcionais.

O TJ, no caso *Defrenne II*[255] limitou os efeitos retroactivos, por razões de estabilidade económica e segurança jurídica, tendo considerado que a interpretação que foi dada só é válida para o futuro[256]. Todavia, o TJ admite, nestes casos, que as pessoas que já interpuseram um recurso contencioso ou reclamaram, antes de o acórdão ter sido proferido, podem prevalecer-se da interpretação dada pelo TJ.

---

[254] Acórdão de 11/8/95, *Roders,* cit., pgs. I-2264.

[255] Acórdão de 8/4/76, *Defrenne II*, proc. 43/75, Rec. 1976, pgs. 455.

[256] Acórdãos de 8/4/76, *Defrenne II*, cit., pg. 455; 17/5/90, *Barber*, cit., pgs I-1899; de 16/7/92, *Legros*, proc. C-163/90, Col. 1992, pgs. I-4625; de 31/3/92, *Dansk*, proc. 200/90, Col. 1992, pgs. I-2217; de 20/9/2001, *Grzelczyk*, proc. C-184/99, Col. 2001, pgs. I-6193 e segs.

120   *Contencioso da União Europeia*

De acordo com a jurisprudência do TJ, a limitação no tempo dos efeitos do acórdão é da sua competência exclusiva. Trata-se de uma derrogação à regra de repartição de competências entre o juiz nacional e o juiz comunitário, pela qual é o juiz nacional que tem competência para aplicar a norma ao caso concreto e, como tal, é a ele que compete definir os efeitos do acórdão. Esta derrogação baseia-se no objectivo da interpretação e aplicação uniformes do Direito Comunitário, pois, se cada tribunal nacional pudesse fixar os efeitos no tempo dos acórdãos interpretativos, isso significaria que a norma poderia ser aplicada pelos vários tribunais nacionais de modo divergente, o que exactamente o processo das questões prejudiciais pretende evitar.

8.2.3. *Os efeitos temporais da declaração de invalidade*

A declaração de invalidade de um acto comunitário produz também efeitos retroactivos[257].

O TJ admitiu, no entanto, em vários acórdãos[258], a limitação no tempo dos efeitos da declaração de invalidade, com base na aplicação analógica do artigo 231.° (ex-artigo 174.°), par. 2.°. O recurso de anulação e a apreciação de validade fazem parte dos meios de fiscalização de legalidade, havendo até quem defenda que o artigo 234.° (ex-artigo 177.°) é a última via aberta para que, expirado o prazo de interposição do recurso de anulação, a legalidade possa ser reposta, se não levarmos em conta, obviamente, a excepção de ilegalidade. Daqui decorre que faz todo o sentido a aplicação do artigo 231.° (ex-artigo 174.°), par. 2.°, ao processo das questões prejudiciais.

A faculdade de limitar no tempo os efeitos do acórdão fundamenta-se em razões de segurança jurídica e é da competência exclusiva do TJ.

---

[257] Acórdãos de 12/6/80, *Express dairy foods*, proc. 130/79, Rec. 1980, pg. 1887; de 15/10/80, *Roquette frères*, proc. 145/79, Rec. 1980, pg. 2917; de 15/10/80, *Société coopérative «Providence agricole de Champagne*, proc. 4/79, Rec. 1980, pg. 2823; de 15/10/80, *Maïseries de beauce*, proc. 109/79, Rec. 1980, pg. 2883; de 22/5/85, *SPA Fragd*, proc. 33/84, Rec. 1985, pg. 1605; de 27/2/85, *Société de produits de maïs*, proc. 112/83, Rec. 1985, pg. 719 e segs.

[258] Acórdãos *Roquette frères*, cit., pg. 2917; *Société coopérative «Providence agricole de Champagne*, cit., pg. 2823, *Maïseries de beauce*, cit., pg. 2883; caso *SPA Fragd*, cit., pg. 1605; *Société de produits de maïs*, cit., pg. 719 e segs.

Capítulo II - A Competência a Título Prejudicial

9. A caracterização global do processo previsto no artigo 234.º (ex-artigo 177.º)

Chegados a este ponto cumpre-nos agora caracterizar, em globo, o processo previsto no artigo 234.º (ex-artigo 177.º).

9.1. *A cooperação judiciária entre os tribunais nacionais e o TJ*

O artigo 234.º (ex-artigo 177.º) consagra um processo objectivo e sem partes, no sentido tradicional do termo. Isto não significa que as partes no processo principal não possam desempenhar um papel importante e muito menos que o Tribunal não tenha em conta os seus direitos. Como vimos, a jurisprudência mais recente aponta nesse sentido.

O artigo 234.º (ex-artigo 177.º) estabelece uma relação de cooperação entre os tribunais nacionais e o TJ e não relações de subordinação. Parte da ideia de que o poder judicial comunitário pertence tanto ao TJ como aos tribunais nacionais, ou seja, de que uns e outros são tribunais do Contencioso da União Europeia, pelo que todos eles devem cooperar na aplicação uniforme do Direito Comunitário. O TJ não pode reformar, revogar ou anular a sentença do tribunal nacional. Só é competente para a questão prejudicial e na justa medida em que o tribunal nacional lhe suscita essa questão.

A ausência de subordinação hierárquica, de tipo federal, entre os tribunais nacionais e o TJ não impede que os acórdãos do TJ sejam obrigatórios e devam ser respeitados pelos tribunais nacionais, sob pena de incumprimento. Eis uma das razões por que o TJ se opôs ao mecanismo prejudicial, previsto no acordo do Espaço Económico Europeu, com base no qual os acórdãos do TJ seriam desprovidos de efeitos obrigatórios[259].

Até ao Tratado de Nice, o TJ tinha competência exclusiva, de acordo com o artigo 234.º (ex-artigo 177.º), para se pronunciar sobre as questões suscitadas pelos órgãos jurisdicionais nacionais, em matéria de validade e interpretação do Direito Comunitário, uma vez que o artigo 225.º (ex-artigo 168.ºA), que previa a criação do Tribunal

---

[259] Parecer de 14/12/91, proc. 1/91, Col. 1991, pgs. I-6079.

122 Contencioso da União Europeia

de Primeira Instância, retirava expressamente as questões prejudiciais da competência deste Tribunal. Como vimos, na Introdução deste livro, esta situação alterou-se.

9.2. A ausência de formalismo do processo do artigo 234.° (ex-artigo 177.°)

O processo caracteriza-se pela ausência de formalismo. Assim, no caso *Schwarze*[260], o TJ admitiu um pedido prejudicial de interpretação quando na realidade estava em causa um problema de validade de normas, com fundamento na ideia de que se trata de um processo de cooperação judiciária, no qual o tribunal nacional e o TJ devem contribuir para a decisão final, de modo a assegurar a aplicação uniforme do Direito Comunitário.

O TJ não hesita em reformular a questão prejudicial quando ela é muito genérica[261] ou quando entra em pormenores inúteis[262]. Pode mesmo ter em consideração regras comunitárias que não foram invocadas pelo tribunal nacional[263].

O Tribunal não chega, contudo, ao ponto de responder a questões que não lhe foram colocadas, pois a competência para a formulação da questão pertence ao tribunal nacional.

9.3. O carácter incidental do processo

Este processo tem carácter incidental, isto é, tem a natureza de um incidente enxertado no processo principal, ou seja, no processo que está a correr a nível nacional. Tal tem implicações, sobretudo, no plano da duração do processo ao nível nacional, do direito da intervenção de terceiros e da determinação dos encargos do processo. Este incidente acarreta a suspensão da instância no processo principal.

---

[260] Acórdão cit., pg. 1081.

[261] Acórdãos de 13/12/89, *Grimaldi*, proc. 322/88, Col. 1989, pg. 4407; de 27/6/90, *Alfons Berkenheide*, proc. 67/89, Col. 1990, pg. I-2628

[262] Acórdão de 2/5/90, *Hakvoort*, proc. 348/88, Col. 1990, pg. I-1660.

[263] Acórdão de 16/7/92, *Belgique c. société coopérative Belovo*, proc. C-187/91, Col. 1992, pg. I-4937.

10. O significado do processo das questões prejudiciais para a caracterização da Ordem Jurídica comunitária

Antes de estudarmos os processos especiais de questões prejudiciais, importa averiguar do significado que o artigo 234.° (ex--artigo 177.°) assume para a definição das Comunidades Europeias e da sua Ordem Jurídica.

Em nosso entender, este preceito demonstra que o Tribunal de Justiça não é um tribunal federal. E isto num duplo sentido de que não tem competência para anular ou declarar a nulidade ou a inexistência de uma norma estadual que contrarie uma norma comunitária (como consequência lógica do facto de não vigorar no Direito Comunitário qualquer princípio com o sentido da regra *Bundesrecht bricht Landesrecht*), e de que não é um tribunal hierarquicamente superior aos tribunais estaduais. A estrutura das relações que intercedem entre o TJ e os tribunais estaduais foi pensada pelos tratados de modo totalmente diferente da estrutura das relações que ligam entre si os tribunais que compõem o sistema judiciário de um Estado federal, porque à integração jurisdicional, que imporia a hierarquia vertical entre o TJ e os tribunais estaduais, os tratados preferiram o princípio da cooperação ou colaboração horizontal entre aqueles e estes.

O TJ afirmou, no caso *Burgoa*[264], que «*no quadro do artigo 177.° (actual artigo 234.°) não cabe ao Tribunal pronunciar-se sobre a validade ou interpretação de uma lei nacional*», mas apenas «*fornecer--lhe os elementos de Direito Comunitário cuja interpretação se torne necessária para permitir ao tribunal nacional julgar, em conformidade com as regras comunitárias, o litígio que lhe foi submetido*».

No estádio actual de evolução do Direito da União Europeia os tribunais nacionais têm competência para aplicar o Direito Comunitário, como tribunais comuns do Contencioso da União Europeia, mas o TJ não tem competência para aplicar o Direito nacional[265].

Em conclusão, o TJ não tem funções de um tribunal de revista europeu, típicas de um tribunal de uma organização federal perfeita.

---

[264] Acórdão de 14/10/80, proc. 812/79, Rec. 1980, pg. 2787.
[265] Para maiores desenvolvimentos, ver FAUSTO DE QUADROS, *Direito* ..., pg. 435.

124 Contencioso da União Europeia

A única hierarquia que o juiz nacional deve ter em conta é a da supremacia das normas jurídicas comunitárias sobre as normas jurídicas nacionais, por força do princípio do primado do Direito Comunitário sobre os direitos nacionais e nos exactos termos em que esse princípio o exige.

11. Os processos especiais de questões prejudiciais

Antes de terminar o capítulo atinente ao processo das questões prejudiciais, gostaríamos ainda de fazer referência aos processos especiais de questões prejudiciais introduzidos pelo Tratado de Amesterdão.

Em primeiro lugar, é de frisar que aquele Tratado não introduziu qualquer alteração na letra do artigo 234.º (ex-artigo 177.º) do TCE. Porém, ao prever a aplicação deste preceito à política de vistos, asilo, imigração e outras políticas relativas à livre circulação de pessoas, no artigo 68.º, n.º 1, do TCE, fê-lo com algumas restrições, e, além disso, consagrou, no âmbito do terceiro pilar, que, após Amesterdão, ficou reduzido à cooperação policial e judiciária em matéria penal, um processo que em muito lembra o do artigo 234.º[266].

Ora, estas inovações não podem deixar de ter repercussões no artigo 234.º TCE (ex-artigo 177.º).

---

[266] Sobre as inovações do Tratado de Amesterdão relacionadas com o processo das questões prejudiciais veja-se PASCAL GIRERD, *L'article 68 CE: un Renvoi préjudiciel d'interprétation et d'application incertaines,* RTDE, 1999, pgs. 239 e segs; LUIS NORBERTO GONZÁLEZ ALONSO, *La jurisdicción comunitaria en el nuevo espacio de libertad, seguridad y justicia,* Rev. Der. Com. Eur., 1998, pgs. 501 e segs; JUAN JOSÉ MARTIN ARRIBAS / PATRICIA DEMBOUR VAN OVERBERGH, *La cuestión prejudicial a la luz del artículo 68 del Tratado de la Comunidad Europea,* Rev. Der. Com. Eur., 2001, pgs. 321 e segs; ANTHONY ARNULL, *Les incidences du Traité d'Amsterdam sur la Cour de justice des Communautés européennes,* RAE, 2000, pgs. 223 e segs; ANA MARIA GUERRA MARTINS, *A natureza jurídica ...,* pgs. 192 e segs; CÉDRIC CHENEVRIERE, *L'article 68 CE – Rapide survol d'un renvoi préjudiciel mal compris,* CDE, 2004, pgs. 567 e segs.

Capítulo II – A Competência a Título Prejudicial

11.1. As especificidades do processo das questões prejudiciais previsto no artigo 68.°, n.° 1, do TCE

O artigo 68.°, n.° 1, do TCE prevê a aplicação do artigo 234.°, ou seja, do processo das questões prejudiciais, em matéria de política de vistos, de asilo e de imigração e de outras matérias referentes à livre circulação de pessoas, bem como na parte comunitarizada do acervo proveniente dos acordos de Schengen, nas circunstâncias e condições nele previstas[267].

O n.° 1 do artigo 68.° dispõe que sempre que uma questão de interpretação do Título IV do TCE ou sobre interpretação e validade dos actos adoptados pelos órgãos comunitários, com base no mesmo Título, seja suscitada em processo pendente perante um órgão jurisdicional nacional, cujas decisões não sejam susceptíveis de recurso judicial, previsto no Direito interno, esse órgão, se considerar que uma decisão sobre essa questão é necessária ao julgamento da causa, deve pedir ao Tribunal de Justiça que sobre ela se pronuncie.

Ora, se compararmos o artigo 234.° (ex-artigo 177.°) do TCE com o referido artigo 68.°, n.° 1, podemos constatar as seguintes diferenças:

1.ª) Como vimos, o artigo 234.° prevê que todo e qualquer órgão jurisdicional nacional pode suscitar questões prejudiciais ao Tribunal de Justiça, esteja ou não a julgar em última instância. Pelo contrário, o artigo 68.° restringe a possibilidade – que não é só uma possibilidade, é uma obrigação (... *deve* ...) – de suscitar questões prejudiciais aos tribunais cujas decisões não sejam susceptíveis de recurso[268].

A razão de ser desta limitação prende-se com a necessidade de evitar ainda mais trabalho para o Tribunal. Como já tivemos oportunidade de referir, a outro propósito, há alguns anos que o Tribunal está

---

[267] O Reino Unido, a Irlanda e a Dinamarca gozam de um regime especial no espaço de liberdade, segurança e justiça, que consta de dois protocolos anexos ao Tratado de Amesterdão, os quais, na prática, excluem estes três Estados da jurisdição do TJ neste domínio.

[268] O Tribunal já teve oportunidade de rejeitar questões prejudiciais suscitadas por tribunais nacionais que não estavam a julgar em última instância. Ver Despachos de 22/3/2002, *Marselle Fret*, proc. C-24/02, Col. 2002, pgs. I-3383 e segs; e de 31/3/2004, *Georgescu*, proc. C-51/03, Col. 2004, pgs. I-3203 e segs.

sobrecarregado com processos de menor importância, que apenas contribuem para dilatar os prazos da decisão e, consequentemente, atrasar também os processos ao nível nacional.

Até houve quem tivesse defendido, antes e durante a Conferência Intergovernamental 96, a alteração do então artigo 177.° no sentido de só conferir aos órgãos jurisdicionais que julguem em última instância a possibilidade de suscitar questões prejudiciais, tendo em vista o descongestionamento do Tribunal[269]. Porém, não foi essa a posição que prevaleceu quanto ao artigo 234.°.

2.ª) Uma outra diferença a assinalar reside na forma como se encontra redigida a imposição ao juiz de suscitar a questão prejudicial. A expressão *«se considerar que uma decisão é necessária ao bom julgamento da causa»* do artigo 68.°, n.° 1, levou alguma doutrina a equiparar este preceito com o par. 2.° do artigo 234.°, que prevê as questões prejudiciais facultativas, e não com o par. 3.°, relativo às questões prejudiciais obrigatórias. Para outra parte da doutrina, a redacção do artigo 68.°, n.° 1, apenas aponta no sentido de que a questão prejudicial não tem carácter automático, na sequência da já citada jurisprudência *Cilfit*[270]. Todavia, a letra de algumas versões do Tratado, como, por exemplo, a portuguesa, parece apontar no sentido da obrigatoriedade da questão prejudicial – *«deve pedir ao Tribunal que sobre ela se pronuncie»*. O mesmo sentido se retira das versões francesa *«demande»*, inglesa *«shall»* e espanhola *«pedirá»*.

---

[269] Sobre as modificações a introduzir, em sede de artigo 177.° (actual artigo 234.°) do Tratado CE, veja-se, entre outros, ANA MARIA GUERRA MARTINS, *Algumas reflexões sobre a reforma do sistema jurisdicional*, in AAVV, Em torno da revisão do Tratado da União Europeia, Coimbra, 1997, pgs. 221 e segs; RUI MANUEL MOURA RAMOS, *A evolução do sistema jurisdicional*, AAVV, A Revisão do Tratado da União Europeia, Coimbra, 1996, pgs. 51-55; JOSÉ LUÍS DA CRUZ VILAÇA, *A evolução do sistema jurisdicional-comunicação*, AAVV, A Revisão do Tratado da União Europeia, Coimbra, 1996, pgs. 57-84; WILLY ALEXANDER, *La recevabilité des renvois préjudiciels dans la perspective de la réforme institutionnelle de 1996*, CDE, 1995, pgs. 561 e segs; MARCO DARMON, *Réflexions sur le recours préjudiciel*, CDE, 1995, pgs. 577 e segs; ROBERT KOVAR, *L'évolution de l'article 177 du traité CE*, in GEORGES VANDERSANDEN (dir.), La réforme du système juridictionnel communautaire, Bruxelas, 1994, pgs. 35 e segs; JOHN A. USHER, *Les renvois à titre préjudiciel*, in GEORGES VANDERSANDEN (dir.), La réforme ..., pgs. 59 e segs.

[270] Acórdão cit., pg. 3415.

Capítulo II – A Competência a Título Prejudicial

Também a comparação da letra deste preceito com o seu correspondente do terceiro pilar aponta no sentido da obrigatoriedade da questão prejudicial. No artigo 35.º, n.ᵒˢ 1 e 3, TUE afirma-se, expressamente, o carácter facultativo da questão prejudicial e a Declaração n.º 10 da Conferência[271] remete para o Direito dos Estados-Membros a possibilidade de conferir carácter obrigatório à questão prejudicial, provinda de órgãos jurisdicionais que julguem em última instância[272].

3.ª) A restrição da legitimidade para suscitar questões prejudiciais aos juízes que julguem em última instância, prevista no artigo 68.º, n.º 1, coloca a questão de saber se um juiz nacional, que não está a julgar em última instância, pode deixar de aplicar um acto comunitário, adoptado com base no Título IV, por o considerar inválido. Como já se viu, o Tribunal entendeu, no acórdão *Foto-Frost*[273], que detinha uma competência exclusiva para declarar a invalidade de um acto comunitário de Direito derivado, pelo que o juiz nacional, ainda que não estivesse a julgar em última instância, se pretendesse desaplicar um acto, deveria suscitar a questão prejudicial. Ora, o artigo 68.º, n.º 1, parece impedir a aplicação desta jurisprudência do Tribunal. É claro que sempre se pode defender que da mesma forma que a jurisprudência consagrada no acórdão *Foto-Frost* não resultava – nem resulta – directamente da letra do Tratado, mas sim do sistema geral de protecção jurisdicional nele previsto, também pelos mesmos argumentos poderá ser aplicável aos actos adoptados, com base no Título IV. Mas parece que as dificuldades aqui são bastante maiores, porque à face do referido artigo 68.º, n.º 1, TCE os órgãos jurisdicionais, que não

---

[271] Referimo-nos à Declaração n.º 10 anexa ao Tratado de Amesterdão.

[272] Neste sentido, ver CÉDRIC CHENEVRIERE, *L´article 68 CE...*, pg. 574 e segs; CARLO CURTI GIALDINO, *Schengen et le troisième pilier: le contrôle juridictionnel organisé par le traité d'Amsterdam*, RMUE, 1998, pgs. 106 e segs; HERVÉ BRIBOSIA, *Liberté, sécurité et justice: l'imbroglio d'un nouvel espace*, RMUE, 1998, pg. 34; SEAN VAN RAEPENBUSCH, *Les résultats du Conseil européen (les 16 et 17 juin 1997). Présentation générale du Traité d'Amsterdam*, Act. Dr., 1998, pg. 38; MICHEL PETITE, *Le traité d'Amsterdam: ambition et réalisme*, RMUE, 1997, pgs. 47 e segs. Contra, JEAN-LUC SAURON, *Le traité d'Amsterdam: une réforme inachevée?*, Rec. Dalloz, 1998, pg. 74.

[273] Acórdão cit., pg. 4225.

estejam a julgar em última instância, nem sequer têm competência para suscitar a questão prejudicial.

4.ª) Esta questão prende-se com uma outra mais vasta, qual seja a de saber se a jurisprudência do Tribunal relativa à interpretação do artigo 177.º (actual artigo 234.º) se deve aplicar ou não ao Título IV do Tratado CE. Em nosso entender, nada se opõe a uma resposta afirmativa, excepto se existir uma contradição com o expressamente previsto no artigo 68.º, pois este preceito deve ser visto como uma norma especial por confronto com a norma geral do artigo 234.º. Assim, a título de exemplo, refira-se que a já citada jurisprudência do Tribunal em matéria de extensão da sua competência interpretativa aos acordos internacionais em que a Comunidade é parte também é susceptível de aplicação nesta sede.

5.ª) O n.º 2 do artigo 68.º consagra a exclusão da competência do Tribunal para conhecer das medidas adoptadas pelos Estados atinentes à ordem pública e à segurança interna, no que diz respeito às medidas destinadas a assegurar a ausência de controlos de pessoas, cidadãos da União ou terceiros, na passagem de fronteiras internas, tomadas com base no artigo 62.º, ponto 1[274], o que também deve ser assinalado como um desvio ao regime do artigo 234.º. O Tratado da Comunidade Europeia previa, desde o início, em vários preceitos a possibilidade de os Estados invocarem as excepções de ordem pública, saúde pública e segurança pública, mas não excluía essas normas da competência do Tribunal.

É importante notar que a competência para definir o que se deve entender por «*medidas ou decisões tomadas em aplicação do ponto 1 do artigo 62.º, relativas à manutenção da ordem pública ou da segurança interna*» só pode pertencer ao Tribunal. Quer dizer: perante uma medida concreta compete ao Tribunal avaliar se ela está ou não excluída da sua jurisdição, de acordo com o artigo 68.º, n.º 2. Ora, nada parece opor-se a que o Tribunal venha a interpretar essa restrição

---

[274] Medidas destinadas a assegurar, de acordo com o artigo 14.º, a ausência de controlos de pessoas, quer se trate de cidadãos da União, quer de nacionais de países terceiros, na passagem das fronteiras internas.

restritivamente, como já o fez no passado em relação a outras restrições, previstas no Tratado[275].

11.2. *O processo de interpretação no interesse da lei do artigo 68.°, n.° 3, TCE*

O artigo 68.°, n.° 3, do TCE prevê um processo de interpretação abstracto[276], totalmente distinto do processo das questões prejudiciais, previsto no artigo 234.°, pois não depende de qualquer litígio e a legitimidade activa pertence à Comissão, ao Conselho e aos Estados-Membros e não aos tribunais nacionais.

A decisão proferida naquele processo é obrigatória para os órgãos jurisdicionais nacionais, mas não se aplica às decisões que já constituem caso julgado. Esta excepção explica-se pela necessidade de garantir a segurança jurídica e a confiança legítima. Efectivamente, se a decisão do Tribunal de Justiça tivesse por efeito reabrir processos que já não admitem recurso, de acordo com os Direitos internos dos Estados, isso causaria uma situação de instabilidade na esfera jurídica dos particulares que seria incompatível com o Direito Comunitário. O princípio da uniformidade deve aqui ceder perante os princípios da segurança jurídica e da confiança legítima.

11.3. *As particularidades do artigo 35.°, n.ᵒˢ 1 a 3, do TUE*

O artigo 35.°, n.° 1, do TUE prevê que o Tribunal de Justiça é competente para decidir a título prejudicial sobre a validade e interpretação das decisões-quadro e das decisões, sobre a interpretação das convenções estabelecidas ao abrigo do terceiro pilar e sobre a validade e interpretação das respectivas medidas de aplicação.

Porém, o processo das questões prejudiciais consagrado no artigo 35.°, n.ᵒˢ 1 a 3, TUE apresenta ainda maiores desvios em relação

---

[275] Neste sentido, KAY HAILBRONNER, *Die Neuregelung der Bereiche freier Personenverkehr, Asylrecht und Einwanderung, in* WALDEMAR HUMMER (Hrsg.), Die Europäischen Union nach dem Vertrag von Amsterdam, Viena, 1998, pg. 192.

[276] Trata-se de uma espécie de processo no interesse do Direito Comunitário.

ao regime do artigo 234.º (ex-artigo 177.º) do que o previsto no artigo 68.º, acabado de analisar.

Em primeiro lugar, deve referir-se que, ao contrário do que vimos acontecer no artigo 234.º, a competência prejudicial do TJ em sede de terceiro pilar é facultativa, pois necessita de ser aceite pelos Estados (artigo 35.º, n.ºs 1 a 3, completado pela Declaração n.º 10 anexa ao Tratado)[277].

Em segundo lugar, o âmbito das questões prejudiciais é mais restrito, pois a competência prejudicial do TJ apenas pode incidir sobre a validade e a interpretação dos actos de Direito derivado – as decisões e as decisões-quadro –, sobre a interpretação das convenções internacionais e sobre a validade e interpretação das medidas de aplicação, mas já não sobre as normas do TUE referentes ao terceiro pilar.

Em terceiro lugar, a aceitação da competência do TJ, nestes domínios, depende de uma declaração por parte dos Estados, feita no momento da assinatura do Tratado ou posteriormente, que deve especificar as condições em que os órgãos jurisdicionais nacionais podem suscitar questões prejudiciais ao Tribunal de Justiça. Ou seja: são os Estados que definem se apenas os órgãos jurisdicionais que julgam em última instância podem suscitar as questões prejudiciais ou se qualquer tribunal o pode fazer (artigo 35.º, n.º 3)[278].

---

[277] Este modelo já tinha sido consagrado em três convenções adoptadas com base no artigo K.3: a convenção relativa à luta contra os actos de corrupção em que estejam implicados funcionários das Comunidades ou dos Estados-Membros da União, de 26 de Maio de 1997 (JOCE n.º C 195, de 25/6/97, pg. 1); a convenção relativa à assistência mútua e cooperação entre administrações aduaneiras, de 18 de Dezembro de 1997 (JOCE n.º C 24, de 23/1/98) e a convenção sobre as decisões de inibição do direito de conduzir, de 17 de Junho de 1998 (JOCE n.º C 216, de 10/7/98).

[278] De acordo com a Informação do Conselho publicada no JO L 327, de 14/12/2005, a situação das declarações de aceitação da jurisdição do TJ, no âmbito do artigo 35.º TUE, é a seguinte:
– A Espanha e a Hungria aceitaram a competência do Tribunal, segundo as modalidades previstas no artigo 35.º, n.ºs 2 e 3, al. *a*).
– A Bélgica, a República Checa, a Alemanha, a Grécia, França, a Itália, o Luxemburgo, os Países Baixos, a Áustria, Portugal, a Finlândia e a Suécia aceitaram a competência do Tribunal, segundo as modalidades previstas no artigo 35.º, n.ºs 2 e 3, al. *b*).
– A Bélgica, a República Checa, a Alemanha, a Espanha, a França, a Itália, o Luxemburgo, os Países Baixos e a Áustria reservaram-se o direito de prever

Deste modo, nem todos os nacionais dos diferentes Estados-
-Membros gozam da mesma protecção jurisdicional nesta matéria, pois,
teoricamente, e na prática, é possível que venha a haver Estados que não
aceitem de todo a jurisdição do TJ, neste domínio, a par de Estados que
restrinjam a jurisdição do TJ aos órgãos jurisdicionais que julguem em
última instância e de Estados que aceitem a sua jurisdição sem reservas.

Num cenário deste tipo – que é o mais provável e que já existe –
o Tratado considera que qualquer Estado tem o direito de apresentar
alegações ou observações escritas (artigo 35.°, n.° 4), mas nada diz
sobre os efeitos das decisões prejudiciais que venham a ser proferidas
pelo Tribunal. Em princípio, estas decisões apenas deveriam produzir
efeitos em relação aos tribunais dos Estados que aceitaram a jurisdição
do TJ. Mas será essa a solução que se vai impor na prática?

Em nosso entender, há que distinguir os acórdãos de interpretação
e os acórdãos que declaram a invalidade de uma decisão ou de uma
decisão-quadro ou das medidas de aplicação. No primeiro caso, a
interpretação do Tribunal acabará por influenciar as decisões dos
tribunais nacionais dos Estados-Membros que não aceitaram a
jurisdição do TJ, embora juridicamente não estejam vinculados a ela.
No segundo caso, a declaração de invalidade de uma decisão ou de uma
decisão-quadro produz também efeitos em relação aos Estados que não
aceitaram a jurisdição do TJ, porque o mesmo acto não pode ser válido
em parte do território da União e inválido noutra parte. Ou seja, a
decisão de invalidade produzirá, na prática, efeitos *erga omnes*.

Em quarto e último lugar, a competência do TJ está, em qualquer
caso, excluída quando se trate de fiscalizar a validade ou a proporcionalidade de operações efectuadas pelos serviços de polícia ou outros
serviços responsáveis pela aplicação da lei num Estado-Membro ou o
exercício das responsabilidades que incumbem aos Estados-Membros
em matéria de manutenção da ordem pública e de garantia da segurança
interna (artigo 35.°, n.° 5), restrição que não se verifica no artigo 234.°.

---

disposições no seu Direito nacional, no sentido de obrigar essa jurisdição a
suscitar o processo perante o Tribunal de Justiça, quando uma questão sobre a
validade ou a interpretação de um acto previsto no artigo 35.°, n.° 1, é suscitada
num processo pendente perante um tribunal nacional cujas decisões não são
susceptíveis de um recurso judicial de Direito interno.

12. O processo das questões prejudiciais no Tratado que estabelece uma Constituição para a Europa

O processo das questões prejudiciais está previsto no artigo III-369.° do Tratado que estabelece uma Constituição para a Europa, cuja redacção coincide, no essencial, com a do actual artigo 234.° TCE.

Nota-se, todavia, no que toca ao âmbito das questões prejudiciais, a adaptação formal do articulado. Assim, o mencionado artigo III-369.° confere competência ao TJ para decidir, a título prejudicial, sobre a interpretação da Constituição (e não do Tratado), bem como sobre a validade e interpretação dos actos das instituições, dos órgãos e dos organismos da União.

Além disso, o Tratado que estabelece uma Constituição para a Europa mantém a distinção, que já conhecemos, entre questões prejudiciais facultativas e obrigatórias, aditando quanto a estas últimas um parágrafo, no qual impõe que o TJ, quando estão em causa processos pendentes nos órgãos jurisdicionais nacionais relativos a pessoas detidas, decida com a brevidade possível.

CAPÍTULO III

A COMPETÊNCIA DE FISCALIZAÇÃO DE LEGALIDADE

SECÇÃO I

O recurso de anulação
(artigos 230.° e 231.° – ex-artigos 173.° e 174.°)

Bibliografia específica: HANS-WOLFRAM DAIG, *Nichtigkeits- und Untätigkeitsklagen im Recht der Europäischen Gemeinschaften*, Baden-Baden, 1985, pgs. 1-217; MARIA LUÍSA DUARTE, *O estatuto do Parlamento Europeu no contencioso comunitário – notas sobre a evolução jurisprudencial recente*, Dir., 1991, pgs. 115-148; JOSÉ CARLOS MOITINHO DE ALMEIDA, *Evolución jurisprudencial en materia de acceso de los particulares a la jurisdicción comunitaria*, Granada, 1991; PIERRE LE MIRE, *La limitation dans le temps des effets des arrêts de la Cour de Justice des Communautés européennes, in* Mélanges René Chapus, Paris, 1992, pgs. 367-386; PAUL NIHOUL, *La recevabilité des recours en annulation introduits par un particulier à l'encontre d'un acte communautaire générale*, RTDE, 1994, pgs. 171-194; ANTHONY ARNULL, *Private Applicants and the Action for Annulment under Article 173 of the EC Treaty*, CMLR, 1995, pgs. 7-49; D. WAELBROECK / A.-M. VERHEYDEN, *Les conditions de recevabilité des recours en annulation des particuliers contre les actes normatifs communautaires*, CDE, 1995, pgs. 399-441; G. VANDERSANDEN, *Pour un élargissement du droit des particuliers d'agir en annulation contre des actes autres que les décisions qui leur sont adressées*, CDE, 1995, pgs. 535-552; PETER DUFFY, *Quelles réformes pour le recours en annulation?*, CDE, 1995, pgs. 553-560; JOSÉ CARLOS MOITINHO DE ALMEIDA, *Le recours en annulation des particuliers (article 173, deuxième alinéa, du traité CE): nouvelles réflexions sur l'expression "la concernent... individuellement"*, Festschrift EVERLING, vol. I, pgs. 849-874; NANETTE A. E. M. NEUWAHL, *Article 173 Paragraph 4 EC: Past, Present and Possible Future*, ELR, 1996, pgs. 17-31;

JOHN D. COOKE, *Conflict of Principle and Pragmatism Locus Standi Under Article 173 (4) ECT*, Saarbrücken, 1996; MARTIN HEDEMANN-ROBINSON, *Article 173 EC, General Community Measures and Locus Standi for Private Persons: Still Cause for Individual Concern?*, EPL, 1996, pgs. 127-156; ANTONIO SAGGIO, *Appunti sulla ricevibilità dei ricorsi d'annulamento proposti da persona fisiche o giuridiche in base all'art. 173, quarto comma, del Trattato CE*, Riv. Dir. Eur., 1997, pgs. 401-420; BRUNO NASCIMBENE / LUIGI DANIELE (dir.), *Il ricorso di annulamento nel Trattato istitutivo della Comunità Europea*, Milão, 1998; BEGOÑA VIDAL FERNÁNDEZ, *El Proceso de Anulación Comunitario – Control Jurisdiccional de la Legalidad de las Actuaciones de las Instituciones Comunitarias*, Barcelona, 1999; MARGUERITE CANEDO, *L'intérêt à agir dans le recours en annulation du droit communautaire*, RTDE, 2000, pgs. 451-510; ANTHONY ARNULL, *Private Applicants and the Action for Annulment Since* Codorniu, CMLR, 2001, pgs. 7-52; PAOLO PALLARO, *Il ricorso di annullamento degli atti comunitari da parte dei privati: proposte di lettura dell'attuale giurisprudenza*, Riv. Ital. Dir. Pubbl. Com., 2002, pgs. 87-140; AGUSTÍN GARCÍA URETA, *Misuse of powers as a Ground for the Annulment of Community Acts: A Case Law Approach*, Riv. Ital. Dir. Pubbl. Com., 2003, pgs. 774-809; ANGELA WARD, *Locus Standi under Article 230(4) of the EC Treaty: Crafting a Coherent Test for a 'Wobbly Polity'*, YEL, 2003, pgs. 45 e segs; JAVIER GARCÍA LUENGO, *El recurso comunitario de anulación: objeto y admisibilidad – Un estudio sobre el contencioso comunitario*, Madrid, 2004; KOEN LENAERTS / TIM CORTHAUT, *Judicial Review as a Contributor to the Development of European Constitutionalism, in* TAKIS TRIDIMAS / PAOLISA NEBBIA (ed.), European Union Law for the Twenty-First Century – Rethinking the New Legal Order, vol. 1, 2ª ed., Oxford, 2004, pgs. 17-64 .

1. A origem

O recurso de anulação foi pensado pelos autores dos Tratados como um dos principais meios de zelar pela legalidade da actuação da Comunidade, pois permite ao juiz pôr termo à vigência de normas ou actos de Direito Comunitário derivado que sejam ilegais.

Este recurso funciona ainda como um importante instrumento de protecção jurisdicional dos particulares, apesar das limitações – que adiante estudaremos[279] – à legitimidade activa destes.

---

[279] Ver *infra* n.º 5.3.

Capítulo III – A Competência de Fiscalização de Legalidade

1.1. *A influência do Contencioso Administrativo dos Estados-Membros*

Se, como atrás se disse, o Contencioso da União Europeia foi, na sua disciplina, fortemente influenciado, em geral, pelo Direito do Contencioso Administrativo dos Estados-Membros, isso é particularmente sensível quanto ao recurso de anulação. O regime jurídico deste foi muito inspirado sobretudo no Contencioso Administrativo francês. Deste modo, o regime em matéria de pressupostos processuais, de fundamentos do recurso, de marcha do processo, de efeitos da anulação foi quase decalcado do recurso *par excès de pouvoir*. Não se deve, no entanto, esquecer a influência do Direito alemão, sobretudo, a nível da definição dos actos susceptíveis de recurso[280]. Tal como neste Direito, a legitimidade dos particulares varia consoante a natureza do acto impugnado. Todavia, o recurso de anulação no Direito Comunitário afasta-se do Direito alemão em muitos aspectos, nomeadamente, na forma predominantemente objectiva como aquele é concebido. No Direito alemão, ao contrário dos Direitos dos outros Estados-Membros, o recurso de anulação é encarado com uma natureza fundamentalmente subjectiva, ou seja, tem por objectivo pôr fim a um litígio entre partes, por um lado, a Administração, por outro lado, o recorrente, e visa sobretudo a protecção de direitos subjectivos que o recorrente alegue terem sido violados pela Administração[281-282].

---

[280] Sobre esta questão, v. M. FROMONT, *L'influence du droit français et du droit allemand sur les conditions de recevabilité du recours en annulation devant la CJCE*, RTDE, 1966, pg. 65.

[281] Sobre a função objectiva ou subjectiva do Contencioso Administrativo português, v., entre outros, MARCELLO CAETANO, *Manual de Direito Administrativo,* vol. II, 9.ª ed., Coimbra, 1980, pgs. 1211 e segs*;* DIOGO FREITAS DO AMARAL, *Direito Administrativo,* t. IV, Lisboa, 1988, pgs. 81 e segs e 120 e segs; SÉRVULO CORREIA, *Direito do Contencioso Administrativo,* I, Lisboa, 2005, pgs. 34 e segs e 717 e segs; VASCO PEREIRA DA SILVA, *O Contencioso Administrativo no Divã da Psicanálise. Ensaio sobre as acções no novo Processo Administrativo,* Coimbra, 2005, pgs. 233 e segs.

[282] Um estudo comparativo de alguns aspectos do recurso contencioso de anulação em oito Estados-Membros pode ver-se em D. WAELBROECK e A.-M. VERHEYDEN, *op. cit.,* pgs. 404 e segs. Com especial atenção aos Direitos francês, alemão e inglês, ver SÉRVULO CORREIA, *op. cit.,* pgs. 46, 97 e 125 e segs.

1.2. A influência do Tratado CECA

O artigo 230.° (ex-artigo 173.°) do TCE tem como antecessores os artigos 33.° e 38.° do TCECA. Estes preceitos consagravam também algumas soluções originais, que acabaram por manifestar a especificidade da Ordem Jurídica comunitária e a própria estrutura das Comunidades Europeias.

2. A natureza jurídica

Quanto à sua natureza, o recurso de anulação é um verdadeiro **recurso** e um recurso contencioso. Fica, portanto, excluída qualquer possibilidade de confusão com o meio contencioso do tipo da acção[283].

Além disso, através deste recurso o recorrente apenas pode obter do Tribunal a fiscalização da **legalidade** do acto impugnado. Estamos, portanto, no exclusivo campo do contencioso de legalidade. Daqui são de extrair duas consequências.

A primeira é a de que o mérito do acto recorrido – ou seja, a sua oportunidade, a sua conveniência ou a sua justiça, quando esta última não for subsumível na legalidade do acto – escapa ao controlo judicial através deste recurso[284].

A segunda é a de que este recurso é um instrumento de contencioso de **mera anulação**, não do contencioso de plena jurisdição[285].

---

[283] Sobre a distinção entre recurso e acção no Direito Processual Civil português, v. JOSÉ ALBERTO DOS REIS, *Código de Processo Civil Anotado,* vol. V, Coimbra, 1984, pg. 211; no Contencioso Administrativo português, v. DIOGO FREITAS DO AMARAL, *Direito Administrativo*, vol. IV, Lisboa, 1988, pgs. 109 e segs.

[284] Sobre a distinção entre a legalidade e o mérito no Direito Administrativo português, DIOGO FREITAS DO AMARAL, *Curso de Direito Administrativo,* vol. II, Coimbra, 2001, pgs. 380 e segs; MARCELO REBELO DE SOUSA / ANDRÉ SALGADO MATOS, *Direito Administrativo Geral – Introdução e Princípios Fundamentais*, tomo I, Lisboa, 2004, pgs. 176 e segs.

[285] Ver acórdão de 8/7/1999, *DMS / Comissão,* proc. C-5/93 P, Col. 1999, pgs. I-4695 e segs (cons. 36); Despacho de 11/5/2000, *Deutsche Post,* proc. C-428/98 P, Col. 2000, pgs. I-3061 e segs, cons. 24 a 31; Despacho de 14/1/2004, *Makedoniko Metro,* T-202/02, cons. 53; acórdão de 22/1/2004, *Mattila,* proc. C-353/01 P, cons. 15 e 16.

Capítulo III – A Competência de Fiscalização de Legalidade   137

Por isso, se considerar procedente algum dos vícios imputados ao acto de entre os vícios elencados no artigo 230.º (ex-artigo 173.º), o Tribunal limita-se a anular (ou declarar a nulidade ou a inexistência) o acto.

Este recurso aproxima-se, portanto, do recurso contencioso de anulação do Direito Administrativo português anterior à reforma de 2002/2003[286]. Actualmente, o Contencioso Administrativo Português transformou-se num contencioso de plena jurisdição[287].

3. O objecto do recurso: os actos susceptíveis de recurso

3.1. *A noção de acto impugnável*

O artigo 230.º TCE (ex-artigo 173.º) admite recurso de anulação de actos unilaterais dos órgãos comunitários que não sejam recomendações ou pareceres. Excluem-se, portanto, as disposições do próprio Tratado[288].

Em primeiro lugar, importa referir que, de acordo com o artigo 230.º (ex-artigo 173.º), em regra, apenas são impugnáveis actos que tenham a sua base jurídica no TCE, ou seja, excluem-se os actos aprovados com fundamento nas disposições do TUE relativas aos pilares intergovernamentais. Porém, o Tribunal considera-se competente para apreciar se a base jurídica definida pelos órgãos comunitários é correcta, o que o pode levar a apreciar a legalidade de certos actos praticados com base nos pilares intergovernamentais. Foi o que aconteceu no caso *Comissão c. Conselho*, em que o Tribunal apreciou se a acção comum aprovada pelo Conselho, com base no artigo K.3, n.º 2, al. *b)* (actual artigo 31.º do TUE), relevava do artigo 100.ºC, como defendia a Comissão[289]. Além disso, o Tribunal considera-se também competente para apreciar a decisão do Conselho de recusa de acesso a

---

[286] Cfr. DIOGO FREITAS DO AMARAL, *Direito Administrativo*, t. IV, pgs. 109 e segs.

[287] Neste sentido, VASCO PEREIRA DA SILVA, *op. cit.*, pgs. 221 e segs.

[288] V. Despacho de 1/6/1999, *Meyer / Conselho*, proc. T-73/99, Col. 1999, pgs. II--1739 e segs.

[289] V. acórdão de 12/5/98, proc. C-170/96, Col. 1998, pg. I-2763 e segs.

documentos, a qual tinha sido adoptada com base no Título V do TUE relativo à PESC[290].

Em seguida, há que averiguar qual a noção de acto impugnável para o efeito da aplicação do artigo 230.° TCE (ex-artigo 173.°).

O Tribunal aceitou uma noção ampla de acto, não se tendo restringido aos actos previstos no artigo 249.° TCE (ex-artigo 189.°) – regulamentos, directivas e decisões. A noção de acto impugnável abarca todo e qualquer acto que se destine a produzir efeitos jurídicos[291].

É jurisprudência constante que *«é possível interpor recurso de anulação de todas as disposições adoptadas pelas instituições, quaisquer que sejam a sua natureza e forma, que visem produzir efeitos jurídicos»*[292].

Muito, recentemente, o Tribunal considerou-se inclusivamente competente para apreciar as "conclusões do Conselho", de 25 de Novembro de 2003, em relação à República Francesa e à República Federal da Alemanha, que contêm uma decisão de suspender o procedimento relativo aos défices excessivos e uma decisão que altera as recomendações anteriormente aprovadas pelo Conselho, ao abrigo do n.° 7 do artigo 104.° TCE, tendo procedido à sua anulação[293].

Os actos abrangidos pelo artigo 230.° TCE (ex-artigo 173.°) têm natureza e conteúdo legislativo, regulamentar e administrativo. Donde se podem extrair, desde já, as seguintes conclusões: por um lado, o recurso previsto naquele preceito, mais do que um recurso de **contencioso administrativo**, é um instrumento de um verdadeiro **contencioso constitucional** de actos legislativos da Comunidade; por outro lado, ele estabelece um contencioso não só de **actos individuais** mas também de **normas**. Neste aspecto, este recurso de anulação vai para além do seu homólogo nos Direitos francês e português.

---

[290] Acórdão de 19/7/1999, *Hautala*, proc. T-14/98, Col. 1999, pgs. II-2489 e segs.

[291] Uma deliberação do Conselho que fixa uma linha de conduta obrigatória para os órgãos comunitários e para os Estados-Membros constitui um acto impugnável – acórdão de 31/3/71, *AETR*, proc. 22/70, Rec. 1971, pgs. 263, 277.

[292] Acórdão de 29/6/95, *Espanha / Comissão*, proc. C-135/93, Col. 1995, pgs. 1651 e segs.

[293] Ver acórdão de 13/7/2004, *Comissão / Conselho*, proc. C-27/04, Col 2004, pgs. I-6649 e segs.

Capítulo III – A Competência de Fiscalização de Legalidade 139

O Tribunal verifica *ex officio* se o acto impugnado é susceptível de recurso.

O TJ tem recusado nesta matéria um critério meramente formal. Não é decisiva a denominação ou a forma exterior do acto.

3.2. *Os critérios utilizados pelo Tribunal para definir o acto impugnável*

São dois os critérios que o TJ vem utilizando desde muito cedo, a saber:

a) a susceptibilidade de o acto produzir efeitos jurídicos;

b) a definitividade do acto.

a) **A susceptibilidade de produção de efeitos jurídicos**[294] não implica necessariamente que o acto impugnado tenha de conferir direitos ou impor obrigações ao recorrente. Basta que se trate de um acto com eficácia externa, no sentido que o Direito Administrativo dá a este conceito.

De acordo com este critério não são susceptíveis de recurso:

– as meras práticas dos órgãos[295];

– os actos meramente confirmativos de actos anteriores[296], como, por exemplo, o acto que reproduz as disposições de um acto precedente que não foi impugnado dentro do

---

[294] O Tribunal admitiu recurso de uma comunicação da Comissão que adoptava, de forma inequívoca, uma medida que produzindo efeitos jurídicos, afectava os interesses das empresas em causa e se lhes impunha obrigatoriamente – acórdão de 15/3/67, *Cimenteries CBR*, proc. 8 a 11/66, Rec. 1967, pgs. 116, 117.

[295] V. ac. de 19/11/98, *Portugal / Comissão*, proc. C-159/96, Col. 1998, pgs. I-7379 e segs (cons. 24).

[296] Uma decisão é puramente confirmativa de uma decisão anterior se não contém nenhum elemento novo por comparação com a precedente e se não houve qualquer reexame da situação do destinatário do acto anterior – ver acórdão de 11/6/2002, *AICS / / Parlamento*, proc. T-365/00, Col. 2000, pgs. II-2719 e segs, cons. 30 e 35.

prazo[297], ou o acto que se restringe a precisar a consequência lógica de um outro acto, não introduzindo nenhum elemento novo nas relações entre a Administração e o particular[298], ou o acto que se limita a dar informações sobre um outro acto, esse sim impugnável[299], ou ainda o acto interpretativo de um regulamento anterior[300];

– os simples actos internos[301], pois, como se disse, exige-se que os efeitos jurídicos do acto se produzam na esfera externa.

b) **A definitividade do acto** significa que o acto deve constituir a manifestação da vontade definitiva do órgão[302]. Tal verifica--se quando os efeitos jurídicos do acto só podem ser extintos pela revogação do acto ou pela sua anulação ou declaração de nulidade ou inexistência. Não são impugnáveis os actos prepa-ratórios[303].

---

[297] Acórdão de 22/3/61, *SNUPAT*, procs. 42 a 49/59, Rec. 1961, pgs. 101, 146; acórdão de 19/7/1999, *Rothmans,* T-188/97, Col. 1999, pgs. II-2463 e segs, cons. 30 e 32; acórdão de 14/10/1999, *Succhi di Fruta,* proc. T-191/96 e T-106/97, Col. 1999, pgs. II--3181 e segs, cons. 60; acórdão de 18/9/2003, *Internationaler Hilfsfonds / Comissão,* proc. T-321/01, Col. 2003, cons. 31 a 33.

[298] Acórdão de 16/12/60, *Hamborner*, procs. 41 e 50/59, Rec. 1960, pgs. 989, 1013 e 1014.

[299] Acórdão de 17/6/1999, *ARAP e. a. / Comissão*, proc. T-82/96, Col. 1999, pgs. 1889 e segs; acórdão de 10/5/2000, *SIC / Comissão*, proc. T-46/97, Col. 2000, pgs. II-2125 e segs.

[300] Acórdão de 10/4/2003, *Alessandrini e.a. / Comissão,* procs. T-93/00 e T-46/01, Col. 2003, pgs. II-1635 e segs.

[301] V. acórdão de 6/4/2000, *Espanha / Comissão*, proc. C-443/97, Col. 2000, pgs. I- 2415 e segs; Despacho de 1571/2001, *Stauner e. a. / Parlamento e Comissão*, proc. T-236/00 R, Col. 2001, pgs. II-15 e segs, cons. 43 e 51. Só são recorríveis, excepcio-nalmente, se se demonstrar que produzem efeitos jurídicos – acórdão de 9/10/90, *França c. Comissão (FEOGA)*, proc. C-366/88, Col. 1990, pg. I-3595; acórdão de 23/3/93, *Weber c. PE*, proc. C-314/91, Col. 1993, pg. 1107.

[302] Acórdão de 5/12/63, *Usines Emile Henricot*, procs. 23, 24 e 52/63, Rec. 1963, pgs. 439, 455.

[303] Acórdão de 11/11/81, *IBM c. Comissão*, proc. 60/81, Rec. 1981, pg. 2651; acórdão de 14/2/89, *Bossi c. Comissão*, proc. 346/87, Col. 1989, pgs. 303 e segs; acórdão de 18/3/97, *Guérin automobiles,* proc. C-282/95 P, Col. 1997, pgs. I-1503 e segs; acórdão de 17/2/2000, *Stork Amsterdam / Comissão*, proc. T-241/97, Col. 2000, pgs. II-309 e segs; acórdão de 29/1/2002, *Van Parijs e Pacific Fruit Company / Comissão,* proc. T-160/98,

Capítulo III – A Competência de Fiscalização de Legalidade   141

Assim, de acordo com estes critérios, são impugnáveis:

- o acto pelo qual o Conselho exprime a intenção de se obrigar à observância de determinados critérios na elaboração de medidas que pretende adoptar posteriormente[304];
- o acto pelo qual o órgão anuncia definitiva e claramente a forma como vai agir no futuro, no caso de certas condições virem, entretanto, a estar preenchidas[305].

Não é impugnável o acto pelo qual o órgão comunitário se reserva o direito de rever a sua posição no futuro[306].

Do exposto resulta que a jurisprudência do Tribunal parece orientada no sentido da eficácia da protecção jurídica[307].

3.3. *O princípio da presunção da legalidade*

Em Direito Comunitário, tal como nos Direitos Administrativos nacionais de tipo francês[308], existe uma presunção de legalidade[309] a favor dos actos comunitários. Contudo, os actos afectados por vícios particularmente graves e evidentes podem ser considerados pelo TJ como inexistentes[310]. Tratando-se de uma situação que põe, manifes-

---

Col. T-160/98, Col. 2002, p. II-233 e segs, cons. 60, 64 e 65; acórdão de 7/3/2002, *Satellimages TV5 / Comissão*, proc. T-95/99, Col. 2002, pgs. II-1425 e segs, cons. 32, 34, 36 a 38 e 41.

[304] Acórdão de 5/6/72, *Comissão c. Conselho (remuneração dos funcionários)*, proc. 81/72, Rec. 1973, pgs. 575, 584.

[305] Acórdãos de 16/7/56, *Fédéchar*, proc. 8/55, Rec. 1955-1956, pgs. 199, 225; acórdão de 12/7/57, *Algera*, proc. 7/56 e 3 a 7/57, Rec. 1957, pgs. 81, 113.

[306] Acórdão de 10/12/57, *Usines à tubes de Sarre*, procs. 1 e 14/57, Rec. 1957, pgs. 201, 222; acórdão de 12/2/60, *Geitling*, procs. 16 a 18/59, Rec. 1960, pgs. 45, 63 e 64.

[307] Neste sentido, D. WAELBROECK / M. WAELBROECK, *op. cit.*, pg. 110.

[308] Em Portugal, v. MARCELLO CAETANO, *Manual de Direito Administrativo*, vol. I, 10.ª ed., Coimbra, 1980, pgs. 447 e segs; DIOGO FREITAS DO AMARAL, *Curso de Direito Administrativo*, vol. II, Coimbra, 2000, pgs. 477 e segs.

[309] V. acórdão de 15/6/94, *Comissão c. BASF*, proc. C-137/92 P, Col. 1994, pgs. I-2555.

[310] Acórdão de 26/2/87, *Consorcio cooperative d'Abruzzo*, proc. 15/85, Col. 1987, pg. 1036; acórdão de 30/6/88, *Comissão c. Grécia*, proc. 226/87, Col. 1988, pg. 3611.

142   *Contencioso da União Europeia*

tamente, em causa a segurança jurídica, o Tribunal só a título excepcional tem recorrido a este expediente[311]. De qualquer forma, fica claro que o TJ conhece o desvalor da pura inexistência jurídica do acto.

3.4. *As recomendações e os pareceres*

As recomendações e os pareceres, como não têm carácter obrigatório, estão excluídos, pela letra do artigo 230.° (ex-artigo 173.°), do controlo de legalidade. Estes actos podem, no entanto, ter consequências práticas importantes, pelo que faz sentido interrogarmo-nos se é possível, em algum caso, impugná-los.

O Tribunal, de um modo geral, rejeita os recursos interpostos contra recomendações ou pareceres, qualquer que tenha sido a gravidade das consequências que deles tenham resultado[312].

Todavia, admite recurso contra estes actos se se destinarem a produzir efeitos jurídicos próprios e obrigatórios, ou seja, quando sob a capa de um acto facultativo se mascara um acto obrigatório[313]. O Tribunal analisa, portanto, a situação caso a caso e averigua se o acto, pretensamente não obrigatório, constitui uma «decisão camuflada».

---

[311] O TPI defendeu a teoria da inexistência no acórdão de 27/2/92, *BASF* (procs. T-79, 84-86, 94, 96, 98, 102, 104/89, Col. 1992, pgs. II-315 e segs). Porém, o Tribunal de Justiça, no acórdão *Comissão c. BASF, cit.*, não seguiu este entendimento, tendo optado por anular a decisão em causa.

[312] Acórdão *Usines à tube de la Sarre*, cit., pg. 201; acórdão de 27/3/80, *Sucrimex*, proc. 133/79, Rec. 1980, pg. 1299.

[313] O Tribunal admitiu a susceptibilidade de recurso de anulação contra um código de conduta adoptado pela Comissão, na medida em que impunham obrigações aos Estados-Membros – acórdão de 13/11/91, *França c. Comissão (Código de Conduta)*, proc. C--303/90, Col. 1991, pg. 5340. Do mesmo modo, admitiu recurso contra uma comunicação da Comissão que, teoricamente, visava precisar as modalidades de aplicação de uma directiva, mas na prática criava obrigações que não constavam da directiva – acórdão de 16/6/93, *França c. Comissão (Comunicação transparência)*, proc. C-325/91, Col. 1993, pg. 3303 – ou contra o regulamento interno do PE – ver acórdãos de 2/10/2001, *Martinez e.a. / Parlamento*, proc. T- 222/99 e T-329/99, Col. 1999, Col. 2001, pgs. II-2823 e segs, cons. 32 e 56-57; de 26/2/2002, *Rothley e.a. / Parlamento*, proc. T-17/00, Col. 2002, pgs. II-579 e segs.

Capítulo III – A Competência de Fiscalização de Legalidade

O facto de o órgão comunitário não ter poderes para aprovar actos obrigatórios, numa determinada matéria, é suficiente para considerar o acto não obrigatório e insusceptível de recurso[314].

4. A legitimidade passiva: as entidades donde emanam os actos recorríveis

4.1. *As entidades donde emanam os actos recorríveis*

O artigo 230.° (ex-artigo 173.°), na sua versão original, permitia impugnar somente os actos do Conselho e os da Comissão, pois eram esses os órgãos que detinham o poder legislativo.

Não era, pois, possível impugnar actos adoptados pelas autoridades nacionais[315], como, aliás, continua a não ser.

O Tratado de Maastricht alargou o âmbito da legitimidade passiva, possibilitando a impugnação, sem quaisquer restrições, dos actos obrigatórios aprovados conjuntamente pelo Parlamento Europeu e pelo Conselho, pelo Conselho, pela Comissão e pelo Banco Central Europeu.

Deve notar-se que a possibilidade de impugnação dos actos provenientes, em conjunto, do Parlamento Europeu e do Conselho é uma decorrência lógica do procedimento de co-decisão, enquanto a concessão de legitimidade passiva ao Banco Central Europeu se deve ao facto de este órgão poder adoptar regulamentos e decisões (artigo 100.° TCE), os quais produzem efeitos jurídicos vinculativos[316].

O Tratado de Maastricht, apesar de ter elevado o Tribunal de Contas a órgão principal da Comunidade, não consagrou a sua legitimidade

---

[314] Acórdão *França c. Comissão (Código de Conduta), cit.*, pg. 5340; acórdão de 29/1/2002, *Van Parijs e Pacific Fruit Company / Comissão,* cit., p. II-233 e segs, cons. 60, 64 e 65; Despacho de 9/4/2003, *Pikaart e. a. / Comissão,* proc. T-280/02, Col. 2003, pgs. II-1621 e segs, cons. 23, 26 e 27.

[315] Acórdão de 15/12/1999, *Kesko / Comissão,* proc. T-22/97, Col. 1999, pgs. 3775 e segs.

[316] O primeiro caso de impugnação de actos do BCE é recente. Ver acórdão de 10/7/2003, *Comissão c. BCE,* proc. 11/00, Col. 2003, pgs. I-7147 e segs.

passiva em matéria de recurso de anulação, o que parece explicar-se pelo facto de este órgão ter, sobretudo, competência consultiva. Porém, o Tribunal de Justiça admitiu um recurso de anulação contra actos do Tribunal de Contas, mesmo antes do Tratado de Maastricht[317].

A doutrina tem considerado imputáveis ao Conselho e, portanto, impugnáveis, as deliberações do Conselho de Governadores do Fundo Europeu de Cooperação Económica e Monetária (FECOM), aprovadas no exercício de poderes que foram conferidos a este órgão pelo regulamento do Conselho.

Tem-se admitido também a legitimidade passiva do Conselho nos casos de delegação de poderes noutras entidades, com o objectivo de evitar a subtracção de certas actividades à jurisdicção do TJ[318].

4.2. *Os actos do Banco Europeu de Investimentos*

O BEI constitui uma instituição comunitária, prevista nos artigos 266.° e 267.° do Tratado, a qual contribui para a realização dos objectivos comunitários. De acordo com o artigo 237.°, als. b) e c), do Tratado, as deliberações do Conselho de Governadores e do Conselho de Administração do Banco podem ser objecto de recurso de anulação perante o Tribunal de Justiça.

Apesar de reconhecer que não se trata de um órgão no sentido comunitário do termo, porque tem personalidade jurídica distinta das Comunidades, o Tribunal considera admissível a impugnação dos actos do Banco Europeu de Investimentos (BEI)[319].

---

[317] Acórdão de 11/5/89, *Maurissen c. Tribunal de Contas*, procs. 193 e 194/87, Col. 1989, pgs. 1045 e segs. Mais recentemente, ver acórdão de 17/5/94, *H. c. Tribunal de Contas*, proc. C-416/92, Col. 1994, pgs.I-1741.

[318] Ver, por exemplo, acórdão do TPI, de 16/1/96, *Elena Candiotte,* proc. T-108/94, Col. 1996, pgs. II-87 e segs.

[319] Acórdão de 3/3/88, *Comissão c. BEI*, proc. 85/86 , Col. 1988, pg. 1281; acórdão de 10/7/2003, *Comissão / BEI*, proc. C-15/00, Col. 2003, pgs. I-7281 e segs, cons. 73 a 75.

Capítulo III – A Competência de Fiscalização de Legalidade

4.3. *Os actos do Conselho Europeu*

Antes do Tratado de Maastricht a natureza híbrida do Conselho Europeu[320] levou alguns a defenderem que as deliberações deste órgão que produzissem efeitos jurídicos obrigatórios eram impugnáveis, com base no artigo 230.º (ex-artigo 173.º), quando agisse enquanto Conselho e com respeito das normas do Tratado.

O Tribunal de Justiça, pelo contrário, no caso *Roujansky*[321], rejeitou o recurso de anulação da declaração do Conselho Europeu, de 29/10/93, que tinha como efeito levar ao conhecimento dos nacionais da CEE que o Tratado da União Europeia entraria em vigor em 1 de Novembro de 1993.

Após a entrada em vigor do Tratado de Maastricht, o Conselho Europeu foi claramente assumido como o órgão político da União Europeia e um órgão independente do Conselho da União Europeia, esse sim órgão legislativo, pelo que a tese da irrecorribilidade dos seus actos ganhou força.

Contudo, não se pode dizer que seja absolutamente pacífica, pois sempre poderá haver controlo destas decisões por via indirecta. Quer dizer: quando o Tribunal aprecia um acto adoptado, de acordo com as orientações políticas gerais do Conselho Europeu, poderá vir a averiguar se essas orientações são ou não contrárias ao Tratado.

4.4. *Os acordos internacionais concluídos pela Comunidade com terceiros*

Discute-se também o problema de saber se os acordos internacionais concluídos pela Comunidade com terceiros podem ser objecto de recurso de anulação, com base no artigo 230.º (ex-artigo 173.º) do TCE.

Ora, o TCE é *res inter alia* para os Estados que contratam com a Comunidade, pelo que, tendo em conta o artigo 34.º da Convenção de

---

[320] Sobre o Conselho Europeu, v. BEATRICE TAULÈGNE, *Le conseil européen*, Paris, 1993.

[321] Acórdão de 13/5/95, proc. C-253/94 P, Col. 1995, pgs. I-12 e segs.

Viena sobre Direito dos Tratados de 1969, não se pode aplicar a terceiros Estados. Assim, estes acordos não são recorríveis.

Problema diferente é o de saber se o acto comunitário pelo qual o Conselho conclui o acordo pode ser impugnado com base no artigo 230.° (ex-artigo 173.°). A doutrina divide-se quanto a esta questão. M. C. BERGERÈS[322], apoiando-se na jurisprudência comunitária[323], defende a aplicação da teoria do acto destacável e, consequentemente, a possibilidade de anulação da decisão que autoriza a conclusão do acordo. M. WAELBROECK e D. WAELBROECK[324] entendem que este acto está tão intimamente ligado ao acordo a que diz respeito que não possa dele ser destacado.

Da nossa parte, inclinamo-nos para a primeira posição.

4.5. *O caso especial dos actos do Parlamento Europeu*

O TCE, na sua versão originária, não conferia ao PE legitimidade passiva em matéria de recurso de anulação, o que se justificava pelo facto de, inicialmente, ele não ter competência legislativa. Pelo contrário, o artigo 38.°, n.° 1, do TCECA atribuía essa legitimidade ao PE.

Numa primeira fase, o TJ rejeitou a possibilidade de o PE interpor o recurso previsto no artigo 230.° (ex-artigo 173.°). Numa segunda fase, o TJ admitiu a legitimidade passiva do Parlamento, com fundamento no paralelismo entre o Tratado CECA e o Tratado CEE. No caso *Luxemburgo contra o Parlamento Europeu*[325], o Tribunal aceitou a impugnação de uma resolução do Parlamento, relativa à sua sede, por considerar que o acto dizia respeito de uma forma simultânea e indivisível às três Comunidades. Ora, sendo o Parlamento um órgão comum às três Comunidades, os meios contenciosos, previstos

---

[322] *Op. cit.*, pg. 214.

[323] Parecer de 11/11/75, proc. 1/75, Rec. 1975, pgs. 1355 a 1365 e acórdão de 30/4/74, *Haegeman II*, proc. 181/73, Rec. 1974, pg. 452. Mais recentemente, acórdão de 10/3/98, *Alemanha c. Conselho*, proc. C-122/95, Col. 1998, pgs. I-1011; Parecer de 13/12/95, proc. 3/94, Col. 1995, pgs. I-4577 e segs.

[324] *Op. cit.*, pgs. 103 e 104.

[325] Acórdão de 10/2/83, *Luxemburgo c. Parlamento*, proc. 230/81, Rec. 1983, pgs. 255, 282.

Capítulo III – A Competência de Fiscalização de Legalidade

no preceito do TCECA, seriam também aplicáveis no quadro do Tratado CE.

Finalmente, o TJ admitiu, no caso *Os Verdes*[326], a recorribilidade dos actos aprovados pelo PE no quadro estrito do TCE. Disse o Tribunal: «*A Comunidade Europeia é uma Comunidade de Direito, em que nem os Estados membros nem os órgãos escapam ao controlo de conformidade dos seus actos com a carta constitucional que é o Tratado. O Tratado estabelece um sistema completo de vias de recurso e de processos destinado a confiar ao TJ o controlo da legalidade dos actos*».

Com o Tratado de Maastricht os actos do PE destinados a produzir efeitos jurídicos em relação a terceiros passaram a ser susceptíveis de impugnação, de harmonia com o artigo 230.º (ex-artigo 173.º), par. 1.º, do TCE.

4.6. *O caso dos actos atípicos*

Deve ainda questionar-se se, para além dos actos acabados de mencionar, se podem ainda impugnar os chamados actos atípicos, tais como as cartas assinadas por funcionários, as cartas de conforto (*confort letters*) e os actos praticados ao abrigo de delegação de poderes.

a) Quanto às cartas assinadas por funcionários, os serviços da Comissão não têm por si próprios nenhuma qualidade para agir, pelo que as cartas dos funcionários não podem obrigar a Comissão e constituir, como tal, actos susceptíveis de recurso. Elas podem, contudo, comunicar aos seus destinatários um acto que foi praticado pela Comissão. Trata-se, neste caso, de um acto imputável à Comissão e, portanto, recorrível.

b) No que diz respeito às cartas de conforto, ou seja, as comunicações efectuadas pela Comissão às empresas, com base no artigo 15.º, n.º 6, do antigo Regulamento n.º 17[327], o TJ con-

---

[326] Acórdão de 23/4/86, proc. 294/83, Col. 1986, pgs. 1339, 1364.

[327] Situação diferente é a actualmente prevista no artigo 27.º, n.º 4, do Regulamento (CE) n.º 1/2003 do Conselho, de 16 de Dezembro de 2002, relativo à execução dos artigos 81.º e 82.º TCE, com base no qual a Comissão informa terceiros interessados da intenção de adoptar determinados actos, convidando-os a apresentar as suas observações num

siderou que estas comunicações expunham as empresas a um «*grave risco pecuniário*» e afectavam os seus interesses, trazendo uma modificação na sua situação jurídica. O acto em causa comportava efeitos jurídicos que afectavam os interessados das empresas e se lhes impunham obrigatoriamente, pelo que não eram pareceres, mas sim decisões[328].

c) Em relação aos actos praticados ao abrigo de delegação de poderes, deve frisar-se que a delegação de poderes coloca problemas delicados. No âmbito do TCECA, o Tribunal sustentou mesmo que não era possível a delegação de poderes discricionários por parte da Alta Autoridade, pois ela punha em causa o equilíbrio institucional[329]. No âmbito do TCE há até quem tenha sustentado que, na versão originária do Tratado, não se encontra base legal para a delegação de poderes, pelo que ela seria proibida e os actos adoptados com base nela inexistentes[330]. No entanto, a delegação de poderes de execução do Conselho à Comissão está prevista no Tratado no artigo 211.º (ex-artigo 155.º) e o Acto Único Europeu veio introduzir um novo travessão no artigo 145.º (actual artigo 202.º) que a legitima também. O TJ admitiu que a noção de execução deve ser interpretada extensivamente[331]. Ele exigiu que os elementos essenciais da matéria a regular sejam fixados, de acordo com as disposições do Tratado[332]. O problema coloca-se, fundamentalmente, quando a delegação é conferida a outro órgão. Efectivamente, o acto do órgão delegado não pode ser assimilado ao acto do órgão delegante[333]. Mas, por

---

determinado prazo. Tal acto é um acto preparatório de um processo que normalmente culmina num acto fundamentado nos artigos 9.º ou 10.º do mesmo Regulamento, esse sim recorrível.

[328] Acórdão de *Cimenteríes CBR, cit.*, pg. 116.

[329] Acórdão de 13/6/58, *Meroni*, proc. 9/56, Rec. 1958, pgs. 9-46.

[330] RENÉ JOLIET, *op. cit.*, pg. 62; MAURICE CHRISTIAN BERGERÈS, *op. cit.*, pg. 213.

[331] Acórdão de 30/10/75, *Rey Soda*, proc. 23/75, Rec. 1975, pg. 1301.

[332] Acórdão de 17/12/70, *Köster*, proc. 25/70, Rec. 1970, pgs. 1161 a 1181.

[333] Neste sentido, D. WAELBROECK / M. WAELBROECK, *op. cit.*, pg. 106. Contra, G. VANDERSANDEN / A. BARAV, *op. cit.*, pgs. 138, 139, para quem as decisões adoptadas pelos órgãos delegantes são imputáveis ao órgão delegado e, por isso, recorríveis.

Capítulo III – A Competência de Fiscalização de Legalidade 149

outro lado, não é admissível que a delegação de poderes se torne um meio de subtrair certos actos ao controlo de legalidade do TJ. Para poder ser impugnado, o acto objecto do recurso deve ter sido praticado em virtude de uma delegação de poderes válida. Não admitir o recurso significaria privar os recorrentes da protecção que os Tratados lhes conferem[334].

4.7. Os actos não recorríveis

Em conclusão, não são recorríveis, com base no artigo 230.° (ex-artigo 173.°), os seguintes actos:

- os actos aprovados pelos representantes dos Estados-Membros reunidos no seio do Conselho[335];
- as convenções concluídas pelos Estados-Membros, de acordo com o artigo 293.° (ex-artigo 220.°) do TCE;
- os actos dos Estados-Membros, com excepção do caso previsto no artigo 14.°, par. 2, do Protocolo relativo aos Estatutos do SEBC e do BCE[336];
- os acordos concluídos entre um órgão e uma pessoa singular ou colectiva privada, já que só os actos unilaterais dos órgãos são susceptíveis de recurso de anulação;
- as disposições dos tratados de adesão[337] e de revisão dos tratados originários[338].

---

[334] Neste sentido, M. WAELBROECK / D. WAELBROECK, *op. cit.*, pg. 106.

[335] Ac. de 30/6/93, *Parlamento Europeu c. Conselho e Comissão (ajuda ao Bangladesh)*, proc. C-181/91 e C-248/91, Col. 1993, pgs. I-3685 e segs.

[336] A decisão de um Estado-Membro de demissão de um governador de um banco central nacional é recorrível para o Tribunal de Justiça.

[337] Ac. de 28/4/88, *Laisa*, proc. 31 a 35/86, Col. 1988, pg. 2318.

[338] De acordo com o acórdão *Roujansky,* já citado, o Tribunal considerou que o Tratado da União Europeia não é um acto cuja legalidade seja susceptível de ser fiscalizada, nos termos do artigo 173.° (actual artigo 230.°).

5. A legitimidade activa: quem pode recorrer

O artigo 173.° (actual artigo 230.°), na sua redacção inicial, apresenta, em matéria de legitimidade activa, uma distinção fundamental entre **recorrentes privilegiados** e **não privilegiados**, ou seja, entre aqueles que têm legitimidade, sem ter de provar o seu interesse em agir, e aqueles que têm de fazer prova desse interesse. O Tratado de Maastricht veio acrescentar uma terceira categoria, a dos **recorrentes semi-privilegiados**, ou seja, aqueles que têm legitimidade activa com o objectivo de salvaguardar as suas prerrogativas.

5.1. *Os recorrentes privilegiados*

Após o Tratado de Nice, os recorrentes privilegiados são os Estados-Membros e os órgãos da União – Parlamento Europeu, Conselho e Comissão. Contudo, a versão originária do TCE, somente conferia uma posição privilegiada aos Estados-Membros, ao Conselho e à Comissão, pois sempre puderam impugnar qualquer acto comunitário obrigatório, adoptado pelo Conselho ou pela Comissão, com fundamento em qualquer dos vícios enunciados no artigo 230.° (ex-artigo 173.°), quer os seus interesses tivessem sido ou não afectados por esse acto.

O TJ admitiu mesmo a legitimidade do Estado-Membro para impugnar um acto em relação ao qual votou a favor no seio do Conselho[339], bem como para impugnar o acto que se dirige a um ou a vários particulares[340]. O mesmo sucede em relação aos órgãos comunitários[341].

---

[339] Acórdão de 12/7/78, *Itália c. Conselho (fécula de batata)*, proc. 166/78, Rec. 1978, pg. 1745.

[340] Acórdão de 20/3/85, *Itália c. Comissão (British Telecom)*, proc. 41/83, Rec. 1985, pgs. 873, 888.

[341] No acórdão de 21/01/2003, *Comissão / Parlamento Europeu e Conselho*, (proc. C-37/00, Col. 2003, p. I-937 e segs), o TJ considerou que a legitimidade da Comissão para impugnar um acto do PE e do Conselho não pode estar condicionada pelas suas posições expressas durante o processo de adopção do acto.

Capítulo III – A Competência de Fiscalização de Legalidade   151

5.2. *Os recorrentes semi-privilegiados*

Na versão originária do TCE o Parlamento Europeu não figurava entre os órgãos que tinham legitimidade activa em matéria de recurso de anulação.

Contudo, a partir do momento em que o Tribunal admitiu a possibilidade de recurso contra actos obrigatórios do PE, levantou-se o problema da legitimidade do PE para interpor recurso de anulação contra actos do Conselho ou da Comissão.

A preocupação de manter a igualdade entre os órgãos e o paralelismo entre o recurso de anulação e a acção por omissão foram os principais argumentos aduzidos a favor desta tese.

Todavia, num primeiro momento, o TJ não se mostrou sensível a estes argumentos. No caso *Comitologia (PE/Conselho)*[342], o PE viu o seu recurso rejeitado, pois o Tribunal julgou que, de acordo com o artigo 155.º (actual artigo 211.º) do TCE, competiria à Comissão a responsabilidade de assegurar o respeito das prerrogativas do PE e, como tal, caberia a ela interpor os recursos de anulação necessários. Deste modo, o PE não se encontrava privado dos meios de defesa das suas prerrogativas.

Em 1990 o TJ viu-se obrigado a rever a sua posição, pois o PE requereu a anulação de um regulamento do Conselho, que fixava os níveis máximos de radioactividade admitidos para os alimentos. Aquando da consulta, o PE tinha expresso o seu desacordo quanto à base jurídica definida pela Comissão na sua proposta e tinha proposto como base legal o artigo 100.ºA (actual artigo 95.º), o que a Comissão havia rejeitado. Como resultava do caso vertente, era possível a Comissão e o PE apresentarem posições divergentes, pelo que a primeira não poderia defender as prerrogativas do segundo. O TJ admitiu, por isso, que o PE tinha legitimidade activa, desde que o recurso apenas pretendesse salvaguardar os seus direitos e se baseasse na violação desses direitos. Ora, um dos direitos do PE é, sem dúvida, a sua participação no processo legislativo[343].

---

[342] Acórdão de 27/9/88, proc. 302/87, Col. 1988, pg. 5615.

[343] Acórdão de 22/5/90, *PE c. Conselho (Tchernobyl)*, proc. 70/88, Col. 1990, pgs. I-2041, 2069. No mesmo sentido, acórdão de 16/7/92, *PE c. Conselho (transportadores não residentes)*, proc. C-65/90, Col. 1992, pg. I-4593.

Esta questão foi, definitivamente, resolvida com o Tratado de Nice, o qual consagrou o Parlamento Europeu como recorrente privilegiado.

Já antes o Tratado de Maastricht tinha consagrado a legitimidade activa do PE em sede de recurso de anulação, mas como recorrente semi-privilegiado, isto é, a sua legitimidade activa tinha por «*objectivo (...) salvaguardar as respectivas prerrogativas*».

Idêntica legitimidade foi conferida, por aquele Tratado, ao BCE e o Tratado de Amesterdão veio estendê-la também ao Tribunal de Contas.

Em conclusão, os **recorrentes semi-privilegiados** são, actualmente, o BCE e o Tribunal de Contas.

5.3. *Os recorrentes não privilegiados*

Para além dos Estados-Membros e dos órgãos da União também os particulares podem interpor um recurso de anulação.

5.3.1. *A noção ampla de particular*

O artigo 230.° (ex-artigo 173.°), par. 4.°, do TCE permite a qualquer pessoa singular ou colectiva interpor recurso de anulação, desde que respeite as condições aí previstas.

Os recorrentes não privilegiados são, portanto, os particulares.

Os particulares devem interpor o recurso de anulação no Tribunal de Primeira Instância[344], cabendo recurso jurisdicional do acórdão deste Tribunal para o Tribunal de Justiça.

A legitimidade activa dos particulares é independente da sua nacionalidade e do seu domicílio. O TJ sempre admitiu recursos de anulação interpostos por nacionais de Estados terceiros, desde que respeitem os critérios estabelecidos no artigo 230.° (ex-artigo 173.°), par. 4.°, que estudaremos adiante.

A noção de pessoa colectiva é ampla, nem sempre coincidindo com a fornecida pelo Direito interno. O Tribunal já admitiu recursos de

---

[344] Ver artigos 225.° do TCE e 51.° do Estatuto do Tribunal de Justiça.

Capítulo III – A Competência de Fiscalização de Legalidade   153

entidades que não tinham personalidade jurídica de Direito interno, mas tinham autonomia suficiente para agir como uma entidade responsável nas relações jurídicas[345].

As Regiões[346] e as entidades intra-estaduais[347] também possuem legitimidade activa.

5.3.2. As condições restritas de acesso dos particulares

Enquanto os Estados-Membros e os órgãos da União não têm que justificar o seu interesse em agir, os particulares, pelo contrário, estão sujeitos a condições imperativas muito restritas, que variam em função da natureza do acto que pretendem impugnar.

A existência do interesse em agir deve ser apreciada em função do dia em que o recurso foi interposto[348].

Os particulares só podem interpor recurso das decisões de que sejam destinatários, de decisões que sejam tomadas sob a forma de regulamento, ou de uma decisão dirigida a outra pessoa que lhes diga directa e individualmente respeito.

A interpretação destas condições configura uma das questões mais controversas e difíceis do Contencioso da União Europeia, sendo que, como veremos, a evolução da jurisprudência nem sempre tem sido linear.

Da jurisprudência do TJ também não resulta claro se se deve averiguar, em primeiro lugar, a natureza do acto e só depois se o particular é directa e individualmente afectado ou vice-versa. Nos casos

---

[345] Acórdãos de 8/10/74, *Union syndicale*, proc. 175/73, Rec. 1974, pg. 925; de 8/10/74, *Syndicat général du personnel*, proc. 18/74, Rec. 1974, pg. 945; de 28/10/82, *Groupement des agences de voyages*, proc. 135/81, Rec. 1982, pg. 3799; de 11/5/89, *Maurissen*, proc. 193 e 194/87, Col. 1989, pg. 1069.

[346] V. acórdão de 8/3/88, *Executivo regional da Valónia*, procs. 62/87 e 72/87, Col. 1988, pgs. I-1570 e segs.

[347] V. acórdãos de 23/10/2002, *Diputación Foral de Guipúzcoa e.a. / Comissão*, procs. T-269/99, T-271/99 e T-272/99, Col. 2002, pgs. II-4217 e segs e de 23/10/2002, *Diputación Foral de Guipúzcoa e.a. / Comissão*, proc. T-346/99 a T-348/99, Col. 2002, pgs. II-4259 e segs.

[348] Despacho de 30/4/2003, *Schmitz-Gotha / Comissão*, proc. T-167/01, Col. 2003, pgs. II-1873 e segs.

Indústria molitoria imolese[349], *Zuckerfabrik*[350] e *Koninklijke Scholten Honig NV*[351] o TJ procedeu, em primeiro lugar, ao exame da natureza do acto e tendo chegado, nos três casos, à conclusão que se tratava de um regulamento, não admitiu o recurso. Pelo contrário, nos casos *Sgarlata*[352], *International Fruit Company*[353], *CAM*[354] e *Société pour l'exportation des sucres*[355] começou por averiguar se os recorrentes eram afectados directa e individualmente pela decisão.

5.3.3. *As restrições quanto à impugnação de regulamentos e directivas pelos particulares*

I. O caso da impugnação de regulamentos

Inicialmente houve Autores[356] que consideraram que os particulares não podiam impugnar regulamentos porque:

a) os regulamentos são verdadeiros actos legislativos que desenvolvem o Tratado, pelo que é suficiente para a protecção dos particulares a excepção de ilegalidade (artigo 241.º – ex--artigo 184.º). Tratando-se de verdadeiros actos legislativos e não de meros regulamentos administrativos, o meio paralelo ao nível dos Direitos nacionais é o controlo de constitucionalidade, ao qual, segundo os Direitos nacionais, de um modo geral os particulares têm acesso restrito[357];

---

[349] Acórdão de 13/3/68, proc. 30/67, Rec. 1968, pgs. 171-182.

[350] Acórdão de 11/7/68, proc. 6/68, Rec. 1968, pgs. 595-607.

[351] Acórdão de 5/5/77, proc. 101/76, Rec. 1977, pg. 797.

[352] Acórdão de 1/4/64, proc. 40/64, Rec. 1965, pgs. 279-296.

[353] Acórdão de 13/5/71, procs. 41 a 44/70, Rec. 1971, pgs. 411-429.

[354] Acórdão de 18/11/75, proc. 100/74, Rec. 1975, pgs. 1393-1405.

[355] Acórdão de 31/3/77, proc. 88/76, Rec. 1977, pg. 709.

[356] Neste sentido, ver, por exemplo, RENÉ JOLIET, *op. cit.*, pg. 71.

[357] Há, no entanto, alguns Direitos nacionais que admitem, em casos específicos, a impugnação de actos legislativos por parte dos particulares. É o caso dos Direitos alemão, austríaco, grego, espanhol e suíço, nomeadamente, quando está em causa a violação de direitos fundamentais. Para maiores desenvolvimentos sobre esta questão, ver D. WAELBROECK / A.-M. VERHEYDEN, *op. cit.*, pg. 436.

Capítulo III – A Competência de Fiscalização de Legalidade 155

b) as dificuldades de aprovação do Direito derivado apontam no sentido de não se estender aos particulares a possibilidade de pôr em causa actos normativos[358].

A jurisprudência comunitária também foi tributária desta ideia durante muito tempo[359]. Todavia, evoluiu no sentido de que a única questão determinante na apreciação da admissibilidade de um recurso de anulação de um particular contra um acto de que não é destinatário é a de saber se o acto o afecta directa e individualmente.

Com efeito, um acto de âmbito geral não preenche o critério da afectação individual, mas poderá haver excepções. Como estudaremos adiante, o TJ aceita a impugnação de regulamentos, relativos a certos domínios, por parte de particulares[360].

Recentemente, em nome do princípio da tutela judicial efectiva, o Tribunal de Primeira Instância, no caso *Jégo-Quéré*[361], fez uma séria tentativa de afastamento desta jurisprudência restritiva do Tribunal de Justiça. Para isso admitiu a impugnação de um regulamento, que não necessitava de medidas de execução por parte dos Estados-Membros, com fundamento no facto de um acto de âmbito geral dizer individual-mente respeito a um particular, se esse acto afectar, de maneira certa e actual, a sua situação jurídica e se restringir os seus direitos ou se lhe impuser obrigações.

Todavia, alguns meses depois, afastando-se das conclusões do seu Advogado-Geral JACOBS, o Tribunal de Justiça rejeitou, categorica-mente, esta interpretação, no caso *Unión de Pequeños Agricultores*[362], e reafirmou a sua jurisprudência constante, iniciada no caso *Plaumann*[363],

---

[358] Esta posição tem, entre nós, defensores. Ver JOSÉ CARLOS MOITINHO DE ALMEIDA, *Le recours en annulation des particuliers (article 173, deuxième alinéa, du traité CE): nouvelles réflexions sur l'expression "la concernent ... individuellement"*, Festschrift EVERLING, vol. I, pgs. 869 e segs.

[359] Acórdãos de 14/12/62, *Confédération nationale des producteurs de fruits et légumes*, proc. 16/62, Rec. 1962, pg. 901; de 6/10/82, *Alusuisse*, proc. 307/81, Rec. 1982, pg. 3463.

[360] Como veremos, em matéria de *dumping*, o TJ já admitiu recursos de anulação interpostos por particulares contra regulamentos.

[361] Acórdão de 3/5/2002, proc. T-177/01, Col. 2002, pgs. II-2365 e segs.

[362] Acórdão de 25/7/2002, proc. C-50/00 P, Col. 2002, pgs. I-6677 e segs.

[363] Acórdão de 15/7/63, proc. 25/62, Rec. 1963, pgs. 197 e 222.

156   Contencioso da União Europeia

que será objecto de estudo já a seguir, acrescentando que outra interpretação implicaria a revisão das normas do Tratado, de acordo com o artigo 48.º TUE.

Esta querela terminou com a anulação do acórdão *Jégo Quéré* pelo Tribunal de Justiça[364-365].

II. O caso da impugnação de directivas por parte de particulares

Os particulares também não podem impugnar directivas, a menos que elas tenham um carácter individual[366]. O TJ, em 7 de Dezembro de 1988, rejeitou a admissibilidade do recurso de particulares contra uma directiva com fundamento na sua não afectação individual[367]. Em relação às directivas ainda existe outra dificuldade, qual seja a da afectação directa do particular. Como veremos, a afectação directa significa desnecessidade de qualquer medida de execução. Ora, a directiva, por natureza, necessita de ser transposta para o Direito nacional por parte dos Estados. Assim, parece que uma verdadeira directiva nunca poderá ser impugnada por parte de um particular[368]. O Tribunal de Justiça nunca se pronunciou expressamente sobre esta questão. O Tribunal de Primeira Instância, pelo contrário, já reconheceu que, apesar da natureza legislativa das directivas, os particulares podem ser por elas directa e individualmente afectados[369] ou não[370].

---

[364] V. Acórdão de 1/4/2004, *Comissão / Jégo Quéré*, Col. 2004, cons. 47 e 48.

[365] Para um comentário destes acórdãos, ver DENIS WAELBROECK, *Le droit au recours juridictionnel effectif du particulier: trois pas en avant, deux pas en arrière*, CDE, 2002, pgs. 3 e segs; PASCAL GILLIAUX, *L'arrêt Unión de Pequeños Agricultores: entre subsidiarité juridictionnelle et effectivité*, CDE, 2003, pgs. 177 e segs; JÜRGEN SCHWARZE, *The Legal Protection of the Individual against Regulations in European Union Law*, EPL, 2004, pgs. 285 e segs.

[366] Acórdãos de 29/7/93, *Gibraltar*, proc. 298/89, Col. 1993, pgs. I-3605 e segs; de 23/11/95, *Asocarne*, proc. C-10/95 P, Col. 1995, pg. I-4160; de 11/11/97, *Eurotunnel*, proc. C-408/95, Col. 1997, pgs. I-6315.

[367] Despacho *Flourez*, proc. 138/88, Col. 1988, pg. 6393 e Despacho *Fedesa*, proc. 160/88, Col. 1988, pg. 6399.

[368] Neste sentido, ver, entre outros, PAUL NIHOUL, *op. cit.*, pg. 175.

[369] V. acórdãos de 17/6/98, *UEAPME*, proc. T-135/96, Col. 1998, pgs. II-2335 e segs e de 27/6/2000, *Salamander*, procs. T-172/98 e T-175-177/98, Col. 2000, pgs. II-2487 e segs.

[370] Ver Despachos de 21/3/2003, *Établissements Toulorge / PE e Conselho*,

Capítulo III – A Competência de Fiscalização de Legalidade   157

5.3.4. *Os actos recorríveis pelos particulares*

Os actos recorríveis pelos particulares são, em primeiro lugar, as decisões de que são destinatários. Neste caso, o particular terá interesse em agir, desde que a decisão lhe seja desfavorável. A decisão corresponde, no nosso Direito, a um acto administrativo definitivo e executório.

O particular pode ainda impugnar as decisões que tenham sido aprovadas sob a forma de regulamento ou as decisões dirigidas a outrem que lhe digam directa e individualmente respeito (as chamadas «decisões por ricochete»).

Em primeiro lugar, vamos começar por analisar o que se entende por decisões adoptadas sob a forma de regulamento e decisões dirigidas a outra pessoa. Em seguida, dada a dificuldade dos conceitos *«dizer directa e individualmente respeito»* vamos analisá-los separadamente.

I. As decisões aprovadas sob a forma de regulamento

A possibilidade de impugnação destes actos por parte dos particulares prende-se com o facto de se pretender evitar que os órgãos comunitários, pela simples escolha da forma do regulamento, possam privar os particulares da possibilidade de recorrer contra uma decisão que os afecta directa e individualmente[371]. Melhor dito: que produz efeitos concretos quanto a eles.

Além disso, assume-se, deste modo, que o que releva para o efeito é a substância do acto, não a sua forma. Note-se que se trata de uma posição análoga à consagrada no artigo 268.º, n.º 4, da nossa Constituição, que admite recurso contencioso de anulação de actos administrativos *«independentemente da sua forma»*.

---

proc. T-167/02, Col. 2003, pgs. II-1111 e segs, cons. 50 a 57; de 30/4/2003, *Villiger Söhne / / Conselho,* proc. T-154/02, Col. 2003, pgs. II-1921 e segs.

[371] Ver Despacho de 11/4/2003, *Solvay Pharmaceuticals / Conselho*, proc. T-392/02, Col. 2003, pgs. II-1825 e segs, cons. 56 e 57.

158 Contencioso da União Europeia

O critério da distinção entre regulamento e decisão é o âmbito geral ou não do acto[372]. A decisão é por natureza um acto em que os destinatários são individualizados, enquanto que o regulamento, sendo geral e abstracto, é aplicável a categorias visadas abstractamente e no seu conjunto[373].

Contudo, a natureza de regulamento do acto, ou seja, a generalidade e a abstracção de um acto não são afectadas pela possibilidade de determinar, com maior ou menor precisão, o número ou mesmo a identidade dos sujeitos de direito aos quais ele se aplica num dado momento, desde que a aplicação se efectue em função de uma situação objectiva de direito ou de facto definida pelo acto em relação com a sua finalidade[374].

É possível que um regulamento contenha disposições que afectem individualmente certas pessoas, por isso, o TJ procede à análise pormenorizada das disposições do regulamento[375].

Uma regulamentação transitória que se aplique a certas situações criadas no passado e, portanto, a grupos de empresas determinadas pode fazer parte integrante de uma regulamentação geral e estar, assim, subtraída ao recurso de anulação por parte dos particulares[376].

No caso *Sofrimport*[377] o Tribunal admitiu a impugnação de um regulamento da Comissão que suspendeu a concessão de certificados de importação de uma determinada mercadoria, pois a recorrente já tinha feito embarcar a sua mercadoria com destino à Comunidade. O Tribunal admitiu o recurso, dado que o número de pessoas afectadas era limitado e determinado.

---

[372] Despacho de 6/5/2003, *DOW AgroSciences / PE e Conselho*, proc. T-45/02, Col. 2003, pgs. II-1973 e segs.

[373] Acórdão de 14/12/62, *Confédération nationale de producteurs de fruits et de légumes*, procs. 16, 17/62, Rec. 1962, pg. 918.

[374] Acórdãos de 11/7/68, *Zuckerfabrik*, proc. 6/68, Rec. 1968, pg. 595; de 30/9/82, *Roquette frères*, proc. 242/81, Rec. 1982, pg. 3213; de 23/11/95, *Asocarne, cit.*, pg. 4159; de 24/4/96, *CNPAAP c. Conselho*, proc. C-87/95 P, Col. 1996, pg. 2016; Despacho de 30/4/2003, *WG International e.a. / Comissão*, proc. T- 155/02, Col. 2003, pgs. II-1949 e segs, cons. 35-39.

[375] Acórdão de 13/5/71, *International Fruit I*, procs. 41-44/70, Rec. 1971, pg. 412.

[376] Acórdão de 16/4/70, *Compagnie française commerciale*, proc. 64/69, Rec. 1970, pgs. 226 e 227.

[377] Acórdão de 26/6/90, proc. C-152/88, Col. 1990, pg. I-2477.

II. As decisões dirigidas a outrem

O Tribunal aceitou, no caso *Plaumann*[378], que por decisões dirigidas a outrem se deve entender, não só as decisões dirigidas a outro particular, como também as decisões dirigidas a um ou mais Estados- -Membros. O Tribunal fundamentou o seu acórdão no facto de o sentido e alcance destes termos não se encontrarem determinados no artigo 230.º (ex-artigo 173.º), a letra do preceito admitir a interpretação mais lata e as disposições que conferem direitos aos particulares não deverem ser interpretadas restritivamente.

5.3.5. *As condições da afectação directa e individual*

As decisões adoptadas sob a forma de regulamento e as decisões dirigidas a outra pessoa só podem ser impugnadas pelos particulares se elas os afectarem directa e individualmente. É necessário, portanto, provar o interesse directo e o interesse individual cumulativamente, pois trata-se de condições de admissibilidade do recurso, melhor dito, do pressuposto processual de legitimidade.

I. O interesse individual

A definição de interesse individual não consta do Tratado, pelo que teve de ser concretizada pelo Tribunal de Justiça. Pela primeira vez, no caso *Plaumann*, o TJ admite que

«os sujeitos que não sejam destinatários de uma decisão só podem ser individualmente afectados se essa decisão os atingir em razão de certas qualidades que lhes são particulares ou de uma situação de facto que os caracteriza em relação a qualquer outra pessoa e que este facto os individualize de maneira análoga à do destinatário»[379].

---

[378] Acórdão de 15/7/63, proc. cit., pgs. 197 e 222.
[379] Proc. cit., pgs. 197 e 223.

Esta definição não é, contudo, muito clara. O Tribunal não esclareceu quais são as qualidades ou situações de facto que são de natureza a individualizar uma pessoa de forma análoga à do destinatário.

Apesar disso, o Tribunal tem continuado a utilizá-la, e até a estendeu aos actos de alcance geral, como sucedeu, no caso *Camar e Tico*[380], em que afirmou:

> «*um acto de alcance geral, tal como um regulamento, só pode afectar individualmente as pessoas singulares e colectivas se as atingir em razão de certas qualidades que lhe são particulares ou de uma situação de facto que as caracteriza em relação a qualquer outra pessoa e por esse facto individualiza-as de forma análoga à de um destinatário*»[3781].

A melhor forma de se averiguar os critérios utilizados para determinar o conteúdo da expressão «*individualmente afectado*», constante do artigo 230.º (ex-artigo 173.º), é o exame da jurisprudência comunitária sobre esta matéria[382].

A) *Os casos de rejeição do carácter individual*

Dos casos em que o TJ não aceitou o carácter individual destacam-se os seguintes, sem deixar de notar que existem muitos outros[383]:

a) Caso *Plaumann*[384] – o TJ entendeu que a recusa da Comissão de autorizar a Alemanha a suspender parcialmente os direitos

---

[380] Ac. de 10/12/2002, *Comissão / Camar e Tico*, proc. C-312/00 P, Col. 2002, pgs. I-11355 e segs.

[381] No mesmo sentido, ver acórdão de 10/4/2003, *Comissão / Nederlanse Antillen*, proc. C-142/00 P, Col. 2003, pgs. I-3483 e segs.

[382] Um exame desenvolvido da jurisprudência relativa ao interesse individual veja-se em JOSÉ CARLOS MOITINHO DE ALMEIDA, *Le recours ...*, pgs. 849 e segs.

[383] Acórdãos de 21/5/87, *Union Deutsche Lebensmittelswerke*, proc. 97/85, Col. 1987, pgs. 2265 e segs; de 12/10/88, *CEVAP c. Conselho*, proc. 34/88, Col. 1988, pgs. 6265 e segs; de 15/3/89, *Co-frutta SARL*, proc. 191/88, Col. 1989, pgs. 793 e segs; de 14/2/89, *Lefebvre*, proc. 206/87, Col. 1989, pgs. 275 e segs. O Tribunal de Primeira Instância também tem sido bastante restritivo. Ver acórdãos de 15/12/94, *Unifruit Hellas*, proc. T-489/93, Col. 1994, pgs. II-1201 e segs; de 21/2/95, *Campo Ebro*, proc. T-472/93, Col. 1995, pgs. II-421 e segs; de 5/6/96, *Kahn*, proc. T-398/94, Col. 1996, pgs. II-477 e segs.

[384] Proc. cit.

Capítulo III – A Competência de Fiscalização de Legalidade 161

aduaneiros aplicados às clementinas atingia o recorrente apenas como importador, ou seja, em razão de uma actividade comercial que, em qualquer momento, pode ser exercida por qualquer pessoa;

b) Caso *Glucoseries reunies*[385] – tratava-se de um recurso de anulação de uma decisão que autorizava a França a perceber uma taxa compensatória à importação de glucose de certos Estados-Membros, nos quais se incluía a Bélgica. A recorrente considerava-se individualmente afectada porque era a única importadora belga. O TJ recusou a afectação individual, tendo em conta a situação dos exportadores de glucose dos outros Estados-Membros. A decisão impugnada destinava-se a ter uma incidência sobre as importações em França de glucose proveniente de toda a Comunidade.

c) Caso *Getreide-import Gesellschaft*[386] – o TJ admitiu que uma decisão da Comissão, de 25 de Junho, que fixa para o dia 26 de Junho os preços CIF de certos cereais na base dos quais os Estados-Membros deviam calcular os *prélèvements* aplicáveis à importação, não podia ser objecto de um recurso por parte de um importador de cereais, apesar de o prazo de validade desta decisão ser de vinte e quatro horas e de a recorrente ter sido a única a apresentar um pedido de licença de importação durante o período em causa. Segundo o TJ, a decisão destinava-se a produzir efeitos que não se limitavam às importações, mas se estendiam às exportações. Para o TJ o facto de a recorrente ter sido a única a pedir uma licença não a distinguia dos outros importadores e não a individualizava.

d) Caso *Greenpeace*[387] – apesar de as associações ambientais terem proposto uma interpretação diferente e menos restritiva do interesse individual[388], quando estivessem em causa viola-

---

[385] Acórdão de 2/7/64, proc. 1/64, Rec. 1964, pgs. 811, 823, 824.
[386] Acórdão de 1/4/65, proc. 38/64, Rec. 1965, pgs. 263, 270.
[387] Acórdão de 2/4/98, proc. C-321/95 P, Col. 1998, pgs. 1651 e segs.
[388] As associações ambientais defendiam que se o particular demonstrasse que tinha sofrido pessoalmente um prejuízo efectivo ou potencial por causa do comportamento

ções de obrigações comunitárias em matéria de ambiente, o Tribunal manteve-se fiel à sua jurisprudência anterior.

e) Caso *Unión de Pequeños Agricultores*[389] – como já se mencionou, nas conclusões gerais deste processo[390], o Advogado--Geral JACOBS defendeu a reinterpretação das condições de acesso dos particulares ao recurso de anulação, no sentido de considerar que uma pessoa cumpre o requisito da afectação individual quando, devido às suas circunstâncias particulares, o acto lesa ou pode lesar os seus interesses de maneira substancial. A fundamentação utilizada baseou-se em quatro argumentos: *i)* os tribunais nacionais não são competentes para invalidar actos comunitários, pelo que não é esse o foro adequado para conhecer destes litígios; *ii)* o princípio da tutela judicial efectiva impõe o acesso dos particulares a um órgão jurisdicional para fazerem valer os seus direitos, o que não se verifica no processo das questões prejudiciais; *iii)* para um particular é muito difícil, ou mesmo impossível, impugnar a nível nacional um regulamento que não necessite de medidas de execução; *iv)* os atrasos, que um tal processo causaria, implicariam sempre a adopção de medidas cautelares. Apesar da solução proposta pelo Advogado-Geral, o Tribunal reiterou a jurisprudência *Plaumann,* considerando-a conforme ao princípio da tutela judicial efectiva, uma vez que o recurso de anulação não pode ser visto isoladamente, mas antes inserido no sistema completo de recursos criado pelo Tratado para o controlo da legalidade dos actos comuntiários.

f) Caso *Jégo Quéré II*[391] – na sequência das conclusões do Advogado-Geral acabadas de mencionar, o Tribunal de Pri-

---

ilegal do órgão comunitário em causa, por exemplo, uma violação dos seus direitos em matéria de ambiente ou uma ofensa dos seus interesses em matéria de ambiente; se o prejuízo sofrido pudesse ser imputado ao acto impugnado; se o prejuízo fosse susceptível de ser reparado por um acórdão favorável, então deveria considerar-se que o particular era individualmente interessado.

[389] Acórdão de 25/7/2002, cit.

[390] Conclusões de 21/3/2002 no proc. C-50/00 P, Col. 2002, pgs. I-6677 e segs.

[391] Acórdão de 1/4/2004, cit.

Capítulo III – A Competência de Fiscalização de Legalidade   163

meira Instância, no caso *Jégo Quéré I*[392], afasta-se da jurisprudência restritiva do Tribunal de Justiça em matéria de afectação individual, tendo admitido a impugnação de um regulamento, que não necessitava de medidas de execução por parte
dos Estados-Membros, com fundamento no facto de um acto
de âmbito geral dizer individualmente respeito a um particular,
se esse acto afectar, de maneira certa e actual, a sua situação jurídica e se restringir os seus direitos ou se lhe impuser obrigações. Como já vimos, o Tribunal de Justiça anulou este acórdão.

Do exposto não se deve inferir que o Tribunal nunca tenha considerado verificada esta condição de acesso dos particulares. Pelo contrário, muitos casos houve também em que aceitou o carácter individual de uma decisão dirigida a outra pessoa ou da decisão aprovada
sob a forma de regulamento.

B) *Os casos de aceitação do carácter individual*

Dos casos em que o Tribunal considerou verificada a condição em
análise são de referir os seguintes:

a) Caso *Toepfer*[393] – o Tribunal admitiu a possibilidade de um
particular recorrer contra uma decisão da Comunidade dirigida
a um Estado-Membro. O recurso incidia sobre uma decisão da
Comissão dirigida à Alemanha que convalidava retroactivamente medidas de salvaguarda adoptadas unilateralmente por
este Estado-Membro. Como a Alemanha conferiu efeito retroactivo às medidas de salvaguarda adoptadas, era possível
determinar o número e individualizar os importadores afectados num momento anterior à data em que a Comissão se
pronunciou. O TJ entendeu que a situação de facto assim
criada caracterizava estes importadores em relação a qualquer
outra pessoa e os individualizava de forma análoga à do
destinatário.

---

[392] Acórdão de 3/5/2002, cit.
[393] Acórdão de 1/7/65, procs. 106 e 107/63, Rec. 1965, pgs. 525, 533.

b) Caso *International Fruit Company*[394] – estava em causa a impugnação de um regulamento da Comissão. O TJ foi da opinião de que quando se aprovou o regulamento o número de pedidos de títulos de importação susceptíveis de serem por ele afectados estava determinado, não se podendo apresentar qualquer novo pedido. Além disso, o regulamento foi aprovado tendo em conta a quantidade total de pedidos. Assim, para o TJ o regulamento em causa não tem carácter geral, mas é, antes, um feixe de decisões individuais adoptadas sob a forma de regulamento e cada decisão afecta a situação jurídica de cada um dos autores dos pedidos e, portanto, diz individualmente respeito aos recorrentes.

c) Caso *Simmenthal*[395] – o TJ admitiu o recurso contra uma adjudicação decidida pela Comissão com base nas ofertas, entre as quais se incluía a da recorrente, que lhe tinham sido apresentadas no conjunto da Comunidade. O TJ seguiu o mesmo raciocínio, mais recentemente, no caso *Weddel*[396], segundo o qual um regulamento que se refere a um número determinado de agentes económicos e estabelece critérios pormenorizados destinados a regular a situação dos ditos agentes e que não deixa nenhuma margem de discricionariedade às entidades encarregadas da sua aplicação constitui uma série de um feixe de decisões individuais e, portanto, afecta individualmente os recorrentes.

d) Caso *Roquette*[397] – o TJ admite que, se um regulamento não se limita a enunciar critérios gerais, mas aplica esses critérios às empresas em causa visando-as especialmente, então cada uma dessas empresas é destinatária do acto e, portanto, individualmente afectada.

e) Caso *CAM*[398] – o TJ aceitou que se o acto em causa visa um número determinado e conhecido de operadores económicos

---

[394] Proc. cit., pgs. 411, 421.
[395] Acórdão de 6/3/79, proc. 92/78, Rec. 1979, pgs. 777, 797.
[396] Acórdão de 6/11/90, proc. C-354/87, Col. 1990, pgs. I-3847, 3885 e segs.
[397] Acórdão de 29/10/80, proc. 138/79, Rec. 1980, pgs. 3333, 3356.
[398] Proc. cit., pgs. 1393, 1402 e 1403.

Capítulo III – A Competência de Fiscalização de Legalidade   165

identificados em razão de um comportamento individual que tiveram, ou que se julgou que tivessem tido, no decurso de um dado período de tempo limitado, esse acto reveste para esses operadores económicos um carácter individual. Embora o acto em causa fosse um regulamento, o TJ considerou que se tratava de um feixe de decisões.

f) No domínio das subvenções comunitárias, o Tribunal também tem aceite o carácter individual das decisões. Assim, no caso *Interhotel*[399], o TJ considerou que se uma empresa recebe subsídios comunitários e se vê privada deles em razão de uma decisão da Comissão dirigida a um Estado-Membro, esta decisão é impugnável pela empresa em causa. E no caso *Consorgan*[400], o TJ defendeu que, se um Estado solicitou à Comunidade subsídios para uma determinada empresa, esta pode impugnar a decisão de recusa da atribuição desses subsídios.

C) *Os sectores específicos*

Em certos sectores específicos, o Tribunal parece ter vindo a atenuar o carácter restritivo da sua jurisprudência em matéria de impugnação pelos particulares de actos que não lhe são dirigidos. Tal compreende-se devido ao facto de nesses domínios existirem processos não contenciosos em que as empresas participam antes da adopção do acto em causa. Ora, esta participação na preparação do acto individualiza o recorrente de maneira análoga à de um destinatário.

Assistiu-se a uma certa evolução no sentido do reconhecimento da impugnação de regulamentos por parte de particulares e de uma maior abertura no que respeita à impugnação de decisões dirigidas a terceiros.

Esta evolução ocorreu, sobretudo, nos domínios da concorrência, das ajudas de Estado e do *dumping*.

a) **Em matéria de concorrência,** o Tribunal admitiu, no caso *Metro*[401], que uma empresa que tinha apresentado uma queixa contra um acordo podia impugnar a decisão de isenção de que

---

[399] Acórdão de 7/5/91, proc. C-291/89, Col. 1991, pg. 2276.
[400] Acórdão de 4/6/92, proc. C-181/90, Col. 1992, pgs. I-3557, 3568.
[401] Acórdão de 25/10/77, proc. 26/76, Rec. 1977, pg. 1902.

166 Contencioso da União Europeia

esse acordo tinha beneficiado em seguida. A mesma solução se aplica ao caso em que a queixa do recorrente foi objecto de rejeição por parte da Comissão[402].

No caso *Babyliss*[403], o TPI considerou que uma decisão da Comissão, da qual constata a compatibilidade de uma operação de concentração com o mercado comum pode afectar uma terceira empresa estranha à concentração, caso esta tenha participado activamente no procedimento administrativo que deu lugar à concentração e possua a qualidade de concorrente potencial[404].

Também a decisão da Comissão de reenvio de uma operação de concentração para as autoridades nacionais de um Estado-Membro pode afectar uma empresa terceira, pois fica privada de ver a regularidade do processo de concentração ser examinada pela Comissão à luz do Regulamento 4064/89[405], dos direitos processuais nele previstos para terceiros e das garantias jurisdicionais previstas no Tratado[406].

b) **No que diz respeito às ajudas de Estado**, o Tribunal aplicou raciocínio idêntico ao acabado de referir em sede de concorrência, entre outros, nos casos *Cofaz*[407], *William Cook PLC*[408] e *Matra*[409]. Uma decisão da Comissão que impõe a supressão de uma ajuda acordada pelo Governo de um Estado-Membro a uma deter-

---

[402] Acórdãos de 11/10/83, *Demo Studio*, proc. 210/81, Rec. 1983, pg. 3045; de 28/3/85, *Cicce*, proc. 298/83, Rec. 1985, pg. 1106; de 17/11/87, *British American Tobacco*, procs. 142 e 156/84, Col. 1987, pg. 4487.

[403] V. acórdão de 3/4/2003, *Babyliss / Comissão,* proc. T-114/02, Col. 2003, pgs. II-1279 e segs.

[404] V. também acórdão de 30/9/2003, *ARD / Comissão,* proc. T-158/00, Col. 2003, pgs. 62, 63, 76 e 78.

[405] Este Regulamento já não está em vigor, tendo sido revogado pelo Regulamento n.º 139/2004, de 20/01/2004, relativo ao controlo de concentrações de empresas.

[406] V. acórdãos de 3/4/2003, *Royal Philips / Comissão*, proc. T-119/02, Col. 2003, pgs. II-1433 e segs; de 30/9/2003, *Cableuropa e.a. / Comissão*, procs. T-346/02 e T-347/02, cons. 49. 50, 64 e 65.

[407] Acórdão de 28/1/86, proc. 169/84, Col. 1986, pgs. 391, 415.

[408] Acórdão de 19/5/93, proc. C-198/91, Col. 1993, pgs. I-2487.

[409] Acórdão de 15/6/93, proc. C-225/91, Col. 1993, pgs. I-3250.

Capítulo III – A Competência de Fiscalização de Legalidade

minada empresa diz individualmente respeito a essa empresa[410].

A decisão final da Comissão em matéria de ajudas de Estado pode ser recorrível por uma associação encarregada de defender os interesses colectivos de empresas, se puder demonstrar um interesse na prossecução da acção, designadamente, se a sua posição de negociadora for afectada pelo acto cuja anulação é requerida[411].

As empresas concorrentes directas de uma empresa beneficiária de uma ajuda declarada compatível com o mercado comum por uma decisão da Comissão, devem ser admitidas a interpor um recurso de anulação dessa decisão, pois são directa e individualmente afectadas[412].

c) Mas foi em **matéria de *dumping*** que a jurisprudência do TJ conheceu maiores desenvolvimentos e mais inovou.

Para melhor se compreender esses desenvolvimentos é necessário ter em conta que os direitos *anti-dumping* são estabelecidos por regulamento que é um verdadeiro acto normativo, pois aplica-se a todos os agentes económicos interessados, mas em determinados casos afecta directa e individualmente alguns desses agentes. Tal pode suceder relativamente a concorrentes comunitários fabricantes do produto em causa, produtores, exportadores e importadores[413].

No caso *Timex*[414], o TJ defendeu que o regulamento impugnado afectava individualmente a recorrente, pois esta havia participado no processo de investigação, era a principal fabricante do produto concorrente e a única no Reino Unido, o desenvolvimento da investigação havia sido determinado em

---

[410] Acórdão de 17/8/80, *Philip Morris*, proc. 730/79, Rec. 1980, pgs. 2671, 2687.

[411] Despacho de 26/6/2003, *Bélgica e Forum 187 / Comissão*, procs. C-182/03 R e c-217/03 R, Col. 2003, pgs. I-6887 e segs, cons. 101.

[412] Acórdão de 13/1/2004, *Thermenhotel Stoiser Franz e.a. / Comissão*, proc. T-158/99, Col. 2004, cons. 69 e 73.

[413] Esta jurisprudência tem a sua origem nos acórdãos de 21/2/84, *Allied Corporation*, procs. 239 e 275/82, Rec. 1984, pg. 1005 e de 23/5/85, proc. 53/83, Rec. 1985, pg. 1621.

[414] Acórdão de 20/3/85, proc. 264/82, Rec. 1985, pg. 849.

grande parte pela sua intervenção e o direito *anti-dumping* havia sido estabelecido em função das consequências que o *dumping* tinha para ela.

No caso *Extramet*[415], o TJ foi da opinião que, se é certo que os regulamentos que instituem direitos *anti-dumping* têm uma natureza e um âmbito de carácter normativo, não menos certo é que as suas disposições podem afectar individualmente certos operadores económicos.

Estes casos revelam alguma abertura da jurisprudência comunitária, mas não se deve esquecer que a matéria de *dumping* é muito específica. A regulamentação comunitária visa comparar o preço europeu com o que é praticado no mercado de origem e compensar a eventual diferença. Os cálculos não são abstractos: incidem sobre um determinado produto, um produtor, uma rede europeia de distribuição.

O grande passo no sentido dessa abertura veio a ser dado no caso *Codorniu*[416]. Neste Acórdão, o TJ, apesar de reconhecer que o regulamento em causa não podia ser qualificado como uma «*decisão adoptada sob a forma de regulamento*», decidiu que a recorrente estava numa situação que a caracterizava em relação a qualquer outro operador económico. E assim aceitou, pela primeira vez, a impugnação de regulamentos *qua tale* pelos particulares[417].

D) O balanço dos critérios utilizados pelo TJ para definir o carácter individual

A doutrina esforçou-se, desde cedo, por estabelecer os critérios em que assenta a jurisprudência do Tribunal em relação ao carácter individual.

---

[415] Acórdão de 16/5/91, proc. C-358/89, Col. 1991, pgs. I-2501.

[416] Acórdão de 18/5/94, proc. C-309/89, Col. 1994, pgs. I-1853. Ver, mais recentemente, acórdão de 30/9/2003, *Eurocoton e.a. / Conselho,* proc. C-76/01 P, Col. 2003, cons. 73.

[417] Uma análise actual e exaustiva da jurisprudência dos dois tribunais comunitários sobre este assunto, veja-se em ANTHONY ARNULL, *Private Applicants and the Action for Annulment Since Codorniu, cit.,* pgs. 15 e segs.

Capítulo III – A Competência de Fiscalização de Legalidade   169

Assim, uma das análises mais interessantes data da década de 70 e deve-se a VANDERSANDEN e BARAV[418], que consideram que o TJ utiliza dois tipos de critérios:

a) critérios objectivos, nos quais se incluem a limitação do número de pessoas afectadas e a possibilidade de as individualizar;

b) critérios subjectivos, que abrangem o conhecimento dos interessados pela autoridade comunitária e a tomada em consideração dos elementos precedentes quando da adopção da decisão por parte da autoridade comunitária.

Num primeiro momento, o TJ averigua a possibilidade de determinar o número e a identidade dos interessados. Num segundo momento, a existência de características que lhes são próprias ou de uma situação de facto que os individualiza em relação a qualquer outra pessoa. Por fim, analisa se estas considerações foram determinantes quando da prática do acto ou se, pelo contrário, este foi praticado com vista a regular uma situação objectiva.

A evolução da jurisprudência comunitária nem sempre é unívoca relativamente à impugnação de actos comunitários por parte de particulares, o que torna muito difícil afirmar com clareza qual o critério utilizado pelo Tribunal. Ele aceita o carácter individual sempre que a medida em causa foi aprovada tendo em conta especificamente a situação dos recorrentes e não com vista à prossecução de um fim geral. Mas não basta que os recorrentes sejam conhecidos ou identificáveis quando o acto é aprovado.

O facto de o recorrente ser mencionado no acto é suficiente para o individualizar. O mesmo acontece quando o recorrente participou no procedimento que conduziu à prática do acto.

II. O interesse directo

Além do interesse individual os particulares têm de demonstrar possuir interesse directo no recurso. Esta condição verifica-se quando o acto em causa tem por efeito privar o recorrente de um direito ou

---

[418] *Op. cit.*, pg. 173.

impor-lhe uma obrigação, sem necessidade de qualquer intervenção discricionária de uma autoridade nacional ou comunitária.

O TJ pronunciou-se sobre esta condição em vários acórdãos, mas quase sempre relativamente a decisões dirigidas aos Estados-Membros.

Assim, no caso *Toepfer*[419], o TJ admitiu que uma decisão da Comissão que modifica ou suprime as medidas de salvaguarda adoptadas por um Estado-Membro no âmbito do mercado dos cereais é imediatamente executória. Ora, sendo directamente aplicável, ela afecta directamente os particulares.

No caso *Alcan*[420], o Tribunal negou a afectação directa dos particulares. Tratava-se de um recurso de uma decisão da Comissão, dirigida à Bélgica e ao Luxemburgo, que recusava um contingente tarifário. Considerou-se que a decisão desfavorável da Comissão tinha por efeito criar uma faculdade para os Estados e não conferia direitos aos beneficiários das medidas a adoptar pelos Estados-Membros, pelo que não dizia directamente respeito às empresas que poderiam vir a beneficiar da vantagem em causa. A anulação da decisão dos contingentes tarifários não conferiria aos recorrentes a vantagem que eles pretendiam. Posteriormente seria necessária uma decisão das autoridades nacionais de abertura dos contingentes tarifários.

No caso *Eridania*[421], o Tribunal julgou decisões cujos destinatários não eram só um Estado, mas também particulares. Tendo analisado em conjunto o carácter individual e directo das decisões, o TJ chegou à conclusão de que a simples circunstância de um acto ser susceptível de exercer influência sobre as relações de concorrência existentes num dado mercado não é suficiente para que qualquer operador económico, situado numa qualquer relação de concorrência com o destinatário do acto, possa ser considerado como directa e individualmente afectado por este último.

No caso *International Fruit Company*[422], o Tribunal considerou que um acto pelo qual a Comissão decide conferir títulos de importação aos Estados-Membros diz directamente respeito aos importadores, uma vez que a Comissão é a única entidade competente para apreciar a

---

[419] Acórdão cit., pgs. 525, 533.
[420] Acórdão de 16/6/70, proc. 69/69, Rec. 1970, pgs. 385, 390, 395.
[421] Acórdão de 10/12/69, procs. 10 e 18/68, Rec. 1969, pgs. 459, 480-482.
[422] Proc. cit., pgs. 411, 422.

Capítulo III – A Competência de Fiscalização de Legalidade   171

situação económica com base na qual a decisão foi adoptada, não tendo as autoridades nacionais qualquer poder de apreciação.

No caso *Bock*[423], o TJ admitiu que uma decisão de autorização dirigida pela Comissão a um Estado-Membro afecta directamente os particulares se o Estado já fez saber à Comissão, mesmo antes da decisão, que iria prevalecer-se dela para adoptar medidas que afectam especificamente os particulares.

Do exposto resulta que o critério adoptado para definir o interesse directo dos particulares é o de averiguar se o Estado-Membro dispõe de liberdade de apreciação quanto à execução a dar ao acto comunitário em causa, ou seja, é o exercício do poder discricionário do Estado que impede que o particular seja directamente afectado. Se o acto em causa necessitar de medidas de execução estaduais para se aplicar aos particulares, então ele não os afecta directamente[424].

A noção de interesse directo é, portanto, próxima da de aplicabilidade directa. Mas nem sempre coincidem. Assim, por exemplo, uma decisão da Comissão de recusa de autorização de medidas de salvaguarda a um Estado-Membro tem aplicabilidade directa, mas não afecta directamente os operadores económicos. Efectivamente, a anulação da recusa não modificaria a sua situação jurídica, uma vez que seria necessário que o Estado se prevalecesse da autorização para adoptar as medidas requeridas.

Quando se trata de actos que, por natureza, não supõem a intervenção das autoridades nacionais, como é o caso das decisões da Comissão nos domínios do Direito da Concorrência, *anti-dumping* e anti-subvenções, o critério para apreciar o interesse directo há-de ser outro. Nestes casos, recorre-se ao conceito de "bem lesado", que a decisão impugnada há-de afectar directamente.

A jurisprudência do TJ nem sempre é constante, pois oscila entre duas tendências: o respeito pela letra do Tratado, que impõe as restrições de acesso dos particulares, e a defesa dos direitos dos particulares, que supõe que estes possam dispor de uma via de recurso apropriada e efectiva quando os seus direitos são violados ou estão em risco de o ser.

---

[423] Acórdão de 23/11/71, proc. 62/70, Rec. 1971, pgs. 897, 908, 909.

[424] De entre os casos mais recentes, ver acórdão de 8/7/2003, *Verband der freien Rohrwerke e.a. / Comissão*, proc. T-74/00, Col. 2003, cons. 46 e segs.

Assim, um particular que pretende impugnar um regulamento ou uma decisão dirigida a terceiros depara com uma quantidade enorme de decisões jurisprudenciais por vezes contraditórias, o que põe em causa a segurança jurídica a que os operadores económicos legitimamente aspiram.

5.3.6. *O balanço geral sobre a legitimidade activa dos particulares*

A impressão geral que se retira da jurisprudência do Tribunal é a de que o direito de agir dos particulares contra actos que não sejam decisões que lhes são dirigidas está dependente de condições bastante restritas, que inicialmente só eram reconhecidas em situações excepcionais.

Os particulares, para além de terem de provar que o acto os afecta directa e individualmente, têm ainda de provar um interesse suficiente na acção.

Esta exigência coloca-se mesmo nos casos em que o particular é destinatário da decisão, e, por isso, não tem de provar que é directa e individualmente afectado.

O interesse deve ser pessoal, actual ou potencial.

A existência do prejuízo causado ao recorrente só pode resultar do dispositivo da decisão e não dos motivos que levaram à sua aprovação.

A evolução da jurisprudência comunitária foi no sentido de atenuar a excessiva rigidez inicial, mas, ao contrário do que alguns anteviam[425], a modificação das condições de acesso dos particulares necessitarão da revisão formal do Tratado, como o próprio Tribunal de Justiça afirma[426].

5.3.7. *As perspectivas de evolução*

Para concluir este ponto, importa ainda tecer algumas considerações sobre a necessidade ou não de alterar o actual quadro de impugnação de actos comunitários por parte dos particulares.

---

[425] Neste sentido, ver DENYS SIMON, *op. cit.*, pg. 383.
[426] V. acórdão de 25/7/2002, *Unión de Pequeños Agricultores*, cit.

Capítulo III – A Competência de Fiscalização de Legalidade

Trata-se de uma questão que tem sido muito discutida pela doutrina[427] e que, ultimamente, esteve na ordem do dia na Convenção sobre o Futuro da Europa e na Conferência Intergovernamental 2003/2004[428].

Muitos autores têm proposto uma maior abertura do recurso de anulação aos particulares[429], com base nos seguintes argumentos:

– os Direitos Humanos exigem que todo o indivíduo tenha acesso fácil à justiça – o artigo 6.°, par. 1.°, da CEDH reconhece a todo o indivíduo o direito a que a sua causa seja julgada perante um tribunal independente e imparcial sempre que a controvérsia incidir sobre direitos e obrigações de carácter civil[430]. A juris-prudência do Tribunal Europeu dos Direitos do Homem esten-deu a aplicação deste preceito aos tribunais administrativos[431]. Além disso, o artigo 13.° da CEDH prevê que toda a pessoa, cujos direitos e liberdades, reconhecidos pela Convenção, tenham sido violados, tem direito a um recurso efectivo perante uma instância nacional, mesmo que a violação tenha sido cometida por pessoas que agem no exercício das suas funções oficiais. Ora, o TJ considera que os direitos consagrados na CEDH se aplicam na Ordem Jurídica comunitária pela via dos princípios gerais de direito. Além disso, a Carta dos Direitos Fundamentais da União Europeia, por influência da CEDH e das tradições constitucionais comuns aos Estados-Membros reconhece o direito de acesso à justiça no artigo 47.° (ar-tigo 107.° do Tratado que estabelece uma Constituição para a Europa);

---

[427] Ver os termos desta discussão em ANA MARIA GUERRA MARTINS, *Algumas reflexões ...,* pgs. 224 e segs.

[428] Sobre esta discussão ver MARTON VARJU, *The Debate on the Future of the Standing under Article 230 (4) TEC in the European Convention,* EPL, 2004, pgs. 43 e segs.

[429] D. WAELBROEK / A.-M VERHEYDEN, *op. cit,* pgs. 403 e segs; G. VANDERSANDEN, *op. cit.,* pgs. 545 e segs.

[430] Sobre este preceito ver ANA MARIA GUERRA MARTINS, *Direito Internacional dos Direitos Humanos,* Coimbra, 2006, pgs. 221 e segs e toda a bibliografia aí citada.

[431] Acórdão de 23/9/82, *Sporrong e Lönnroth*, A/52, pg. 159.

- a maior parte dos Direitos nacionais confere aos particulares o direito de impugnar actos de alcance geral, bastando-lhes provar o interesse pessoal[432];
- o défice judiciário, isto é, a subtracção de meios judiciais aos particulares, por força da transferência de poderes dos Estados--Membros para as Comunidades Europeias e para a União Europeia, não é desejável. Numa União em que o Direito se impõe aos particulares é essencial não juntar ao défice democrático o défice judiciário. Não parece correcto que à medida que se vai operando a transferência de poderes dos Estados-Membros para a União os particulares se vejam privados de vias jurisdicionais que possuíam no âmbito do seu Direito nacional;
- a emergência da cidadania da União com o TUE (artigos 17.º a 22.º TCE – ex-artigos 8.º a 8.º E) deve traduzir-se por um reforço da sua capacidade judiciária;
- o artigo 234.º (ex-artigo 177.º) não é suficiente como meio de compensação do carácter restritivo do acesso dos particulares em matéria de anulação de actos de alcance geral, pois este preceito não oferece as mesmas garantias aos particulares que um recurso de anulação, porque o juiz nacional pode sempre rejeitar os argumentos de invalidade e considerar o acto como válido, ficando o TJ sujeito à questão ou questões suscitadas pelo tribunal nacional. Além disso, o artigo 234.º (ex-artigo 177.º) pressupõe a existência de um processo nacional, o que acabará por aumentar o custo e a duração do processo;
- o princípio da subsidiariedade implica que a Comunidade deve intervir quando a acção possa ser melhor realizada ao nível comunitário que ao nível nacional. Ora, é este o caso do recurso de anulação em comparação com o processo das questões prejudiciais. O próprio TJ tem dado preferência ao recurso directo de anulação em detrimento do processo das questões prejudiciais[433].

---

[432] Um estudo de Direito Comparado sobre esta matéria, veja-se em D. WAELBROEK / A-M. VERHEYDEN, *op. cit.*, pgs. 404-425.

[433] Acórdão de 9/3/94, *Deggendorf*, proc. C-188/92, Col. 1994, pgs. I-833.

Houve, no entanto, quem tivesse defendido a manutenção das restrições actuais[434], com os seguintes fundamentos:

- no sistema judicial instituído pelo Tratado estas restrições são compensadas pelo mecanismo do artigo 234.° (ex--artigo 177.°)[435];
- o princípio da subsidiariedade, incluído no artigo 5.° (ex--artigo 3.°B) do TCE, implica que, sendo o processo das questões prejudiciais uma via apropriada para pôr em causa a validade de um acto comunitário de alcance geral, deverá ser este o processo utilizado, dado que quando os tribunais nacionais podem intervir não deverá ser apenas o TJ a fazê-lo;
- há que impedir um acesso sem controlo ao Tribunal, que implicará uma sobrecarga do mesmo.

Apesar das várias propostas doutrinárias da década de 90 de alteração do pressuposto processual da legitimidade, em sede de recurso de anulação, em especial no que diz respeito aos particulares, o Tratado de Amesterdão limitou-se a dar uma nova numeração ao artigo 173.°, que passou a ser o artigo 230.°, sem ter introduzido qualquer alteração neste domínio.

O Tratado de Nice, apesar de ter realizado uma profunda reforma jurisdicional, também não tocou nas condições de acesso dos particulares ao Tribunal.

É de sublinhar que nem o TJ nem o TPI têm reivindicado modificações de fundo no sistema de contencioso da União Europeia, dado que a arquitectura judiciária da União depende das decisões políticas sobre a evolução do processo de união dos povos europeus e sobre as perspectivas de novos alargamentos da União. Tal só seria desejável se se caminhasse no sentido de uma integração mais estreita, em certos domínios, com o consequente aumento do contencioso.

---

434 Neste sentido, ver, por exemplo, PAUL NIHOUL, *op. cit.*, pgs. 186 e segs.

435 Como vimos, este argumento foi utilizado pelo próprio Tribunal no caso *Unión de Pequeños Agricultores,* cit.

6. Os fundamentos do recurso: os vícios

Segundo o artigo 230.° (ex-artigo 173.°), par. 2.°, os vícios do acto são a incompetência, a violação de formalidades essenciais, a violação do Tratado ou de qualquer norma que o aplique e o desvio de poder.

O recurso tem de ter como fundamento qualquer destes vícios para poder ser conhecido pelo Tribunal. Eles valem, portanto, como a causa de pedir no respectivo recurso.

Os vícios referidos são os vícios clássicos do acto administrativo, consagrados no Direito francês, bem como no Direito português.

A incompetência e a violação de formalidades essenciais afectam a legalidade externa do acto e, por isso, podem ser conhecidas *ex officio,* enquanto que a violação do Tratado ou de qualquer norma que o aplique e o desvio de poder afectam a legalidade interna do acto e têm de ser invocados pelo recorrente.

A legalidade do acto deve ser apreciada em função dos elementos de direito e de facto existentes à data em que o acto foi praticado.

6.1. *A incompetência*

A incompetência pode ser absoluta e relativa. Diz-se absoluta quando a Comunidade no seu conjunto não dispõe de poder para adoptar o acto em causa, porque esse poder pertence em exclusivo aos Estados-Membros ou a terceiros. É, portanto, um problema de falta de atribuições. A incompetência é relativa quando o poder pertence a um órgão diferente daquele que praticou o acto.

Para alguns autores[436] só a incompetência relativa é relevante para efeitos de aplicação do artigo 230.° (ex-artigo 173.°), pois a incompetência absoluta conduziria à inexistência do acto em causa.

A incompetência divide-se também em incompetência em razão da matéria ou em razão do território.

O vício da incompetência é de ordem pública[437].

---

[436] RENÉ JOLIET, *op. cit.*, pg. 96; G. VANDERSANDEN / A. BARAV, *op. cit.*, pg. 213.

[437] V. acórdão de 21/1/2003, *Laboratoires Servier / Comissão*, proc. T-147/00, Col. 2003, pgs. II-85 e segs, cons. 45.

Capítulo III – A Competência de Fiscalização de Legalidade   177

Este vício tem sido raramente invocado, pois os recorreutes preferem recorrer à violação do Tratado ou de qualquer norma que o aplique, quando consideram que um órgão excedeu a sua competência. Terreno propício ao vício da incompetência poderia ser a matéria da delegação de poderes e o desrespeito pelo princípio da subsidiariedade[438].

6.2. A violação de formalidades essenciais

6.2.1. A noção

A violação de formalidades essenciais é o segundo vício, previsto no artigo 230.º (ex-artigo 173.º), par. 2.º. Corresponde ao **vício de forma** no Contencioso Administrativo português.

Trata-se de um conceito que não está determinado no Tratado, tendo o seu conteúdo sido desenvolvido pelo TJ.

Constitui formalidade essencial toda a formalidade que deve ser respeitada antes ou no momento da adopção do acto e cuja importância é tal que a sua preterição acarreta a anulação do acto.

O TJ aprecia se a formalidade em causa pode ter exercido influência sobre o conteúdo do acto ou se a preterição pode ter privado o recorrente da possibilidade de controlar a legalidade do acto.

6.2.2. As formalidades essenciais obrigatórias

As formalidades essenciais obrigatórias são:

a) **a obrigação de consulta** – o artigo 253.º TCE (ex-artigo 190.º) exige a referência obrigatória aos pareceres obtidos por força do Tratado. O controlo do TJ incide sobre a própria existência da consulta e sobre se o órgão consultado teve possibilidade de dar o seu parecer com conhecimento de causa. Se a consulta incide sobre um projecto substancialmente idêntico ao texto definitivamente adoptado, a consulta será consi-

---

[438] O Tribunal de Justiça já se pronunciou sobre o princípio da subsidiariedade, mas o vício invocado foi a falta de fundamentação e não a incompetência – acórdão *RFA c. PE e Conselho*, proc. C-233/94, de 13/5/97, Col. 1997, pgs. I-2405.

derada válida[439]. Assim, se a Comissão modificar a sua proposta, após a consulta do PE, nem sempre é obrigatória uma nova consulta. Tal só acontecerá se o texto finalmente adoptado se afastar, na sua substância, daquele sobre o qual o PE já fora ouvido, com excepção dos casos em que as alterações correspondam, no essencial, aos desejos expressos pelo PE[440].

b) **o direito de audiência prévia** – este direito fundamenta-se no princípio geral que impõe a obrigação de ouvir os interessados artes da aprovação de uma decisão que possa afectar os seus interesses[441]. Este princípio tem sido aplicado aos particulares mas também aos Estados-Membros. Tem sido no âmbito do contencioso da função pública que este princípio tem tido maior utilização.

c) **a fundamentação** – o artigo 253.º TCE (ex-artigo 190.º) impõe a obrigação de fundamentação de regulamentos, directivas e decisões, pelo que a falta de fundamentação destes actos dará lugar à anulação do acto[442]. De acordo com o TJ, a exigência da fundamentação não deve ser alargada a outros actos[443]. Não estando definida no Tratado a forma nem a extensão da obrigação de fundamentação coube ao Tribunal explicitá-la. É necessário enunciar de forma clara e pertinente, ainda que sucintamente, as principais razões de direito e de facto que serviram de suporte e tornam compreensível o raciocínio do órgão comunitário. A obrigação de fundamentação não está prevista apenas em favor dos particulares, mas também tem por objectivo pôr o TJ ao corrente das razões que levaram à aprovação do acto, para que possa exercer o seu

---

[439] Acórdão de 15/7/70, *ACF-Chemiefarma*, proc. 41/69, Rec. 1970, pgs. 661, 690.

[44] Acórdão *ACF-Chemiefarma*, cit., pg. 661; acórdão de 4/2/82, *Buyl c. Comissão*, proc. 817/79, Rec. 1982, pg. 245; acórdão de 16/7/92, *PE c. Conselho (transportadores não residentes)*, proc. 65/90, Col. 1992, pg. I-4593.

[441] Acórdão de 23/10/74, *Transocean*, proc. 17/74, Rec. 1974, pgs. 1063, 1080.

[442] V. acórdão de 21/1/2003, *Comissão / PE e Conselho*, proc. C- 378/00, Col. 2003, pgs. I-937 e segs.

[443] Acórdão *AETR, cit.*, pgs. 263, 283.

Capítulo III – A Competência de Fiscalização de Legalidade 179

controlo jurisdicional[444]. A fundamentação deve adaptar-se à natureza do acto e à natureza da competência exercida. O Tribunal é mais exigente em relação à fundamentação das decisões do que quanto à dos regulamentos e quando está em causa o exercício de poderes discricionários do que quando se trata de exercer poderes vinculados.

6.2.3. Os casos em que não há violação de formalidade essencial

Vejamos alguns casos em que o TJ considerou não haver violação de formalidades essenciais:

- a falta de indicação das disposições cuja execução competia à Comissão[445];
- a falta de precisão da fundamentação de um regulamento[446];
- o erro na transcrição da data da adopção da decisão, se não causou prejuízo ao recorrente[447];
- o erro na formulação de um considerando de um regulamento numa das versões linguísticas, se não tiver consequências no conteúdo do acto[448];
- a omissão das referências que permitem identificar a proposta da Comissão, desde que o acto tenha sido aprovado sob proposta da Comissão[449];
- o erro sobre a base jurídica do acto, se não teve consequências quanto às condições de aprovação do acto[450];
- a obrigação de fundamentação dos actos não impõe a referência expressa ao princípio da subsidiariedade[451].

---

444 Acórdão de 8/2/68, *Mandelli*, proc. 3/67, Rec. 1968, pgs. 35-48, acórdão de 14/6/67, *Koninlijke*, proc. 26/66, Rec. 1967, pgs. 149-167.
445 Acórdão de 28/10/81, *Krupp*, procs. 275/80 e 24/81, Rec. 1981, pgs. 2489, 2512.
446 Acórdão de 12/12/85, *Vonk's Kaas*, proc. 128/84, Rec. 1985, pgs. 4025, 4043.
447 Acórdão de 7/4/87, *Sisma*, proc. 32/86, Col. 1987, pg. 1645.
448 Acórdão de 17/6/87, *Frico*, procs. 424 e 425/85, Col. 1987, pg. 2755.
449 Acórdão de 23/2/88, *Reino Unido c. Conselho*, proc. 68/86, Col. 1988, pg. 905.
450 Acórdão de 27/9/88, *Comissão c. Conselho*, proc. 165/87, Col. 1988, pg. 5476.
451 Acórdão *RFA c. PE e Conselho*, proc. C-233/94, cit., pgs. I-2405.

180   *Contencioso da União Europeia*

6.2.4. *A publicação e a notificação*

A publicação ou a notificação, exigidas pelos artigos 254.° TCE (ex-artigo 191.°), não são uma formalidade essencial, pois não atingem a validade do acto, mas apenas a sua eficácia. A publicação tardia de um acto, cuja publicação é obrigatória, apenas prejudica a data a partir da qual o acto pode ser aplicado ou começa a produzir efeitos[452]. As irregularidades da notificação são exteriores ao acto, não podendo viciá-lo. Limitam-se a impedir que o prazo do recurso comece a correr[453].

6.3. *A violação do Tratado ou de qualquer norma que o aplique*

A violação do Tratado ou de qualquer norma que o aplique é o vício mais importante, porque permite obter uma decisão sobre o fundo do litígio. Corresponde ao vício de violação de lei no Contencioso Administrativo português.

6.3.1. *A noção de «violação»*

Por *«violação»* deve entender-se a contradição entre as disposições do acto impugnado e as normas de Direito que lhe são superiores. É o caso da ausência de base jurídica do acto, do erro quanto à qualificação do Direito aplicável, do erro quanto à materialidade dos factos cuja existência condiciona a aplicação da regra de direito, ou da qualificação errónea de certos factos.

6.3.2. *A noção de «Tratado»*

Por *«Tratado»* deve entender-se todo o Direito originário, com excepção das normas do TUE excluídas da jurisdição do TJ pelo artigo 46.°. Assim, o Direito originário engloba os Tratados originários com a redacção que lhes foi dada, por último, pelo Tratado de Nice, os protocolos e declarações anexos ao Tratado; as decisões, segundo os artigos 190.°, n.° 4 (ex-artigo 138.°, n.° 3) e 269.° (ex-artigo 201.°) do Tra-

---

[452] Acórdão de 29/5/74, *Koenig*, proc. 185/73, Rec. 1974, pgs. 607, 617.

[453] Acórdão de 13/7/72, *ICI*, proc. 48/68, Rec. 1972, pgs. 619, 655; acórdão de 29/10/81, *Arning*, proc. 125/80, Rec. 1981 pg. 2599; acórdão de 30/5/84, *Picciolo*, proc. 111/83, Rec. 1984, pg. 2323.

Capítulo III – A Competência de Fiscalização de Legalidade   181

tado, relativas à eleição do PE por sufrágio directo e universal e aos recursos próprios da Comunidade, respectivamente, e os tratados de adesão.

6.3.3. *A noção* «de qualquer norma que o aplique»

«Qualquer norma que o aplique» abrange não só o Direito derivado obrigatório, como também os acordos internacionais em que a Comunidade é parte, os princípios gerais de Direito e o Direito Internacional consuetudinário.

A) *O Direito derivado*

O Direito derivado inclui os regulamentos, as directivas, as decisões e outros actos obrigatórios dos órgãos comunitários, como, por exemplo, as resoluções do Conselho. Estão excluídos os pareceres e as recomendações.

B) *Os Acordos internacionais*

Segundo o artigo 300.° TCE (ex-artigo 228.°), os acordos internacionais vinculam a Comunidade e os seus Estados-Membros. Após o caso *International Fruit*[454] ficou claro que os acordos internacionais que vinculam a Comunidade fazem parte das regras de Direito cujo respeito é assegurado pelo Tribunal. O TJ admitiu, neste caso, que a incompatibilidade de um acto comunitário com um acordo pode afectar a validade do acto, para os efeitos do artigo 234.° (ex-artigo 177.°), al. *b*), do Tratado.

De acordo com o Tribunal, esta jurisprudência pode aplicar-se ao artigo 230.° (ex-artigo 173.°), quando as obrigações que resultam do acordo em causa não relevam do princípio da reciprocidade, como é o caso da Convenção do Rio de 92 sobre biodiversidade[455].

O artigo 307.° TCE (ex-artigo 234.°) estabelece que os acordos internacionais celebrados pelos Estados, antes da entrada em vigor do Tratado ou da adesão do Estado, prevalecem sobre todo o Direito Comunitário, nas condições definidas naquele preceito, pelo que os actos aprovados pelos órgãos comunitários também têm de se conformar com eles.

---

[454] Acórdão de 12/12/72, procs. 21 a 24/72, Rec. 1972, pgs. 1219, 1227-1228.

[455] V. acórdão de 9/10/2001, *Países Baixos / PE e Conselho*, proc. C-377/98, Col. 2001, pgs. I-7079 e segs, cons. 52 a 54.

C) Os princípios gerais de Direito

Os princípios gerais de Direito foram aceites pelo TJ desde o início do processo de integração europeia.

O TJ reconheceu existir uma série de princípios que impõem limites ao poder discricionário dos órgãos comunitários. Entre eles, destacam-se, com interesse directo para o contencioso da União Europeia, o princípio do direito de defesa[456], o princípio da segurança jurídica[457], o princípio *non bis in idem*[458], o princípio *nulla poena sine lege*[459], o princípio da proporcionalidade[460], o princípio da não retroactividade[461], o princípio da protecção da confiança legítima[462] e o princípio da igualdade[463].

D) O Direito Internacional Consuetudinário

O Direito Internacional Consuetudinário também faz parte das regras de Direito cujo respeito é assegurado pelo TJ. Em caso de conflito entre um acto comunitário e uma regra internacional consuetudinária, o TJ pode anular o acto comunitário.

Recentemente, o Tribunal, no âmbito de um processo de questões prejudiciais[464], considerou que o artigo 62.º da Convenção de Viena sobre Direito dos Tratados (CV) de 1969, relativo à alteração fundamental das circunstâncias, faz parte das regras de Direito Internacional geral que vinculam a Comunidade. Esta jurisprudência deve aplicar-se também em sede de recurso de anulação.

---

[456] Acórdão de 13/2/79, *Hoffmann-La Roche*, proc. 85/76, Rec. 1979, pg. 511.

[457] Acórdão *SNUPAT*, proc. cit., pgs. 101, 159.

[458] Acórdão de 13/2/69, *Walt Wilhelm*, proc. 14/68, Rec. 1969, pgs. 1, 16.

[459] Acórdão de 25/9/84, *Könecke*, proc. 117/83, Rec. 1984, pg. 3302.

[460] Acórdão de 5/7/77, *Bela-Mühle*, procs. 114, 116, 119 e 120/76, Rec. 1977, pgs. 1211, 1247 e 1269.

[461] Acórdão de 31/3/77, *Société pour l'exportation des sucres*, proc. 88/76, Rec. 1977, pgs. 709, 726.

[462] Acórdãos de 18/3/75 e 25/6/75, *Deuka*, proc. 78/74, Rec. 1975, pgs. 421, 434 e 759, 771-772; acórdão de 14/5/75, *CNTA*, proc. 74/74, Rec. 1975, pgs. 533, 548.

[463] Acórdão de 19/10/77, *Moulins et Huileries*, procs. 124/76 e 20/77, Rec. 1977, pgs. 1795, 1811-1812; acórdão de 25/10/78, *Royal Scholten-Honig*, procs. 103 e 145/77, Rec. 1978, pgs. 2037, 2080-2083.

[464] Acórdão de 16/6/98, *Racke*, proc. C-162/96, Col. 1998, pgs. I-3655 e segs.

Capítulo III – A Competência de Fiscalização de Legalidade

6.3.4. A hierarquia das fontes de Direito Comunitário

Como é sabido, os Tratados até hoje nunca definiram a hierarquia das fontes do Direito Comunitário. Todavia, as fontes de Direito Comunitário não têm todas o mesmo valor hierárquico. Assim, o Direito originário prevalece sobre o Direito derivado, pois os Tratados institutivos das Comunidades Europeias são o fundamento, o critério e o limite da actuação dos órgãos comunitários. O poder legislativo da Comunidade é um poder subordinado ao Tratado. Dentro do próprio Direito originário parece que os Tratados institutivos têm um valor superior aos tratados de adesão, pois estes devem respeitar o adquirido comunitário.

Os princípios gerais de Direito situam-se, em regra, a um nível inferior ao dos Tratados institutivos das Comunidades, mas superior às outras fontes de Direito Comunitário[465], a não ser que tenham força de *jus cogens,* caso em que se pode entender que têm força superior aos próprios Tratados.

Os acordos internacionais em que a Comunidade é parte têm um valor superior ao Direito derivado, mas devem conformar-se com o Direito originário, pois o artigo 300.º (ex-artigo 228.º) permite um processo prévio de consulta ao TJ[466].

O Direito derivado também se encontra em planos diferentes. Assim, o regulamento de execução deve respeitar o regulamento de base, a decisão adoptada com base num regulamento deve respeitá-lo também.

Quanto aos acordos entre os Estados-Membros concluídos, de acordo com o artigo 293.º (ex-artigo 220.º) do TCE, parte da doutrina entende que eles se incluem no bloco da «legalidade comunitária»[467], enquanto outros entendem que não[468].

6.4. O desvio de poder

Por último, analisemos o desvio de poder como fundamento da anulação dos actos comunitários.

---

[465] FAUSTO DE QUADROS, *Direito da União Europeia,* cit., pg. 348.

[466] FAUSTO DE QUADROS, *Direito da União Europeia,* cit., pgs. 373 e 376.

[467] Neste sentido, ver, por todos, G. VANDERSANDEN/A. BARAV, *op. cit.,* pgs. 194 e 195.

[468] Neste sentido, ver, a título exemplificativo, D. WAELBROECK / M. WAELBROECK, *op. cit.,* pg. 153.

Segundo a concepção tradicional nos Direitos Administrativos de tipo francês e alemão, o desvio de poder é um vício exclusivo dos actos praticados no exercício de poderes discricionários e verifica-se quando o poder foi exercido para a prossecução de um fim diferente daquele para o qual o poder foi conferido ao seu titular.

Desse modo, há desvio de poder quando o órgão prossegue um fim diferente do fim legal.

O controlo do desvio de poder é, portanto, um controlo do fim prosseguido. E a conformidade ou não entre o fim imposto por lei e o fim efectivamente prosseguido apura-se através dos motivos determinantes do acto[469].

Esta concepção tradicional é subjectiva, ou seja, implica a procura da intenção do autor do acto.

O TJ, no caso *Fédéchar*, parece ter alargado a noção de desvio de poder ao introduzir elementos objectivos na sua definição[470]. O Tribunal afirma que mesmo que a recorrida tenha cometido certos erros na escolha dos elementos para os seus cálculos, isso não quer dizer que estes erros constituam *ipso facto* a prova de um desvio de poder, se não ficar provado que a Alta Autoridade prosseguiu, no caso concreto, objectivamente, por falta de previsão ou circunspecção grave equivalente a um desconhecimento do fim legal, fins diferentes daqueles em vista dos quais os poderes lhes foram atribuídos[471].

Mais recentemente, o TJ parece ter voltado à concepção tradicional. Nos casos *Kerzmann*[472] e *Sermes*[473] o Tribunal admitiu que uma decisão só está ferida de desvio de poder se parece, com base em índices objectivos, pertinentes e concordantes, ter sido adoptada para atingir fins diferentes dos que estão previstos[474].

---

[469] Veja-se, no Direito Administrativo português, AFONSO QUEIRÓ, *O poder discricionário da Administração*, Coimbra, 1944; MARCELLO CAETANO, *Manual de Direito Administrativo*, vol. I, 10.ª ed., Coimbra, 1980, pgs. 483 e segs; DIOGO FREITAS DO AMARAL, *op. cit.*, II, pgs. 73 e segs.

[470] Ver FAUSTO DE QUADROS, *A nova dimensão ...*, pg. 14.

[471] Acórdão de 29/11/56, proc. 8/55, Rec. 1955-1956, pgs. 309, 310.

[472] Acórdão de 4/7/89, proc. 198/87, Col. 1989, pg. 2083.

[473] Acórdão de 11/7/90, proc. C-323/88, Col. 1990, pgs. I-3046.

[474] V. também acórdão de 22/11/2001, *Países Baixos / Conselho*, proc. C-110/97, Col. 2001, p. I-8763 e segs; acórdão de 16/10/2003, *Co-Frutta / Comissão*, proc. T-47/01, cons. 72 e 73.

Capítulo III – A Competência de Fiscalização de Legalidade

Tal como no Direito interno, a prova do desvio de poder é extremamente difícil, pelo que foram raros os casos em que o TJ anulou actos com fundamento neste vício[475].

7. O prazo e os efeitos da interposição do recurso

Por razões de segurança jurídica, o recurso de anulação só pode ser interposto num determinado prazo, que é de dois meses. O recurso deve dar entrada no Tribunal antes do prazo ter expirado.

O prazo de interposição do recurso é de ordem pública, pelo que o TJ pode averiguar *ex officio* se o recurso foi interposto dentro do prazo.

7.1. *O momento a partir do qual se conta o prazo*

De acordo com o Regulamento de Processo, o momento a partir do qual se conta o prazo é diferente, consoante o acto é publicado no Jornal Oficial da União Europeia ou é notificado ou não ao recorrente.

Os prazos processuais são acrescidos de um prazo de dilação fixo, em razão da distância, de dez dias (artigo 81.º, n.º 2, RP).

A) *Os actos notificados ao recorrente*

No caso de actos notificados ao recorrente o prazo começa a contar-se, segundo o artigo 80.º, n.º 1, do RP, no dia seguinte à recepção da notificação.

Se, depois de ter sido notificado, o acto for publicado no JOUE esta publicação não prorroga o prazo do recurso.

A notificação deve ser regular, o que implica que a notificação se faça ao destinatário da decisão. As irregularidades do processo de notificação não afectam a validade do acto, mas impedem que o prazo comece a contar-se[476].

---

[475] Sobre a noção de desvio de poder, ver acórdão de 14/5/98, *Windpark Groothusen c. Comissão,* proc. C-46/96P, Col. 1998, pgs. 2873 e segs.

[476] Acórdão de 13/7/72, *ICI*, proc. 48/69, Rec. 1972, pg. 655.

186   *Contencioso da União Europeia*

Não há forma especial para a notificação, basta que o destinatário tome conhecimento da decisão. A recusa pelo destinatário de tomar conhecimento do acto não impede a validade da notificação[477]. A carta registada com aviso de recepção é uma das formas possíveis de notificação[478].

B) Os actos publicados no JOUE

Quando um prazo para a interposição de recurso começa a correr a partir da data da publicação do acto, esse prazo deve ser contado a partir do termo do décimo quarto dia subsequente à data da publicação do acto no Jornal Oficial da União Europeia (artigo 81.°, n.° 1, RP).

É a data da publicação que faz correr o prazo do recurso, pelo que a data da tomada de conhecimento do acto tem um carácter subsidiário relativamente às datas da publicação ou da notificação[479].

Existe uma presunção ilidível de que a data da publicação é a que figura no número do JOUE em que o acto está publicado[480].

C) Os actos não publicados nem notificados ao recorrente

No caso de actos não publicados nem notificados ao recorrente, porque o recorrente não foi o destinatário do acto, o prazo começa a contar-se a partir do momento em que o interessado dele tomou conhecimento. Contudo, o princípio da segurança jurídica impõe que os terceiros que pretendem impugnar o acto o façam o mais brevemente possível[481].

7.2. Os efeitos da interposiçao do recurso

Segundo o artigo 242.° (ex-artigo 185.°), o recurso não tem efeito suspensivo. Todavia, o Tribunal pode ordenar a suspensão da eficácia do acto impugnado, se considerar que as circunstâncias o exigem[482].

---

[477] Acórdão de 21/2/73, *Europemballage*, proc. 6/72. Rec. 1973, pgs. 215, 242.
[478] Acórdão de 29/5/91, *Bayer*, proc. T-12/90, Col. 1991, pg. 220.
[479] Acórdão *Alemanha/Conselho*, proc. C-122/95, cit., pgs. 1009 e 1010.
[480] Acórdão de 25/1/79, *Racke*, proc. 89/78, Rec. 1979, pgs. 69, 84.
[481] Acórdão de 19/2/98, *Comissão/Conselho*, proc. C-309/95, Col. 1998, pgs. I-677.
[482] V. *Infra*, cap. V, sec. I.

Capítulo III – A Competência de Fiscalização de Legalidade   187

Para o Tribunal declarar a suspensão da eficácia é necessário que estejam preenchidos três requisitos:

- o acto deve ter sido objecto de recurso de anulação;
- a invocação das circunstâncias de urgência;
- o risco de prejuízo irreparável do acto, em caso de execução imediata.

Esta possibilidade de suspensão da eficácia reveste-se de grande importância particularmente no domínio do Direito da Concorrência.

8. A competência jurisdicional do Tribunal

8.1. *O âmbito da jurisdição do TJ em sede de recurso de anulação*

De acordo com o artigo 230.º (ex-artigo 173.º), o Tribunal de Justiça[483], como acima se disse, limita-se a exercer um controlo da legalidade, ou seja, apenas pode anular, ou declarar a nulidade ou a inexistência do acto ferido de um dos vícios enunciados, quando não indeferir liminarmente o recurso.

O controlo jurisdicional da actividade dos órgãos comunitários, tal como acontece a nível interno dos Estados, está limitado. O Tribunal de Justiça e o Tribunal de Primeira Instância não podem, ao abrigo do recurso de anulação, exercer um controlo de mérito.

Todavia, a distinção entre controlo de mérito e controlo de legalidade também no Contencioso da União Europeia nem sempre é clara.

O problema coloca-se de modo diferente, consoante se trate do controlo jurisdicional de poderes vinculados ou de poderes discricionários, sendo, sobretudo, em relação a estes últimos que as principais questões se levantam.

Se o órgão é livre de adoptar a medida ou não, ou se pode escolher livremente o conteúdo da medida a adoptar, o Tribunal não pode substituir-se ao órgão.

---

[483] O mesmo se aplica ao Tribunal de Primeira Instância.

188 Contencioso da União Europeia

Daqui não se pode inferir que o exercício do poder discricionário esteja subtraído ao controlo dos Tribunais comunitários. O Tribunal pode controlar a legalidade dos fundamentos sobre os quais se baseia a decisão, assim como pode apreciar se a medida é manifestamente inadequada à realização do objectivo prosseguido[484] ou se se funda sobre considerações manifestamente erróneas ou reveladoras de um desvio de poder[485].

Do controlo de mérito há, no entanto, que distinguir o controlo da discricionariedade técnica.

Se o acto não estiver ferido de nenhum desses vícios, o Tribunal não terá competência, por exemplo, para julgar se a multa atribuída à empresa é excessiva em relação à gravidade da infracção, à negligência da empresa ou à capacidade financeira dela. No exemplo de a multa ser excessiva, restará ao Tribunal a possibilidade de a confrontar com o princípio da proporcionalidade, princípio esse que a jurisprudência comunitária bem conhece.

8.2. *A competência de plena jurisdição*

Os autores do Tratado parecem ter tido consciência que tal poderia conduzir a situações de flagrante injustiça, pelo que introduziram o artigo 172.º (actual artigo 229.º) que estabelece o seguinte:

> *«No que respeita às sanções neles previstas, os regulamentos adoptados em conjunto pelo Parlamento Europeu e pelo Conselho e pelo Conselho, por força das disposições do Tratado podem atribuir plena jurisdição ao Tribunal de Justiça».*

9. Os efeitos e a execução do acórdão do Tribunal

9.1. *Os efeitos temporais do acórdão*

Os efeitos do acórdão vêm previstos no artigo 231.º (ex--artigo 174.º), n.º 1. O acórdão produz efeitos retroactivos, ou seja,

---

[484] Acórdão de 21/2/79, *Stölting*, proc. 138/78, Rec. 1979, pgs. 713, 722.
[485] Acórdão de 14/3/73, *Westzucker*, proc. 57/72, Rec. 1973, pgs. 321, 340.

Capítulo III – A Competência de Fiscalização de Legalidade   189

tudo se passa como se o acto anulado nunca tivesse existido. O princípio da retroactividade é inerente à noção de anulação. A sua aplicação revela-se, contudo, por vezes, difícil.

Esta retroactividade dá-se a partir do dia em que o acórdão foi proferido, excepto no caso dos acórdãos do Tribunal de Primeira Instância, que anulam um acto de alcance geral, que só começam a produzir efeitos a partir da expiração do prazo de recurso desta decisão, e, no caso de ter havido recurso de um acórdão do Tribunal de Primeira Instância, a partir da rejeição deste por parte do Tribunal de Justiça.

Os actos praticados com base no acto anulado, embora não desapareçam automaticamente da Ordem Jurídica comunitária, perdem a sua força jurídica.

A anulação pode ser total ou parcial. O Tribunal pode proceder apenas à anulação parcial do acto, até porque se pode interpor recurso apenas contra algumas disposições do acto. Neste caso, torna-se, no entanto, necessário que essas disposições sejam separáveis. Se assim não for, o TJ deve rejeitar o recurso. Nas mesmas condições, e se o acto for divisível, também se pode anular parte do acto, mesmo que os recorrentes tenham requerido a anulação de todo o acto.

No caso dos regulamentos, há certos efeitos que podem ser ressalvados. O artigo 231.º (ex-artigo 174.º), n.º 2, permite ao TJ definir quais os efeitos que considera como definitivos. O Tribunal já utilizou várias vezes esta prerrogativa[486].

Este preceito até já serviu ao TJ para salvaguardar certos efeitos do regulamento por um período posterior ao acórdão de anulação[487].

Esta disposição aplica-se por analogia à anulação das directivas[488].

---

[486] Acórdão de 5/7/73, *Comissão c. Conselho*, proc. 81/72, Rec. 1963, pgs. 575--588; acórdão de 20/3/85, *Timex*, proc. 254/82, Rec. 1985, pg. 870; acórdão de 26/3/87, *Comissão c. Conselho*, proc. 45/86, Col. 1987, pg. 1522.

[487] Acórdão *Comissão c. Conselho*, proc. 81/72, cit., pgs. 575, 587.

[488] Acórdão de 7/7/92, *PE c. Conselho (direito de residência dos estudantes)*, proc. C-295/90, Col. 1992, pgs. I-4193.

9.2. *Os efeitos materiais do acórdão*

Os efeitos materiais do acórdão diferem consoante se trate de acórdão que anule um determinado acto ou de acórdão que negue provimento ao recurso.

No primeiro caso, o acórdão tem efeito de caso julgado e produz efeitos *erga omnes*. O acórdão é constitutivo de uma situação jurídica nova. Se houver um recurso sobre um acto já anulado, o Tribunal deve rejeitar liminarmente o recurso[489]. A jurisprudência do Tribunal nem sempre foi constante sobre esta questão. Assim, o TJ, nos processos 20/59 e 25/59, de 15 de Julho de 1960, anulou duas vezes a mesma decisão.

No segundo caso, o acórdão também tem uma autoridade absoluta, na medida em que nem o recorrente, nem terceiros, podem voltar a interpor recurso de anulação, invocando os mesmos vícios. Mas o acto pode voltar a ser objecto de um recurso de anulação se se invocarem vícios diferentes dos que foram analisados pelo TJ ou pelo TPI.

Para M. C. BERGERÈS[490], os acórdãos que neguem provimento ao recurso têm apenas uma autoridade relativa de caso julgado. Por isso, só é novamente inadmissível um recurso interposto pelo mesmo recorrente com o mesmo objecto e com a mesma causa de pedir.

9.3. *A execução do acórdão*

A execução do acórdão cabe ao órgão de que emanou o acto (artigo 233.° – ex-artigo 176.°). É a este que cabe extrair todas as consequências do acórdão do Tribunal.

---

[489] Acórdão de 21/12/54, *Itália c. Alta Autoridade*, proc. 2/54, Rec. 1954, pgs. 7, 34.

[490] *Op. cit.*, pg. 235.

Capítulo III – A Competência de Fiscalização de Legalidade   191

10. A comparação entre o Tratado CE e o Tratado CECA

10.1. *As semelhanças entre o Tratado CECA e o Tratado CE*

O recurso de anulação estava previsto no artigo 33.º do Tratado CECA, apresentando muitas semelhanças com o do artigo 230.º (ex--artigo 173.º) do Tratado CE acabado de analisar. Eram idênticos os fundamentos do recurso, a diferença entre recorrentes privilegiados (Estados-Membros e órgãos comunitários) e não privilegiados e a exclusão do recurso contra actos não obrigatórios.

10.2. *As diferenças entre o Tratado CECA e o Tratado CE*

Havia, no entanto, diferenças entre os dois recursos, que mais não eram do que o reflexo das diferenças de fundo entre os dois Tratados. Assim:

a) no Tratado CECA, o recurso não era admissível contra actos do Conselho. Tal compreende-se pelo facto de que no Tratado CECA era a Comissão (Alta Autoridade) que detinha a competência decisória. O Conselho possuía apenas poderes consultivos. No entanto, o TCECA permitia, no artigo 38.º, a impugnação das deliberações do Conselho e do Parlamento. Este recurso obedeceu a condições mais restritivas: só podia ser interposto pela Alta Autoridade e pelos Estados-Membros e os fundamentos invocáveis eram apenas a incompetência e a violação das formalidades essenciais;

b) a Comissão não tinha legitimidade activa neste recurso;

c) o Tratado CECA previa limites à apreciação por parte do Tribunal que não foram retomados no Tratado CE:

«O Tribunal não pode apreciar a situação decorrente dos factos ou circunstâncias económicas em atenção à qual foram proferidas as referidas decisões ou recomendações, excepto se a Alta Autoridade for acusada de ter cometido um desvio de poder ou de ter ignorado, de forma manifesta, as disposições do Tratado ou de qualquer norma jurídica relativa à sua aplicação.»

O TJ, apesar de a letra do TCE não o impor, autolimitou a possibilidade de apreciação económica, no quadro do Tratado CE, aos casos de violação manifesta do Tratado ou de desvio de poder;

d) na CECA só as empresas ou as associações de empresas referidas no artigo 80.° podiam interpor recurso de anulação[491], ao contrário do Tratado CE, em que qualquer pessoa singular ou colectiva tem legitimidade activa. Tal explica-se pelo facto de na CECA só as empresas poderem ser destinatárias dos actos da Comissão;

e) os requisitos da legitimidade activa dos recorrentes não privilegiados são mais restritos no TCE do que eram no TCECA;

f) o prazo de recurso no TCE é mais dilatado – dois meses – do que no TCECA – um mês.

11. O recurso de anulação no âmbito do terceiro pilar

O Tratado de Amesterdão introduziu uma nova modalidade de recurso de anulação em sede de terceiro pilar[492].

O artigo 35.°, n.° 6, do TUE prevê que o Tribunal de Justiça é competente para fiscalizar a legalidade das decisões-quadro e das decisões, com base nos vícios de incompetência, violação de formalidades essenciais, violação do Tratado ou de qualquer norma que o aplique e desvio de poder.

A legitimidade para recorrer, ou seja, a legitimidade activa pertence à Comissão e aos Estados-Membros.

O prazo do recurso é de dois meses.

Trata-se de um recurso de anulação, sem dúvida, influenciado pelo artigo 230.°, mas mais restrito. Neste caso, apenas a Comissão e os Estados-Membros podem interpor o recurso, ficando excluídos

---

[491] O TJ rejeitou, no acórdão de 4/7/63, *Dame Maria Schlieker* (proc. 13/63, Rec. 1963, pg. 185), o recurso de uma pessoa privada que agia em defesa dos seus interesses pessoais.

[492] Sobre esta inovação, veja-se ANA MARIA GUERRA MARTINS, *A natureza jurídica* ..., pgs. 199 e segs.

Capítulo III – A Competência de Fiscalização de Legalidade   193

todos os outros órgãos comunitários, entre os quais o Parlamento Europeu. Os particulares também não têm legitimidade activa neste caso.

Deve, contudo, realçar-se que é a primeira vez que se estende a competência do Tribunal à anulação de actos adoptados com base no terceiro pilar. E neste caso, ao contrário do que acontece no domínio do processo das questões prejudiciais, previsto nos n.ºs 1 a 3 do artigo 35.º TUE, a competência do Tribunal é obrigatória. Ou seja: não é necessária qualquer declaração de aceitação da jurisdição do TJ por parte dos Estados-Membros.

12. O recurso de anulação no Tratado que estabelece uma Constituição para a Europa

O recurso de anulação está previsto nos artigos III-365.º e III-366.º da Constituição Europeia, de um modo bastante consentâneo com os actuais artigos 230.º e 231.º do Tratado CE.

Todavia, tendo em conta as profundas modificações introduzidas na tipologia dos actos e no sistema institucional, tornou-se necessário adaptar aquelas normas à nova realidade.

Assim:

a) *Quanto ao objecto do recurso* – o artigo III-365.º, n.º 1, admite recurso de anulação das leis, das leis-quadro, dos actos do Conselho, da Comissão e do Banco Central Europeu que não sejam recomendações ou pareceres, bem como dos actos do Parlamento Europeu e do Conselho Europeu destinados a produzir efeitos em relação a terceiros e ainda dos actos dos órgãos ou organismos da União destinados a produzir efeitos jurídicos em relação a terceiros. No fundo, embora se use uma terminologia diferente, o objecto do recurso de anulação não se afasta do actualmente em vigor, com a interpretação que lhe foi dada pelo Tribunal de Justiça.

b) *Quanto à legitimidade passiva para interpor o recurso* – o artigo III-365.º permite, pois, impugnar os actos do Conselho e do Parlamento Europeu, do Conselho, da Comissão e do

Banco Central Europeu, mas para além destes, permite ainda impugnar os actos do Conselho Europeu, dado que este órgão adquire novos poderes, que extravasam as competências meramente políticas. A proliferação de órgãos e organismos, nomeadamente, das agências europeias independentes, conduziu também à necessidade de conferir legitimidade passiva a essas entidades.

c) *Quanto à legitimidade activa para interpor o recurso* – o artigo III-365.°, n.os 2, 3, e 4, mantém a distinção entre recorrentes privilegiados (Estados-Membros, Parlamento Europeu, Conselho e Comissão), recorrentes semi-privilegiados (Tribunal de Contas, Banco Central Europeu e Comité das Regiões) e recorrentes não privilegiados (pessoas singulares e colectivas). Contudo, no que diz respeito a estes últimos, verifica-se uma maior abertura, na medida em que, embora se mantenha a exigência de que sejam destinatários do acto ou que este lhes diga directa e individualmente respeito, se admite, pela primeira vez, o recurso de actos regulamentares que lhe digam directamente respeito e não necessitem de actos de execução.

Deve ainda notar-se que há aspectos que não vão divergir do regime actual, a saber:

a) *Os fundamentos do recurso* – o artigo III-365.°, n.° 2, mantém os vícios previstos no artigo 230.°, par. 2.°, isto é, a incompetência, a violação das formalidades essenciais, a violação da Constituição, a violação de qualquer norma jurídica relativa à sua aplicação, ou o desvio de poder.

b) *O prazo para interposição do recurso* – o artigo III-365.°, n.° 6, na senda do artigo 230.°, par. 5.°, prevê um prazo de dois meses.

c) *Os efeitos da anulação do acto* – o artigo III-366.° é decalcado do artigo 231.° TCE.

SECÇÃO II

A acção de omissão
(artigo 232.º – ex-artigo 175.º)

Bibliografia específica: HANS-WOLFRAM DAIG, *Nichtigkeits- und Untätigkeitsklagen im Recht der Europäischen Gemeinschaften*, Baden-Baden, 1985, pgs. 221-266; J. RIDEAU, *Artigo 175 – Comentário, in* VLAD CONSTANTINESCO e outros, Traité instituant la CEE – commentaire article par article, Paris, 1992, pgs. 1059-1068; A. BARAV, *Recours en carence, in* Dictionnaire Juridique des Communautés Européennes, pgs. 157-160; CONCEPCIÓN ESCOBAR HERNÁNDEZ, *El recurso por omisión ante el Tribunal de Justicia de las Comunidades Europeas,* Madrid, 1993; ALISTAIR MCDONAGH, *Pour un élargissement des conditions de recevabilité des recours en contrôle de la légalité par des personnes privées en Droit Communautaire: le cas de l'article 175 du traité CE*, CDE, 1994, pgs. 607-637; MARIANNE DONY / THIERRY RONSE, *Réflexions sur la spécificité du recours en carence*, CDE, 2000, pgs. 595-636.

1. O fundamento e a natureza da acção

1.1. *O fundamento*

A acção de omissão, prevista no artigo 175.º do TCEE, actual artigo 232.º do TCE, é um meio contencioso que permite reagir contra a inércia dos órgãos comunitários, ou seja, contra a ausência de manifestação de vontade por parte desses órgãos, quando estão obrigados a manifestá-la.

Este meio contencioso insere-se, tal como o recurso de anulação, no âmbito do controlo de legalidade que o TJ exerce sobre a actuação, por acção ou por omissão, dos outros órgãos comunitários.

Efectivamente, um sistema coerente e completo de controlo da legalidade não pode abranger unicamente os actos positivos da Administração, tem de poder censurar também os casos em que a Administração se abstém de adoptar um acto quando a isso está obrigada.

O órgão comunitário tanto pode agir ilegalmente quando pratica um acto contrário ao Tratado, como quando se abstém de praticar um acto a que está obrigado pelo Tratado.

A reacção das diferentes Ordens Jurídicas à abstenção ilegal de um acto por parte da Administração Pública é encarada, fundamentalmente, de duas formas:

- ou se considera, através de uma ficção jurídica, que a abstenção é uma decisão implícita de rejeição, que pode ser impugnada, através do recurso de anulação;
- ou se considera que a abstenção dá lugar a um meio de tipo acção, dirigida contra ela própria, contra a abstenção.

Ao nível do Contencioso Administrativo dos Estados-Membros há exemplos das duas formas de reacção: exemplo da primeira é o recurso de anulação do acto tácito no Direito português; exemplo da segunda é a acção contra a inactividade (*Untätigkeit*) no Direito alemão.

1.2. *A natureza*

De acordo com o artigo 232.º (ex-artigo 175.º) do TCE, o Tribunal é competente para constatar que a abstenção do órgão recorrido constitui uma violação do Tratado. Parece, portanto, que a acção de omissão, tal como está concebida no TCE, não é um caso de aplicação do recurso de anulação, mas sim uma acção autónoma, de natureza declarativa, cujo objecto é fazer declarar o carácter ilegal da abstenção do órgão recorrido.

A jurisprudência do Tribunal não é clara quanto à **natureza** deste meio contencioso.

Encontram-se acórdãos que parecem ver a acção de omissão como um caso particular do recurso de anulação. É o caso do Acórdão *Nordgetreide*[493], em que o TJ considerou que a decisão de recusa explí-

---

[493] Acórdão de 8/3/72, proc. 42/71, Rec. 1972, pgs. 105, 110.

Capítulo III – A Competência de Fiscalização de Legalidade   197

cita de praticar um acto deve ser impugnada, com base no artigo 173.º (actual artigo 230.º) e não com fundamento no artigo 232.º (ex- -artigo 175.º). É também o caso do Acórdão *Eridania*[494], em que o Tribunal equiparou as condições de acesso dos particulares à acção de omissão às do recurso de anulação, pelo que entendeu que o particular não podia propor a acção de omissão contra a ausência de uma decisão que, a existir, não podia ser directamente impugnada por ele. E ainda Acórdão *Chevalley*[495], no qual o Tribunal aceitou que o recurso de anulação e a acção de omissão são expressões de uma mesma via de Direito, pelo que a recusa explícita de praticar um acto não seria impugnável se a abstenção de adoptar o acto não pudesse sê-lo pela via da acção de omissão.

1.3. *O interesse prático da questão*

O interesse prático desta questão é reduzido.

Todavia, pode ter implicações ao nível da possibilidade ou não de relevar elementos de facto e de direito que se produziram posterior- mente à propositura da acção.

Se se tratar de um recurso de anulação, na apreciação do bem fundado da acção só se pode ter em conta a situação de facto e de direito, tal como se apresentava no momento da propositura da acção; se, pelo contrário, se tratar de uma acção autónoma, então pode-se, em certos casos, levar em consideração as circunstâncias que se produ- ziram posteriormente.

O TJ entende que, se o órgão comunitário satisfizer as preten- sões do autor, mesmo após a propositura da acção, esta perde o seu objecto[496].

---

[494] Acórdão de 10/12/69, procs. 10 e 18/68, Rec. 1969, pgs. 459, 483. Recente- mente, no Acórdão de 26/11/96, *T-Port* (proc. C-68/95, Col. 1996, pgs. I-6065 e segs), o Tribunal de Primeira Instância aplicou à acção de omissão o conceito de interesse directo e individual, que, em bom rigor, aparece no Tratado por referência ao recurso de anulação (artigo 230.º, par. 4.º).

[495] Acórdão de 18/11/70, proc. 15/70, Rec. 1970, pgs. 975, 979.

[496] Acórdão de 12/7/88, *PE c. Conselho (orçamento)*, proc. 377/87, Rec. 1988, pgs. 4017, 4048.

198 Contencioso da União Europeia

Na verdade, os regimes jurídicos da acção de omissão e do recurso de anulação são diferentes, pelo que a sua natureza também será diferente.

2. A noção de omissão

2.1. A abstenção da prática de um acto obrigatório

A omissão é a abstenção por parte de um órgão comunitário da prática de um acto que está obrigado a adoptar.

Assim, pode ser constitutiva de omissão a abstenção da prática de qualquer acto, seja qual for a sua natureza ou designação.

Não há dúvida de que se incluem aqui os regulamentos, directivas e decisões, previstos no artigo 249.° (ex-artigo 189.°) do TCE, bem como todos os outros actos obrigatórios, mesmo que não estejam previstos no artigo 249.° (ex-artigo 189.°), ou seja, os actos atípicos.

2.2. A abstenção da prática de um acto não obrigatório

Questão controversa é a de saber se a abstenção de praticar um acto não obrigatório pode dar lugar a uma acção de omissão. O Tribunal de Primeira Instância parece inclinar-se no sentido negativo[497].

Há quem defenda que, não havendo na letra do preceito qualquer restrição quanto a este aspecto, não se deve interpretar a disposição num sentido restritivo. Enquanto outros, pelo contrário, sustentam que esta interpretação não leva em linha de conta o paralelismo que deve existir entre o recurso de anulação e a acção de omissão, pois se houver uma decisão explícita de recusa não poderá ser interposto o recurso de anulação. Se o proponente invocar a omissão da prática de uma recomendação ou de um parecer, a recusa explícita da prática desse acto não poderá ser atacada por um recurso de anulação previsto no ar-

---

[497] Acórdão de 27/10/1994, *Ladbroke Racing / Comissão*, proc. T-32/93, Col. 1994, pgs. II-1015 e segs.

Capítulo III – A Competência de Fiscalização de Legalidade 199

tigo 230.° (ex-artigo 173.°). Bastaria, portanto, ao órgão comunitário, para se subtrair ao controlo jurisdicional, adoptar uma decisão de recusa explícita.

Em nosso entender, pode também ser constitutiva de omissão a abstenção de praticar um acto que, não produzindo em si mesmo efeitos jurídicos obrigatórios e definitivos, constitui um acto prévio, obrigatório para a adopção de um acto que produz tais efeitos. Uma tal abstenção acaba por produzir efeitos jurídicos definitivos e obrigatórios, pois ela impede a adopção da decisão ulterior.

Exemplo desta situação é a omissão da Comissão de submeter uma proposta ao Conselho, de acordo com o artigo 208.° (ex-artigo 152.°). Na ausência desta, o Conselho fica impedido de se pronunciar. Outro exemplo que se pode aduzir é a omissão dos pareceres previstos nos artigos 48.° do TUE.

Assim, a omissão de um acto não obrigatório pode ser fundamento de uma acção de omissão, se essa omissão condicionar o seguimento do processo. Daqui decorre que pode não se verificar total coincidência entre os actos que podem ser objecto de recurso de anulação e os actos que consubstanciam uma ausência de tomada de posição[498].

2.3. *A abstenção da Comissão de desencadear um processo por incumprimento*

A abstenção da Comissão de desencadear um processo por incumprimento de um Estado, de acordo com o artigo 226.° (ex-artigo 169.°) do TCE, não é susceptível de fundamentar uma acção de omissão.

A Comissão não está obrigada a desencadear o processo por incumprimento. Pelo contrário, dispõe de um poder de apreciação discricionário[499], que exclui o direito de os particulares exigirem da Comissão que adopte uma posição num determinado sentido.

---

[498] Acórdão de 27/6/1995, *Guérin / Comissão*, proc. T-186/94, Col. 1995, pgs. II-1753 e segs, cons. 25 e 26.

[499] Acórdão de 1/3/66, *Lütticke*, proc. 48/65, Rec. 1966, pgs. 27 e 28; acórdão de 14/2/89, *Star Fruit Company*, proc. 247/87, Col. 1989, pg. 291.

2.4. *A abstenção de revogação de um acto anterior*

Não há acção de omissão contra a abstenção de revogação de um acto anterior, cuja anulação já não pode ser requerida, devido à expiração do prazo[500] ou ao facto de o recorrente não ter legitimidade para agir[501].

3. A legitimidade passiva: órgãos cuja omissão é impugnável

Na versão originária do Tratado de Roma só podiam ser fundamento de uma acção as omissões do Conselho ou da Comissão. Discutia-se, no entanto, se, por equiparação com o recurso de anulação, as abstenções do Parlamento Europeu não poderiam fundamentar a acção de omissão. A maioria da doutrina inclinava-se no sentido afirmativo.

O TUE resolveu definitivamente este problema ao alargar a legitimidade passiva ao Parlamento Europeu (artigo 232.°, par. 1.° do TCE) e ao Banco Central Europeu, no domínio das suas atribuições (artigo 232.°, par. 4.° do TCE).

O comportamento dos órgãos nos quais foram delegados poderes de decisão é imputável ao órgão delegante.

4. A legitimidade activa

4.1. *A distinção entre autores privilegiados e não privilegiados*

Como já vimos[502], em matéria de recurso de anulação faz-se uma distinção entre recorrentes privilegiados, semi-privilegiados e não privilegiados, baseada na necessidade ou não de provar o interesse em agir. Enquanto os primeiros podem aceder à jurisdição comunitária de modo bastante amplo, os últimos têm esse acesso muito limitado.

---

[500] Acórdãos de 4/4/60, *ELZ*, proc. 34/59, Rec. 1960, pgs. 215, 229; de 6/4/62, *Meroni*, procs. 21 a 26/61, Rec. 1962, pgs. 155 e 156.

[501] Acórdão *Eridania*, cit., pgs. 459, 483.

[502] Ver *supra* Secção I deste Capítulo, n.° 5.3.

Capítulo III – A Competência de Fiscalização de Legalidade   201

O artigo 232.º (ex-artigo 175.º) distingue também entre os que têm de demonstrar o seu interesse em agir e aqueles que não têm de o fazer, ou seja, entre autores privilegiados e não privilegiados.

4.2. *Os autores privilegiados*

São autores privilegiados, segundo o artigo 232.º (ex-artigo 175.º) do TCE, os Estados-Membros e os órgãos comunitários.

Apesar de não se fazer qualquer distinção entre os órgãos comunitários, há quem tenha defendido, na versão originária do Tratado, que o Parlamento Europeu não tinha legitimidade para propor esta acção, com base no paralelismo entre a acção de omissão e o recurso de anulação.

Parece que esta posição não vingou, pois contrariava, em primeiro lugar, a própria letra do preceito e, em segundo lugar, o princípio segundo o qual as disposições relativas ao acesso à justiça comunitária não devem ser interpretadas restritivamente. O TJ admitiu, claramente, no Acórdão *Parlamento Europeu c. Conselho (política de transportes)*[503], a possibilidade de o Parlamento Europeu propor uma acção de omissão.

O TUE acabou por resolver definitivamente este problema, ao conferir legitimidade activa ao Parlamento Europeu, em sede de recurso de anulação. Deixaram de ter argumentos aqueles que fundamentavam a recusa de legitimidade activa ao Parlamento Europeu na equiparação entre os dois meios contenciosos.

Após o TUE a legitimidade activa para a acção de omissão foi alargada ainda ao Tribunal de Contas e ao Banco Central Europeu.

4.3. *Os autores não privilegiados*

Para além dos Estados-Membros e dos órgãos comunitários têm legitimidade activa os particulares – pessoas singulares e colectivas, públicas ou privadas. São os autores não privilegiados.

---

[503] Acórdão de 22/5/85, proc. 13/83, Rec. 1985, pgs. 1515, 1588.

202   *Contencioso da União Europeia*

Os particulares devem propor a acção de omissão no Tribunal de Primeira Instância[504], cabendo recurso do acórdão deste Tribunal para o Tribunal de Justiça.

A possibilidade de propositura da acção por parte dos particulares está sujeita a restrições bastante acentuadas quanto à natureza do acto omitido e à eficácia do mesmo.

Os particulares apenas podem propor a acção nos casos em que o órgão comunitário *não lhes tenha dirigido um acto*, que não seja recomendação ou parecer. Esta limitação não está claramente definida no artigo 232.º (ex-artigo 175.º), pelo que coube à doutrina e, sobretudo, à jurisprudência concretizar este conceito.

4.3.1. *O carácter obrigatório do acto omitido*

Os particulares só podem propor uma acção de omissão quando o acto omitido seja um acto obrigatório, dependendo a natureza do acto do seu conteúdo e do seu âmbito e não da sua forma. Assim, não basta qualificar como «ordem» um acto que na realidade não passa de um simples conselho sobre o comportamento a adoptar[505], para que os particulares possam ter acesso à acção de omissão.

A noção de acto deve ser entendida em sentido lato, não ficando limitada às decisões, previstas no artigo 249.º (ex-artigo 189.º). Pode abarcar também os actos atípicos.

4.3.2. *O destinatário do acto omitido*

A maior controvérsia nesta matéria prende-se com a questão de saber se é necessário que o acto que o órgão comunitário se absteve de praticar tenha como destinatário o autor ou se, pelo contrário, basta que lhe diga directa e individualmente respeito, podendo ter por destinatário outro particular ou até um Estado-Membro[506]. Se se aceitar a

---

[504] Ver artigo 225.º, n.º 1, TCE conjugado com o artigo 51.º do Estatuto do Tribunal de Justiça.

[505] Acórdão *Chevalley*, cit., pgs. 975, 980; acórdão *Granaria*, cit., pgs. 1081,1092.

[506] O TJ, no Despacho de 7/11/90, proc. C-247/90, Rec. 1990, pgs. I-3914, negou a possibilidade de o particular propor uma acção de omissão com base na falta de actos de que não é destinatário.

Capítulo III – A Competência de Fiscalização de Legalidade   203

primeira interpretação, então as condições de admissibilidade da acção de omissão por parte dos particulares serão bem mais restritivas do que as do recurso de anulação.

O TJ aceitou inicialmente esta tese restritiva, em vários acórdãos, negando a possibilidade de os particulares proporem a acção de omissão nos seguintes casos:

- contra a abstenção de regulamentos ou decisões dirigidas aos Estados[507], pois estes não podem ser qualificados nem formal nem materialmente como actos que possam ter por destinatários os autores;
- contra as abstenções da Comissão de apresentar propostas ao Conselho no âmbito do processo legislativo[508];
- contra a abstenção de parecer fundamentado da Comissão, no caso do processo por incumprimento, porque os destinatários destes pareceres são sempre os Estados, nunca os particulares[509];
- contra as decisões dirigidas a terceiros, das quais o autor não era o destinatário potencial[510].

Esta tese restritiva é muito criticável no que diz respeito à abstenção de decisões dirigidas a terceiros, que afectam directa e individualmente o autor, pois rompe com o paralelismo inevitável, em sede de legitimidade activa, entre o recurso de anulação e a acção de omissão. Além disso, esta tese acaba por permitir alguma perversidade ao órgão que se abstém, pois este pode impedir o acesso dos particulares às vias jurisdicionais se ficar em silêncio, uma vez que só há possibilidade de recurso de anulação da decisão explícita de recusa de agir.

---

[507] Acórdão de 26/10/72, *Makprang c. Comissão*, proc. 15/71, Rec. 1971, pg. 805; acórdão de 11/1/74, *Holz e Willemsen*, proc. 134/73, Rec. 1974, pg. 11; acórdão de 28/3/79, *Granaria*, proc. 90/78, Rec. 1979, pg. 1092.

[508] Acórdão *Holz & Willemsen*, cit., pgs. 1, 11; acórdão de 14/2/1989, *Star Fruit*, proc. 247/87, Col. 1989, pgs. 291 e segs.

[509] O TJ nunca se pronunciou a este propósito, embora os seus advogados-gerais o tenham feito. Ver conclusões de ROEMER, no acórdão de 2/7/64, *Rhenania*, proc. 103/63, Rec. 1964, pg. 858; e de GAND, no acórdão de 1/3/66, *Lütticke*, proc. 48/65, Rec. 1966, pg. 43.

[510] Acórdão de 10/10/82, *Bethell*, proc. 246/81, Rec. 1982, pg. 2291.

204   *Contencioso da União Europeia*

Por isso, o TJ acabou por vir a fazer uma interpretação lata da expressão «*lhe dirigir um acto*», nela englobando os actos dirigidos a um terceiro, mas que também dizem directa e individualmente respeito ao autor[511].

No fundo, a interpretação do TJ tentou aproximar, nesta matéria, o regime da acção de omissão do regime do recurso de anulação do artigo 230.º.

4.3.3. *A abstenção de um regulamento e de uma directiva*

Por fim, importa averiguar se a noção de omissão impugnável por parte dos particulares pode englobar também os regulamentos e as directivas. A maioria da doutrina e a jurisprudência[512] têm-se inclinado no sentido negativo. ALISTAIR MCDONAGH[513] defendeu a legitimidade activa dos particulares para proporem a acção de omissão de regulamentos e directivas, com base nos seguintes argumentos:

- uma vez que o artigo 232.º (ex-artigo 175.º) exclui expressamente as recomendações e os pareceres, o termo "acto" deve ser entendido no sentido do artigo 249.º (ex-artigo 189.º), sem excluir os regulamentos e as directivas;
- o particular não pode saber à partida que tipo de acto vai aprovar o órgão comunitário;
- a letra do artigo 232.º (ex-artigo 175.º) não se opõe a esta interpretação teleológica e sistemática, pois devido à teoria da aplicabilidade directa e do efeito directo deve considerar-se que os regulamentos se dirigem aos particulares e as directivas também se dirigem, ainda que não de modo directo, aos particulares.

Pensamos que, muito embora numa Comunidade de Direito, como é a Comunidade Europeia, seja desejável a remoção e a repa-

---

[511] Acórdão de 14/2/89, *Star Fruit Company*, proc. 247/87, Col. 1989, pg. 291; acórdão de 16/2/93, *Empresa nacional de uranio*, proc. C-107/91, Col. 1993, pgs. I-599; acórdão *T-Port*, cit.

[512] Acórdão de 28/3/1979, *Granaria*, proc. 90/78, Rec. 1978, pgs. 1081 e segs; acórdão de 27/10/1994, *Ladbroke Racing / Comissão*, cit., pgs. II-1015 e segs.

[513] *Op. cit.*, pgs. 621 e 622.

Capítulo III – A Competência de Fiscalização de Legalidade

ração de toda e qualquer ilegalidade, a posição daquele autor não é compatível com a letra do artigo 232.° (ex-artigo 175.°), pois os regulamentos e as directivas não são, de modo nenhum, actos que se dirijam aos particulares. De facto, o regulamento *«tem carácter geral»* (artigo 249.°) não individual, pelo que não tem como destinatário um particular concreto e, por sua vez, a directiva dirige-se a todos os Estados-Membros (mesmo artigo 249.°), sem prejuízo de poder ser invocada, em certas condições, por um particular nos tribunais nacionais.

5. O processo

O processo comporta duas fases distintas:

– uma fase procedimental ou pré-contenciosa, que tem como objectivo estabelecer a omissão;
– uma fase contenciosa, que visa a impugnação da omissão perante o Tribunal.

5.1. *A fase procedimental*

5.1.1. *Os objectivos da fase procedimental*

A admissibilidade da acção de omissão está dependente de uma fase procedimental ou administrativa, na qual o órgão comunitário deve ser convidado a agir.

Esta fase tem por objectivo:

– permitir ao órgão cumprir as suas obrigações e evitar dessa forma um processo contencioso;
– fazer com que a omissão se constitua, ou seja, permite qualificar a inércia do órgão;
– determinar o momento a partir do qual começa a correr o prazo.

5.1.2. O convite para agir

O convite para agir deve obedecer às seguintes características:

- ser explícito, fundamentado e indicar qual o objecto do pedido[514];
- obrigar o órgão comunitário a praticar um acto dirigido ao autor do pedido[515];
- deixar claro que, na falta de acção, o órgão comunitário poderá ser demandado em juízo, com base no artigo 232.º (ex-artigo 175.º) do Tratado[516];
- indicar claramente qual o acto que o órgão comunitário tem de praticar[517].

Uma simples carta, que se destina a chamar a atenção do órgão comunitário para um dado facto, não pode ser considerada como um convite para agir, a partir do qual começa a correr o prazo da decisão implícita de recusa[518].

5.1.3. A delimitação do âmbito do pedido na posterior acção de omissão

O convite para agir delimita o âmbito do pedido na posterior acção de omissão, caso o órgão comunitário se abstenha de tomar posição dentro do prazo.

O pedido, no quadro da acção de omissão, só pode incidir sobre os aspectos sobre os quais o órgão comunitário foi convidado previamente a agir. Não será admissível se incidiu sobre um acto que não foi

---

[514] Acórdão de 6/5/86, *Nuovo Campsider*, proc. 25/85, Rec. 1986, pg. 1539; Despacho de 30/4/1999, *Pescados Congelados Jogamar,* proc. T-311/97, Col. 1999, pgs. II-1407 e segs, cons. 34, 35 e 37; acórdão de 3/6/1999, *TFI / Comissão,* proc. T-17/96, Col. 1999, pgs. II-1757 e segs, cons. 41.

[515] Despacho de 11/7/79, *Producteurs de vins de table*, proc. 59/79, Rec. 1979, pg. 2433.

[516] Acórdão de 10/6/86, *Usinor*, procs. 81 e 119/85, Col. 1986, pg. 1796.

[517] Acórdão *Nuovo Campsider*, cit., pg. 1539.

[518] Acórdão de 4/4/73, *Domenico Angelini*, proc. 31/72, Rec. 1973, pgs. 403 a 411.

Capítulo III – A Competência de Fiscalização de Legalidade   207

objecto de convite para agir ao órgão em causa[519] ou se se trata de um pedido novo ou se se fundamenta numa causa jurídica diferente[520]. A acção de omissão deve ser proposta pela mesma pessoa que apresentou o convite para agir.

O convite para agir deve ser peremptório e cominatório. É a partir dele que se começam a contar os prazos, previstos no artigo 232.º (ex--artigo 175.º).

Não foi ainda definido pelos Tribunais comunitários se, no convite para agir, é necessária a referência expressa ao artigo 232.º (ex--artigo 175.º).

5.1.4. *Os prazos*

Os Tratados não fixam o prazo no qual o autor deve convidar o órgão comunitário a agir. O TJ tem entendido, no entanto, que o princípio da segurança jurídica e da continuidade comunitária impõe que tal seja feito num prazo razoável, pois só assim se compreendem os outros prazos curtos, previstos no artigo 232.º (ex-artigo 175.º)[521].

5.2. *A fase contenciosa*

5.2.1. *A noção de tomada de posição*

A passagem da fase pré-contenciosa à fase contenciosa da acção de omissão depende do facto de o órgão comunitário não ter tomado qualquer posição, no prazo de dois meses.

Assim, a noção de «tomada de posição» assume uma grande importância.

Considera-se que o órgão comunitário toma posição nos seguintes casos:

- quando adopta o acto que lhe foi solicitado – é evidente que se o órgão pratica o acto não há lugar a acção de omissão;

---

[519] Acórdão de 15/7/60, *Ch. Synd. Sidérurgie de l'Est de France*, procs. 24 e 34/58, Rec. 1960, pg. 609.

[520] Acórdão de 16/12/60, *Hamborner Bergbau*, procs. 41 e 50/59, Rec. 1960, pg. 1016; acórdão de 8/7/70, *Hake*, proc. 75/69, Rec. 1970, pgs. 535, 541, 543.

[521] Acórdão de 6/7/71, *Países Baixos c. Comissão*, proc. 59/70, Rec. 1971, pgs. 653, 659.

208 Contencioso da União Europeia

– quando rejeita expressamente praticar o acto que lhe foi pedido – a omissão é, por definição, a abstenção de qualquer manifestação de vontade, não se devendo confundir com a manifestação expressa de vontade negativa. A decisão expressa de rejeição é em si própria uma tomada de posição que interrompe a omissão. Esta decisão pode ser impugnada, com base em recurso de anulação, respeitando-se os requisitos previstos para ele[522]. O TJ aceitou, em vários acórdãos[523], o carácter de tomada de posição da decisão expressa de rejeição. Há, no entanto, um acórdão em que o Tribunal parece ter decidido em sentido contrário, aceitando que a recusa de agir, mesmo que seja explícita, pode ser objecto de acção de omissão, quando essa recusa não puser termo à omissão[524];

– quando adopta um acto diferente do que lhe foi solicitado – embora uma parte da doutrina tenha defendido que para cessar a omissão era necessário que o objecto da tomada de posição coincidisse com o objecto do convite para agir, o TJ afastou-se dessa tese. Da jurisprudência do TJ resulta claro que há tomada de posição quando o órgão comunitário pratica um qualquer acto relativo ao objecto do pedido, mesmo que seja diferente do que lhe foi solicitado. Ao adoptar o acto em causa o órgão comunitário rejeita implicitamente praticar o acto que lhe foi solicitado, pelo que há uma tomada de posição[525].

Nestes três casos não há, pois, lugar à fase contenciosa da acção de omissão.

---

[522] Acórdão de 15/12/88, *Irish Cement Ltd*, procs. 166 e 220/86, Col. 1988, pg. 6473.

[523] Acórdão de 1/3/66, *Lütticke*, proc. 48/65, Rec. 1966, pg. 39; acórdão de 8/3/72, *Nordgetreide*, proc. 42/71, Rec. 1972, pg. 110; acórdão de 18/10/79, *Gema*, proc. 125/78, Rec. 1979, pg. 3190; acórdão de 18/9/1996, *Asia Motor France e.a / Comissão*, proc. T-387/94, Col. 1996, pgs. II-961 e segs, cons. 38 e 39.

[524] Acórdão de 27/9/88, *Comitologia*, proc. 302/87, Col. 1988, pgs. 5615 e segs.

[525] Acórdão de 14/12/62, *San Michele*, procs. 5 a 11 e 13 a 15/62, Rec. 1962, pgs. 859--887; acórdão de 13/7/71, *Deutscher Komponistenverband*, proc. 8/71, Rec. 1971, pg. 710; acórdão de 17/2/1998, *Pantochim / Comissão*, proc. T-107/96, Col. 1998, pgs. II-311 e segs; acórdão de 19/2/2004, *SIC / Comissão*, proc. T-297/01 e 298/01, Col. 2004, cons. 31.

Capítulo III – A Competência de Fiscalização de Legalidade

5.2.2. A não tomada de posição

Apenas se pode passar à fase contenciosa da acção de omissão se o órgão comunitário não tiver tomado posição dentro do prazo. Considera-se que não há tomada de posição:

– se o órgão comunitário se mantém em silêncio, ou seja, se não dá qualquer resposta;
– se o órgão comunitário dá uma resposta dilatória ou de espera[526];
– se o órgão reproduz ou explica uma posição jurídica pré--existente[527];
– se dá uma resposta que não produz efeitos jurídicos.

E se o órgão comunitário toma uma posição negativa depois de expirado o prazo, a tomada de posição tardia preclude a acção? Sempre se entendeu que a acção de omissão continua a ser possível[528]. Todavia, o TJ, no acórdão *Echebastar*[529], parece ter inflectido a sua jurisprudência anterior, ao julgar que se o órgão toma uma posição, após a expiração do primeiro prazo de dois meses e antes da proposta da acção, só há lugar a recurso de anulação.

Por outro lado, se o órgão comunitário adopta o acto que o autor pretendia, após a proposta da acção, esta perderá o seu objecto[530].

---

[526] Acórdão de 17/7/59, *Safe*, proc. 42/58, Rec. 1959, pg. 381; acórdão de 15/7/70, *Borromeo*, proc. 6/70, Rec. 1970, pg. 822; acórdão de 15/9/1998, *Gestevisión Telecinco / / Comissão*, proc. T-95/96, Col. 1998, pgs. II-3407 e segs, cons. 88.

[527] Acórdão de 6/4/62, *Meroni*, procs. 21 a 26/61, Rec. 1962, pgs. 145, 154.

[528] Acórdão de 23/4/56, *Groupement des industries sidérurgiques luxembour-geoises*, procs. 7 e 9/54, Rec. 1956, pgs. 53, 89.

[529] Acórdão de 1/4/93, proc. C-25/91, Col. 1993, pg. 1758 (par. 11).

[530] Acórdão de 23/4/56, *Groupement des industries sidérurgiques luxembour-geoises*, cit. pgs. 88, 89; acórdão de 12/7/88, *PE c. Conselho (orçamento)*, proc. 377/87, Col. 1988, pgs. 4017, 4048; acórdão de 12/7/88, *Comissão c. Conselho*, proc. 383/87, Col. 1988, pgs. 4051, 4064; acórdão de 24/11/92, *Buckl*, procs. C-15/91 e 108/91, Col. 1992, pgs. I-6061, 6097; acórdão de 17/2/1998, *Pharos*, proc. T-105/96, Col. 1998, pgs. II-285 e segs, cons. 41 e 42.

5.3. *Os prazos*

Os prazos só começam a correr a partir do momento em que o órgão é convidado a agir.

A partir do convite para agir o órgão comunitário tem dois meses para tomar posição.

Se o órgão comunitário não tomar qualquer posição nesse prazo abre-se um novo prazo de dois meses, no qual o autor pode propor a acção de omissão.

6. A competência do Tribunal

No âmbito desta acção o TJ e o TPI têm apenas competência para constatar que a abstenção de agir por parte de um órgão comunitário constitui uma violação do Tratado ou do Direito derivado.

Questão controversa é a de saber se, para além do vício da violação do Tratado ou de qualquer norma que o aplique – vício esse que, em terminologia de Direito Administrativo, chamaremos violação de lei –, os recorrentes podem invocar os outros vícios, previstos no artigo 230.º (ex-artigo 173.º).

Há alguns vícios que estão excluídos pela própria natureza das coisas – é o caso dos vícios da incompetência e da violação de formalidades essenciais. É evidente que o órgão comunitário tem de ser competente[531] e se não há acto não podem ter sido violadas formalidades essenciais.

O problema coloca-se, portanto, relativamente ao desvio de poder. De acordo com uma interpretação literal do artigo 232.º (ex-artigo 175.º), só pode ser invocada a violação do Tratado[532], o que implicaria que só haveria abstenção de uma competência vinculada. Segundo uma interpretação extensiva, a expressão «*violação do Tratado*» incluiria também o exercício de um poder discricionário, com base em desvio de poder.

---

[531] Acórdão de 4/3/82, *Gauff*, proc. 182/80, Rec. 1982, pg. 817; acórdão de 10/7/84, *STS/Comissão*, proc. 126/83, Rec. 1984, pg. 2779; acórdão de 10/7/85, *CMC Cooperativa Muratori*, proc. 118/83, Rec. 1985, pg. 2337.

[532] Acórdão *Gema*, proc. cit., pg. 3173.

Capítulo III – A Competência de Fiscalização de Legalidade

7. O conteúdo do acórdão

O conteúdo do acórdão varia consoante a natureza da competência que o órgão comunitário se absteve de exercer. Mas, quer se trate de uma competência vinculada, quer de uma competência discricionária, o órgão comunitário será obrigado a adoptar uma medida que produza efeitos jurídicos definitivos.

No caso de competência discricionária, ou seja, quando o órgão tem obrigação de praticar um acto cujo conteúdo não está pré-determinado, o TJ não pode precisar o sentido e o conteúdo da medida a adoptar, embora muitas vezes dê indicações nesse sentido.

No caso de se tratar de uma competência vinculada, isto é, se o órgão tem obrigação de adoptar um acto cujo conteúdo está pré-determinado, da leitura do acórdão resulta qual a medida que o órgão deve tomar.

Se o órgão tem liberdade quanto à adopção do acto e quanto ao conteúdo, em princípio, não haverá sequer lugar a uma acção de omissão.

8. Os efeitos do acórdão

De acordo com o artigo 233.º (ex-artigo 176.º), compete ao órgão, cuja abstenção foi declarada contrária ao Tratado, tomar as medidas necessárias à execução do acórdão. O acórdão tem, portanto, efeitos meramente declarativos.

O Tribunal não tem competência para dirigir injunções aos órgãos comunitários[533], não podendo, portanto, substituir-se aos órgãos comuntários e tomar as medidas que estes deveriam ter adoptado[534].

9. As diferenças entre o TCE e o TCECA

A acção de omissão também se encontrava prevista no TCECA (artigo 35.º), apresentando diferenças consideráveis em relação ao TCE, em matéria de noção de omissão, de legitimidade passiva e activa e de acesso dos particulares ao Tribunal.

---

[533] Acórdão de 9/9/1999, *UPS Europe / Comissão*, proc. T- 127/98, Col. 1999, pgs. II-2633 e segs, cons. 50.

[534] Acórdão de 8/6/2000, *Camar e Tico / Comissão*, cit., pgs. II-2193 e segs, cons. 67.

a) Enquanto na CECA só havia omissão se a Alta Autoridade se abstivesse de praticar um acto com carácter obrigatório, na CE o conceito de omissão é mais lato.

b) No Tratado CECA só a Alta Autoridade tinha legitimidade passiva, pois apenas ela possuía poder de decisão; no Tratado CE têm legitimidade passiva o Conselho, a Comissão, o Parlamento Europeu e o Banco Central Europeu.

c) A legitimidade activa era também mais restrita no TCECA do que no TCE. Na CECA só o Conselho podia propor a acção de omissão, enquanto na CE o podem fazer o Conselho, a Comissão, o Parlamento Europeu e o Banco Central Europeu.

d) Os particulares têm acesso à acção de omissão à luz do TCE, embora devam recorrer para o Tribunal de Primeira Instância.

e) A própria natureza da acção não era idêntica nos dois Tratados. O artigo 35.º do TCECA estabelecia uma ficção jurídica, assimilando o silêncio da Alta Autoridade a uma decisão implícita de recusa, ou seja, a um acto tácito de indeferimento[535].

10. A acção de omissão no Tratado que estabelece uma Constituição para a Europa

A acção de omissão está prevista nos artigos III-367.º e III-368.º da Constituição Europeia, em termos similares aos constantes dos actuais artigos 232.º e 233.º do TCE acabados de estudar, com as seguintes excepções:

a) a referência à "violação da Constituição" em substituição da expressão "violação do presente Tratado";

b) o Conselho Europeu passa a ter legitimidade passiva nesta acção pelas mesmas razões que a adquiriu também no recurso de anulação;

c) quando se trate de acções de omissão propostas por pessoas singulares ou colectivas dá-se o alargamento da legitimidade passiva a todas as instituições, órgãos ou organismos da União, procurando dessa forma compensar as restrições que se mantêm quanto à legitimidade activa dos particulares.

---

[535] Sobre o acto tácito, veja-se em Portugal, por último, DIOGO FREITAS DO AMARAL, *Curso de Direito Administrativo*, vol. II, Coimbra, 2001, pgs. 326 e segs.

SECÇÃO III

A excepção de ilegalidade
(artigo 241.° – ex-artigo 184.°)

Bibliografia específica: PATRICK DUBOIS, *L'exception d'illégalité devant la Cour de Justice des Communautés Européennes*, CDE, 1978, pgs. 407-439; BARBARA MARCHETTI, *L'eccezione di illegittimità nel processo comunitario*, Riv. Ital. Dir. Pubbl. Comunitario, 1995, pgs. 345-388; F. JESÚS CARRERA HERNÁNDEZ, *La excepción de ilegalidad en el sistema jurisdiccional comunitario*, Madrid, 1997; DIMITRIOS SINANIOTIS, *The Plea of Illegality in EC Law*, EPL, 2001, pgs. 103--125; MATTHIAS VOGT, *Indirect Judicial Protection in EC Law – the Case of the Plea of Illegality*, ELR, 2006, pgs. 364 e segs.

1. O fundamento e a natureza

1.1. *O fundamento*

O meio previsto no artigo 241.° (ex-artigo 184.°) permite o controlo incidental da legalidade de um acto de um órgão comunitário no decurso de um processo em que se contesta a título principal a ilegalidade de uma medida de aplicação, tomada com base nesse acto.

A excepção de ilegalidade visa compensar as deficiências de protecção jurisdicional dos sujeitos de Direito Comunitário, sobretudo dos particulares, e assegurar o respeito pelo princípio geral da salvaguarda da legalidade.

1.2. *A natureza*

O artigo 241.° TCE (ex-artigo 184.°) não cria uma via de direito autónoma. O TJ afirma, no acórdão *Wöhrmann*, que o artigo 241.° (ex-

214   *Contencioso da União Europeia*

-artigo 184.°) apenas tem como objectivo a declaração de inaplicabilidade do regulamento, a título incidental, e com efeitos restritos,
num processo a decorrer no Tribunal de Justiça, com base noutra disposição do Tratado[536]. A invocação da excepção de ilegalidade supõe a
admissibilidade do outro meio jurisdicional, no âmbito do qual ela é
invocada[537].

Não é, portanto, o regulamento que se impugna directamente, mas
sim a medida de aplicação, na qual ele se traduz. Esta medida só poderá
ser anulada se o regulamento for declarado inaplicável.

O artigo 241.° TCE (ex-artigo 184.°) não permite aos indivíduos
impugnarem um regulamento através de um recurso directo para o
Tribunal no quadro de um processo pendente num tribunal nacional[538].

A excepção de ilegalidade não é um processo de ordem pública,
pelo que deve ser invocada explicitamente[539] e pelas partes. Só, muito
excepcionalmente, poderá ser invocada *ex officio* pelo Tribunal de Justiça ou pelo Tribunal de Primeira Instância, quando estiverem em causa
os vícios de incompetência ou de violação de formalidades essenciais[540].

1.3. *A relação entre o acto impugnado e a norma geral cuja ilegalidade se invoca*

A excepção de ilegalidade só é admissível se a decisão individual
impugnada no meio principal se fundamentar no regulamento contra o
qual se invoca a excepção[541]. Além disso, o âmbito da excepção de ile-

---

[536] Acórdão de 14/12/62, procs. 31 a 33/62, Rec. 1963, pg. 979. Recentemente, ver
acórdão de 26/10/2000, *Ripa de Meana e.a. / Parlamento*, procs. T-83/99, T-84/99 e
T-85/99, Col. 2000, pgs. II-3493 e segs, cons. 35.

[537] Acórdão de 26/10/2000, cit., cons. 35.

[538] Acórdão de 14/12/62, *Wöhrmann*, procs. 31 e 33/62, Rec. 1962, pgs. 967, 979;
acórdão de 16/7/81, *Albini*, proc. 33/80, Rec. 1981, pgs. 2141, 2157; acórdão de 11/7/85,
Salerno, procs. 87 e 130/77, 22/83, 10/84, Rec. 1985, pgs. 2524, 2536.

[539] Acórdão de 17/12/59, *Société de Fonderies de Pont-à-Mousson*, proc. 14/59,
Rec. 1959, pgs. 445-481.

[540] Neste sentido, KOEN LENAERTS e outros, *Procedural Law...*, pg. 349.

[541] Acórdão de 16/12/60, *Hamborner*, procs. 41 e 50/59, Rec. 1960, pgs. 989, 1014;
acórdão de 13/7/66, *Itália c. Conselho e Comissão*, proc. 32/65, Rec. 1966, pgs. 563, 594;

Capítulo III – A Competência de Fiscalização de Legalidade

galidade está limitado àquilo que é indispensável para a solução do litígio[542]. O Tribunal admite, no entanto, que se pode arguir a ilegalidade de uma decisão geral, mesmo em relação às disposições que não constituíram a base jurídica da decisão individual impugnada, se elas *«entravaram o funcionamento normal do mecanismo»* posto em prática pela decisão geral ou se *«falsearam o sistema»*[543].

Deve haver uma relação jurídica directa entre o acto impugnado e a norma geral cuja ilegalidade se invoca[544]. O acto impugnado deve ter sido praticado com base na disposição geral cuja legalidade se põe em causa, ou seja, deve ter sido o seu fundamento jurídico.

2. A função

a) A doutrina divide-se quanto à função que este meio contencioso deve desempenhar.

Para alguns, a excepção de ilegalidade deve ser concebida como um meio de defesa[545], enquanto que para outros ela deve ser encarada como incidente restrito ao recurso de anulação interposto contra um regulamento[546].

A posição que se adoptar quanto a esta questão vai condicionar a resposta a alguns dos problemas fundamentais em matéria de excepção de ilegalidade, como sejam, o de saber em que processos se pode invocar a excepção e o de definir o que se deve entender por partes para efeitos da aplicação do artigo 241.° TCE (ex-artigo 184.°).

---

acórdão de 28/10/81, *Krupp*, procs. 275/80 e 24/81, Rec. 1981, pgs. 2489, 2517, acórdão de 16/2/82, *Metallurgica Rumi*, proc. 258/80, Rec. 1982, pg. 487.

[542] Ver acórdão de 23/3/2004, *Theodorakis c. Conselho,* proc. T-310/02, cons. 48 e 49.

[543] Acórdão de 16/12/63, *Barge*, proc. 18/62, Rec. 1963, pgs. 566-568.

[544] Acórdão de 31/3/65, *Macchiorlati Dalmas*, proc. 21/64, Rec. 1965, pgs. 227, 245.

[545] Neste sentido, José Palacio Gonzalez, *op. cit.*, pgs. 297 e segs.

[546] Neste sentido, Jean Boulouis / Marco Darmon / Jean-Guy Huglo, *op. cit.,* pg. 220.

216   *Contencioso da União Europeia*

b) A jurisprudência do TJ não é clara quanto a esta questão, oscilando entre os dois interesses em confronto: a melhor protecção do indivíduo ou a preservação da segurança da Ordem Jurídica[547].

Quanto a nós, pensamos que não se devem interpretar restritivamente as disposições do Tratado atributivas de competência aos Tribunais comunitários. Os Tratados institutivos das Comunidades criam uma Ordem Jurídica nova, que só será eficaz se existirem os meios necessários para assegurar a sua garantia.

3. Os actos susceptíveis de ser objecto de excepção de ilegalidade

3.1. *Os actos de alcance geral*

O artigo 241.º TCE (ex-artigo 184.º) prevê que a excepção de ilegalidade só pode ser invocada contra regulamentos aprovados em conjunto pelo Parlamento Europeu e pelo Conselho, pelo Conselho, pela Comissão e pelo Banco Central Europeu.

O Tribunal admite a possibilidade de invocar a excepção de ilegalidade contra todo e qualquer acto de alcance geral que constitui a base jurídica da decisão impugnada, ou seja, contra todo e qualquer acto de alcance geral que produz efeitos análogos aos do regulamento[548].

Com base neste raciocínio, o Tribunal de Primeira Instância admitiu, recentemente, a invocação da excepção de ilegalidade contra as linhas directrizes adoptadas pela Comissão para efeitos de cálculo das multas aplicáveis às empresas previstas no Direito da Concorrência[549].

O TJ considera também possível invocar a excepção de ilegalidade quanto a actos que, não tendo carácter de regulamento, servem de

---

[547] V. Acórdão de 28/6/93, *Donatab*, proc. C-64/93, Col. 1993, pgs. I-3595 e segs.

[548] Acórdão de 6/3/79, *Simmenthal*, proc. 92/78, Rec. 1979, pgs. 777, 800; acórdão de 29/5/1995, *Espanha / Comissão*, proc. C-135/93, Col. 1995, pgs. I-1651 e segs.

[549] Ac. de 20/3/2002, *LR AF 1998 / Comissão,* proc. T-23/99, Col. 2002, pgs. II-705 e segs, cons. 272 a 276.

Capítulo III – A Competência de Fiscalização de Legalidade 217

base a decisões individuais obrigatórias, que não são elas próprias susceptíveis de impugnação[550].

O TJ entende que uma disposição que modifica, revoga ou limita os efeitos no tempo de uma disposição de alcance geral participa do carácter de generalidade desta última[541].

Parece ainda de aceitar, em teoria, a possibilidade de se invocar a excepção de ilegalidade contra outros actos de alcance geral, como as decisões pelas quais o Parlamento Europeu adopta o orçamento ou as directivas do Conselho, ou do Conselho e do Parlamento Europeu, ou da Comissão, dirigidas a todos os Estados-Membros. Contudo, o Tribunal de Justiça nunca admitiu a invocação da excepção de ilegalidade de uma directiva[552].

A excepção de ilegalidade não pode ser invocada contra decisões[553], o que se compreende porque estas não têm carácter geral.

3.2. *Os casos duvidosos*

Questão controversa é a de saber se se pode invocar a excepção de ilegalidade de um regulamento que contém normas que afectam directa e individualmente o recorrente, quando este não se prevaleceu do seu direito de interpor recurso de anulação delas (artigo 230.º (ex--artigo 173.º), par. 4.º).

O Tribunal rejeitou, recentemente, esta possibilidade[554]. Parece--nos, no entanto, que, tendo em conta as condições restritas de impugnação de regulamentos por parte de particulares, não é esta a melhor solução. Tal

---

[550] Acórdão de 17/7/59, *Snupat*, procs. 32 e 33/58, Rec. 1959, pgs. 275, 303 e acórdão de 17/12/64, *Boursin*, proc. 102/63, Rec. 1964, pgs. 1347, 1375. Ver também acórdão do TPI de 4/3/1998, *De Abreu*, proc. T-146/96, Col. 1998, pgs. 281 e segs, cons. 24, 26, 34 e 35.

[551] Acórdão de 11/7/68, *Zuckerfabrik*, proc. 6/68, Rec. 1968, pg. 605.

[552] Ver acórdão de 5/10/2004, proc. C- 475/01, *Comissão contra a Grécia*, Col. 2004, pgs. I-8923 e segs, cons. 17, 18, 24 e 25.

[553] Acórdão de 19/10/83, *Usinor*, proc. 265/82, Rec. 1983, pg. 3105.

[554] Acórdão de 15/2/2001, *Nachi Europe,* proc. C-239/99, Col. 2001, pgs. I-1197 e segs, cons. 35-37, 39. O Tribunal de Primeira Instância já tinha antes expressado idêntico entendimento no acórdão de 13/9/95, *TWD*, procs. T-244/93 e T-486/93, Col. 1995, pgs. II-2265 e segs, cons. 103.

218   *Contencioso da União Europeia*

como defendemos, na 1ª edição deste livro, continuamos a pensar que se deveria admitir a invocação da excepção de ilegalidade nessa hipótese.

4. A legitimidade activa: a noção de parte

4.1. *Os particulares*

O artigo 241.º TCE (ex-artigo 184.º) prevê que «*qualquer parte*» pode invocar a excepção de ilegalidade. Não há acordo na doutrina quanto à interpretação desta expressão.

Segundo uma interpretação restritiva, defendida por alguma doutrina[555], apenas os particulares podem invocar a excepção de ilegalidade. Os argumentos invocados a favor desta tese são os seguintes:

- os Estados-Membros têm o direito de impugnar directamente todo o acto comunitário, sem terem de justificar o seu interesse em agir, isto é, a sua legitimidade;
- os efeitos da excepção de ilegalidade invocada pelo Estado aplicam-se-lhe, bem como aos seus nacionais;
- os Estados-Membros participam no processo de elaboração dos actos comunitários e, como tal, têm um grande peso político.

Além disso, a excepção de ilegalidade tem exactamente em vista compensar as restrições ao direito de recorrer dos indivíduos e não conceder um meio jurisdicional adicional aos Estados.

4.2. *Os Estados-Membros*

Porém, estes autores esquecem-se de que a excepção de ilegalidade tem também por objectivo compensar a brevidade dos prazos para o recurso de anulação e que a letra do artigo 241.º admite uma interpretação mais lata, pois usa a expressão *qualquer parte*.

Há certas consequências de um acto geral e abstracto que só são visíveis depois de expirado o prazo para o recurso de anulação, pelo

---

[555] Neste sentido, DIMITRIOS SINANIOTIS, *op. cit.*, pg. 109.

Capítulo III – A Competência de Fiscalização de Legalidade

que não faz sentido submeter os Estados a um regime menos favorável do que os particulares.

O facto de os Estados participarem no processo legislativo não os deve impedir de invocar a excepção de ilegalidade, pois eles detêm a mais ampla legitimidade em sede de recurso de anulação.

O Tribunal afirmou, desde muito cedo, que as disposições do Tratado relativas ao direito de recurso não devem ser interpretadas restritivamente[556].

Em conclusão, tanto os particulares como os Estados-Membros podem invocar a excepção de ilegalidade.

O TJ, embora tenha começado por negar aos Estados a legitimidade activa neste meio contencioso[557], acabou por a admitir posteriormente em vários acórdãos[558].

4.3. *Os órgãos da União Europeia*

Por último, importa averiguar se a excepção de ilegalidade pode ser invocada pelos órgãos comunitários, como, por exemplo, a Comissão e o Conselho.

Aqueles que defendem que somente os particulares a podem invocar, negam naturalmente esse direito aos órgãos comunitários. Pelo contrário, para quem, como nós, admite a invocação da excepção de ilegalidade por parte dos Estados-Membros, não pode depois afastar os órgãos comunitários[559].

5. Os vícios

Os vícios susceptíveis de serem invocados para fundamentar a ilegalidade são a incompetência, a violação do Tratado ou de qualquer

---

556 Acórdão de 15/7/63, *Plaumann*, proc. 25/62, Rec. 1963, pgs. 197 e 222.

557 Acórdão de 12/10/78, *Comissão c. Bélgica*, proc. 156/77, Rec. 1978, pg. 1888.

558 Acórdão de 13/7/66, *Itália c. Comissão*, proc. 32/65, Rec. 1966, pg. 563; acórdão de 12/2/87, *França c. Comissão*, proc. 181/85, Col. 1987, pg. 689.

559 O Tribunal admitiu a possibilidade de a Comissão invocar a excepção de ilegalidade, no acórdão de 10/7/2003, *Comissão contra BCE*, proc. C-11/00, Col. 2003, pgs. I-7147 e segs, cons. 76.

220   *Contencioso da União Europeia*

norma que o aplique, a violação de formalidades essenciais e o desvio de poder, ou seja, os mesmos vícios que, segundo o artigo 230.º (ex-artigo 173.º), podem servir de fundamento para o recurso de anulação.

6. Os tipos de processos onde pode ser invocada a excepção de ilegalidade

6.1. *O recurso de anulação*

A excepção de ilegalidade só pode ser invocada no Tribunal de Justiça e no Tribunal de Primeira Instância. Normalmente é invocada no âmbito de um recurso de anulação. Na concepção clássica constitui o prolongamento normal deste recurso.

As características específicas dos outros meios processuais levantam problemas, no que respeita à possibilidade de invocar a excepção de ilegalidade no decurso desses processos.

6.2. *A acção de omissão*

No âmbito do Tratado CECA era menos problemática a invocação da excepção de ilegalidade na acção de omissão, pois, de acordo com o artigo 35.º, considerava-se o silêncio da Alta Autoridade como um acto tácito. Quer dizer: a natureza da acção de omissão não era diferente da natureza do recurso de anulação.

O Tratado CE, pelo contrário, concebe a acção de omissão como tendo por objectivo a declaração da ausência de uma decisão por parte de um órgão comunitário, em violação do Tratado, pelo que as dúvidas quanto à possibilidade de se invocar uma excepção de ilegalidade são maiores.

Parece-nos, no entanto, que não há razões ponderosas para se excluir a excepção de ilegalidade desta acção. Assim, no âmbito de uma acção de omissão os órgãos comunitários demandados podem invocar a ilegalidade do acto sobre o qual os autores fundamentam a obrigação de agir. Esta excepção não pode, naturalmente, ser invocada pelo órgão do qual emana o acto. Por outro lado, o autor também pode

Capítulo III – A Competência de Fiscalização de Legalidade

invocar a ilegalidade do regulamento, que o órgão comunitário alega para sustentar a sua inacção[560].

6.3. *O processo por incumprimento*

Questão controversa é a de saber se os Estados podem invocar a excepção de ilegalidade no âmbito de um processo por incumprimento. O Tribunal começou por rejeitar esta possibilidade[561], no que diz respeito à CECA.

Também uma parte da doutrina[562] se orienta no sentido dessa jurisprudência, com fundamento no facto de que a posição contrária incitaria os Estados a ignorarem os actos comunitários e a esperarem que o processo do artigo 226.º (ex-artigo 169.º) fosse desencadeado para contestarem a legalidade desses actos.

A doutrina dominante admite, no entanto, a invocação do artigo 241.º (ex-artigo 184.º) no decurso do processo por incumprimento[563].

A letra do artigo 241.º (ex-artigo 184.º) permite a invocação da excepção de ilegalidade «*em caso de litígio*». Ora, não há dúvida de que o diferendo que opõe a Comissão ao Estado-Membro, no âmbito do artigo 226.º (ex-artigo 169.º) é um litígio.

Todavia, a posição do TJ quanto a este aspecto continua a não ser muito clara, deixando subsistir dúvidas e incertezas[564] quanto à possibilidade de invocar a excepção de ilegalidade no quadro de um processo por incumprimento[565].

---

[560] Acórdão de 17/7/59, *Société des aciers fins de l'est*, proc. 42/58, Rec. 1959, pgs. 400 e 401.

[561] Acórdão de 8/3/60, *RFA c. Alta Autoridade*, proc. 3/59, Rec. 1960, pgs. 117, 134.

[562] Neste sentido, DIMITRIOS SINANIOTIS, *op. cit.*, pg. 111.

[563] Neste sentido, KOEN LENAERTS e outros, *Procedural Law...*, pg. 351.

[564] Como vimos, o Tribunal, no caso *Nachi Europe*, rejeitou a possibilidade de um particular invocar a excepção de ilegalidade contra um acto que não impugnou dentro do prazo, embora pudesse fazê-lo. Se se estender esta jurisprudência aos Estados-Membros, então também estes não pdoerão invocar a excepção de ilegalidade num processo por incumprimento.

[565] No acórdão de 10/12/69, *Comissão c. França* (procs. 6 a 11/69, Rec. 1969, pg. 813), o Tribunal admitiu a invocação da excepção de ilegalidade por parte da França

6.4. *A acção de responsabilidade*

Em matéria de acção de responsabilidade pode invocar-se a excepção de ilegalidade, embora com restrições.

Como veremos, o Tribunal exige que a violação do acto comunitário seja «*suficientemente caracterizada*», não basta a simples ilegalidade para fundamentar a responsabilidade da Comunidade. A diferente natureza dos dois processos torna muito difícil a sua aplicação simultânea.

6.5. *O processo das questões prejudiciais*

A questão que aqui se coloca é a de saber se a excepção de ilegalidade pode ser invocada no âmbito do processo do artigo 234.° TCE, isto porque a ilegalidade de um acto comunitário também pode ser invocada pelas partes nos tribunais nacionais.

Todavia, neste caso, não se trata de invocar a excepção de ilegalidade, com base no artigo 241.° TCE (ex-artigo 184.°). São os tribunais nacionais que, posteriormente, se o considerarem necessário à boa decisão da causa, podem suscitar, no âmbito do processo do artigo 234.° TCE, a questão prejudicial de interpretação ou de apreciação de validade do acto comunitário perante o TJ.

Ou seja, tratando-se de um processo de cooperação entre os tribunais nacionais e o TJ, as partes não têm possibilidade de invocar a excepção de ilegalidade directamente nos tribunais comunitários. Só o juiz nacional pode invocar a ilegalidade do acto comunitário. Porém, como o juiz nacional não é parte no processo, não se pode falar de excepção de ilegalidade, com base no artigo 241.° (ex-artigo 184.°).

O TJ recusou a admissibilidade da excepção de ilegalidade, no âmbito do artigo 234.° (ex-artigo 177.°), em vários acórdãos[566], com fundamento na própria natureza do processo e na competência

---

que alegava a sua competência exclusiva na matéria. Ver também acórdão de 12/7/73, *Comissão c. RFA*, proc. 70/72, Rec. 1973, pg. 539.

[566] Acórdão de 9/12/65, *Maison Singer et fils*, proc. 44/65, Rec. 1965, pgs. 1191--1201; caso *Wöhrmann*, cit., pg. 979.

Capítulo III – A Competência de Fiscalização de Legalidade   223

exclusiva do juiz nacional para a formulação da questão prejudicial, não podendo as partes modificar-lhe o conteúdo ou o objecto.

7. O prazo

O Tratado não prevê um prazo determinado para se invocar a excepção de ilegalidade, pelo que ela pode ser invocada a todo o tempo. Após a expiração do prazo para a anulação de um acto geral é possível invocar-se a sua ilegalidade num recurso contra uma decisão individual que se funda nesse acto geral[567].

8. Os efeitos e a autoridade do acórdão do Tribunal

A declaração de ilegalidade de um regulamento, ao abrigo do artigo 241.º (ex-artigo 184.º), tem efeitos de caso julgado *inter partes* e não *erga omnes*. Não produz a anulação, mas sim apenas a inaplicabilidade ao caso concreto da disposição ilegal. Nesta medida, o acórdão, que declara a ilegalidade, não pode ser invocado por terceiros, que não se tenham prevalecido das vias de recurso ao seu dispor[568].

O órgão de que emanou o acto declarado ilegal tem o dever de adoptar todas as medidas necessárias à execução do acórdão (artigo 233.º – ex-artigo 176.º, por analogia).

9. As diferenças entre o TCE e TCECA

As diferenças entre o TCECA e o TCE, em matéria de excepção de ilegalidade, eram fundamentalmente três.

Enquanto no TCECA a excepção de ilegalidade só podia ser invocada contra decisões e recomendações da Alta Autoridade, que impusessem sanções pecuniárias ou multas, no Tratado CE, a excepção

---

[567] Acórdão de 16/12/63, *Barge*, proc. 18/62, Rec. 1963, pg. 529.
[568] Acórdão de 21/2/74, *Kortner*, procs. 15 a 33, 52, 53, 57 a 109, 116, 117, 123, 132, 135 a 137/73, Rec. 1974, pgs. 117, 191.

pode ser invocada contra regulamentos aprovados pelo Parlamento Europeu e pelo Conselho, em co-decisão, pelo Conselho, pela Comissão ou pelo Banco Central Europeu, sem ter em conta a imposição de sanções.

10. A excepção de ilegalidade no Tratado que estabelece uma Constituição para a Europa

A Constituição Europeia prevê a excepção de ilegalidade no artigo III-378.º. Se cotejarmos este preceito com o actual artigo 241.º do TCE, podemos verificar, fundamentalmente, duas diferenças:

a) *o objecto da excepção de ilegalidade* passa a ser os actos de alcance geral, abandonando-se a referência aos regulamentos;
b) *as entidades donde emanam os actos de alcance geral* deixam de estar enumeradas, para se passarem a abranger todas as instituições, os órgãos e os organismos da União.

Do ponto de vista literal, a Constituição Europeia alarga, portanto, o âmbito de aplicação da excepção de ilegalidade, o que está em conformidade com o desígnio de um aumento da tutela judicial efectiva.

CAPÍTULO IV

A COMPETÊNCIA DE PLENA JURISDIÇÃO

SECÇÃO I

O processo por incumprimento
(artigos 226.° a 228.° – ex-artigos 169.° a 171.°)

Bibliografia específica: BEATE CHRISTINA ORTLEPP, *Das Vertragsverletzungsverfahren als Instrument zur Sicherung der Legalität im Europäischen Gemeinschaftsrecht*, Baden-Baden, 1987; ALAN DASHWOOD, *Enforcement Actions under Articles 169 and 170 EEC*, ELR, 1989, pgs. 388-413; FAUSTO DE QUADROS, *O princípio da exaustão dos meios internos na Convenção Europeia dos Direitos do Homem e a Ordem Jurídica portuguesa*, ROA, 1990, pgs. 119-157; D. SIMON, *Comentário aos artigos 169.° a 171.°*, *in* Vlad CONSTANTINESCO e outros, Traité instituant la CEE – commentaire article par article, Paris, 1992, pgs. 1007-1033; FAUSTO DE QUADROS, *Incumprimento (em Direito Comunitário)*, *in* Dicionário Jurídico da Administração Pública, vol. V, Lisboa, 1993, pgs. 204-212; A. BARAV, *Manquement (Recours en constatation de –)*, *in* AMI BARAV / CHRISTIAN PHILIP, Dictionnaire Juridique des Communautés Européennes, Paris, 1993, pgs. 639-644; JAVIER DIEZ-HOCHLEITNER, *Le Traité de Maastricht et l'inexécution des arrêts de la Cour de Justice par les Etats membres*, RMUE, 1994, pgs. 111-159 (versão espanhola na Revista de Instituciones Europeas, 1993, pgs. 837-897); A. MATTERA, *La procédure en manquement et la protection des droits des citoyens et des opérateurs lésés*, RMUE, 1995, pgs. 123-166; DOMINIQUE RITLENG, *Comentário ao artigo 171.°*, *in* VLAD CONSTANTINESCO e outros, Traité sur l'Union européenne – Commentaire article par article, Paris, 1995, pgs. 571-585; PAOLA MORI, *Le sanzioni previste dall'art. 171 del Trattato CE: i primi criteri applicativi*, Dir. Un. Eur., 1996, pgs. 1015-1027; JOSE CANDELLA CASTILLO / BERNARD MONGIN, *La loi européenne, désormais mieux protégée*, RMUE, 1997, pgs. 9-26; MARIA JOSÉ RANGEL DE MESQUITA, *Efeitos dos acórdãos do Tribunal de Justiça das Comunidades Europeias proferidos no âmbito de uma acção por incumprimento*, diss., Coimbra, 1997; FAUSTO DE QUADROS, *Responsabilidade dos poderes* *públicos no Direito Comunitário: Responsabilidade extracontratual da Comunidade Europeia e responsabilidade dos Estados por incumprimento do Direito Comunitário*, in La responsabilidad patrimonial de los poderes públicos, III Coloquio Hispano-Luso de Derecho Administrativo, Valladolid, 1997, pgs. 137-153; ERCÜMENT TEZCAN, *Les sanctions prévues par l'article 171, alinéa 2 du Traité CE en cas de non-exécution d'un arrêt de la Cour de Justice par un Etat membre et les développements récents à ce propos*, ERPL/REDP, 1998, pgs. 40-67; ANNE BONNIE, *Commission Discretion under Article 171(2) EC*, ELR, 1998, pgs. 537-551; JOHN P. GAFFNEY, *The Enforcement Procedure Under Article 169 EC and the Duty of Member States to Supply Information Requested by the Commission: is there a Regulatory Gap?*, LIEI, 1998, pgs. 117--129; PAZ ANDRÉS SÁENZ DE SANTA MARÍA, *Primera multa coercitiva a un Estado miembro por inejecución de sentencia (Comentario a la STJCE de 4 de julio de 2000, Comisión c. Grecia)*, Rev. Der. Com. Eur., 2000, pgs. 493-518; CARLOS JIMÉNEZ PIERNAS, *El incumplimiento del Derecho Comunitario por los Estados miembros quando median actos de particulares: una aportacion al debate sobre interdependencia entre Derecho Comunitário y Derecho Internacional*, Rev. Der. Com. Eur., 2000, pgs. 15-48; MARIA A. THEODOSSIOU, *An Analysis of the Recent Response of the Community to Non-Compliance with Court of Justice Judgments: Article 228 (2) E.C.*, ELR, 2002, pgs. 25-46; RODOLPHE MUÑOZ, *La participation du plaignant à la procédure en infraction au droit communautaire diligentée par la Commission*, RMCUE, 2003, pgs. 610-616; BÉNÉDICTE Masson, *«L'obscure clarté» de l'article 228 § 2 CE*, RTDE, 2004, pgs. 639-668; FAUSTO DE QUADROS, *Introdução*, in FAUSTO DE QUADROS (Coord), Responsabilidade civil extracontratual da Administração Pública, 2.ª ed., Coimbra, 2004, pgs. 7-36; MARIA JOSÉ RANGEL MESQUITA, *Condenação de um Estado-Membro da União Europeia no pagamento de sanções pecuniárias: um princípio com futuro – reflexões breves sobre o primeiro e o segundo acórdãos do Tribunal de Justiça que aplicam uma sanção pecuniária compulsória a um Estado membro*, in Estudos em homenagem ao Prof. Doutor Joaquim Moreira da Silva Cunha, Coimbra, 2005, pgs. 621-638; PÅL WENNERÅS, *A New Dawn for Commission Enforcement under Articles 226 and 228 EC: General and Persistent (GAP) Infringements, Lump Sums and Penalty Payments*, CMLR, 2006, pgs. 31-62.

1. A função do processo por incumprimento

O processo por incumprimento está previsto nos artigos 226.º a 228.º (ex-artigos 169.º a 171.º) do Tratado CE, permitindo a instauração de uma acção contra um Estado-Membro que se considere que não cumpriu alguma das obrigações previstas no Direito Comunitário.

Capítulo IV – A Competência de Plena Jurisdição

Como é sabido, a aplicação do Tratado CE está, na maior parte dos casos, a cargo dos Estados-Membros. Daí que tenha sido necessário criar um meio contencioso que possibilitasse controlar a conformidade da actuação dos Estados-Membros com o Direito Comunitário e, desse modo, dirimir os conflitos que pudessem vir a surgir a esse respeito.

Assim, o processo por incumprimento tem, em primeiro lugar, como objectivo dar prevalência aos interesses comunitários, prosseguidos pelos Tratados, em detrimento das acções ou abstenções contrárias por parte dos Estados[569].

Em segundo lugar, este processo permite determinar a interpretação correcta das obrigações dos Estados-Membros, previstas nos Tratados[570], e desse modo também contribui para uma interpretação e aplicação uniformes do Direito Comunitário.

Em terceiro lugar, o processo por incumprimento possibilita ainda, uma vez declarado o incumprimento em que o TJ censura o comportamento positivo ou negativo de um Estado-Membro, a propositura de uma acção de responsabilidade contra esse Estado[571].

Trata-se, portanto, de um meio contencioso – tal como os que analisámos até aqui – que é tributário das especificidades da Ordem Jurídica da União Europeia em que se insere. Consequentemente, afasta-se do Direito Internacional Público clássico[572].

A prova do que acaba de se afirmar será feita no n.º 8 deste capítulo, pois pressupõe a análise dos vários aspectos deste processo.

2. A noção de incumprimento

O artigo 226.º (ex-artigo 169.º) confere competência à Comissão para iniciar a fase pré-contenciosa do processo por incumprimento se considerar que um Estado-Membro não cumpriu uma «obrigação que lhe incumbe por força do presente Tratado».

---

[569] Acórdão de 25/7/60, *Itália c. Alta Autoridade*, proc. 20/59, Rec. 1960, pg. 692.

[570] Acórdão de 14/12/71, *Comissão c. RFA*, proc. 7/71, Rec. 1971, pg. 1021.

[571] Acórdão de 7/2/73, *Comissão c. Itália*, proc. 39/72, Rec. 1973, pgs. 101-117.

[572] Em sentido contrário, ver CARLOS JIMÉNEZ PIERNAS, *op. cit.*, pgs. 21 e segs.

228   *Contencioso da União Europeia*

A noção de incumprimento não está, portanto, definida no Tratado, pelo que competiu ao TJ concretizá-la.

Antes de mais, importa afirmar que a noção de incumprimento é mais vasta do que a simples violação do Tratado. Ela consiste na violação por parte das autoridades estaduais de regras, normas e princípios obrigatórios do Direito Comunitário – enfim, na violação do Direito Comunitário.

2.1. *A noção de violação*

Do que acaba de ser dito, decorre que a noção de incumprimento compreende a noção de violação.

Entende-se por violação, para o efeito dos artigos 226.º a 228.º (ex-artigos 169.º a 171.º), a aprovação, a adopção e a manutenção de medidas legislativas, regulamentares ou administrativas por parte de um Estado-Membro incompatíveis com o Direito Comunitário, bem como a inexecução e a execução incompleta ou tardia de obrigações que são impostas ao Estado pelo Direito Comunitário[573].

Neste último caso, o problema torna-se particularmente delicado quando o texto de Direito Comunitário não prevê expressamente o prazo dentro do qual a obrigação deve ser cumprida pelo Estado-Membro.

O TJ introduziu a este propósito os conceitos de «*prazo razoável*» ou «*em tempo útil*», tendo considerado que os Estados-Membros devem cumprir as suas obrigações num «*prazo razoável*»[574] ou «*em tempo útil*».

Assim, se o prazo para a execução da obrigação comunitária não está expressamente previsto num texto, o Tribunal examina a natureza da obrigação e as medidas necessárias para a sua execução. Em seguida, averigua se se pode inferir um prazo implícito e, por fim, decide em que medida o atraso na execução deve ser considerado como constituindo uma violação do Direito Comunitário.

---

[573] Acórdão de 17/2/70, *Comissão c. Itália*, proc. 31/69, Rec. 1970, pg. 33.

[574] Acórdão de 7/2/73, *Comissão c. Itália*, proc. 39/72, Rec. 1973, pgs. 101-117; acórdão de 26/2/76, *Comissão c. Itália*, proc. 52/75, Rec. 1976, pgs. 277-286.

Capítulo IV – A Competência de Plena Jurisdição

Uma das situações mais frequentes de violação do Direito Comunitário por parte de um Estado diz respeito à não transposição de directivas. O Tribunal considera que o Estado não cumpriu a obrigação de transpor a directiva se se limitou a adoptar certas práticas administrativas que podem alterar-se muito facilmente e não são suficientemente publicadas[575].

Para que exista violação não basta a virtualidade da mesma, é necessária a existência efectiva de uma norma ou acto incompatível com o Direito Comunitário ou uma sua omissão real[576].

O Tribunal, no caso *Comissão c. Itália*[577], considerou que, apesar de a legislação italiana ser contrária ao Direito Comunitário, não havia incumprimento porque a infracção era apenas potencial.

O problema da efectividade do incumprimento foi discutido também no caso *Code du travail maritime français*[578]. A Comissão entendeu que a manutenção de uma norma contrária ao antigo artigo 48.º (actual artigo 39.º) do Tratado e ao Regulamento 1612/68 constituía uma violação do Direito Comunitário e, consequentemente, um incumprimento. O Governo francês defendeu-se com o argumento de que tinha dado instruções no sentido de a legislação em causa não se aplicar aos nacionais de Estados-Membros. O Tribunal, todavia, decidiu que a manutenção do texto em causa dava lugar a ambiguidades e incertezas e declarou o incumprimento.

Mesmo que os actos aprovados pelo governo de um Estado-Membro contrários ao Tratado não produzam efeitos obrigatórios, o Tribunal entende que eles podem consistir em incumprimento se forem susceptíveis de influenciar a conduta dos operadores económicos e dos consumidores nesse Estado e, com isso, levarem ao não cumprimento

---

[575] Acórdão de 15/12/82, *Comissão c. Holanda*, proc. 160/82, Rec. 1982, pg. 4642; acórdão de 7/2/85, *Comissão c. França*, proc. 173/83, Rec. 1985, pg. 507; acórdão de 7/3/96, *Comissão c. França*, proc. C-334/95 e C-334/94, Col. 1996, pgs. 1307 e segs.

[576] Acórdão de 5/5/70, *Comissão c. Itália*, proc. 77/69, Rec. 1970, pgs. 237, 245; acórdão de 18/11/70, *Comissão c. Itália*, proc. 8/70, Rec. 1970, pgs. 961-968.

[577] Acórdão de 15/4/70, proc. 28/69, Rec. 1970, pgs. 187-197.

[578] Acórdão de 4/4/74, proc. 167/73, Rec. 1974, pgs. 359-374. Ver também acórdão de 25/10/79, *Comissão c. Itália*, proc. 159/78, Rec. 1979, pg. 3264; acórdão de 24/3/88, *Comissão c. Itália*, proc. 104/86, Col. 1988, pg. 1817.

dos objectivos da Comunidade[579]. A violação deve ser anterior à abertura do processo por incumprimento[580].

O incumprimento é uma noção independente da aplicabilidade directa da norma violada, pois o Direito Comunitário vincula os Estados-Membros independentemente dela. Não são só as normas ou os actos directamente aplicáveis que obrigam os Estados.

2.2. *As fontes de Direito Comunitário relevantes para o incumprimento*

As fontes de Direito Comunitário cuja violação pode dar lugar a um processo por incumprimento são:

a) o Direito Comunitário originário, que inclui os tratados institutivos das Comunidades Europeias, bem como os tratados que os alteraram e completaram. Só não estão abrangidas as regras excluídas da jurisdição do TJ pelo artigo 46.º (ex-artigo L) do TUE;

b) o Direito Comunitário derivado, ou sejam, os actos obrigatórios dos órgãos comunitários[581]. A maior parte dos casos de incumprimento relativos ao Direito Comunitário derivado referem-se à não transposição de directivas por parte dos Estados;

c) o estatuto do Banco Europeu de Investimento;

d) os acordos internacionais concluídos pela Comunidade no âmbito da sua competência[582], bem como os acordos mistos[583];

e) os direitos fundamentais fazem parte integrante dos princípios gerais de direito cujo respeito é assegurado pelo Tribunal, pelo que uma violação de tais princípios pode constituir um incumprimento no sentido do Tratado;

---

[579] Acórdão de 24/11/82, *Comissão c. Irlanda*, proc. 249/81, Rec. 1982, pg. 4023.

[580] Acórdão de 15/7/60, *Itália c. Alta Autoridade*, proc. 20/59, Rec. 1960, pg. 663.

[581] Acórdão de 8/3/60, *Alemanha c. Alta Autoridade*, proc. 3/59, Rec. 1960, pgs. 119, 133.

[582] Acórdão de 26/10/82, *Kupferberg*, proc. 104/81, Rec. 1982, pgs. 3641, 3662.

[583] Acórdão de 19/3/2002, *Comissão / Irlanda*, proc. C-13/00, Col. 2002, pgs. I-2943 e segs, cons. 14 e 15, 19 e 20.

Capítulo IV – A Competência de Plena Jurisdição 231

f) os acórdãos do Tribunal de Justiça são obrigatórios, embora na maior parte dos casos produzam efeitos apenas *inter partes*. Pelo contrário, os casos proferidos no âmbito de um processo por incumprimento, de acordo com o artigo 228.º (ex--artigo 171.º), impõem ao Estado a obrigação de adoptar as medidas necessárias à sua execução, pelo que a sua violação pode fundamentar um outro processo por incumprimento[584];

g) quanto aos acordos concluídos pelos Estados-Membros, de acordo com o artigo 293.º (ex-artigo 220.º), é controverso se têm como principal objectivo a realização dos fins do Tratado e se, como tal, se podem incluir nas fontes de Direito Comunitário, cuja violação pode dar lugar a um processo por incumprimento. Para uma parte da doutrina[585] estes acordos estão abrangidos pelos artigos 226.º (ex-artigo 169.º) e 227.º (ex-artigo 170.º), enquanto que para outros é necessário distinguir-se entre a obrigação de concluir os acordos, que se fundamenta no Tratado, e as obrigações, propriamente ditas, decorrentes dos acordos, que se baseiam num acto de Direito Internacional. O Tribunal ainda não se pronunciou sobre esta questão.

3. A natureza do incumprimento

O incumprimento tanto pode resultar de um comportamento positivo como de uma abstenção[586].

3.1. *O incumprimento por acção*

O comportamento positivo pode consistir num acto interno determinado – legislativo, regulamentar ou administrativo – incompatível

---

[584] Acórdão de 13/7/72, *Comissão c. Itália*, proc. 48/71, Rec. 1972, pgs. 529-536.

[585] V., entre outros, H. SCHERMERS / D. WAELBROECK, *op. cit.*, pg. 290; JEAN BOULOUIS / MARCO DARMON / JEAN-GUY HUGLO, *op. cit.*, pgs. 247 e 248.

[586] Acórdão de 17/2/70, *Restituições à exportação*, proc. 31/69, Rec. 1970, pgs. 25, 33.

com o Direito Comunitário existente ou num conjunto de vários actos internos.

Neste caso, o processo contra o Estado visa contestar a validade do Direito interno. O Tribunal pode declarar o Direito nacional contrário ao Tratado e, como tal, ilegal, embora não tenha competência para proceder à declaração de nulidade ou de inexistência ou à anulação de qualquer norma ou acto de Direito nacional.

3.2. *O incumprimento por abstenção*

A abstenção pode consistir na omissão da parte do Estado do seu dever de adoptar medidas de execução, previstas no Direito Comunitário, ou ainda no facto de ele não abrogar uma lei ou um regulamento que, entretanto, se tornaram contrários ao Direito Comunitário.

O Tribunal, em matéria de processo por incumprimento, não está limitado à apreciação de determinados vícios especificamente previstos no Tratado, como acontece, por exemplo, no âmbito do recurso de anulação.

4. **A entidade nacional responsável pelo incumprimento**

O autor do incumprimento é o Estado no seu conjunto. O Estado é o responsável pelo incumprimento seja qual for a pessoa colectiva pública ou o órgão cuja acção ou omissão esteja na origem do incumprimento.

Assim, as violações de Direito Comunitário, ou seja, os incumprimentos levados a cabo por entidades infra-estaduais, como sejam as autoridades regionais ou locais, são também imputáveis ao Estado[587].

O Tribunal considera que ainda que se trate de um *«órgão constitucionalmente independente»*[588] pode instaurar-se um processo por incumprimento.

---

[587] Acórdão de 2/12/86, *Comissão c. Bélgica*, procs. 239/85, Col. 1986, pg. 3660; acórdão de 14/1/88, *Comissão c. Bélgica*, procs. 227 a 230/85, Col. 1988, pg. 1.

[588] Acórdão de 5/5/70, *Comissão c. Bélgica*, proc. 77/69, Rec. 1970, pgs. 237, 244; acórdão *Comissão c. Itália*, proc. 8/70, de 18/11/70, Rec. 1970, pg. 966; acórdão de 9/12/2003, *Comissão / Itália*, proc. 129/00, Col. 2003, cons. 29.

Capítulo IV – A Competência de Plena Jurisdição 233

Esta expressão «*órgão constitucionalmente independente*» é muito vasta, tendo-se colocado a questão de saber se nela se incluem também os órgãos jurisdicionais dos Estados-Membros.

Neste contexto, as hipóteses de incumprimento que se poderiam configurar seriam, por um lado, o não respeito pelo primado ou a aplicação errada do Direito Comunitário por parte dos tribunais nacionais e, por outro lado, a recusa por parte de um juiz nacional em suscitar uma questão prejudicial ao TJ, de acordo com o artigo 234.° (ex--artigo 177.°), quando a isso está obrigado. Como já vimos, durante muito tempo, a Comissão absteve-se de desencadear o processo por incumprimento com este último fundamento, tendo preferido utilizar formas de persuasão informais.

Mais recentemente, como já mencionámos no capítulo relativo ao processo das questões prejudiciais[589], o Tribunal proferiu um acórdão, no caso *Comissão contra a Itália*[590], em que poderia ter declarado o incumprimento por parte de um órgão jurisdicional. Optou, todavia, por um lado, por fechar a porta do processo por incumprimento a violações esporádicas do Direito Comunitário imputáveis a juízes internos e, por outro lado, por iludir a condenação directa do tribunal, com fundamento no respeito da independência do Poder Judicial interno. O Tribunal acabou por condenar o Poder Legislativo por não ter modificado a legislação interna.

Apesar da falta de condenação directa do órgão jurisdicional nacional, este acórdão representa um passo em frente da jurisprudência comunitária neste domínio, até porque ele deve ser lido em consonância com três outros acórdãos sobre a responsabilidade do juiz nacional enquanto juiz comum do Direito Comunitário. Estamos a referirmo-nos ao já mencionados casos *Köbler*[591], *Kühne*[592] e *Traghetti del Mediterraneo Spa*[593].

Como já se disse, no caso *Köbler,* o Tribunal estendeu ao Poder Judicial os princípios da responsabilidade do Estado por

---

[589] Ver *supra* Cap. II, n.° 4.3.2., V.
[590] Acórdão de 9/12/2003, proc. C-129/00, cit.
[591] Acórdão de 30/9/2003, proc. C-224/01, cit.
[592] Acórdão de 13/1/2004, proc. C-453/00, cit.
[593] Acórdão de 13/6/2006, proc. C-173/03, cit.

234 Contencioso da União Europeia

violação do Direito Comunitário, embora com algumas restrições; no caso *Kühne*, o Tribunal admitiu o reexame interno de um acto administrativo, que tinha sido objecto de uma sentença confirmativa já transitada em julgado, com fundamento no facto de a referida sentença se ter baseado numa interpretação do Direito Comunitário que, por força de uma jurisprudência posterior do Tribunal de Justiça, em sede de artigo 234.º, se deveria considerar errónea e que o tribunal nacional adoptou sem ter submetido a questão ao Tribunal de Justiça, quando a isso estava obrigado pelo parágrafo 3.º do preceito[594] e, por último, no caso *Traghetti*, o Tribunal reafirma a jurisprudência *Köbler*, mas acrescenta que um regime legal nacional que exclua, de uma forma geral, a responsabilidade do Estado-Membro por danos causados aos particulares em virtude de uma violação do Direito Comunitário imputável a um órgão jurisdicional que decide em última instância, é contrário ao Direito Comunitário. Além disso, o Direito Comunitário também se opõe a um regime nacional que limite essa responsabilidade aos casos de dolo ou de culpa grave do juiz.

5. A tramitação processual

Os trâmites do processo por incumprimento são diferentes consoante se trate de um processo da Comissão contra o Estado (artigo 226.º (ex-artigo 169.º)) ou de um processo de um Estado-Membro contra outro (artigo 227.º (ex-artigo 170.º)). Quer dizer: os trâmites do processo variam consoante a entidade que nele goza de legitimidade activa seja a Comissão ou um Estado-Membro. No entanto, em ambos os casos existe uma fase pré-contenciosa ou administrativa e uma fase contenciosa.

Há também casos, expressamente previstos no Tratado, em que o incumprimento de certas normas comunitárias não segue os trâmites previstos nestes preceitos. Assim, por exemplo, em matéria de controlo das ajudas de Estado (artigo 88.º (ex-artigo 93.º), par. 2.º), e de harmonização de legislações (artigo 95.º (ex-artigo 100.ºA), par. 4.º), o Tratado estipula regras especiais, em derrogação dos artigos 226.º (ex-

---

[594] Como vimos esta solução só foi possível devido às circunstâncias do caso concreto. Ver *supra* Cap. II, 4.2.3., V.

Capítulo IV – A Competência de Plena Jurisdição   235

-artigo 169.º) e 227.º (ex-artigo 170.º). Por outro lado, o Tratado pode excluir a possibilidade de processo por incumprimento em determinadas situações. O TUE utilizou este expediente no artigo 104.º (ex--artigo 104.ºC), n.º 10, a propósito do défice público excessivo do Estado, tendo atribuído competência ao Conselho para sancionar estas situações.

5.1. *O processo da Comissão contra o Estado-Membro*

5.1.1. *A fase pré-contenciosa ou administrativa*

O processo do artigo 226.º (ex-artigo 169.º) inicia-se com um procedimento administrativo prévio, que é composto por duas formalidades:

I – a carta de notificação;
II – o parecer fundamentado.

Na prática, a Comissão antes de iniciar a fase pré-contenciosa do processo por incumprimento, ou seja, antes de enviar a notificação, chamada carta de notificação, propriamente dita, ao Estado, procede à troca de correspondência e à discussão com esse Estado, com vista a uma solução amigável do problema.

O objectivo da fase pré-contenciosa é, portanto, o de dar a um Estado-Membro a oportunidade de justificar a sua posição ou, se for caso disso, o de permitir-lhe voluntariamente repor a legalidade infringida. No caso de esta tentativa de solução não ter êxito, o Estado--Membro é convidado a cumprir as suas obrigações, especificadas no parecer fundamentado, no prazo fixado por este[595].

I. A carta de notificação

A condenação de um Estado num processo por incumprimento é uma situação que implica alguma gravidade e, como tal, exige-se que

---

[595] Neste sentido, ver, entre outros, acórdãos de 31/1/84, *Comissão c. Irlanda*, proc. 74/82, Rec. 1984, pgs. 317 e segs; de 18/3/86, *Comissão c. Bélgica*, proc. 85/85, Col. 1986, pgs. 1149 e segs; de 19/5/98, *Comissão c. Países Baixos*, proc. C-3/96, Col. 1998, pgs. 3031 e segs.

236 Contencioso da União Europeia

os Estados-Membros beneficiem de garantias processuais efectivas, incluindo o direito a defenderem-se de todas as acusações que lhe forem feitas.

Assim, a Comissão ao tomar conhecimento, por sua iniciativa ou através de queixa[596], de que aparentemente um Estado desrespeitou determinada obrigação, imposta pelo Direito Comunitário, deve começar por lhe dirigir uma carta de notificação, isto é, um pedido de esclarecimento.

A) *Os objectivos da carta de notificação*

Esta formalidade tem um duplo objectivo. Em primeiro lugar, permite ao Estado faltoso justificar-se perante a Comissão e, deste modo, tentar convencê-la de que não há qualquer violação do Tratado. Em segundo lugar, dá ao Estado uma última hipótese de cumprir as suas obrigações e repor a legalidade, antes de ser proposta uma acção em Tribunal[597].

O principal objectivo desta fase é, no fundo, solucionar amigavelmente o conflito que opõe a Comissão ao Estado.

B) *O conteúdo da carta de notificação*

A carta de notificação deve identificar a violação, ou seja, a acção ou omissão de que o Estado é acusado e a norma ou normas comunitárias violadas. Deve ainda fixar um prazo para a resposta. Para atingir o seu objectivo deve circunscrever o objecto do litígio e precisar claramente as obrigações que foram desrespeitadas. A carta de notificação deve indicar ao Estado todos os elementos de que ele necessita para preparar a sua defesa[598].

---

[596] Sobre a participação dos particulares no processo por incumprimento, ver RODOLPHE MUÑOZ, *La participation du plaignant...*, pgs. 610 e segs.

[597] Acórdão de 10/12/2002, *Comissão / Irlanda*, proc. C-362/01, Col. 2002, pgs. I-11433 e segs, cons. 16 e 17; ac. de 13/12/2001, *Comissão / França*, proc. C-1/00, Col. I-9989 e segs, cons. 53.

[598] Acórdão de 15/12/82, *Comissão c. Dinamarca*, proc. 211/81, Rec. 1982, pg. 4557; acórdão de 5/6/2003, *Comissão / Itália*, proc. C-145/01, Col. 2003, pgs. I-5581 e segs, cons. 17 e 18.

Capítulo IV – A Competência de Plena Jurisdição

Não implica uma justificação jurídica pormenorizada nem definitiva. Posteriormente, no parecer fundamentado a Comissão pode desenvolver a carta de notificação[599].

A Comissão pode enviar ao Estado várias cartas de notificação sobre o mesmo assunto e, consequentemente, abrir vários prazos ao Estado para apresentar as suas observações escritas.

C) A carta de notificação como condição de regularidade do processo

A carta de notificação constitui uma condição substancial da regularidade do processo, pois só a partir dela é que o Estado pode apresentar as suas observações escritas. Ora, a apresentação destas observações constitui uma garantia de defesa essencial para os Estados, mesmo quando não a usam[600]. As observações do Estado podem infirmar a opinião da Comissão ou confirmá-la ou ainda levá-la a alterar a sua posição inicial.

Todavia, se a irregularidade da carta de notificação não tiver por efeito privar o Estado da possibilidade de apresentar as suas observações, não terá consequências para o seguimento do processo. Assim, se a Comissão logo após ter enviado ao Estado uma carta de notificação insuficientemente pormenorizada, lhe remeter uma outra carta com os complementos necessários, então tal não obsta à prossecução do processo[601].

Se após as observações apresentadas pelo Estado a Comissão pretender alterar a sua posição quanto à natureza da violação é necessário nova carta de notificação, pois o Estado tem direito a apresentar as suas observações sobre os elementos, entretanto, surgidos. Assim, o acto que constata o incumprimento deve basear-se sobre os mesmos fundamentos que a carta de notificação dirigida pela Comissão ao Estado. A carta fixa de uma vez por todas o objecto do litígio.

---

[599] Acórdão de 28/5/85, *Comissão c. Itália*, proc. 274/83, Rec. 1985, pg. 1090.

[600] Acórdão *Restituições à exportação*, cit., pg. 34; acórdão *Comissão c. Dinamarca*, cit., pgs. 4557, 4558; acórdão de 5/12/2002, *Comissão / Alemanha*, proc. C-467/98, Col. 2002, pgs. I-9855 e segs, cons. 46 a 48; acórdão de 5/6/2003, *Comissão / / Itália*, cit.

[601] Acórdão de 15/12/82, *Comissão c. Dinamarca*, proc. 211/81, Rec. 1982, pgs. 4557-4558.

238   *Contencioso da União Europeia*

Se o Estado durante a fase pré-contenciosa do processo substituir a norma nacional que fundamenta o incumprimento por outra substancialmente diferente, então a Comissão tem de reiniciar o processo a partir da discussão informal. A Comissão, para evitar que os Estados, através de actuações deste tipo, se consigam imiscuir à competência do TJ, não considera como incumprimento o facto de o Direito nacional ser contrário à regra comunitária, antes invocando a violação que resulta dessa norma. Assim, mesmo que a norma mude, desde que se mantenha a violação, o processo pode prosseguir os seus trâmites[602].

D) *As obrigações dos Estados e os poderes da Comissão no processo*

Os Estados devem facultar à Comissão todas as informações necessárias ao desempenho das suas funções, desde a fase das negociações informais até ao final do processo por incumprimento[603], de acordo com o artigo 10.º (ex-artigo 5.º) do Tratado.

A Comissão dispõe de um poder discricionário quanto à decisão de desencadear o processo por incumprimento e quanto à escolha do momento. O TJ admitiu uma acção da Comissão contra a Itália[604] nas vésperas da dissolução do parlamento italiano, por considerar que a escolha do momento da propositura da acção era da competência discricionária da Comissão.

Além disso, compete à Comissão decidir quais as violações do Direito Comunitário por parte dos Estados que são constitutivas de incumprimento. A Comissão pode ater-se apenas aos aspectos da violação mais importantes e limitar a sua actuação a esses aspectos.

---

[602] Acórdão de 1/12/65, *Comissão c. Itália*, proc. 45/64, Rec. 1965, pg. 864.

[603] Acórdão de 25/5/82, *Comissão c. Holanda*, proc. 97/81, Rec.1982, pg. 1803; de 11/12/85, *Comissão c. Grécia*, proc. 192/84, Rec. 1985, pg. 3979; de 24/3/88, *Comissão c. Grécia*, proc. C-240/86, Col. 1988, pg. 1858; acórdão de 13/6/2002, *Comissão / / Espanha*, proc. C-474/99, Col. 2002, pgs. I-5293 e segs, cons. 42 a 44.

[604] Acórdão de 10/12/68, *Comissão c. Itália*, proc. 7/68, de 10/12/68, Rec. 1968, pg. 428.

Capítulo IV – A Competência de Plena Jurisdição 239

II. O parecer fundamentado

A) *Os objectivos do parecer fundamentado*

O parecer fundamentado tem um duplo objectivo:

– a exposição das razões de direito e de facto que a Comissão considera como tendo constituído o incumprimento;
– a comunicação ao Governo do Estado das medidas que a Comissão considera necessárias para pôr fim ao incumprimento[605].

B) *O conteúdo do parecer fundamentado*

Na sequência da carta de notificação o Estado pode apresentar as suas observações.

Se o Estado mantiver a situação de incumprimento poder-se-á passar à segunda parte da fase pré-contenciosa. A Comissão emite um parecer fundamentado, no qual é delimitado o objecto do litígio[606] e fixado um prazo para o Estado pôr termo ao incumprimento.

A existência de um incumprimento deve ser apreciada em função da situação do Estado-Membro, tal como se apresentava no termo do prazo fixado no parecer fundamentado, não sendo tomadas em consideração pelo Tribunal as alterações posteriormente ocorridas[607].

O parecer é suficientemente fundamentado se contém uma exposição coerente e detalhada das razões que levaram a Comissão a considerar que o Estado faltou à ou às obrigações que lhe incumbem por força do Direito Comunitário[608].

---

[605] Acórdão *Aides à la reconversion des régions minières*, cit., pgs. 828-829.

[606] Acórdão de 27/5/81, *Essevi*, procs. 142 e 143/80, Rec. 1981, pgs. 1413, 1433; acórdão de 19/3/91, *Comissão c. Bélgica*, proc. C-249/88, Col. 1991, pgs. I-1275.

[607] Acórdão de 2/5/96, *Comissão c. Bélgica*, proc. C-133/94, Col. 1996, pgs. I-2323 e segs; acórdão de 17/9/96, *Comissão c. Itália*, proc. C-289/94, Col. 1996, pgs. I-4405 e segs.

[608] Acórdão de 19/12/61, *Comissão c. Itália*, proc. 7/61, Rec. 1961, pg. 654; acórdão de 14/2/84, *Comissão c. Alemanha*, proc. 325/82, Rec. 1984, pg. 777; acórdão de 11/7/91, *Comissão c. Portugal*, proc. C-247/89, Col. 1991, pgs. I-3659 e segs; acórdão de 16/9/97, *Comissão c. Itália*, proc. C-279/94, Col. 1997, pgs. I-4743 e segs; acórdão de 20/3/97, *Comissão c. Alemanha*, proc. C-96/95, Col. 1997, pgs. 1653 e segs; acórdão de 20/6/2002, *Comissão / Alemanha*, proc. C-287/00, Col. 2002, pgs. I- 5811 e segs, cons. 16, 19 e 24.

240   *Contencioso da União Europeia*

O prazo deve ser razoável, tendo em conta a natureza da violação e a acção necessária para lhe pôr fim[609]. O TJ considera que, se o prazo imposto pela Comissão foi de tal maneira curto que o Estado não teve possibilidade de lhe responder, a acção deve ser rejeitada liminarmente[610].

O Tribunal considerou razoável um prazo de 4 meses para o Luxemburgo rever uma parte significativa da sua legislação relativa à função pública, pois o Estado já estava informado da posição da Comissão há mais de oito anos[611].

O parecer deve estabelecer quais as medidas que a Comissão considera necessárias para pôr fim ao incumprimento[612].

O parecer fundamentado deve basear-se em motivos idênticos aos da carta de notificação dirigida pela Comissão ao Estado. Do mesmo modo, o parecer e a acção da Comissão devem ter por base as mesmas acusações. A Comissão não pode, portanto, alterar os fundamentos no decurso do processo[613]. Mas nada impede a Comissão de pormenorizar, no parecer fundamentado, as acusações que já alegou de forma mais geral na notificação de incumprimento[614] ou de as restringir com base em elementos de prova a que só teve acesso posteriormente[615].

Além disso, esta exigência não pode ir ao ponto de impor em todos os casos uma coincidência perfeita entre o enunciado das acusações na carta de notificação, a parte decisória do parecer fundamentado

---

[609] Acórdão de 31/1/84, *Comissão c. Irlanda*, proc. 74/82, Rec. 1984, pg. 338.

[610] Acórdão de 2/2/88, *Comissão c. Bélgica*, proc. 293/85, Col. 1988, pg. 353.

[611] Acórdão de 2/7/96, *Comissão c. Luxemburgo*, proc. C-473/93, Col. 1996, pgs. 3207 e segs.

[612] A competência da Comissão para indicar as medidas que o Estado deve adoptar foi inicialmente contestada por alguns Estados-Membros. O Tribunal acabou por a aceitar no acórdão de 12/7/73, *Comissão c. Alemanha*, proc. 70/72, Rec. 1973, pg. 828.

[613] Acórdão de 9/12/81, *Comissão c. Itália*, proc. 193/80, Rec. 1981, pg. 3032; acórdão de 28/10/1999, *Comissão / Áustria*, proc. C-328/96, Col. 1999, pgs. I-7479 e segs, cons. 34 e 39.

[614] Ver Acórdão de 16/9/97, *Comissão c. Itália*, proc. C-279/94, Col. 1997, pgs. I-4743 e segs; acórdão de 29/9/98, *Comissão c. Alemanha*, proc. C-191/95, Col. 1998, pgs. 5449 e segs.

[615] Ac. de 11/7/2002, *Comissão / Espanha*, proc. C-139/00, Col. 2002, pgs. I- 6407 e segs, cons. 18 a 21.

Capítulo IV – A Competência de Plena Jurisdição 241

e os pedidos formulados na petição, se o objecto do litígio não tiver sido alargado ou alterado, mas simplesmente restringido[616].

C) A obrigatoriedade ou faculdade de a Comissão emitir o parecer fundamentado

Chegados a este ponto, importa averiguar se a Comissão está obrigada a emitir o parecer fundamentado. Para uma parte da doutrina, a expressão «formulará» utilizada no Tratado aponta no sentido imperativo, pelo que a Comissão estaria obrigada a emitir o parecer. Para outros autores[617], a Comissão não está obrigada a propor a acção por incumprimento no Tribunal, pelo que não faria sentido a obrigatoriedade do parecer fundamentado, que é um elemento prévio à fase contenciosa. Além disso, o TJ rejeitou, desde muito cedo, toda e qualquer possibilidade de os Estados ou os particulares impugnarem a legalidade do parecer fundamentado, por não se tratar de um acto obrigatório[618].

Segundo o Tribunal, a Comissão detém uma competência exclusiva para decidir se é oportuno desencadear a acção por incumprimento e com base em que acção ou omissão do Estado a acção deve ser proposta[619].

De um modo geral, a discussão acerca da validade do parecer fundamentado coincide com a discussão da acção por incumprimento, pelo que não faz sentido admitir-se a impugnação autónoma do parecer fundamentado[620].

Além disso, também não se pode obrigar a Comissão a desencadear o processo por incumprimento.

Todavia, o Estado pode ter interesse numa decisão judicial, que declare que não houve incumprimento, nos casos em que a Comissão decide não propor a acção no Tribunal. O parecer fundamentado pode

---

[616] Acórdão *Comissão c. Alemanha*, proc. C-191/95, cit., pgs. 5449 e segs; acórdão *Comissão c. Itália*, proc. C-279/94, cit., pgs. 4743 e segs.

[617] R. JOLIET, *op. cit.*, pg. 33.

[618] Acórdão *Lütticke I*, cit., pg. 39.

[619] Acórdão de 5/11/2002, *Comissão / Luxemburgo*, proc. C-427/98, Col. 200 , pgs. I-9681 e segs.

[620] Acórdão de 10/12/69, *Comissão c. França*, procs. 6 11/69, Rec. 1969, pg. 542.

ter criado uma situação de suspeição e incerteza na opinião pública que o Estado pretende ver esclarecida.

O parecer fundamentado é um pressuposto processual do qual depende a propositura da acção em Tribunal[621], pois o objecto do litígio está circunscrito pelo parecer fundamentado, dado que a acção judicial se deve basear nos mesmos argumentos e fundamentos deste[622].

5.1.2. *A fase contenciosa: a acção por incumprimento*

No caso de o Estado não actuar em conformidade com o parecer fundamentado e persistir no incumprimento, a Comissão poderá propor no TJ uma acção por incumprimento.

Por outras palavras, se o Estado cumprir as obrigações que lhe são impostas pelo Tratado durante o período da discussão informal, após a carta de notificação ou durante o período de tempo que lhe foi fixado no parecer fundamentado, não é possível propor a acção por incumprimento. Se a Comissão propuser a acção esta será rejeitada liminarmente[623].

Mas o certo é que o Estado violou o Direito Comunitário durante um determinado período de tempo, mais ou menos longo, consoante a rapidez de actuação da Comissão, e, com isso, pode ter causado prejuízos a terceiros.

O Tratado não prevê expressamente, no quadro do processo por incumprimento, a responsabilidade do Estado-Membro.

A Comissão tem adoptado alguns procedimentos com vista a ultrapassar esta situação. É exemplo disso a fixação no parecer fundamentado, não só das medidas requeridas para pôr fim ao incumprimento, mas também, quando a Comissão vê necessidade disso, da indemnização para compensar os prejuízos sofridos em virtude do incumprimento.

---

[621] Acórdão de 17/5/90, *Sonito*, proc. C-87/89, Col. 1990, pg. I-1981; de 14/2/89, *Star fruit*, proc. 247/87, Col. 1989, pg. 301.

[622] Acórdãos de 7/2/84, *Comissão c. Itália*, proc. 166/82, Rec. 1984, pgs. 459 e segs; de 1/12/93, *Comissão c. Dinamarca*, proc. C-234/91, Col. 1993, pgs. I-6273 e segs; de 12/1/94, *Comissão c. Itália*, proc. C-296/92, Col. 1994, pgs. I-1 e segs; de 18/6/98, *Comissão c. Itália*, proc. C-35/96, Col. 1998, pgs. I-3851 e segs.

[623] Acórdão de 24/3/88, *Comissão c. Grécia*, proc. 240/86, Col. 1988, pg. 1855.

Capítulo IV – A Competência de Plena Jurisdição   243

O próprio Tratado permite à Comissão requerer, em caso de urgência, para evitar riscos graves e irreparáveis, a adopção de providências cautelares, de acordo com o artigo 243.º (ex-artigo 186.º), par. 2.º[624].

O artigo 226.º (ex-artigo 169.º) não impõe qualquer prazo para a propositura da acção, pelo que a Comissão dispõe de um poder discricionário quanto ao momento da propositura da mesma, sem prejuízo dos casos em que uma duração excessiva do procedimento pré-contencioso seja susceptível de aumentar, para o Estado em causa, a dificuldade de refutar os argumentos da Comissão e de violar assim os seus direitos de defesa[625].

No entanto, o Tribunal considera que o facto de a Comissão só propor a acção após um período prolongado não tem por efeito regularizar o incumprimento[626].

Por fim, importa averiguar se a Comissão está obrigada a propor a acção no caso de o Estado-Membro não actuar em conformidade com o parecer fundamentado. Há quem defenda que a Comissão está obrigada a propor a acção por incumprimento, por força do artigo 211.º (ex-artigo 155.º); enquanto outros argumentam que o artigo 226.º (ex--artigo 169.º) apenas tem em vista subordinar a propositura da acção à emissão prévia de um parecer fundamentado e não impõe qualquer obrigação de propositura da acção[627].

O Tribunal entende que a Comissão tem a faculdade e não o dever de intentar a acção por incumprimento[628].

---

[624] Acórdão de 21/3/77, *Comissão c. Reino Unido*, procs. 51 e 53/77, Rec. 1977, pg. 921.

[625] Ver Acórdãos de 16/5/91, *Comissão c. Países Baixos*, proc. C-96/89, Col. 1991, pgs. I-2461 e segs; de 21/1/99, *Comissão c. Bélgica*, proc. C-207/97, Col. 1999, pgs. I-275 e segs.

[626] Acórdão de 14/12/71, *Comissão c. França*, proc. 7/71, Rec. 1971, pg. 1017; acórdão de 10/4/84, *Comissão c. Bélgica*, proc. 324/82, Rec. 1984, pg. 1861.

[627] Sobre o estado da doutrina nesta matéria, ver M. WAELBROECK / D. WAELBROECK, *op. cit.*, pgs. 76 e segs.

[628] Neste sentido, ver acórdão de 14/2/89, *Star Fruit/Comissão*, proc. 247/87, Col. 1989, pgs. 291 e segs; acórdão *Comissão c. Alemanha*, proc. C-191/95, cit., pgs. 5449 e segs. Mais recentemente, ver ac. de 5/11/2002, *Comissão / Bélgica*, proc. C-471/98, Col. 2002, pgs. I-9681 e segs, cons. 39 e *Comissão / Luxemburgo*, proc. C-472/98, Col. 2002, pgs. I- 9741 e segs, cons. 37.

244 *Contencioso da União Europeia*

5.2. *O processo de Estado cortra Estado*

Também este se desenrola em duas fases.

5.2.1. *A fase pré-contenciosa ou administrativa*

Ao abrigo do artigo 227.º (ex-artigo 170.º), par. 2.º, o Estado deve começar por se queixar à Comissão, indicando as disposições que considera violadas e deixando clara a sua intenção de propor a acção no Tribunal caso a Comissão não actue.

A fase pré-contenciosa permite à Comissão, se o considerar oportuno, propor ela própria a acção no Tribunal.

Esta fase existe para possibilitar aos Estados interessados a apresentação, de acordo com o princípio do contraditório, das suas observações escritas e orais.

Em seguida, a Comissão deve emitir um parecer fundamentado. Ao contrário do que acontece pelo artigo 226.º (ex-artigo 169.º), neste caso o parecer pode ser negativo e, mesmo assim, o Estado que desencadeou a fase pré-contenciosa pode passar à fase contenciosa.

5.2.2. *A fase contenciosa: a acção por incumprimento*

Como se disse, se a Comissão emitir um parecer negativo, ou não emitir parecer no prazo de três meses, a contar da data da queixa do Estado, este pode propor a acção no TJ, não necessitando de provar qualquer interesse em agir.

Se o parecer for positivo coloca-se a questão de saber se a propositura da acção por parte do Estado pode ser imediata ou se ele tem de esperar que decorra o prazo que a Comissão fixou ao Estado faltoso no parecer fundamentado para cumprir.

Parece que, neste caso, a Comissão não deve fixar prazo ao Estado para cumprir. De acordo com o artigo 227.º (ex-artigo 170.º), o Estado que se queixou à Comissão pode propor a acção no Tribunal após a emissão do parecer ou no caso de a Comissão não ter emitido o parecer fundamentado três meses depois da queixa.

As irregularidades do processo que tem lugar perante a Comissão não afectam a admissibilidade da acção em Tribunal, pois não faria

Capítulo IV – A Competência de Plena Jurisdição

sentido que o Estado tivesse o direito de propor a acção no caso de não ter havido parecer da Comissão e ficasse impedido de o fazer, devido às irregularidades deste.

A Comissão também pode propor a acção, de acordo com o processo previsto no artigo 226.º (ex-artigo 169.º), se, entretanto, tiver respeitado todas as formalidades exigidas por este preceito. Neste caso, o Estado queixoso não fica privado de recorrer ele próprio ao Tribunal.

6. Os meios de defesa invocados pelos Estados

Uma vez acusados de incumprimento, os Estados têm vindo a reagir de modo muito diverso. Nuns casos aceitam que o seu comportamento constitui uma violação e, como tal, invocam um conjunto de meios de defesa para se justificarem, baseando-se quer em argumentos de ordem formal, quer em argumentos de ordem substancial; noutros casos rejeitam a ideia de que o comportamento alegado pela Comissão constitua uma violação do Tratado.

6.1. *Os meios de defesa relativos à admissibilidade da acção pelo Tribunal*

São, fundamentalmente, três os meios de defesa invocados pelos Estados no que diz respeito à admissibilidade da acção pelo Tribunal. São eles:

a) o princípio da exaustão dos meios jurisdicionais internos;

b) a falta de identidade de objecto entre a fase graciosa e a fase contenciosa do processo;

c) a ausência de interesse na acção por parte da Comissão.

6.1.1. *O princípio da exaustão dos meios jurisdicionais internos*

Este princípio foi invocado pelos Estados-Membros por analogia com o que sucede na acção de responsabilidade em Direito Internacional. Alguns governos têm considerado que as regras comunitárias directamente aplicáveis fazem parte do sistema jurídico nacional e, como tal, podem ser invocadas pelos particulares mesmo antes de ter havido as medidas de execução adequadas, pelo que o processo por incumprimento não deveria ter sido desencadeado pela Comissão.

O Tribunal não seguiu este entendimento. No caso *Restituitions à l'exportation*[629], apesar de a Itália ter sustentado que a violação das regras de Direito Comunitário por parte de um Estado não se enquadrava no âmbito de aplicação do artigo 226.° (ex-artigo 169.°), sendo antes da competência dos tribunais nacionais, o Tribunal não aceitou a ideia de que só se poderia recorrer ao TJ se os tribunais nacionais não resolvessem internamente o problema de incumprimento do Direito Comunitário. As acções propostas nos tribunais nacionais não impedem a utilização do artigo 226.° (ex-artigo 169.°), pois ambas as vias jurisdicionais prosseguem fins e têm efeitos diferentes[630].

6.1.2. *A falta de identidade de objecto entre a fase pré--contenciosa e a fase contenciosa*

Os Estados têm invocado também a falta de identidade de objecto entre a fase pré-contenciosa e a fase contenciosa. O Tribunal considera que os factos alegados como constituindo o incumprimento na carta de notificação, no parecer fundamentado e no requerimento da acção em Tribunal devem ser idênticos, pois só assim se asseguram os direitos de defesa do Estado[631].

Se o Estado adoptou algumas medidas na sequência do parecer fundamentado que a Comissão considera insuficientes, então esta tem de dar de novo ao Estado a oportunidade de apresentar as suas obser-

---

[629] Acórdão de 17/2/70, proc. 31/69, Rec. 1970, pg. 33.

[630] A este propósito, ver também acórdão de 6/5/80, *Comissão c. Bélgica*, proc. 102/79, Rec. 1980, pg. 1487; acórdão de 23/5/85, *Comissão c. RFA*, proc. 29/84, Rec. 1985, pg. 1661.

[631] Acórdãos de 1/12/65, *Comissão c. Itália*, proc. 45/64, Rec. 1965, pg. 1068; de 17/2/70, proc. 31/69, Rec. 1970, pg. 25; de 10/3/70, proc. 7/69, Rec. 1970, pg. 118; de 9/12/81, proc. 193/80, Rec. 1981, pg. 3019; de 7/2/84, proc. 166/82, Rec. 1984, pg. 459; de 11/7/84, proc. 51/83, Rec. 1984, pg. 2793; de 20/2/86, proc. 309/84, Rec. 1986, pg. 605.

Capítulo IV – A Competência de Plena Jurisdição　　　　247

vações e emitir um novo parecer fundamentado[632], ou seja, o processo volta à estaca zero, devido à modificação do objecto.

Se a Comissão considerou na carta de notificação e no parecer fundamentado determinado comportamento do Estado como não constitutivo do incumprimento, depois não pode elencar esse comportamento no requerimento de propositura de acção[633].

Se o Estado modificar a sua legislação, de tal forma que a violação do Direito Comunitário se mantém e se os fundamentos invocados pela Comissão no parecer fundamentado mantiverem actualidade, então a Comissão não necessita de emitir novo parecer[634].

6.1.3. *A ausência de interesse na acção por parte da Comissão*

Por fim, coloca-se a questão de saber se a Comissão mantém o interesse na acção nos casos de execução tardia por parte dos Estados, ou seja, nos casos em que os Estados cumpriram as suas obrigações após a expiração do prazo previsto no parecer fundamentado ou mesmo durante a pendência da acção no Tribunal de Justiça.

Ora, a Comissão, de acordo com o artigo 211.º (ex-artigo 155.º), age no interesse geral da Comunidade, pois cabe-lhe velar pela aplicação do Tratado pelos Estados-Membros, pelo que não tem de demonstrar o seu interesse em agir. O TJ considera que, nos casos como os acabados de referir, a Comissão mantém o seu interesse na acção[635].

Nesta linha de pensamento os Estados têm invocado também a impossibilidade material de cumprirem retroactivamente as obrigações que deveriam ter cumprido. O Tribunal entende, no entanto, que uma

---

[632] Acórdão de 10/3/70, *Comissão c. Itália*, proc. 7/69, Rec. 1970, pgs. 117 e 118.

[633] Acórdão de 9/12/81, *Comissão c. Itália*, proc. 193/80, Rec. 1981, pg. 3032.

[634] Acórdão de 16/5/79, *Comissão c. Bélgica*, proc. 2/78, Rec. 1979, pgs. 1783, 1784; acórdão de 22/3/83, *Comissão c. França*, proc. 42/82, Rec. 1983, pg. 1013; acórdão de 4/2/88, *Comissão c. Itália*, proc. 113/86, Col. 1988, pg. 621; acórdão de 5/7/90, *Comissão c. Bélgica*, proc. C-42/89, Col. 1990, pgs. I-2821; acórdão de 17/11/92, *Comissão c. Grécia*, proc. C-105/91, Col. 1992, pgs. I-5894-5895.

[635] Acórdão de 19/12/61, *Importação de carne de porco*, proc. 7/61, Rec. 1961, pgs. 653-654; acórdão de 15/4/70, *Comissão c. Itália*, proc. 28/69, Rec. 1970, pgs. 187--197; acórdão de 8/2/73, *Comissão c. Itália*, proc. 30/72, Rec. 1973, pgs. 161-173.

248 Contencioso da União Europeia

tal acção tem toda a utilidade, uma vez que pode servir de fundamento a outros Estados-Membros, à Comunidade ou aos particulares para a propositura de uma acção de indemnização[636].

A Comissão pode ter interesse em prosseguir a acção nos seguintes casos:

– decorrido o prazo previsto no parecer fundamentado para obrigar o Estado a cumpri-lo:
– mesmo que o Estado, entretanto, tenha cumprido, a condenação da prática em causa por parte do Tribunal vai prevenir a repetição da violação por parte dos outros Estados;
– a declaração de incumprimento pode permitir fixar os elementos constitutivos da obrigação de indemnizar por parte do Estado faltoso.

6.2. *Os meios de defesa relativos ao fundo da questão*

Os principais meios de defesa invocados pelos Estados, relativos ao fundo da questão, têm sido os seguintes:

a) a formulação de reservas;

b) a ausência de culpa;

c) as circunstâncias excepcionais;

d) a excepção de ilegalidade;

e) a excepção do não cumprimento do contrato;

f) a força maior.

6.2.1. *A formulação de reservas ao Direito derivado comunitário*

Alguns Estados têm-se escudado no facto de terem levantado sérias reservas durante o processo de feitura do Direito derivado

---

[636] Acòrdãos de 7/2/73, *Comissão c. Itália*, proc. 39/72, Rec. 1973, pg. 112; de 20/2/86, proc. 309/84, Col. 1986, pg. 605; de 24/3/88, *Comissão c. Grécia*, proc. 240/86, Col. 1988, pg. 1835.

Capítulo IV – A Competência de Plena Jurisdição 249

comunitário para justificarem a ilegitimidade da Comissão para propor uma acção por incumprimento contra eles. O TJ rejeita esta argumentação, com fundamento na impossibilidade de apor reservas ao Direito derivado comunitário. O Tribunal considera ainda irrelevantes, para o efeito do processo por incumprimento, as observações feitas durante a elaboração dos actos comunitários[637].

6.2.2. *A ausência de culpa*

A ausência de culpa tem sido outro dos argumentos invocados pelos Estados como causa justificativa do seu incumprimento. O Tribunal considera que a admissibilidade da acção, prevista no artigo 226.º (ex-artigo 169.º), se baseia exclusivamente em considerações objectivas[638] e, por isso, não aceita este meio de defesa.

6.2.3. *As circunstâncias excepcionais*

Em alguns casos, os Estados defenderam-se com base nas circunstâncias excepcionais, previstas no Tratado, como, por exemplo, as medidas derrogatórias do antigo artigo 226.º, revogado pelo Tratado de Amesterdão, considerando que a acção por incumprimento não pode prosseguir enquanto não for decidida a autorização requerida, de acordo com este preceito. O TJ não aceitou este argumento, tendo considerado que o requerimento de autorização de medidas derrogatórias não pode justificar medidas unilaterais contrárias ao Direito Comunitário por parte dos Estados[639].

6.2.4. *A excepção de ilegalidade*

Um outro meio de defesa invocado pelos Estados tem sido a excepção de ilegalidade. A questão que se coloca aqui é a de saber se

---

[637] Acórdãos de 18/2/70, *Comissão c. Itália*, proc. 38/69, Rec. 1970, pgs. 55-57; de 7/2/73, proc. 39/72, Rec. 1973, pg. 115; de 18/3/80, proc. 91/79, Rec. 1980, pg. 1105.

[638] Acórdão de 1/3/83, *Comissão c. Bélgica*, proc. 301/81, Rec. 1983, pg. 477; acórdão de 15/11/83, *Comissão c. Itália*, proc. 322/82, Rec. 1983, pg. 3700.

[639] Acórdão *Comissão c. Itália*, proc. 7/61, *cit.*, pgs. 326, 327; acórdão *Pain d'épices*, *cit.*, pg. 430; acórdão de 4/12/86, *Comissão c. França*, proc. 220/83, Col. 1986, pgs. 3663, 3705.

os Estados-Membros podem invocar a ilegalidade de um acto que supostamente não cumpriram quando, no prazo previsto para o recurso de anulação, não o impugnaram.

O TJ já teve ocasião de se pronunciar sobre este problema, no que diz respeito às decisões aprovadas directamente com base no Tratado, tendo optado pela negativa[640].

Em relação às decisões adoptadas com base em regulamentos e aos regulamentos em si mesmos o problema deve ser encarado de modo diferente, pois, como já vimos[641], quando estudámos a excepção de ilegalidade, não se descortinam razões para excluir o processo por incumprimento dos meios contenciosos em que a excepção de ilegalidade pode ser invocada.

O Tribunal já admitiu a excepção de ilegalidade de um regulamento cuja violação foi considerada pela Comissão como constituindo incumprimento[642].

6.2.5. *A excepção do não cumprimento do contrato*

Os Estados têm-se defendido também com fundamento no princípio, de Direito Internacional, segundo o qual um Estado que não cumpre uma disposição de um tratado não pode exigir que outro a cumpra, ou seja, a excepção do não cumprimento do contrato. O TJ afastou, desde muito cedo, a admissibilidade desta excepção nas relações entre Estados-Membros das Comunidades Europeias[643], considerando que se pode propor uma acção por incumprimento mesmo que haja eventual violação do Direito Comunitário por parte da Comissão[644]. Um Estado acusado de não transpor uma directiva não pode invocar o

---

[640] Acórdão de 10/12/69, *Comissão c. RFA*, proc. 6-11/69, Rec. 1969, pg. 523; acórdão de 12/10/78, *SNBC*, proc. 156/77, Rec. 1978, pg. 1881.

[641] Cfr. *supra* cap. III, secção III.

[642] Acórdãos de 18/9/86, *Comissão c. Alemanha*, procs. 116/82 e 48/85, Rec. 1986, pgs. 2536 e 2569.

[643] Acórdão de 13/11/64, *Comissão c. Luxemburgo e Bélgica*, procs. 90 e 91/63, Rec. 1964, pgs. 1231, 1232; acórdão de 16/6/66, *RFA c. Comissão*, procs. 52 e 55/65, Rec. 1966, pg. 159; acórdão de 9/7/70, *Comissão c. França*, proc. 26/69, Rec. 1970, pgs. 575, 576.

[644] Acórdão de 14/12/62, *Pain d'épices*, proc. 2-3/62, Rec. 1962, pgs. 813-833.

Capítulo IV – A Competência de Plena Jurisdição 251

curto prazo da transposição previsto e a não transposição por parte dos outros Estados[645].

A violação do Direito Comunitário pode não ser intencional e não é necessário provar qualquer prejuízo[646].

Esta solução impôs-se por duas ordens de razões: a aplicação do princípio da reciprocidade na Ordem Jurídica comunitária poria em causa os fundamentos essenciais da Comunidade; os Estados têm ao seu dispor meios contenciosos para reagir contra a inércia ou a ilegalidade de um acto de um órgão comunitário (artigos 230.º (ex--artigo 173.º) e 232.º (ex-artigo 175.º)), bem como contra a violação do Direito Comunitário por parte dos outros Estados-Membros (artigo 227.º (ex-artigo 170.º)).

6.2.6. *A força maior*

Por último, os Estados têm alegado problemas de política interna, como, por exemplo, crises governamentais, lentidão do procedimento legislativo, renitência do Parlamento na aprovação dos actos neces-sários ao cumprimento ou mesmo dissolução do Parlamento, quando a matéria é da sua competência, ou ainda dificuldades de ordem econó-mica e social. As dificuldades constitucionais internas, nomeadamente o facto de o incumprimento ser imputável a um órgão independente, por força do princípio da separação de poderes[647], foram também invocadas pelos Estados com bastante frequência.

O TJ sempre rejeitou todos estes fundamentos. Um Estado--Membro não pode invocar razões práticas ou situações da sua ordem jurídica interna, mesmo constitucional, para justificar o desrespeito das obrigações que lhe incumbem por força do Tratado[648].

---

[645] Acórdão de 26/2/76, *Comissão c. Itália*, proc. 52/75, Rec. 1976, pg. 283; acórdão de 14/2/84, *Comissão c. RFA*, proc. 325/82, Rec. 1984, pg. 793.

[646] Acórdão de 14/12/71, proc. 7/71, Rec. 1971, pg. 1021.

[647] A este propósito veja-se, entre outros, os acórdãos de 5/5/70, *Comissão c. Itália*, proc. 77/69, Rec. 1970, pg. 237; de 18/11/70, proc. 8/70, Rec. 1970, 961; de 10/12/68, proc. 7/68, Rec. 1968, pg. 617.

[648] Acórdãos de 8/2/73, *Comissão c. Itália,* proc. 30/72, Rec. 1973, pg. 172; de 11/4/78, proc. 100/77, Rec. 1978, pg. 887; de 14/12/79, proc. 93/79, Rec. 1979, pg. 3837; de 2/12/80, procs. 42, 43/80, Rec. 1980, pgs. 3635 e segs; de 6/5/80, *Comissão c. Bélgica*, proc. 102/79, Rec. 1980, pg. 1473.

7. O conteúdo e a execução do acórdão

A acção por incumprimento termina com um acórdão do Tribunal de Justiça, no qual este órgão declara que determinado Estado infringiu ou não determinada obrigação que lhe incumbe por força do Direito Comunitário e, portanto, afirma se existe ou não uma situação de incumprimento.

7.1. *Os efeitos do acórdão e os poderes do Tribunal*

Se o incumprimento consistir num acto positivo do Estado, esse acto não pode ser formalmente anulado pelo Tribunal. Trata-se de uma consequência do modo como se encontram separadas a Ordem Jurídica da União Europeia e os Direitos estaduais. De acordo com os princípios de repartição de poderes entre os tribunais nacionais e o TJ, a anulação da disposição nacional compete aos tribunais nacionais. No entanto, o efeito prático da declaração de incumprimento é semelhante ao da anulação das disposições nacionais, pois estas deixam de poder ser aplicadas pelas autoridades nacionais.

No caso de o incumprimento consistir numa omissão por parte do Estado, é essa omissão que é declarada contrária ao Tratado e a obrigação do Estado de adoptar as medidas necessárias à execução do acórdão é semelhante à obrigação dos órgãos comunitários no caso da acção de omissão.

O TJ não deve indicar no acórdão as medidas específicas que o Estado deve adoptar para pôr fim ao incumprimento nem tão pouco pode condenar o Estado ao pagamento de uma indemnização.

À face da letra do Tratado estamos, pois, perante um acórdão meramente declarativo e não condenatório, fruto do facto de a acção por incumprimento consistir numa acção declarativa e não numa acção de condenação.

Todavia, a doutrina interpreta alguns arestos do Tribunal proferidos sobre a matéria como indo para além da mera constatação ou declaração do incumprimento e estando já a estipular as medidas concretas que o Estado em falta deve adoptar para repor a legalidade, o que, na prática, confere ao acórdão eficácia mais do que meramente declarativa do incumprimento[649].

De acordo com o disposto no artigo 228.º (ex-artigo 171.º), «*se o Tribunal de Justiça declarar verificado que um Estado-Membro não cumpriu qualquer das obrigações que lhe incumbem por força do presente Tratado, esse Estado deve tomar as medidas necessárias à execução do acórdão*». Tal significa, pois, que o Estado deve pôr termo ao incumprimento e ao comportamento material que o consubstancia. Em face do acórdão dr TJ duas hipóteses se podem verificar do ponto de vista do comportamento a adoptar por parte do Estado-Membro faltoso: a execução voluntária do acórdão, quer imediata, quer tardia, e a inexecução voluntária do mesmo.

O artigo 228.º (ex-artigo 171.º) não prevê qualquer prazo para a execução do acórdão que declara o incumprimento, pelo que poderia pensar-se que esta poderia demorar mais ou menos tempo. Porém, o Tribunal considera que o interesse da aplicação imediata e uniforme do Direito Comunitário impõe que essa execução seja iniciada imediatamente e concluída no mais breve prazo[650].

O acórdão do Tribunal confirma que o Tratado foi violado. Não tem natureza constitutiva do incumprimento, limitando-se a declará-lo, pelo que o acórdão tem efeito retroactivo à data em que a violação do Direito Comunitário foi cometida.

7.2. *A inexecução do acórdão*

7.2.1. *A solução consagrada na versão inicial do Tratado de Roma*

No caso de inexecução voluntária do acórdão, isto é, de incumprimento reiterado, a Ordem Jurídica comunitária desenvolveu meca-

---

[649] Acórdão de 16/12/60, *Humblet*, proc. 6/60, Rec. 1960, pg. 1146; acórdão de 13/7/72, *Comissão c. Itália*, proc. 48/71, Rec. 1972, pg. 529; acórdão de 12/7/73, *Comissão c. RFA*, proc. 70/72, Rec. 1973, pg. 813; acórdão de 7/2/73, *Comissão c. Itália*, proc. 39/72, Rec. 1973, pg. 101; acórdão de 28/3/80, *Comissão c. França*, procs. 24 e 97/80, Rec. 1980, pg. 1319.

[650] Acórdão de 13/7/88, *Comissão c. França*, proc. 169/87, Col. 1988, pgs. 4093 e segs; acórdão de 7/3/96, *Comissão c. França*, proc. C-344/94, Col. 1996, pgs. 1307 e segs; acórdão de 4/7/2000, *Comissão c. Grécia,* proc. C-387/97, Col. 2000, pgs. I-5047 e segs, cons. 82.

254 Contencioso da União Europeia

nismos de defesa com vista a garantir a reposição da legalidade e a plena execução do acórdão do Tribunal de Justiça.

No âmbito da CECA, o Tratado de Paris previu que possam ser aplicadas sanções ao Estado infractor. De acordo com o artigo 88.°, a Comissão podia decidir, após parecer favorável do Conselho, aplicar ao Estado infractor um de dois tipos de medidas sancionatórias: de carácter pecuniário, que se traduziam na suspensão do pagamento àquele Estado de quantias devidas por força do Tratado, e de carácter derrogatório, pois a Comunidade podia tomar ou autorizar os outros Estados a adoptarem medidas derrogatórias do disposto no artigo 4.° do Tratado.

Os Tratados de Roma não previram qualquer solução deste tipo, a qual, apesar de aparentemente satisfatória, nunca teve aplicação prática. Por esta razão vários autores consideram mais realista a posição adoptada pelos Tratados de Roma, tendo em conta, designadamente, as reservas que os Estados-Membros haviam colocado à aplicação do artigo 88.° do Tratado CECA.

Todavia, o problema do incumprimento reiterado foi, desde cedo, inventariado na Comunidade e o mesmo se diga da solução por ela adoptada. Ainda no início da década de sessenta o Advogado--Geral LAGRANGE defendia, nas conclusões apresentadas no Processo 7/61, aquela que poderia ser a solução possível para o problema: a autonomização da obrigação de executar o acórdão do TJ proferido numa acção por incumprimento, prevista no artigo 228.° (ex-artigo 171.°), cuja violação constituiria fundamento para uma nova acção por incumprimento[651]. Tratava-se, pois, de uma segunda acção por incumprimento, que a jurisprudência viria a consagrar no célebre caso das *Obras de arte*, em que estava envolvido o Estado italiano[652].

---

[651] Acórdão de 19/12/61, *Comissão c. Itália*, proc. 7/61, Rec. 1961, pg. 671.

[652] Acórdão de 13/7/72, proc. 48/71, Rec. 1972, pg. 529. A título meramente exemplificativo veja-se, mais recentemente, os acórdãos de 14/6/88, *Comissão c. Bélgica*, proc. 227 a 230/85, Col. 1988, pg. 11; de 4/2/88, proc. 391/85, Col. 1988, pg. 579; acórdão de 12/2/87, *Comissão c. Itália*, proc. 69/86, Col. 1987, pg. 773; de 27/4/88, proc. 225/86, Col. 1988, pg. 2271; de 13/7/88, *Comissão c. França*, proc. 169/87, Col. 1988, pg. 4093.

Capítulo IV – A Competência de Plena Jurisdição

É de salientar ainda uma outra via possível para obstar aos casos de incumprimento reiterado, que é a efectivação da responsabilidade do Estado-Membro infractor com base no acórdão proferido numa acção por incumprimento. Em jurisprudência reiterada o Tribunal foi admitindo a possibilidade de o acórdão proferido numa acção por incumprimento poder servir de fundamento para se apurar da responsabilidade do Estado infractor[653], em consequência do incumprimento que lhe é imputável, relativamente aos outros Estados-Membros, à Comunidade ou a particulares[654].

No início da década de 90, o Tribunal, num acórdão proferido, ao abrigo do artigo 234.º (ex-artigo 177.º), num caso célebre – o caso *Francovich* – invocou um princípio de responsabilidade do Estado numa dimensão comunitária, afirmando que *«o Direito Comunitário impõe o princípio segundo o qual os Estados-Membros são obrigados a reparar os danos causados aos particulares pelas violações do Direito Comunitário que lhe são imputáveis»*[655]. Mas o Tribunal acrescentava que, em face da inexistência de regulamentação comunitária, *«é no âmbito do Direito nacional da responsabilidade que incumbe ao Estado reparar as consequências do prejuízo causado»* e *«é à Ordem Jurídica interna de cada Estado-Membro que cabe designar os órgãos jurisdicionais competentes e regular as modalidades processuais de*

---

[653] A primeira vez que se discutiu no Direito Comunitário a questão da reparação pelos Estados-Membros de uma situação resultante de incumprimento do Direito Comunitário foi no acórdão *Humblet* (proc. cit., pgs. 1125 e segs). Aí o TJ entendeu que os Estados-Membros tinham o dever de reparar os prejuízos causados por actos do Legislador ou da Administração Pública que fossem contrários ao Direito Comunitário. Mais tarde, em 1973, no acórdão *Comissão c. Itália* (proc. cit.), o Tribunal defendeu a tese de que a sentença declarativa de incumprimento, que ele proferira, podia servir de título jurídico para que o lesado instaurasse nos seus tribunais nacionais, de harmonia com o respectivo Direito interno, uma acção de responsabilidade extracontratual contra o Estado cujo incumprimento fora declarado pelo TJ. Para maiores desenvolvimentos sobre esta questão veja-se FAUSTO DE QUADROS, *Incumprimento ...*, pgs. 209; idem, *La responsabilidad...*, pgs. 145 e segs.

[654] Acórdão de 7/2/73, *Comissão c. Itália*, proc. 39/72, Rec. 1973, pg. 112. Veja-se no mesmo sentido, ainda que sem referência expressa ao acórdão anterior, acórdão de 18/1/90, *Comissão c. Grécia*, proc. C-287/87, Col. 1990, pg. 125 e acórdão de 12/12/90, *Comissão c. França*, proc. 263/88, Col. 1990, pgs. I-4611.

[655] Acórdão de 19/11/91, *Francovich e Bonifaci*, procs. C-6/90 e C-9/90, Col. 1991, pgs. I-5403.

256   *Contencioso da União Europeia*

acções judiciais destinadas a assegurar a protecção plena dos direitos que os particulares retiram do Direito Comunitário»[656].

A jurisprudência *Francovich* foi objecto de inúmeros desenvolvimentos que não cumpre analisar nesta sede[657].

7.2.2. A solução encontrada pelo Tratado da União Europeia

O TUE, na versão que lhe foi dada em Maastricht, introduziu modificações na disciplina do processo por incumprimento, prevista no Tratado de Roma. Tais modificações incidiram no artigo 228.° (ex-artigo 171.°)[658] do TCE e no artigo 143.° do TCEEA.

Ao artigo 228.° (ex-artigo 171.°) foi acrescentado um n.° 2, que versa, por um lado, sobre o incumprimento da obrigação de executar o acórdão que declara o incumprimento e, por outro lado, sobre a articulação entre o disposto nesse número e no artigo 227.° (ex--artigo 170.°).

As novidades introduzidas pelo TUE são basicamente duas. Em primeiro lugar, a nova redacção parece admitir – ainda que não expressamente – a figura da **segunda acção por incumprimento ou acção por incumprimento de uma obrigação muito específica**: a não execução de um acórdão do TJ proferido numa acção por incumprimento. Em segundo lugar, é admitida, à semelhança do que acontece com o TCECA, a possibilidade de aplicação de sanções ao Estado-Membro

---

[656] Acórdão citado na nota anterior. Veja-se Fausto de Quadros, «Introdução», *in* Fausto de Quadros (Coord.), *Responsabilidade ...,* pgs. 31 e segs.

[657] Veja-se a título de exemplo os acórdãos de 5/3/96, *Brasserie du pêcheur*, procs. C-46/93 e C-48/93, Col. 1996, pgs. I-1029 e segs; de 7/3/96, *El Corte Inglès*, proc. C-192/94, Col. 1996, pgs. I-1281 e segs; de 26/3/96, *British Telecommunications*, proc. C-392/93, Col. 1996, pgs. I-1631 e segs; de 23/5/96, *Hedley*, proc. C-5/94, Col. 1996, pgs. I-2553 e segs; de 8/10/96, *Dillenkorf*, proc. C-178, 179, 188 a 190/94, Col. 1996, pgs. I-4845 e segs; de 17/10/96, *Denkavit*, proc. C-283, 291 e 292/94, Col. 1996, pgs. I--5063 e segs; de 14/1/97, *Comateb*, proc. C-192 a 218/95, Col. 1997, pgs. I-165 e segs; de 22/4/97, *Eunice Sutton*, proc. C-66/95, Col. 1997, pgs. I-2163 e segs; de 10/7/97, *Bonifaci*, proc. C-94/95 e C-95/95, Col. 1997, pgs. I-3969 e segs e de 10/7/97, *Palmisani*, proc. C-261/95, Col. 1997, pgs. I-4025 e segs.

[658] Sobre a importância deste preceito veja-se Ana Maria Guerra Martins, *O Tratado da União Europeia – contributo para a sua compreensão,* Lisboa, 1993, pg. 67.

Capítulo IV – A Competência de Plena Jurisdição

infractor. Estas sanções, que têm carácter pecuniário, podem revestir a forma de quantia fixa ou progressiva, a indicar pela Comissão quando instaura no TJ a segunda acção por incumprimento, e a aplicar pelo Tribunal quando este declarar verificado por acórdão que um Estado efectivamente não executou um seu acórdão anterior proferido numa acção por incumprimento.

Este segundo processo é, no que respeita aos seus trâmites, muito semelhante ao primeiro processo que culminou na declaração de incumprimento do Estado. A iniciativa desta segunda acção está a cargo da Comissão ou de qualquer Estado-Membro. A Comissão envia uma carta de notificação ao Estado na qual o convida a apresentar as suas observações num determinado prazo. Se o Estado não se conformar com esta carta e a Comissão continuar convencida de que o Estado não executou o acórdão anterior, então pode emitir um parecer fundamentado. O artigo 228.° (ex-artigo 171.°), par. 2.°, não refere o momento a partir do qual a Comissão pode desencadear o segundo processo por incumprimento, pelo que ela dispõe de um poder discricionário a este propósito, bem como em relação à propositura da acção no Tribunal.

A Comissão deve indicar no requerimento da acção no Tribunal o montante das sanções pecuniárias que considera adaptadas às circunstâncias[659].

É o Tribunal que tem competência para aplicar as sanções no acórdão que constata a inexecução de um acórdão de incumprimento anterior.

O novo artigo 228.° (ex-artigo 171.°) modifica a natureza do processo por incumprimento. Este deixou de fazer parte do contencioso de declaração restrito para passar a fazer parte do contencioso de plena jurisdição. A atribuição ao TJ de poderes coercivos em relação aos Estados aproxima este Tribunal de um tribunal federal.

Em 4 de Julho de 2000[660], o Tribunal condenou, pela primeira vez, um Estado-Membro – a Grécia – a pagar uma sanção pecuniária

---

[659] A Comissão fixou o método de cálculo da sanção pecuniária compulsória, prevista no artigo 171.° (actual artigo 228.°) do Tratado CE, numa comunicação publicada no JOCE 97/C63, pgs. 2 e segs.

[660] V. acórdão *Comissão c. Grécia*, proc. C-387/97, Col. 2000, pgs. I-5047 e segs.

compulsória às Comunidades Europeias[661], por não ter tomado as medidas necessárias para cumprimento do acórdão do Tribunal de Justiça, de 7 de Abril de 1992, que opôs a Comissão à Grécia[662].

O Tribunal reiterou esta jurisprudência, recentemente, em mais dois acórdãos – *Comissão contra Espanha*[663] e *Comissão contra França*[664]. Em ambos os casos se verificam inovações, em relação ao primeiro caso anteriormente mencionado, resultantes das especificidades do incumprimento em causa. Assim, no caso *Comissão contra a Espanha*, o Tribunal aplicou uma sanção pecuniária compulsória anual, e não numa base diária, conforme propunha a Comissão, e admitiu o cálculo anual da sanção em função da percentagem de incumprimento da directiva[665]. No caso *Comissão contra a França*, o Tribunal, ao arrepio da letra do Tratado, que expressamente refere «montante de quantia fixa ou progressiva», cumulou uma sanção pecuniária de quantia fixa com uma sanção pecuniária de quantia progressiva, com fundamento no facto de que esta era a resposta mais adequada, por um lado, à inexecução do acórdão anterior e, por outro lado, à situação de incumprimento continuado[666]. Esta já tinha sido a posição do Advogado--Geral nas Conclusões do Processo[667-668].

---

[661] Para um comentário deste Acórdão ver PAZ ANDRÉS SÁENZ DE SANTA MARIA, *op. cit.*, pgs. 493 e segs; MARIA A. THEODOSSIOU, *An Analysis of the Recent...*, *maxime*, pgs. 41 e segs.

[662] V. proc. C-45/91, Col. 1992, p. I-2509.

[663] Ver acórdão de 25/11/2003, *Comissão / Espanha*, proc. C-278/01, Col. 2003, pgs. I-14141 e segs.

[664] Acórdão de 12/7/2005. proc. C-304/02, Col, 2005, pgs. I-6263 e segs.

[665] Ver cons. 40, 42, 43, 46-49 e 53.

[666] Ver cons. 98 e segs.

[667] Conclusões apresentadas por GEELHOED, em 29/4/2004.

[668] Sobre esta questão, ver MARIA JOSÉ RANGEL MESQUITA, *Condenação de um Estado membro...*, pgs. 632 e segs.

8. A natureza: a sua especificidade em face das queixas do Direito Internacional Público Clássico

8.1. *Contencioso de declaração ou contencioso de plena jurisdição?*

Em Direito Internacional o carácter declarativo de um acórdão afere-se pelo facto de o Tribunal em causa se limitar a reconhecer ou a negar a existência de um direito. O mesmo vale para o Direito Processual Civil interno.

Ora, no caso do processo por incumprimento, apesar de haver quem defenda[669] que este se inclui no contencioso de declaração, isto porque o acórdão que o TJ profere à luz dos artigos 226.º (ex--artigo 169.º) ou 227.º (ex-artigo 170.º) tem efeitos meramente declarativos, como acabámos de constatar, esta questão não é pacífica nem na doutrina nem na jurisprudência.

Na verdade, mesmo antes da entrada em vigor do TUE, o TJ já tinha ido mais longe. Vejamos: *a)* no caso *Aides à la reconversion des régions minières*[670], o TJ explicitou as medidas que o Estado deveria adoptar para cumprir o Direito Comunitário; *b)* no caso *Obras de arte*[671], o TJ considerou que a declaração de incumprimento implicava a proibição de pleno direito de aplicar a disposição nacional considerada incompatível com o Direito Comunitário, o que na prática conduzia a uma abrogação da disposição.

Daqui decorre que este processo tem um carácter objectivo que o diferencia do contencioso da responsabilidade, acabando por conduzir, ainda que individualmente à apreciação da conformidade das normas e dos actos estaduais com o Direito Comunitário.

---

[669] L. PLOUVIER, *op. cit.*, pgs. 199 e segs. Contra, VANDERSANDEN / BARAV, *op. cit.*, pgs. 100 e segs.

[670] Acórdão de 12/7/73, proc. 70/72, Rec. 1973, pgs. 828, 829.

[671] Acórdão de 13/7/72, proc. 48/71, Rec. 1972, pgs. 534, 535.

8.2. *A comparação com o Direito Internacional Público clássico*

O processo, previsto no artigo 226.º (ex-artigo 169.º) do Tratado CE, assim como o do artigo 88.º do Tratado CECA, apresenta diferenças consideráveis quando comparado com as regras em vigor no Direito Internacional clássico para assegurar a execução das obrigações dos Estados[672]. Assim:

a) a competência do Tribunal de Justiça é obrigatória, ou seja, os Estados pelo simples facto de pertencerem às Comunidades aceitam a sua submissão à jurisdição do TJ. Pelo contrário, a competência do TIJ é facultativa, ou seja está dependente do acordo das partes (artigo 36.º, par. 1.º, do Estatuto do TIJ), a menos que os Estados tenham reconhecido previamente a jurisdição do TIJ por força da cláusula facultativa de jurisdição obrigatória, ínsita no artigo 36.º, par. 2.º, do Estatuto do TIJ;

b) a competência do TJ não pode ser objecto de reservas, enquanto que os Estados que aceitam a jurisdição obrigatória do TIJ podem, através de reserva, excluir dela determinados diferendos que incidam sobre questões essencialmente internas;

c) a competência do TJ não está limitada no tempo, sendo portanto permanente. Pelo contrário, a aceitação da jurisdição obrigatória do TIJ pode ser dada por um período de tempo determinado e, caso assim se preveja, ser retirada a todo o tempo, mediante uma simples comunicação ao Secretário-Geral;

d) a competência do TJ é exclusiva – o artigo 292.º (ex--artigo 219.º) proíbe aos Estados-Membros a submissão dos seus diferendos a outros modos de resolução, enquanto que o mesmo não acontece no Direito Internacional Clássico: os Estados que aceitam a jurisdição obrigatória do TIJ podem excluir determinados litígios da sua competência;

---

[672] Aproximando o processo por incumprimento do Direito Internacional, ver CARLOS JIMÉNEZ PIERNAS, *op. cit.*, pgs. 15 e segs.

Capítulo IV – A Competência de Plena Jurisdição 261

e) a iniciativa dos Estados no processo dos artigos 226.° a 228.° (ex-artigos 169.° a 171.°) não é exclusiva. A Comissão, que é um órgão independente, tem uma intervenção fundamental, o que retira aos Estados a exclusividade da iniciativa, tal como acontece no Direito Internacional clássico.

9. O processo por incumprimento no terceiro pilar

O artigo 35.°, n.° 7, 2ª parte, TUE consagra a competência do Tribunal de Justiça para decidir sobre qualquer litígio entre os Estados-Membros e a Comissão decorrente da interpretação ou da aplicação das convenções elaboradas ao abrigo do n.° 2, al. d), do artigo 34.°, o qual, com as devidas adaptações, faz lembrar o processo por incumprimento do artigo 226.° TCE.

Já o processo previsto na 1ª parte do artigo 35.°, n.° 7, TUE, relativo a litígios entre Estados-Membros sobre a interpretação ou execução dos actos adoptados em aplicação do n.° 2 do artigo 34.° está mais próximo do processo por incumprimento previsto no artigo 227.°, embora com uma diferença assinalável – a intervenção do Conselho. Com efeito, o litígio só será decidido pelo Tribunal se o Conselho não o resolver no prazo de seis meses, a contar da data em que lhe tenha sido submetido por um dos seus membros.

10. As diferenças entre o Tratado CE e o Tratado CECA

O processo por incumprimento estava previsto no TCECA nos artigos 88.° e 89.°, que apresentavam as seguintes diferenças em relação aos artigos 226.° (ex-artigo 169.°) e 227.° (ex-artigo 170.°) do Tratado CE:

a) de acordo com o artigo 88.° do Tratado CECA a Alta Autoridade tinha competência, no caso de considerar que um Estado-Membro faltou às obrigações que lhe incumbiam por força do Tratado, para constatar o incumprimento através de uma decisão fundamentada. Esta decisão era impugnável pelo Estado.

No Tratado CE a Comissão limita-se a emitir um parecer fundamentado e a propor a acção no Tribunal no caso de o Estado não se conformar com o parecer no prazo que lhe foi concedido. Não é possível recurso de anulação contra este parecer;

b) o artigo 88.° do Tratado CECA impunha à Alta Autoridade a obrigação de constatar o incumprimento se considerasse que este existia, pelo que as empresas podiam interpor acção de omissão contra a Alta Autoridade, de acordo com o artigo 35.° do Tratado CECA, se esta se abstivesse de desencadear o processo por incumprimento. No Tratado CE, como vimos, admite-se que a Comissão dispõe de um amplo poder de apreciação quanto à oportunidade de emitir o parecer fundamentado e de propor a acção em Tribunal, o que exclui a possibilidade de acção de omissão;

c) o artigo 88.° do TCECA permitia à Alta Autoridade, com parecer favorável do Conselho, impor sanções contra o Estado que não cumprisse no prazo que lhe foi fixado. Estas sanções podiam consistir na suspensão do pagamento de quantias que ela devesse efectuar ao Estado em causa, por força do Tratado, ou na adopção ou autorização dos outros Estados a adoptarem medidas derrogatórias do disposto no artigo 4.° do Tratado, com vista a corrigir o incumprimento constatado. O Tratado CE, na sua versão inicial, não previa a possibilidade de se imporem sanções aos Estados que não cumpriam o acórdão que constatava o incumprimento. Como vimos, esta situação foi alterada pelo TUE;

d) no artigo 89.° do TCECA não se exigia a intervenção da Comissão no processo por incumprimento de Estado contra Estado.

11. O processo por incumprimento no Tratado que estabelece uma Constituição para a Europa

O processo por incumprimento está previsto nos artigos III--360.° a III-362.° do Tratado que estabelece uma Constituição para a

Europa, não existindo, em geral, modificações muito relevantes. Verifica-se, todavia, uma excepção: de acordo com o artigo III-362.°, n.° 3, quando estiver em causa um incumprimento da obrigação de comunicar as medidas de transposição de uma lei-quadro, a Comissão pode indicar logo na primeira acção por incumprimento, o montante da sanção pecuniária e o Tribunal pode também declarar o incumprimento e condenar o Estado a pagar a sanção pecuniária nos limites do montante fixado pela Comissão.

Em tudo o mais, a Constituição limita-se a adaptar o texto dos preceitos relativos ao processo por incumprimento às modificações introduzidas noutras partes, como, por exemplo, em matéria de fontes.

SECÇÃO II

A acção de responsabilidade civil extracontratual das Comunidades Europeias
(artigos 235.° e 288.° – ex-artigos 178.° e 215.°)

Bibliografia específica: FERNAND SCHOCKWEILER, *Le regime de la responsabilité extra-contratuelle du fait d'actes juridiques dans la Communauté européenne*, RTDE, 1990, pgs. 27-75; FRANCETTE FINES, *Étude de la responsabilité extracontratuelle de la CEE*, Paris, 1990; JOSÉ CARLOS MOITINHO DE ALMEIDA, *Evolución jurisprudencial en materia de acceso de los particulares a la jurisdicción comunitaria*, Granada, 1991, pgs. 73-88; MARIA LUISA DUARTE, *A acção de indemnização por responsabilidade extra-contratual da Comunidade Económica Europeia – âmbito, natureza e condições de acesso dos particulares*, ROA, 1993, pgs. 85-111; REA CONSTANINA ECONOMIDES-APOSTOLIS, *Jurisprudence récente en matière de responsabilité non contratuelle dans les Communautés*, in SPYROS PAPPAS, Tendances actuelles et évolution de la jurisprudence de la Cour de justice et du Tribunal de première instance des Communautés européennes: suivi annuel, Maastricht, IEAP, 1995, pgs. 13-77; FAUSTO CAPELLI / MARIA MIGLIAZZA, *Recours en indemnité et protection des intérêts individuels: quels sont les changements possibles et souhaitables?*, CDE, 1995, pgs. 585-640; INGOLF PERNICE, *Le recours en indemnité*, CDE, 1995, pgs. 641-659; FAUSTO DE QUADROS, *Responsabilidade dos poderes públicos no Direito Comunitário: responsabilidade extracontratual da Comunidade Europeia e responsabilidade dos Estados por incumprimento do Direito Comunitário*, in La responsabilidad patrimonial de los poderes públicos, III Coloquio Hispano-Luso de Derecho Administrativo, Valladolid, 1997, pgs. 137-153; RICARDO ALONSO GARCÍA, *La responsabilidad de los Estados miembros por infracción del Derecho Comunitario*, Madrid 1997; FAUSTO CAPELLI / ALBRECHT NEHLS, *Die Ausservertragliche Haftung der Europäischen Gemeinschaft und Rechtbehelfe zur Erlangung von Schaden gemäss Art. 215 EGV – Wertung, Kritik und Reformvorschlag*, EuR, 1997, pgs. 132-147; WALTER VAN GERVEN, *La jurisprudence récente de la C.J.C.E. dans le domaine de la responsabilité extracontratuelle vers un jus commune européen?»*, in PIERRE-MARIE DUPUY / CHARLES LEBEN (dir.), Droit Européen I, Paris, 1998, pgs. 61-81; *Idem, Prendre l'article 215 du Traité C.E. au sérieux*, in PIERRE-

-Marie Dupuy / Charles Leben (dir.), Droit Européen I, Paris, 1998, pgs. 83--100; Eglantine Cujo, *L'autonomie du recours en indemnité par rapport au recours en annulation – évolutions jurisprudentielles*, RMCUE, 1999, pgs. 414--420; Fausto de Quadros, *Considerações gerais sobre a reforma do contencioso administrativo. Em especial, as providências cautelares*, in Ministério da Justiça (ed.), Reforma do Contencioso Administrativo, Trabalhos preparatórios – O Debate Universitário, vol. I, Lisboa, 2000, pgs.151-166; *Idem*, *A responsabilidade civil extracontratual do Estado – problemas gerais*, in Gabinete de Política Legislativa e Planeamento (ed.) Responsabilidade civil extracontratual do Estado: trabalhos preparatórios da reforma, Lisboa, 2001; Emilio Guichot, *La responsabilidad extracontratual de los poderes públicos según el Derecho Comunitário*, Valencia, 2001; Takis Tridimas, *Liability for Breach of Community Law: Growing Up or Mellowing Down?*, CMLR, 2001, pgs. 301-332; Emilio Guichot, *La responsabilidad extracontratual de los poderes públicos en el Derecho Comunitário: Balance y perspectivas de futuro*, Riv. Ital. Dir. Pubbl. Comunitario, 2003, pgs. 585-619; Fausto de Quadros, *Introdução*, in Fausto de Quadros (Coord), Responsabilidade civil extracontratual da Administração Pública, 2ª ed., Coimbra, 2004, pgs. 7-36; Anne--Sophie Botella, *La responsabilité du juge national*, RTDE, 2004, pgs. 283--315; Chris Hilson, *The Role of Discretion in EC Law on Non-Contratual Liability*, CMLR, 2005, pgs. 677-695.

1. A sede legal: o artigo 288.° (ex-artigo 215.°), par. 2.°, por remissão do artigo 235.° (ex-artigo 178.°)

A acção de responsabilidade civil extracontratual da Comunidade Europeia está prevista no artigo 235.° TCE (ex-artigo 178.°), que confere ao Tribunal de Justiça competência exclusiva para conhecer dos litígios relativos à reparação dos prejuízos referidos no artigo 288.° (ex-artigo 215.°), par. 2.°, com exclusão dos tribunais nacionais[673].

---

[673] Acórdão de 13/2/1979, *Granaria*, proc. 101/78, Rec. 1978, pgs. 623 e segs; acórdão de 8/4/1992, *Cato / Comissão*, proc. C-55/90, Col. 1992, pgs. I-2533 e segs; acórdão de 20/3/2001, *Cordis / Comissão*, proc. T-18/99, Col. 2001, pgs. II- 913 e segs, cons. 16 e 17; acórdão de 20/3/2001, *Bocchi Food Trade International/Comissão*, proc. T-30/99, Col. 2001, pgs. II-943 e segs, cons. 31 e 32; acórdão de 20/3/2001, *T-Port/ /Comissão*, proc. T-52/99, Col. 2001, pgs. 981 e segs, cons. 26 e 27; acórdão de 11/1/2002, *Biret International/Conselho*, proc. T-174/00, Col. 2002, pgs. II-17 e segs, cons. 33 e 34; acórdão de 11/1/2002, *Biret & Cie/Conselho*, proc. T-210/00, Col. 2002, pgs. II-47 e segs, cons. 36 e 37.

Capítulo IV – A Competência de Plena Jurisdição

Dado o carácter parcimonioso da letra destes preceitos, o TJ tem tido um papel extremamente importante na construção de um sistema de responsabilidade próprio do Direito Comunitário, que tem em conta as exigências decorrentes da estrutura da Comunidade e dos princípios gerais comuns aos Direitos dos Estados membros.

A acção de responsabilidade civil extracontratual está também prevista no Tratado CEEA, nos artigos 151.º e 188.º, e anteriormente a Julho de 2002, no artigo 40.º, do Tratado CECA.

Mas enquanto o artigo 288.º (ex-artigo 215.º) institui um regime jurídico por remissão para os *princípios gerais comuns aos direitos dos Estados membros*, o artigo 40.º do TCECA consagrava um regime jurídico baseado na *culpa de serviço*.

2. O fundamento da acção de responsabilidade civil extra-contratual

2.1. *A acção de responsabilidade civil extracontratual é uma decorrência da ideia de Comunidade de direito*

A acção de responsabilidade civil extracontratual é uma decorrência lógica da ideia de Comunidade de Direito. Efectivamente, se, devido à sua actuação, a Comunidade causar prejuízos a terceiros, sejam eles quem forem, estes devem ter acesso à justiça para poderem obter a reparação desses prejuízos. Dito de outro modo: é necessário existir uma acção que permita, em certas circunstâncias, obter a reparação desses danos.

Como se sabe, os particulares são, em muitos casos, destinatários das normas comunitárias, pelo que da aplicação dessas normas podem resultar prejuízos na sua esfera jurídica. Mas a inércia dos órgãos comunitários também pode provocar danos[674]. Ou seja: os órgãos comu-

---

[674] O prejuízo que fundamenta a acção de responsabilidade extracontratual tanto pode advir de uma acção como de uma omissão da Comunidade. Ver, por exemplo, acórdão de 26/11/1975, *Societé des Grands Moulins des Antilles*, proc. 99/74, Rec. 1974, pgs. 1531 e segs.

268   *Contencioso da União Europeia*

nitários, quando exercem a competência que os Tratados lhes atribuem, podem fazê-lo de forma a causarem prejuízos aos particulares.

O sistema comunitário de protecção jurisdicional, cujo principal objectivo é a reposição da legalidade, ficaria incompleto se não existisse um meio processual adequado à concretização da responsabilidade extracontratual.

A acção de indemnização dos prejuízos causados por actos normativos ilegais, como meio de assegurar a protecção dos particulares, é tanto mais importante quanto são conhecidas as limitações sofridas pelos particulares no acesso directo aos Tribunais comunitários, no âmbito do recurso de anulação e da acção de omissão (artigos 230.° – ex-artigo 173.° e 232.° – ex-artigo 175.°).

Esta acção não serve, todavia, apenas para compensar as restrições impostas por estes meios contenciosos; ela desempenha também um papel subsidiário ou complementar em relação aos meios jurisdicionais nacionais.

Porém, devido às condições restritivas de fundo a que esta acção está sujeita, ela acabará por só poder ser utilizada excepcionalmente. O TJ tem sempre tido a preocupação de respeitar a liberdade dos órgãos comunitários na escolha das políticas económicas.

2.2. *Alguns exemplos de factos geradores de responsabilidade*

Os factos geradores de responsabilidade da Comunidade podem ser da mais diversa índole. Vejamos apenas alguns exemplos:

a) as Comunidades podem causar prejuízos idênticos aos que causa uma sociedade privada, se a queda de um objecto de um dos edifícios da Comunidade danificar uma viatura estacionada na rua;

b) o abuso de poder – o TJ admitiu que o uso inadequado de disposições fundamentais de um regulamento é susceptível de gerar responsabilidade da Comunidade[675];

---

[675] Acórdão de 14/7/67, *Kampffmeyer*, procs. 5, 7, 13 a 24/66, Rec. 1967, pg. 262.

Capítulo IV – A Competência de Plena Jurisdição

c) o não cumprimento de obrigações impostas pelos Tratados por parte dos órgãos comunitários é susceptível de fundamentar a responsabilidade da Comunidade[676];

d) a organização inadequada da Administração[677];

e) a supervisão inadequada – se houver delegação de poderes por parte da Comunidade para um organismo independente, ela deve exercer a adequada supervisão[678];

f) as informações erróneas – a interpretação errada de uma regra comunitária não constitui em si mesma um facto gerador de responsabilidade, contudo, logo que se descobre o erro, a interpretação deve ser modificada e o erro rectificado[679];

g) a rescisão ilícita de um contrato com um funcionário da Comunidade;

h) a protecção insuficiente dos direitos dos funcionários comunitários;

i) a violação de regras internas – a Comunidade tem aprovado regras internas respeitantes à sua organização. O TJ aceita que a sua violação pode ser fundamento de responsabilidade da Comunidade[680];

j) a violação de uma regra superior de direito;

k) a violação do dever de confidencialidade e do dever de informar o lesado – o fundamento da responsabilidade pode ser a violação de um princípio geral de direito[681].

---

[676] Acórdão de 14/7/61, *Vloeberghs*, procs. 9 e 12/60, Rec. 1961, pg. 216.

[677] Acórdão de 17/12/59, *FERAM*, proc. 23/59, Rec. 1959, pg. 251; acórdão de 18/12/80, *Gatreau*, procs. 156/79 e 51/80, Rec. 1980, pg. 3953.

[678] Acórdão de 15/12/61, *Fives Lille Cail*, procs. 19/60 e 2 e 3/61, Rec. 1961, pg. 297.

[679] Acórdão de 28/5/70, *Richez Parise*, procs. 19, 20, 25 e 30/69, Rec. 1970, pg. 339; acórdão de 9/7/70, *Fiehn*, proc. 23/69, Rec. 1970, pg. 589; acórdão de 11/7/80, *Kohl*, proc. 137/79, Rec. 1980, pg. 2614; acórdão de 4/2/75, *Compagnie Continentale Can*, proc. 169/73, Rec. 1975, pg. 135.

[680] Acórdão de 12/7/73, *Di Pillo*, procs. 10 a 47/72, Rec. 1973, pg. 764; acórdão de 5/5/83, *Ditterich*, proc. 207/81, Rec. 1983, pg. 1374.

[681] Acórdão de 7/11/85, *Adams*, proc. 145/83, Rec. 1985, pg. 3539.

3. O objecto e o âmbito da acção de responsabilidade civil extra-contratual

O objecto da acção é o pedido de indemnização.

A responsabilidade extracontratual pode ser efectivada através de uma acção de indemnização contra os órgãos da Comunidade ou os agentes da Comunidade no exercício das suas funções, consoante o facto danoso tenha sido provocado por uns ou por outros.

4. O tribunal competente

A competência para a apreciação da acção de indemnização fundada em responsabilidade extracontratual da Comunidade cabe ao TJ ou ao TPI.

Após a Decisão de 8 de Junho de 1993 relativa à criação do TPI, esta acção deve ser proposta no TPI quando o autor é um particular.

O TJ (ou o TPI) é competente para julgar as acções cuja causa de pedir seja constituída por um comportamento exclusivamente imputável às autoridades comunitárias. Se os prejuízos alegados pela parte tiverem sido provocados por uma actuação comunitária e nacional, então haverá cumulação de responsabilidades entre a Comunidade e as autoridades nacionais e, nesse caso, aplica-se o princípio da subsidiariedade, que veremos adiante[682].

5. A natureza da acção

Ao abrigo do artigo 288.º (ex-artigo 215.º), par. 2.º, do Tratado CE o Tribunal apenas tem competência para se pronunciar sobre a existência e a violação do direito (por acção ou por omissão) do autor por parte da Comunidade. Se chegar à conclusão que essa violação existe, determina a reparação do dano causado pelo órgão comunitário.

O acórdão tem efeitos apenas *inter partes*, mas é evidente que o resultado de uma determinada acção de responsabilidade civil extra-

---

[682] Ver *infra* n.º 6.2.

Capítulo IV – A Competência de Plena Jurisdição

contratual influencia outras acções que se fundem sobre os mesmos factos e circunstâncias.

Trata-se, portanto, de uma acção declarativa de condenação, pois destina-se a declarar a solução concreta decorrente da Ordem Jurídica comunitária para a situação real que serve de base à pretensão deduzida pelo autor.

6. As condições de admissibilidade da acção

As condições de admissibilidade da acção são:

– a autonomia;
– a subsidiariedade.

6.1. *A autonomia da acção de responsabilidade civil extra-contratual*

O primeiro problema que se coloca para um particular, que pretende instaurar uma acção de responsabilidade civil extracontratual contra a Comunidade, é o de saber se perante os prejuízos causados por um acto ou por uma omissão dos órgãos comunitários deve, primeiramente, interpor um recurso de anulação contra o acto em causa ou propor uma acção de omissão contra a inércia do órgão ou se pode instaurar de imediato a acção de indemnização. Este é um problema de relações entre o contencioso da legalidade e o contencioso da responsabilidade.

O Tratado não prevê qualquer critério para solucionar esta questão, pelo que coube ao TJ desenvolver os princípios relevantes nesta matéria. Após uma primeira fase, em que teve alguma relutância em aceitar a possibilidade de reparação do prejuízo causado por um acto, que não foi previamente anulado, ou pela omissão que não foi previamente constatada, o TJ acabou, mais tarde, por admitir a acção de indemnização, com fundamento no princípio geral da autonomia das vias contenciosas no âmbito do Direito Comunitário. De acordo com este princípio, a admissibilidade de uma acção ou de um recurso depende apenas das condições que lhe são próprias.

6.1.1. *A autonomia em relação ao recurso de anulação*

Como se disse, o Tribunal começou, inicialmente, por rejeitar a tese da autonomia da acção de indemnização, com fundamento no facto de que esta não deveria ser utilizada para contornar as exigentes condições do recurso de anulação, ou seja, não se devia conseguir através de uma acção de indemnização um recurso de anulação "disfarçado".

Esta posição começou por ser afirmada no acórdão *Plaumann*[683], em que o TJ declarou que *«um acto administrativo não anulado não poderia ser constitutivo de culpa que lese os administrados»* e que não se poderia através da acção de responsabilidade extracontratual destruir os efeitos jurídicos de uma decisão que não havia sido anulada.

Este acórdão foi muito criticado pela doutrina, na medida em que é duvidoso que a exigência de anulação prévia do acto causador do prejuízo corresponda a um princípio geral comum aos Direitos dos Estados-Membros.

Efectivamente, só há abuso de direito quando o interessado que não interpôs atempadamente recurso de anulação de decisões individuais se esforça ulteriormente por recuperar as consequências financeiras dos seus actos pela via do contencioso de indemnização.

O Acórdão *Plaumann* mostra que o recorrente tinha visto o seu recurso de anulação, interposto ao mesmo tempo, declarado inadmissível.

A exigência de anulação prévia implica a exclusão da acção de indemnização em todos os casos em que os particulares não podem interpor recurso de anulação, ou seja, implica a transposição das exigências restritivas, previstas nos artigos 230.º (ex-artigo 173.º) e 232.º (ex-artigo 175.º), para o contencioso de responsabilidade, no que respeita aos prazos e à legitimidade das partes.

Ora, no caso em apreço, o verdadeiro problema não era o de abuso de vias de direito, mas sim o de saber se se devia transpor para a acção de responsabilidade civil extracontratual as condições restritivas dos artigos 230.º (ex-artigo 173.º) e 232.º (ex-artigo 175.º).

---

[683] Acórdão de 25/7/63, proc. 25/62, Rec. 1963, pgs. 197, 225.

Capítulo IV – A Competência de Plena Jurisdição   273

Posteriormente, o TJ ultrapassou esta fase restritiva inicial e passou a aceitar a tese da autonomia em relação ao recurso de anulação, apenas com a excepção do recurso paralelo.

No Acórdão *Zuckerfabrik*[684], corroborando a opinião do seu Advogado-Geral DUTHEILLET DE LAMOTHE, o TJ aceitou a autonomia da acção de responsabilidade civil extracontratual em relação ao recurso de anulação[685], com base nos fins diferentes dos dois meios contenciosos. Enquanto a primeira tem em vista a reparação de um prejuízo causado por um órgão comunitário, o segundo visa a supressão do ordenamento jurídico comunitário de uma determinada medida, que é ilegal.

Esta autonomia não pode, todavia, conduzir a uma utilização abusiva da acção de indemnização como meio de superar as exigências atinentes ao contencioso de legalidade, designadamente os prazos. Assim, se com a instauração da acção de indemnização o autor só puder atingir um resultado que, por exemplo, lhe seria facultado pelo recurso de anulação, o TJ invoca a excepção de recurso paralelo e rejeita liminarmente a acção[686].

A tese da autonomia da acção de responsabilidade civil extra-contratual é de uma extrema importância para se atingir uma eficaz tutela jurisdicional dos direitos e interesses dos particulares. De acordo com esta teoria, o particular pode agir com base nos artigos 235.º (ex-artigo 178.º) e 288.º (ex-artigo 215.º) mesmo que não tenha legitimidade para um recurso de anulação, porque o acto não o tem como destinatário nem lhe diz directa e individualmente respeito.

O TJ reafirmou esta jurisprudência em vários acórdãos[687].

---

[684] Acórdão de 2/12/71, proc. 5/71, Rec. 1971, pg. 975.

[685] A título exemplificativo, vejam-se os acórdãos de 13/6/72, *Grands Moulins de Paris*, procs. 9 e 11/71, Rec. 1972, pg. 403; de 2/7/74, *Holtz & Willemsen*, proc. 153/73, Rec. 1974, pg. 675; de 24/10/73, *Merkur*, proc. 43/72, Rec. 1973, pg. 1055.

[686] Ver acórdão de 4/2/98, *Laga/Comissão*, proc. T-93/95, Col. 1998, pgs. II-195 e segs, cons. 48; acórdão de 4/2/98, *Landuyt/Comissão*, proc. T-94/95, Col. 1998, pgs. II-213 e segs, cons. 48; acórdão de 27/6/2000, *Meyer/Comissão*, proc. T-72/99, Col. 2000, pgs. II--2521 e segs, cons. 36; acórdão de 17/10/2002, *Astipesca/Comissão*, proc. T-180/00, Col. 2002, pgs. II-3985 e segs, cons. 139; acórdão de 3/4/2003, *Vieira e Vieira Argentina / / Comissão*, procs. T-44/01, T-119/01, T126/01, Col. 2003, pgs. II-1209 e segs, cons. 213.

[687] Acórdão de 17/5/90, *Sonito*, proc. C-87/89, Col. 1990, pgs. I-1981; acórdão de 15/12/94, *Unifruit Hellas/Comissão*, proc. T-489/93, Col. 1993, pgs. II-1201 e segs,

274   *Contencioso da União Europeia*

6.1.2. *A autonomia em relação à acção de omissão*

Dúvidas idênticas colocaram-se, desde muito cedo, também em relação à acção de omissão.

A Alta Autoridade invocou, no caso *Vloeberghs*[688], a excepção de ilegitimidade da demandante para a acção de indemnização, prevista no artigo 40.º do Tratado CECA, com fundamento na ausência de legitimidade desta para propor uma acção de omissão, uma vez que não tinha a qualidade de empresa. O TJ rejeitou esta argumentação, tendo considerado a acção admissível.

No acórdão *Lütticke III*[689], o TJ também rejeitou a excepção de inadmissibilidade invocada pelo órgão comunitário, tendo afirmado que «*a acção de indemnização foi instituída pelo Tratado como uma via de recurso autónoma, tendo a sua função particular no quadro do sistema de vias de recurso e subordinada a condições de exercício concebidas em vista do seu objectivo específico*». «*Seria contrário à autonomia do recurso, assim como à eficácia geral das vias de direito instituídas pelos tratados, considerar como causa de inadmissibilidade, o facto de, em certas circunstâncias, o exercício da acção de indemnização poder conduzir a um resultado comparável ao da acção por omissão instituída no artigo 175.º*»[690].

6.1.3. *O fundamento da autonomia*

Em conclusão, a autonomia da acção de indemnização em relação às outras vias contenciosas[691] é hoje perfeitamente pacífica, na

---

cons. 30 e 31; acórdão de 15/3/95, *Cobrecaf e.a. /Comissão*, proc. T-514/93, Col. 1995, pgs. II-621 e segs.

[688] Acórdão de 14/7/61, procs. 9 a 12/60, Rec. 1961, pg. 391.

[689] Acórdão de 28/4/71, proc. 4/69, Rec. 1971, pg. 362.

[690] Ver também acórdãos de 4/10/1979, *Ireks-Arkady,* proc. 238/78, Rec. 1979, pgs. 2955 e segs; *DGV*, procs. 241, 242, 245 a 250/78, Rec. 1979, pgs. 3017 e segs; *Interquell,* procs. 261 a 262/78, Rec. 1979, pgs. 3045 e segs.

[691] A título exemplificativo, ver os acórdãos de 12/12/79, *Wagner*, proc. 12/79, Rec. 1979, pg. 3657; de 12/4/84, *Unifrex*, proc. 281/82, Rec. 1984, pg. 1969; de 17/12/81, *Ludwigshafener*, procs. 197 a 200, 243, 245, 247/80, Rec. 1981, pg. 3211; acórdão de 26/2/86, *Krohn*, proc. 175/84, Col. 1986, pg. 753.

Capítulo IV – A Competência de Plena Jurisdição   275

jurisprudência comunitária, no duplo sentido de que esta acção não está dependente da instauração de outras acções ou recursos, mas também no sentido de que a fixação de uma indemnização num caso concreto não implica a declaração de ilegalidade do acto que está na origem do prejuízo.

São várias as razões que se podem alinhar a favor desta tese.

Em primeiro lugar, o Tratado permite aos particulares o controlo jurisdicional pela via da excepção de ilegalidade, prevista no artigo 241.º (ex-artigo 184.º), em relação a actos dos quais eles não podem interpor recurso de anulação ou acção de omissão.

Em segundo lugar, os Direitos internos dos Estados-Membros, exceptuando o caso da França, não subordinam o exercício da acção de indemnização à anulação prévia do acto em causa.

Em terceiro lugar, os efeitos da acção de responsabilidade civil extracontratual são muito mais limitados do que os do recurso de anulação, pois produzem-se apenas *inter partes* e não *erga omnes*.

6.2. *A subsidiariedade*

A consagração da tese da autonomia da acção de indemnização relativamente às outras vias contenciosas comunitárias facilitou a instauração da acção de indemnização. Porém, a posição do TJ, a propósito da relação desta acção e dos meios contenciosos internos veio dificultar sobremaneira o acesso dos particulares aos órgãos jurisdicionais comunitários neste domínio.

Como já se referiu a outros propósitos, o sistema de protecção jurisdicional, previsto nos Tratados, abarca não só o TJ e o TPI como também o conjunto dos tribunais nacionais, que são, aliás, os tribunais comuns para a aplicação do Direito da União Europeia.

Os Tratados não estabelecem uma repartição rígida de competência que assegure aos órgãos comunitários o monopólio da aplicação do Direito da União Europeia. Pelo contrário, o sistema comunitário baseia-se no princípio da «Administração indirecta» dos Estados, com base no qual os órgãos comunitários criam o Direito, mas, na maior parte dos casos, e em primeira linha, são as autoridades nacionais que o vão executar.

Esta complementaridade entre a actuação comunitária e a actuação nacional permite colocar várias questões, a saber:

- qual o tribunal competente para apreciar o pedido de indemnização? O tribunal nacional ou o TJ e o TPI?
- perante uma situação de cumulação ou concurso de responsabilidade entre o órgão comunitário e as autoridades nacionais, qual o critério determinante da imputação subjectiva da medida da responsabilidade?

Estas questões poderiam ser respondidas de uma de duas formas: ou se aceita automaticamente a jurisdição do TJ e do TPI, desde que a acção tenha alguma conexão com o Direito da União Europeia, ou se aceita selectivamente a jurisdição do TJ e do TPI, isto é, apenas para a medida da responsabilidade directamente imputável às Comunidades e após esgotados os meios jurisdicionais internos.

6.2.1. *A resposta da jurisprudência do Tribunal de Justiça*

O TJ parece ter começado por rejeitar a tese da cumulação de responsabilidades, no acórdão *Kampffmeyer*[692], com fundamento no facto de que esta tese apresenta dificuldades consideráveis de aplicação, como seja, a eventual duplicação de responsabilidades. Tal dificuldade levou o TJ, no caso em apreço, a admitir que a responsabilidade da Comunidade era prematura, uma vez que ainda não estava apurada a responsabilidade do Estado (RFA). Aplicou, portanto, o princípio da exaustão dos meios jurisdicionais internos.

Este acórdão foi objecto de muitas e duras críticas, das quais se destacam as seguintes:

- a afirmação do princípio da subsidiariedade da responsabilidade comunitária supõe a jurisdição dos tribunais nacionais para conhecerem de litígios cujo facto gerador do prejuízo deve ser imputado à Comunidade, em violação da letra do artigo 288.º, que atribui competência aos Tribunais da União;

---

[692] Acórdão de 14/7/67, procs. 5, 7, 13 a 24/66, Rec. 1967, pg. 317.

Capítulo IV – A Competência de Plena Jurisdição

- a afirmação restritiva da subsidiariedade acaba por anular a autonomia da acção de indemnização;
- a exigência da exaustão dos meios jurisdicionais internos pode conduzir à denegação de justiça.

Mostrando-se sensível a estes argumentos, o TJ inflectiu, posteriormente, a sua jurisprudência, tendo defendido a tese da responsabilidade exclusiva da Comunidade, que pressupõe uma distinção clara entre os litígios que devem ser resolvidos pelos órgãos jurisdicionais nacionais e os que, por envolverem as Comunidades, são da competência do TJ.

O critério escolhido parece ter sido o da imputabilidade do comportamento que está na origem do dano. Se o comportamento ilícito não puder ser imputado à Comunidade, então esta não deve ser responsabilizada e a acção prevista no artigo 288.º (ex-artigo 215.º), par. 2.º não é admissível.

O TJ considera-se, contudo, competente quando a acção de indemnização movida contra a Comunidade constitui a única protecção jurisdicional dos interesses dos sujeitos lesados[693]. O TJ limita a sua apreciação aos casos em que manifestamente os tribunais nacionais não teriam fundamento para reconhecer o direito à indemnização.

A subsidiariedade da acção de indemnização comunitária deve, portanto, ser entendida no sentido acabado de referir e não como a necessidade de exaustão dos meios jurisdicionais internos. O TJ é, neste domínio, uma jurisdição de competência residual.

6.2.2. *Os casos em que os órgãos jurisdicionais internos são competentes*

Os órgãos jurisdicionais internos são, pois, competentes para conhecerem de acções propostas contra medidas nacionais de execução[694]

---

[693] Acórdão de 25/5/78, *HNL*, proc. 83/76, Rec. 1978, pg. 1209; acórdão *Ludwigshafener*, proc. cit., pg. 3211; acórdão *Krohn*, proc. cit., pg. 753.

[694] Acórdão de 2/3/78, *Debayser*, procs. 12 a 18 e 21/77, Rec. 1978, pg. 153.

278 Contencioso da União Europeia

e de acções de repetição do indevidamente pago, por força da aplicação de uma regulamentação, entretanto, considerada ilegal[695].

Os Estados são exclusivamente responsáveis e, portanto, a acção deve ser proposta nos tribunais nacionais nos seguintes casos:

- a acção de reembolso de somas percebidas em virtude de um regulamento comunitário cuja ilegalidade é contestada pelo demandante[696];
- o uso irregular do poder discricionário que um determinado regulamento conferia aos órgãos estaduais[697];
- o menosprezo do conteúdo e do alcance de alguma disposição de um regulamento[698];
- a recusa do pagamento de somas devidas por força do Direito Comunitário[699].

6.2.3. *Os casos em que a Comunidade é responsável*

O TJ admite, no entanto, a acção de responsabilidade civil extra-contratual contra a Comunidade que tenha por objecto a reparação de um prejuízo diferente daquele que pode ser ressarcido pelo simples reembolso no quadro nacional do montante indevidamente pago[700].

A acção de responsabilidade perante o TJ apresenta um carácter subsidiário relativamente aos meios de tutela jurisdicionais nacionais.

Como já vimos, o Tribunal começou por afirmar que o autor devia esgotar os meios internos e só depois, se ainda subsistissem

---

[695] Acórdão de 27/1/76, *IBC*, proc. 46/75, Rec. 1976, pg. 79; acórdão *Unifrex*, proc. cit., pg. 1969; acórdão de 21/5/76, *Roquette II*, proc. 26/74, Rec. 1976, pg. 686; acórdão de 27/3/80, *Sucrimex*, proc. 139/79, Rec. 1980, pg. 1311.

[696] Neste caso competirá ao tribunal nacional questionar a título prejudicial o TJ sobre a validade do regulamento. Ver acórdão de 27/1/76, *IBC*, proc. 46/75, Rec. 1976, pgs. 79, 80.

[697] Acórdão *Debayser*, cit., pg. 553.

[698] Acórdão de 22/1/76, *Russo*, proc. 60/75, Rec. 1976, pg. 45.

[699] Acórdãos de 26/11/75, *Sté Grands Moulins des Antilles*, proc. 99/74, Rec. 1975, pg. 1531; de 10/5/78, *Exportation des sucres*, proc. 132/72, Rec. 1978, pg. 1059; *Wagner*, cit., pg. 3657; *Sucrimex*, cit., pg. 1131.

[700] Acórdão de 14/1/87, *Zuckerfabrik Bedburg*, proc. 281/84, Col. 1987, pg. 84.

Capítulo IV – A Competência de Plena Jurisdição 279

prejuízos, que não tenham sido ressarcidos por efeito da sentença nacional, poderia recorrer ao TJ[701]

Actualmente o Tribunal aceita a acção de indemnização sem necessidade de exaustão dos meios internos[702], porque a exigência da exaustão dos meios contenciosos internos cede naquelas situações em que não se assegure, de um modo eficaz, a protecção dos particulares interessados e não se consiga a reparação do dano alegado[703].

De acordo com os princípios do Direito da União Europeia, a acção de indemnização integra um sistema geral de tutela jurisdicional, pelo que a existência de uma responsabilidade concorrente não pode justificar a recusa do TJ em apreciar a acção instaurada, no caso de o recurso aos meios processuais internos se mostrar impossível ou inoperante.

Do mesmo modo, a rejeição de uma acção de indemnização por parte do TJ não inviabiliza a propositura de uma acção de indemnização contra as autoridades nacionais nos tribunais nacionais, com base no prejuízo causado por estas autoridades quando da aplicação do Direito da União Europeia[704].

Neste caso, o juiz nacional pode suscitar, no quadro do artigo 234.º, uma questão prejudicial de apreciação de validade do acto comunitário contestado[705].

---

[701] Acórdão de 24/10/73, *Merkur*, proc. 43/72, Rec. 1973, pg. 1055; acórdão de 17/3/76, *Lesieur Cotelle*, procs. 67 a 87/75, Rec. 1976, pg. 391; acórdão de 5/12/79, *Amilum*, procs. 116 e 124/77, Rec. 1979, pg. 3560.

[702] Acórdão de 12/04/84, *Unifrex*, proc. 281/82, Rec. 1982, pg. 1969.

[703] Acórdão de 28/3/79, *Granaria*, proc. 90/78, Rec. 1979, pg. 1981; acórdão de 4/10/79, *Dumortier frères*, procs. 64 e 113/76 e 167 a 239/78, 27, 28 e 45/79, Rec. 1979, pg. 3091; acórdão de 26/2/86, *Krohn*, proc. 175/84, Col. 1986, pg. 763; acórdão de 6/12/84, *Biovillac*, proc. 59/83, Rec. 1984, pg. 4057; acórdão de 29/09/87, *De Boer Buizen*, proc. 81/86, Col. 1987, pgs. 3677 e segs, cons. 9 e 10; acórdão de 30/5/89, *Roquette Frères*, proc. 20/88, Col. 1989, pgs. 1553 e segs, cons. 15 e 16; acórdão de 23/11/2004, *Cantina Sociale di Dolianova e. a. / Comissão*, proc. T-166/98, Col. 2004, cons. 115-117.

[704] Acórdão de 22/9/88, *Asteris*, procs. 106 a 120/87, Col. 1988, pg. 5545.

[705] Acórdão de 25/10/72, *Haegemann*, proc. 96/71, Rec. 1972, pg. 1016; acórdão de 26/10/71, *Mackprang*, proc. 15/71, Rec. 1971, pg. 805.

6.2.4. A responsabilidade do Estado por violação do Direito Comunitário

Como já mencionámos[706], na década de 90, o TJ reconheceu aos particulares o direito de obter da parte de um Estado-Membro a reparação dos prejuízos que sofreram na sequência da ausência de transposição de uma directiva comunitária na Ordem jurídica interna.

No acórdão *Francovich e Bonifaci*[707], o Tribunal sufragou as conclusões do Advogado-Geral MISCHO, segundo as quais, «*nos termos do Direito Comunitário, a responsabilidade do Estado deve ser susceptível de ser posta em causa pelo menos nos casos em que as condições que determinariam a responsabilidade da Comunidade em virtude da violação do Direito Comunitário por um dos seus órgãos estejam preenchidas*»[708]. O Advogado-Geral fundamentava essa afirmação no facto de ser difícil de imaginar que a responsabilidade de um Estado-Membro pudesse ser mais reduzida do que a da Comunidade, quando a responsabilidade desta é, por força do Tratado, construída com base nos princípios gerais comuns aos Estados-Membros.

O Tribunal, aceitando este ponto de partida, deixou expresso que «*o Direito Comunitário impõe o princípio segundo o qual os Estados--Membros são obrigados a reparar os prejuízos causados aos particulares pelas violações do Direito Comunitário que lhe sejam imputáveis, e que esse princípio é "inerente ao sistema do Tratado"*». Por isso, preenchidas aquilo que o acórdão designa de "condições da responsabilidade do Estado" – e que são três: a atribuição de direitos aos particulares pela norma ou pelo acto de Direito Comunitário concretamente considerado (no caso tratava-se de uma directiva), a possibilidade de identificação concreta desses direitos, e uma relação de causalidade entre a violação da obrigação que incumbe ao Estado e o prejuízo sofrido pelos lesados – nasce a favor dos particulares lesados "*um direito a obter reparação, que se funda directamente no Direito Comunitário*". Reflexamente, "*incumbe ao Estado reparar as consequências do prejuízo causado*", devendo essa obrigação ser cumprida

---

[706] Ver *supra* n.º 7.2.1. da secção anterior deste capítulo.

[707] Acórdão de 19/11/91, procs. C-6/90 e C-9/90, Col. 1991, pgs. I-5357 e segs.

[708] Ponto 5 do Resumo das conclusões do Advogado-Geral, loc. cit., pgs. I-5379.

Capítulo IV – A Competência de Plena Jurisdição

"*na ausência de regulamentação comunitária, no âmbito do Direito nacional da responsabilidade*", cabendo, nesse caso, à respectiva Ordem Jurídica nacional "*designar os órgãos jurisdicionais competentes e regulamentar as modalidades processuais dos meios judiciais destinados a assegurar plena protecção dos direitos conferidos aos cidadãos pelo Direito Comunitário*"[709].

É no Direito Comunitário (e já não no Direito nacional) que reside o fundamento do dever do Estado de indemnizar os prejuízos por ele causados pelas suas infracções ao Direito Comunitário, e é este que define "as condições da responsabilidade" do Estado pela violação do Direito Comunitário, ficando aos Estados-Membros um papel meramente residual, que é o de indicar os meios processuais adequados para a efectivação da responsabilidade e o tribunal competente[710].

Esta jurisprudência foi reafirmada em muitos acórdãos[711] e foi estendida a todo o Direito Comunitário.

7. Os "princípios gerais comuns aos Direitos dos Estados--Membros" do artigo 288.° (ex-artigo 215.°), par. 2.°. O recurso ao Direito Comparado

O artigo 288.° (ex-artigo 215.°), par. 2.°, institui um regime jurídico por via de remissão para «*os princípios comuns aos direitos dos Estados-Membros*».

A referência aos princípios comuns dos Direitos nacionais deve considerar-se para os princípios do Direito geral da responsabilidade civil.

O Tratado não tomou como modelo nenhum dos concretos modelos nacionais de responsabilidade, tendo preferido a síntese desses diferentes Direitos nacionais.

---

[709] Loc. cit., pgs. I-5414, I-5415.

[710] Sobre esta questão ver FAUSTO DE QUADROS (coord.), *Responsabilidade civil extracontratual da Administração Pública*, 2.ª ed. Coimbra, 2004, pgs. 33 e segs; *idem, Responsabilidade dos poderes públicos...*, cit., pgs. 137 e segs; *idem, Considerações gerais sobre a reforma do contencioso administrativo. Em especial, as providências cautelares*, pgs. 151 e segs.

[711] Ver nota 657.

Esta solução implica que o TJ utilize o Direito Comparado na busca desses princípios comuns aos Direitos nacionais[712]. O juiz comunitário começa por conhecer e interpretar o Direito nacional dos vários Estados-Membros. Seguidamente procede ao estudo comparativo desses Direitos. Por fim, tenta extrair dessa comparação os princípios comuns que constituirão a base normativa do regime jurídico--processual da acção de indemnização.

É evidente que esta não é uma tarefa fácil. Por um lado, os princípios dos Direitos dos Estados-Membros, nomeadamente, em sede de responsabilidade do Estado e de outras autoridades públicas[713], são muito diversos. Por outro lado, a Ordem Jurídica Comunitária apresenta especificidades que conferem ao juiz comunitário uma ampla margem de actuação e lhe permitiram construir um sistema autónomo de responsabilidade extracontratual da Comunidade.

Os Direitos nacionais apresentam algumas semelhanças e muitas diferenças consideráveis em matéria de responsabilidade extracontratual[714].

Deve referir-se, *prima facie*, que o princípio da responsabilidade do Estado por actos que relevam do seu *jus imperii* é reconhecido em todos os Estados-Membros. Além disso, os princípios da proporcionalidade e da confiança legítima configuram uma referência fundamental.

Mas já o regime jurídico aplicável à responsabilidade é bastante divergente: enquanto que em certos Estados esta acção está submetida

---

[712] Acórdão de 30/5/1989, *Roquette Frères*, proc. 20/88, Col. 1989, pgs. 1553 e segs, cons. 12 e 13.

[713] Sobre a responsabilidade extracontratual do Estado por violação de actos legislativos em Portugal, ver MARIA LÚCIA AMARAL PINTO CORREIA, *Responsabilidade do Estado e dever de indemnizar do legislador*, Coimbra, 1998; RUI MEDEIROS, *Ensaio sobre a responsabilidade civil do Estado por actos da função legislativa*, Coimbra, 1992. Sobre a responsabilidade extracontratual do Estado por actos da Administração Pública, ver FAUSTO DE QUADROS (coord.), *Responsabilidade civil ...*, pg. 33 e segs; *idem, Responsabilidade dos poderes públicos ...*, pgs. 137 e segs; *idem, Considerações gerais sobre a reforma do contencioso administrativo...*, pgs. 151 e segs.

[714] Para um estudo comparativo dos Direitos dos Estados-Membros em matéria de responsabilidade extracontratual veja-se FERNAND SCHOCKWEILER, *op. cit.*, pgs. 29 e segs.

ao regime do Direito Comum (Dinamarca, Irlanda, Holanda e Reino Unido), noutros existem regras específicas aplicáveis à responsabilidade extracontratual do Estado (Alemanha, Espanha, Grécia, Itália, Luxemburgo e Portugal), e na Bélgica coexistem os dois regimes.

Também em matéria de pressupostos da responsabilidade existem diferenças. Enquanto a maior parte dos Estados fundamentam a responsabilidade do Estado na culpa, alguns deles admitem, em casos excepcionais, a responsabilidade objectiva. A Espanha consagra um regime geral de responsabilidade objectiva.

A maior parte dos Estados-Membros considera como condição de admissibilidade da acção de indemnização a ilegalidade do acto administrativo. Em muitos deles exige-se ainda que a norma violada se destine a assegurar a protecção de direitos e interesses dos particulares ou, pelo menos, a prossecução de interesses gerais (Alemanha, Dinamarca, Grécia, Holanda e Portugal).

Em geral, a responsabilidade por actos lícitos está subordinada a condições muito restritivas, com excepção da Espanha que a aceita, sem a subordinar a condições limitativas.

A acção de indemnização é, de um modo geral, autónoma em todos os Estados, com excepção da França.

Para além da responsabilidade por actos administrativos ilícitos, todos os Estados-Membros admitem a responsabilidade por actos de carácter normativo, praticados pela Administração Pública, no exercício do seu poder regulamentar.

Deste breve enunciado facilmente se pode inferir que o TJ está numa posição assaz difícil. A qualificação do princípio como comum não depende necessariamente do seu acolhimento nos Direitos de todos os Estados-Membros, pois isso reduziria a garantia jurisdicional dos particulares, acabando, na prática, por nivelar por baixo. Os princípios gerais comuns não se identificam, portanto, com o maior denominador comum dos sistemas nacionais.

O TJ optou por um entendimento do carácter comum do princípio que tem a ver com a sua adequação aos fins e às características do ordenamento jurídico comunitário.

Assim sendo, não é necessário que a regra sobre a qual se baseia a acção de indemnização seja acolhida de forma idêntica no conjunto das Ordens Jurídicas dos Estados-Membros.

284 *Contencioso da União Europeia*

O Tribunal chegou até a admitir que os princípios gerais comuns se podiam basear numa disposição existente apenas num dos sistemas nacionais, desde que se tratasse da regulamentação mais judiciosamente elaborada[715].

Dada a extrema dificuldade em determinar o significado e o conteúdo dos «*princípios comuns aos Direitos dos Estados-Membros*», o TJ acaba por gozar de uma quase ilimitada liberdade de apreciação das acções instauradas no âmbito do 288.º (ex-artigo 215.º), par. 2.º[716].

Da jurisprudência comunitária ressalta a preocupação por parte do TJ de restringir o direito à indemnização, de modo a garantir a autonomia da decisão dos órgãos comunitários, no domínio das opções de política económica. Foi por essa razão que o Tribunal, apesar de o artigo 288.º (ex-artigo 215.º), par. 2.º, não o exigir, construiu toda a teoria da responsabilidade com fundamento na ideia de culpa.

8. O processo

8.1. *A legitimidade*

8.1.1. *A legitimidade activa*

O Tribunal não se mostra particularmente rigoroso em matéria de legitimidade activa. Esta acção, em virtude da sua autonomia, não está sujeita às condições restritivas que existem, nomeadamente, em matéria de recurso de anulação.

Toda e qualquer pessoa singular ou colectiva, incluindo o Estado, que alegue um prejuízo, pode recorrer ao meio contencioso do artigo 235.º (ex-artigo 178.º).

O demandante deve ter interesse em agir, o que não se passa se o comportamento da Comunidade, longe de o lesar, lhe conferiu uma vantagem. No caso das pessoas colectivas, o Tribunal reserva-se o

---

[715] Acórdão *Zuckerfabrik*, cit., pg. 991.

[716] Conclusões do Advogado-Geral no acórdão *Plaumann*, proc. cit., pg. 242; conclusões do Advogado-Geral, acórdão de 14/7/67, *Kampffmeyer*, procs. 5, 7, 13 a 24/66, Rec. 1967, pgs. 317 e 352.

Capítulo IV – A Competência de Plena Jurisdição

direito de verificar o seu interesse em agir, procedendo para isso à apreciação dos seus estatutos.

O TJ não exclui a possibilidade de o lesado ceder a um terceiro o seu direito à acção perante a jurisdição comunitária. Mas considerará a acção inadmissível se as circunstâncias em que a cessão se produziu puderem levar a pensar que se pode prestar a abusos[717].

8.1.2. *A legitimidade passiva*

A obrigação de reparar os danos pertence à Comunidade, pelo que a acção é intentada contra a Comunidade e é o orçamento comunitário que suporta os prejuízos apurados. Ou seja: a legitimidade passiva para esta acção é da Comunidade e não da União Europeia.

Deve sublinhar-se que o Tribunal já se considerou manifestamente incompetente para conhecer de uma acção de indemnização que tinha por objecto reparar os prejuízos causados por uma posição comum adoptada, com fundamento no artigo 34.º TUE, uma vez que, nos termos do artigo 46.º TUE, não está prevista nenhuma acção de indemnização no âmbito do terceiro pilar[718].

Questão controversa é a de saber a quem cabe a representação da Comunidade no processo.

A Comissão começou por se considerar competente para essa representação, por força do artigo 282.º (ex-artigo 211.º), ainda que o acto causador do dano emanasse de outro órgão. O TJ rejeitou expressamente esta tese, com fundamento no facto de que o artigo 282.º (ex-artigo 211.º) se aplica apenas aos casos de representação da Comunidade nas Ordens Jurídicas nacionais e não na Ordem Jurídica comunitária[719].

Assim sendo, se o prejuízo resultar de um regulamento adoptado pelo Conselho, sob proposta da Comissão, a acção de indemnização pode ser proposta não só contra o Conselho, mas também contra a

---

[717] Acórdão de 4/10/79, *Ireks-Arkady*, proc. 238/78, Rec. 1979, pgs. 2955, 2971; acórdão de 10/12/75, *Union Nationale de coopératives agricoles de céréales*, procs. 95 a 98/74 e 15 e 100/75, Rec. 1975, pgs. 1615, 1635.

[718] Despacho de 7/6/2004, *Segi e.a. / Conselho*, proc. T-338/02, Col. 2004, cons. 33.

[719] Acórdão de 9/11/89, *Briantex*, proc. 353/88, Col. 1989, pgs. 3623, 3636.

Comissão[720]. O mesmo se passa se o autor do acto ilegal for o Conselho e a Comissão não tiver adoptado as medidas de execução[721].

A representação da Comunidade no processo pertence, portanto, ao órgão responsável pelos prejuízos ou do qual depende o agente causador dos danos[722]. Esse órgão pode até ser o Provedor de Justiça da União[723].

A Comunidade nunca pode ser responsabilizada por actos que não foram praticados pelos seus órgãos ou agentes[724].

Se a responsabilidade resultar da aplicação do Direito Comunitário pelos organismos nacionais, não se aplica o artigo 288.° (ex--artigo 215.°), par. 2.°, mas sim o Direito nacional dos Estados--Membros, perante os tribunais nacionais[725].

8.2. *O pedido*

O TJ tem-se mostrado pouco exigente relativamente à exposição e à fundamentação da pretensão feita na petição inicial. Admite-se a propositura de uma acção de natureza declarativa, de constatação da responsabilidade. Esta é especialmente adequada para os casos de prejuízos futuros.

8.3. *O prazo*

De acordo com o artigo 43.° do Estatuto, as acções contra a Comunidade por responsabilidade extracontratual prescrevem no prazo de 5 anos, a contar da ocorrência do facto que lhe tenha dado origem.

Porém, segundo o Tribunal, o prazo conta-se a partir do momento em que o prejuízo foi calculado e não a partir do momento em que

---

[720] Acórdão de 13/11/73, *Werhahn*, procs. 63 a 69/72, Rec. 1973, pgs. 1229, 1246.

[721] Acórdão de 19/5/92, *Mulder*, procs. C-37/90, Col. 1992, pgs. I-3126.

[722] Acórdão de 13/11/73, *Werhahn*, procs. 63 a 69/72, Rec. 1973, pgs. 1229, 1246; acórdão *Briantex*, proc. cit., pg. 3623.

[723] Acórdão 10/4/2002, *Lamberts/Provedor,* proc. T-209/00, Col. 2002, pgs. II--2203 e segs, cons. 49, 51-52.

[724] Acórdão de 22/3/90, *Le Pen*, proc. C-201/89, Col. 1990, pgs. I-1183.

[725] Acórdão de 13/2/79, *Granaria*, proc. 101/78, Rec. 1979, pgs. 623, 638.

Capítulo IV – A Competência de Plena Jurisdição

ocorreu o facto gerador do prejuízo[726]. O prazo de prescrição só começa a correr quando estiverem reunidos todos os elementos constitutivos do direito à indemnização, portanto, também o dano[727].

Por força do artigo 43.º do Estatuto, a contagem do prazo de prescrição interrompe-se com a propositura da acção ou com a apresentação de um pedido de reparação de danos feito pela parte lesada ao órgão comunitário responsável. Neste último caso, é necessário que o pedido tenha sido dirigido dentro do prazo do recurso de anulação ou da acção de omissão[728].

No acórdão *Kampffmeyer*[729] o Tribunal decidiu que a acção de indemnização não tem de ser proposta no prazo mais curto do recurso de anulação ou da acção de omissão, mas só há interrupção da prescrição se o recurso ou a acção forem interpostos dentro do prazo.

Se o pedido de indemnização tiver sido dirigido a um órgão, que não foi responsável pelo prejuízo, o prazo de prescrição não se interrompe[7307].

A prescrição não pode ser invocada *ex officio*[731].

9. Os elementos constitutivos do direito à indemnização

A responsabilidade extracontratual da Comunidade e a efectivação do direito à reparação do prejuízo sofrido estão sujeitos à verifi-

---

[726] Acórdão de 27/1/82, *Birra Wührer*, procs. 256, 257, 265, 267/80 e 5/81, Rec. 1982, pgs. 85, 106; acórdão de 27/1/81, *Soc. Franceschi*, proc. 51/81, Rec. 1981, pgs. 117, 134.

[727] Acórdão *Birra Wührer*, cit., pg. 106; acórdão *Soc. Fransceschi*, cit., pg. 134; acórdão de 16/04/97, *Hartmann*, proc. T-20/94, Col. 1997, pgs. II-595 e segs, cons. 107, 126 130, 132; acórdão de 25/11/1998, *Steffens*, proc. T-222/97, Col. 1998, pgs. II-4175, cons. 31; acórdão de 23/11/2004, *Cantina Sociale di Dolianova*, proc. T-166/98, Col. 2004, cons. 129-131, 145, 149, 154.

[728] Acórdão de 7/2/2002, *Rudolf,* proc. T-187/94, Col. 2002, pgs. II-367 e segs, cons. 55-57; acórdão de 7/2/2002, *Kustermann*, proc. T-201/94, Col. 2002, pgs. II-415 e segs, cons. 67-69 e 73-76; acórdão de 7/2/2002, *Schulte,* proc. T-261/94, Col. 2002, pgs. II-441 e segs, cons. 63, 66-69.

[729] Acórdão de 14/7/67, procs. 5, 7, 13 a 24/66, Rec. 1967, pgs. 317, 337.

[730] Acórdão de 2/3/77, *Milch-, Fett- und Eier-Kontor*, proc. 44/76, Rec. 1977, pg. 393.

[731] Acórdão de 30/5/89, *Roquette*, proc. 20/88, Rec. 1989, pg. 1553.

cação de um conjunto de condições referentes à ilicitude, ou segundo a terminologia do Direito da União Europeia, à ilegalidade do comportamento imputado aos órgãos comunitários, à existência de dano e ao nexo de causalidade entre o comportamento e o dano alegado[732].

As condições substanciais exigidas pelo Tribunal de Justiça, em matéria de acção de responsabilidade civil extracontratual, evoluíram bastante nos últimos anos. Se, inicialmente, o Tribunal colocava o acento tónico na natureza da acção ou omissão que causou o dano, hoje em dia, esse aspecto é relegado para segundo plano, aproximando as condições da responsabilidade civil extracontratual da Comunidade às exigidas para a responsabilização dos Estados-Membros por violação do Direito Comunitário.

Com efeito, o Tribunal considera que, tratando-se, em ambos os casos, de violação de Direito Comunitário, os particulares não podem estar sujeitos a condições diferentes para accionar os mecanismos da responsabilidade, consoante o autor da violação seja um Estado--Membro ou um órgão comunitário[733].

9.1. *A ilicitude*

As Comunidades Europeias não possuem praticamente nenhuma actividade material, pelo que a maioria dos casos de responsabilidade extracontratual se baseia na sua actividade normativa.

Na ausência de regras específicas no Tratado relativas aos requisitos exigidos para accionar o mecanismo da responsabilidade civil extracontratual da Comunidade coube ao Tribunal a tarefa de os definir.

---

[732] Acórdão *Lütticke III*, cit., pg. 325; acórdão de 2/7/74, *Holtz*, proc. 153/73, Rec. 1974, pg. 675; *Zuckerfabrik Bedburg*, cit., pg. 49; acórdão de 4/3/80, *Pool*, proc. 49/79, Rec. 1980, pg. 569; de 27/3/90, *Grifoni*, proc. C-308/87, Col. 1987, pg. 1203; acórdão de 9/11/89, *Briantex*, proc. 353/88, Col. 1989, pgs. 3623 e segs, cons. 8; acórdão de 7/5/92, *Pesqueras De Bermeo e Naviera Laida*, procs. C-258/90 e 259/90, Col. 1992, pgs. I-2901 e segs, cons. 42; acórdão de 21/6/96, *Dischamp*, proc. T-226/94, Col. 1996, pgs. II-575 e segs, cons. 39; acórdão de 16/10/96, *Efisol*, proc. T-336/94, Col. 1996, pgs. II-1314 e segs, cons. 30.

[733] Acórdão de 4/7/2000, *Bergaderm e Goupil,* proc. C-352/98 P, Col. 2000, pgs. I-5291 e segs, cons. 41.

Capítulo IV – A Competência de Plena Jurisdição   289

Numa primeira fase, o Tribunal exigiu requisitos diferentes, consoante a ilicitude se baseasse em violação de actos dotados de generalidade (v.g. regulamentos) ou de actos individuais (v. g. decisões). Neste último caso, o Tribunal considerava preenchido o requisito da ilicitude, desde que houvesse violação da decisão. Já no caso dos actos normativos dotados de generalidade (v.g. regulamentos), que implicassem escolhas de política económica, para que se pudesse accionar o mecanismo da responsabilidade com êxito, o Tribunal começou por exigir que tivesse havido uma *«violação suficientemente caracterizada de uma regra superior de direito que protege os particulares»*[734].

Esta jurisprudência foi claramente influenciada pela *Schutznormtheorie* do Direito alemão, que podemos traduzir para *teoria da norma de protecção*.

Recentemente, no acórdão *Bergaderm*[735], o Tribunal abandona aquela fórmula, tendo passado a exigir que *«a regra superior de direito violada tenha por objecto conferir direitos aos particulares»*[736].

Na prática, como bem nota TAKIS TRIDIMAS, a diferença não é substancialmente relevante[737].

Além disso, o Tribunal passou a considerar que, para accionar o mecanismo da responsabilidade, o que importa não é tanto o carácter geral ou individual do acto, mas antes a margem de apreciação ou o grau de discricionariedade de que o seu autor dispõe. Quando a margem de apreciação não existe, ou é muito reduzida, a mera violação do acto pode ser suficiente, independentemente de se tratar de um acto legislativo ou administrativo[738].

9.1.1. *A noção de acto normativo da Comunidade*

Em primeiro lugar, cumpre sublinhar que, para se poder accionar a responsabilidade da Comunidade, o acto normativo requerido tem de ser imputável à Comunidade e não aos Estados-Membros.

---

[734] Acórdão *HNL*, proc. cit., pg. 1209; acórdão *Werhahn*, cit., pg. 1247; acórdão *CNTA*, cit., pg. 533; acórdão *Zuckerfabrik Bedburg*, cit., pg. 49.

[735] Proc. cit., pgs. I-5291 e segs.

[736] Acórdão de 17/3/2005, *AFCon Management Consultants*, proc. T-160/03, Col. 2005, cons. 31.

[737] TAKIS TRIDIMAS, *Liability for Breach...*, pg. 327.

[738] Acórdão *Bergaderm*, Proc. cit., cons. 40, 46, 47.

Mas o grande problema que aqui temos de enfrentar é o de saber o que se entende por acto normativo.

A noção de acto normativo abrange não só os actos legislativos, que no caso da CE são os regulamentos de base, como também engloba os regulamentos de execução do Conselho e da Comissão, que são, na sua essência, salvo alguns desvios, actos regulamentares, isto é, regulamentos administrativos na terminologia do Direito Administrativo de tipo francês e alemão.

Além disso, a noção de acto normativo abarca ainda todos os actos que sejam gerais e abstractos.

O TJ admite uma noção muito ampla de actividade normativa, a qual se aplica também às situações de omissão dos órgãos comunitários, que deveriam ter adoptado determinado acto normativo e não o fizeram[739].

O conceito de política económica é também muito amplo, abrangendo qualquer actuação comunitária, que esteja relacionada com a integração económica e com a noção de mercado comum.

O TJ reconhece aos órgãos comunitários amplos poderes de apreciação e de actuação. O exercício de competência discricionária tem sido objecto de um controlo jurisdicional mínimo.

A noção de ilegalidade do comportamento normativo sempre foi considerada condição necessária, mas insuficiente, para fundamentar a ilicitude. Até ao Acórdão *Bergaderm*, o Tribunal exigia a violação suficientemente caracterizada de uma regra superior de Direito que tenha por objecto proteger os direitos e os interesses dos particulares. Após o acórdão *Bergaderm,* a já mencionada unificação dos requisitos da acção de responsabilidade dos Estados-Membros e da Comunidade levou o Tribunal a exigir que a regra violada tenha como objecto conferir direitos aos indivíduos, que a violação seja séria e que haja um nexo de causalidade entre as duas condições anteriores.

9.1.2. *A noção de regra superior de Direito*

Apesar de o Tribunal, no Acórdão *Bergaderm,* ter omitido a referência clássica à necessidade de violação de uma regra superior de Direito, daí não se deve inferir que esta exigência tenha sido ultrapas-

---

[739] Acórdão *Kampffmeyer*, cit., pg. 711.

Capítulo IV – A Competência de Plena Jurisdição

sada. Com efeito, para haver ilegalidade, é necessário que o acto viole uma regra que ocupe um lugar superior na hierarquia das normas[740].

Formalmente, a regra superior é toda e qualquer regra de nível hierárquico superior ao facto ilícito. Materialmente, a regra superior de Direito é qualquer princípio que exprima valores importantes da Ordem Jurídica comunitária, como, por exemplo, os princípios da confiança legítima[741] e da segurança jurídica, o princípio da igualdade[742], o princípio da não retroactividade[743] e do respeito pelos direitos adquiridos e o princípio da proporcionalidade[744].

A fonte destas regras materialmente superiores tanto pode ser o Tratado como os Direitos dos Estados-Membros através dos princípios comuns.

Assim, o princípio da não discriminação ou da igualdade está previsto no Tratado CE, desde a sua versão originária, enquanto os princípios da proporcionalidade, da segurança jurídica ou da confiança legítima foram, inicialmente, importados dos Direitos dos Estados-Membros, especialmente do seu Direito Administrativo interno.

9.1.3. *O conceito de violação suficientemente caracterizada*

O conceito de violação suficientemente caracterizada tem-se revelado bastante difícil de precisar.

Parece que a violação suficientemente caracterizada tem de ser uma violação grave e manifesta[745]. A violação é manifesta se provocou um prejuízo importante e especial, ou seja, tem a ver com a natureza da infracção.

---

[740] Neste sentido TAKIS TRIDIMAS, *Liability for Breach...*, pg. 328.

[741] Acórdão de 19/5/92, *Mulder II*, proc. 104/89, Col. 1992, pg. 3061; acórdão de 28/4/88, *Von Deetzen*, proc. 170/86, Col. 1988, pg. 2355; acórdão *Lesieur Cotelle*, cit., pg. 391.

[742] Acórdão *Grands Moulins de Paris*, cit., pg. 403; *Merkur*, cit., pg. 1055; *HNL*, cit., pg. 1209; *Dumortier frères*, cit., pg. 3091; acórdão *Ireks-Arkady*, cit., pg. 2955; *Zuckerfabrik Bedburg*, cit., pg. 49.

[743] Acórdão *CNTA*, cit., pg. 533.

[744] Acórdão *Wernahn*, cit., pg. 1229; acórdão *Bedburg*, cit., pg. 84.

[745] Acórdão *HNL*, cit., pg. 1209; acórdão *Dumortier frères*, cit., pg. 3114; acórdão *Amilum*, cit., pg. 3561; acórdão *Mulder II*, cit., pgs. 3131 e segs; acórdão *Grands Moulins de Paris*, cit., cons. 12.

A violação é grave se os prejuízos alegados pelo autor ultrapassarem os limites do risco inerentes à actividade económica do sector em causa. A violação grave situa-se, pois, no plano das consequências dos prejuízos causados. O TJ identificou a violação grave com o comportamento arbitrário[746].

Mais recentemente, no acórdão *Brasserie du pêcheur*, em matéria de responsabilidade dos Estados-Membros por violação de Direito Comunitário, o Tribunal considerou que uma violação é suficientemente caracterizada se houve por parte do órgão comunitário violação dos limites impostos à sua faculdade de apreciação[747].

Esta jurisprudência vai, posteriormente, ser aplicada, no domínio da responsabilidade civil extracontratual da Comunidade, no mencionado acórdão *Bergaderm*[748].

9.1.4. *A regra violada deve conferir direitos aos indivíduos*

Como vimos, até ao Acórdão *Bergaderm*, o Tribunal considerou que a ilegalidade deveria consistir na violação de uma regra de Direito destinada a proteger os direitos e interesses do autor, tendo, após aquele Acórdão, passado a exigir que a regra violada conferisse direitos aos indivíduos. Todavia, o facto de a norma violada ser de natureza geral não exclui a possibilidade de afectar interesses de operadores económicos individuais.

Já então se entendia que a regra de Direito Comunitário violada deveria atribuir direitos subjectivos aos particulares, o que era reforçado pela exigência de um prejuízo especial.

O prejuízo é especial se atinge um grupo restrito e perfeitamente delimitado de operadores económicos. Com base neste critério, o TJ julgou improcedente a acção de indemnização, no Acórdão *HNL*[749], e considerou-a admissível nos casos do *Gritz de maïs* e do *Quellmell*[750].

---

[746] Acórdão *Amilum*, cit., pgs. 3497 e segs; acórdão de 5/12/79, *Koninklijke*, proc. 143/77, Rec. 1979, pgs. 3583 e segs.

[747] Proc. cit., pgs. I-1029 e segs.

[748] Proc. cit., cons. 41.

[749] Proc. cit., pg. 1209.

[750] Procs. cit., pgs. 2955 e segs.

Mais recentemente, o TJ parece ter sido menos exigente quanto à verificação desta condição. No Acórdão *Sofrimport* admitiu que a Comissão, ao adoptar um regulamento, que impedia a importação de maçãs chilenas, sem ter em conta a situação das mercadorias já em trânsito, violou de forma suficiente caracterizada a confiança legítima do recorrente[751]. No Acórdão *Mulder* o Tribunal aceitou que, se um operador económico foi incitado a suspender a comercialização de leite por um período determinado no interesse geral e contra o pagamento de um subsídio, tal operador pode legitimamente esperar não ser submetido a restrições que o afectem de forma específica em razão do facto de ter feito uso das possibilidades abertas pela legislação comunitária.

O TJ parece ter atenuado a exigência de dolo, tendo-se contentado com a culpa grave[752].

9.2. A culpa

9.2.1. O grau de culpa exigido

O facto gerador da responsabilidade é constituído por um elemento material – o comportamento do órgão – e por um elemento jurídico – a ilegalidade.

Da noção de ilegalidade estão excluídos os prejuízos resultantes dos próprios Tratados ou de actos que tenham um alcance equivalente[753].

O Tribunal exige a culpa como pressuposto da responsabilidade extracontratual da Comunidade.

Mas o grau de culpa exigido é diferente, consoante se trate de actos normativos ou de actos não normativos.

No que diz respeito a estes últimos, basta a mera culpa[754] para fundamentar a responsabilidade da Comunidade, ou seja, toda a viola-

---

[751] Acórdão de 26/6/90, proc. C-152/88, Col. 1990, pgs. I-2477.

[752] Acórdão de 19/5/92, procs. C-104/89 e C-37/90, Col. 1992, pgs. I-3126.

[753] Acórdão de 4/2/73, *Compagnie continentale de France*, proc. 169/73, Rec. 1973, pg. 134; acórdão de 28/4/88, *Laisa*, procs. 31 e 35/86, Col. 1988, pg. 2320.

[754] Acórdão *Kampffmeyer*, cit., pg. 317; *Lütticke*, cit., pg. 337; acórdão *Roquette*, cit., pg. 693.

ção do Direito constitui ilegalidade, não sendo necessário estabelecer que a norma ou o princípio violado se destina a proteger os interesses do autor.

No que se refere aos actos normativos, o Tribunal exige a existência de culpa grave[755]. Neste caso, a culpa não é necessariamente consequência da ilegalidade previamente sancionada, ou seja, a ilegalidade não provoca automaticamente a existência de culpa. O autor tem de provar que o órgão comunitário agiu com culpa grave.

O Tribunal afirmou, no acórdão *HNL*[756], que a constatação de que um acto normativo não é válido não é suficiente para fundamentar a responsabilidade extracontratual da Comunidade. No caso de um acto normativo caracterizado pelo exercício de um amplo poder discricionário só se poderá alegar a responsabilidade do órgão comunitário se ele tiver ignorado, de uma forma manifesta e grave, os limites que se impõem ao exercício dos seus poderes. As exigências da violação grave e manifesta são de verificação cumulativa. A violação grave identifica-se com o comportamento arbitrário.

Esta jurisprudência restritiva foi reafirmada em vários acórdãos[757].

9.2.2. *A questão da responsabilidade objectiva*

Chegados a este ponto, importa averiguar se o Tribunal aceita a responsabilidade objectiva, ou seja, a responsabilidade sem culpa.

Se no âmbito do Tratado CECA ela estava expressamente excluída pela letra do artigo 40.°, o mesmo não acontece relativamente ao artigo 288.° (ex-artigo 215.°), par. 2.°, do TCE que, ao remeter para os princípios comuns aos Direitos dos Estados-Membros, parece deixar a porta aberta a este tipo de responsabilidade, pois ela é admitida na maior parte dos Direitos nacionais.

---

[755] Acórdão *Zuckerfabrik*, cit.

[756] Acórdão cit., pg. 1209.

[757] Acórdão *Ireks-Arkady*, cit., pg. 2965; acórdão de 14/1/87, *Zuckerfabrik Bedburg*, proc. 281/84, Col. 1987, pg. 49; acórdão de 8/12/87, *Sté des grands moulins de Paris*, proc. 50/86, Col. 1987, pg. 4854.

Capítulo IV – A Competência de Plena Jurisdição 295

Contudo, o Tribunal não parece até hoje ter seguido este caminho[758]. Apesar de nunca ter excluído expressamente a responsabilidade objectiva, sempre que os particulares tentaram obter o seu reconhecimento, invocando, por exemplo, um prejuízo especial e anormal, o TJ rejeitou o pedido. O mesmo tem feito o TPI[759].

Na prática, a responsabilidade da Comunidade assenta sempre na culpa dos seus órgãos ou agentes, ou seja, na ilicitude do seu comportamento.

9.2.3. Alguns exemplos de actos culposos

Vejamos alguns exemplos de actos culposos. De acordo com a jurisprudência do TJ podem constituir actos culposos:

- a adopção de um acto ilegal[760];
- a inobservância por um órgão comunitário do seu regimento;
- a má organização dos serviços[761];
- a revogação ilegal de um acto administrativo criador de direitos subjectivos[762];
- a gestão negligente[763];
- a negligência grave por parte da Administração comunitária no cumprimento dos seus deveres normais de vigilância[764];
- o fornecimento de informações falsas, ou, pelo menos, o facto de não as ter rectificado[765].

---

[758] Acórdão de 13/6/72, *Compagnie d'approvisionnement de transport et de crédit*, procs. 9 a 11/71, Rec. 1972, pg. 391; acórdão de 24/6/86, *Sté développement e sté Clemency*, proc. 267/82, Col. 1986, pg. 1913; acórdão de 22/4/99, *Kernkraftwerke Lippe-Ems*, proc. C-161/97, Col. 1999, pgs. I-2057.

[759] V. Acórdão de 28/4/98, *Dorsch Consult,* proc. T-184/95, Col. 1998, pgs. II-667 e segs.

[760] Acórdão *Topfer*, cit., pg. 525 e segs.

[761] Acórdão de 17/12/59, *FERAM*, proc. 23/59, Rec. 1959, pg. 501.

[762] Acórdão de 12/7/57, *Algera*, proc. 7/56 e 3 a 7/57, Rec. 1957, pg. 128.

[763] Acórdão de 13/7/61, *Meroni*, proc. 14/60, Rec. 1961, pg. 325.

[764] Acórdão de 15/12/61, *Fives-Lille-Cail*, procs. 19 e 21/60 e 2 e 3/61, Rec. 1961, pg. 559.

[765] Acórdão de 4/2/75, *Compagnie continentale France*, proc. 169/73, Rec. 1975, pg. 117.

296   *Contencioso da União Europeia*

Todavia, nem toda a ilegalidade constitui um acto culposo[766]. Em regra, o TJ considera como passível de sanção a falta de controlo, a gestão indesculpavelmente negligente, os erros grosseiros, excluindo à partida as apreciações defeituosas no âmbito da política económica.

9.3. *O nexo de causalidade*

O TJ exige o nexo de causalidade como condição essencial da responsabilidade extracontratual da CE. É, portanto, necessário que exista uma relação de causa e efeito entre o prejuízo e o facto que está na origem do mesmo. Dito de outro modo: os prejuízos alegados devem ser uma consequência directa e certa do comportamento imputável ao órgão comunitário[767].

O exame da relação de causalidade normalmente não levanta problemas, pois presume-se[768].

A prova do nexo de causalidade incumbe ao autor[769]. O TJ não exige que o nexo de causalidade se demonstre com uma certeza absoluta, contentando-se com a sua probabilidade suficiente[770].

O vínculo de causalidade pode ser afastado pela intervenção de causas que são alheias à vontade ou ao comportamento da Comunidade, como, por exemplo, a atitude do lesado ou o comportamento de um Estado-Membro[771].

---

[766] Acórdão *Meroni*, cit., pg. 341.

[767] Acórdão de 16/12/63, *Acières du Temple*, proc. 36/62, Rec. 1963, pgs. 601, 602; acórdão *Vloeberghs*, cit., pg. 428: acórdão de 30/1/92, *Finsider*, procs. C-363 e C-364/88, Col. 1992, pgs. I-410; acórdão de 18/9/95, *Blackspur DIY,* proc. T-168/94, Col. 1994, pgs. II-2627 e segs, cons. 38, 40; acórdão de 30/9/98, *Condiretti*, proc. T-149/96, Col. II-3841 e segs, cons. 99 e 101; acórdão de 24/2/2002, *EVO*, proc. T-220/96, Col. 2002, pgs. II-2265 e segs, cons. 41.

[768] Acórdão de 14/5/75, *CNTA*, proc. 74/74, Rec. 1975, pg. 533; acórdão *Ireks-Arkady*, cit., pg. 2955.

[769] Acórdão de 21/1/76, *Produits Bertrand*, proc. 40/75, Rec. 1976, pgs. 8 e 9; acórdão de 28/1/99, *BAI*, proc. T-230/95, Col. 1999, pgs. II-123 e segs, cons. 29 e 30; acórdão de 15/6/99, *Ismeri Europa*, proc. T-277/97, Col. 1999, pgs. II-1825 e segs, cons. 100; acórdão de 1/2/2001, *T-Port*, proc. T-1/99, Col. 2001, pgs. II-465 e segs, cons 55 e 76.

[770] Acórdão de 8/7/65, *Luhleich*, proc. 68/63, Rec. 1965, pg. 751.

[771] Acórdão de 21/1/76, *Produits Bertrand*, proc. 40/75, Rec. 1976, pgs. 8, 9; acórdão de 22/1/76, *Russo*, proc. 6/75, Rec. 1976, pg. 45; acórdão *Debayser*, cit., pg. 568; acórdão de 27/3/80, *Sucrimex*, proc. 133/79, Rec. 1980, pg. 1311.

Capítulo IV – A Competência de Plena Jurisdição   297

O TJ exige do operador económico um comportamento prudente e diligente, podendo mesmo chegar ao ponto de, em determinadas circunstâncias, considerar que existe um seu dever de detectar os erros cometidos pelo órgão comunitário, geradores dos prejuízos alegados.

A culpa da vítima é uma causa clássica de exoneração da responsabilidade, que é apreciada pelo modelo da *«pessoa normalmente diligente e avisada»* ou do *«sujeito prudente»*[772].

A condição do nexo de causalidade encontra-se estritamente ligada à questão da subsidiariedade da acção de indemnização *supra* analisada no n.º 6.2.

9.4. *O prejuízo*

A existência do dano constitui condição prévia de apreciação da responsabilidade. O dano pode consistir na lesão de um direito ou de um interesse legítimo.

O dano tem de ser reparável. Esta exigência emerge dos princípios comuns aos Direitos dos Estados-Membros.

O dano deve ser demonstrável, competindo ao autor indicar o montante dos prejuízos que alega ter sofrido e apresentar as provas de que dispõe para sustentar a seriedade da sua pretensão. Se o requerimento não contiver esses dados deve ser rejeitado[773].

O dano deve ser real e certo[774], sendo reparáveis tanto os danos emergentes como os lucros cessantes[775]. Neste último caso, porém, o Tribunal é muito mais rigoroso na avaliação dos prejuízos, tendo em conta a álea inerente a toda a actividade económica[776].

---

[772] Acórdão de 16/12/63, *Société des acières du temple*, proc. 36/62, Rec. 1963, pg. 585; acórdão de 4/2/75, *Compagnie continental*, proc. 169/73, Rec. 1975, pg. 117; acórdão de 29/9/82, *Oleifici Mediterranei*, proc. 26/81, Rec. 1982, pg. 3057.

[773] Acórdão de 15/12/61, *Fives Lille Cail*, procs. 19 a 21/60, Rec. 1961, pg. 559.

[774] Acórdão *Meroni*, cit., pg. 677; acórdão *FERAM*, cit., pg. 401; acórdão *Lesieur Cotelle*, cit. pg. 391; acórdão de 18/5/95, *Wafer Zoo*, proc. T-478/93, Col. 1995, pgs. II-1479 e segs, cons. 49; acórdão de 17/3/2005, *Agraz,* proc.T-285/03, Col. 2005, cons. 70 e 71.

[775] Numa primeira fase, o Tribunal parecia nem sequer admitir a reparação dos lucros cessantes. V. acórdão *Kampffmeyer*, cit., pg. 318.

[776] V. Acórdão *CNTA*, proc. cit., pg. 533; acórdão *AFCon Management Consultants*, cit., cons. 98; 102.

Os danos morais também são indemnizáveis[777], especialmente quando constituam uma perturbação das condições da vida.

Questão controversa é a de saber se o dano futuro é indemnizável.

O TJ, numa primeira fase, recusou a indemnização pelos danos futuros, mas posteriormente acabou por admitir a reparação destes danos, desde que iminentes e previsíveis com uma certeza bastante, mesmo que não possam ainda ser calculados com precisão. Muitas vezes a indemnização destes danos visa evitar danos maiores[778].

O TJ considerou, portanto, admissíveis acções declarativas de simples apreciação de responsabilidade.

O ónus da prova dos danos incumbe ao lesado.

9.5. *A responsabilidade por facto lícito*

O TJ nunca reconheceu a responsabilidade extracontratual da Comunidade por acto lícito.

Todavia, na interpretação literal do Tratado não se encontra nenhum entrave ao reconhecimento desta, dado que o artigo 288.º (ex-artigo 215.º) não contém qualquer restrição neste domínio. Além disso, ao remeter para os princípios comuns aos Direitos nacionais, aquele preceito confere ao juiz comunitário a consequente margem de livre apreciação sobre a sua admissibilidade.

Porém, a concepção particularmente restritiva do TJ sobre os pressupostos materiais da responsabilidade da Comunidade não tem permitido o reconhecimento expresso pelo Tribunal do dever de indemnizar com fundamento em facto lícito.

---

[777] V. Acórdãos *Algera*, proc. cit., pgs. 66 e 67; *Di Pillo*, proc. cit., cons. 23 a 25.

[778] Acórdão *CNTA*, proc. cit., pg. 523; acórdão *Kampffmeyer*, cit., pg. 711.

Capítulo IV – A Competência de Plena Jurisdição

10. As especificidades da responsabilidade por acto dos agentes comunitários

10.1. *A responsabilidade por acto praticado no exercício das funções*

É jurisprudência assente que a Comunidade deve reparar os prejuízos causados pelos seus agentes «*no exercício das suas funções*».

A expressão «*agente*» é entendida num sentido lato, indo para além da expressão funcionário. O agente é, pois, qualquer pessoa vinculada à Comunidade por um contrato ou pelo Estatuto dos funcionários.

A forma como o Tribunal tem interpretado a noção «*no exercício das suas funções*» tem ficado bastante aquém daquilo que a letra do artigo 288.º (ex-artigo 215.º), par. 2.º, teria permitido. Efectivamente, este preceito teria possibilitado a transferência da responsabilidade pessoal do agente para a Comunidade. Esta solução apresentaria a grande vantagem de permitir ao particular o acesso ao TJ e a garantia do ressarcimento dos danos através do orçamento comunitário. Naturalmente que a Comunidade teria depois um direito de regresso relativamente ao funcionário, nos termos do Estatuto dos Funcionários, caso ele tivesse agido com culpa pessoal grave no exercício das suas funções.

Mas o TJ não tem seguido este entendimento. Inicialmente, o TJ interpretou restritivamente a noção de «*exercício das suas funções*», o que na prática levou à exclusão da responsabilidade da Comunidade.

Assim, no acórdão *Sayag*[779], o Tribunal decidiu que a Comunidade só é responsável pelos actos dos seus agentes que, em virtude de uma relação interna e directa, constituam o prolongamento necessário das missões confiadas aos órgãos comunitários.

No caso referido, o TJ considerou que um engenheiro da Euratom que, tendo recebido ordem para o efeito, conduz dois representantes de empresas privadas no seu automóvel particular a visitar determinadas instalações da Comunidade, não actua no exercício das suas funções.

---

[779] Ac. de 10/6/69, proc. 9/69, Rec. 1969, pgs. 329, 336.

A parte lesada fica reduzida a um contencioso directo com o funcionário na base da responsabilidade pessoal e perante o tribunal nacional competente.

Mas a Comunidade pode ser obrigada a indemnizar prejuízos resultantes da conduta dos seus órgãos ou agentes, se estes se traduzirem numa gestão meramente negligente.

No acórdão *Grifoni*[780], o Tribunal, apesar de não ter respondido directamente a esta questão, parece ter sido menos exigente, podendo inferir-se deste acórdão que as Comunidades estão vinculadas pelos actos e omissões causadores de danos cometidos pelos seus agentes.

10.2. *A responsabilidade por acto praticado fora do exercício das funções*

Neste caso não compete à Comunidade o ressarcimento dos danos causados, devendo accionar-se os mecanismos de responsabilidade pessoal do agente nos tribunais nacionais competentes.

11. As diferenças entre o Tratado CE e o Tratado CECA

O Tratado CECA previa a responsabilidade da Comunidade nos artigos 40.º e 34.º. Enquanto o artigo 40.º do Tratado CECA fundava a responsabilidade exclusivamente na noção de culpa de serviço, o artigo 34.º previa que, se o acto gerador do prejuízo consistisse numa decisão, que tivesse sido anulada pelo Tribunal, só o prejuízo directo e especial, suportado por uma empresa ou por um grupo de empresas, poderia dar lugar a uma justa indemnização.

O regime da responsabilidade extracontratual, previsto no Tratado CECA, inspirava-se, pois, na noção de culpa de serviço (*faute de service*) que se encontrava consagrada no Contencioso Administrativo e no Direito de responsabilidade civil extracontratual em França e em Portugal.

---

[780] Ac. de 27/3/90, proc. C-308/87, Col. 1990, pgs. 1224 e segs.

Capítulo IV – A Competência de Plena Jurisdição

O Tratado não define a noção de culpa. O Tribunal entende que, para apreciar a natureza da culpa, convém ter em conta os domínios e as condições nas quais intervém o órgão comunitário e, em particular, a complexidade das situações que o órgão deve regular, as dificuldades de aplicação dos textos e a margem de apreciação de que o órgão dispõe em virtude desses textos[781].

O Tratado CE não prevê um regime especial de responsabilidade no caso de o prejuízo resultar de um acto anulado pelo Tribunal. O artigo 233.º (ex-artigo 176.º) prevê que o órgão do qual emana o acto anulado deve adoptar as medidas necessárias à execução do acórdão, sem prejuízo da aplicação do artigo 288.º (ex-artigo 215.º), par. 2.º.

A responsabilidade extracontratual, prevista no Tratado CE, não se fundamenta expressamente na noção de culpa, à qual não é feita qualquer referência no texto do preceito, o que já levou alguma doutrina a considerar que o preceito permitia o reconhecimento de uma responsabilidade sem culpa, ou seja, objectiva. Contudo, o Tribunal tem reagido negativamente a esta questão.

No artigo 288.º (ex-artigo 215.º), par. 2.º, faz-se apenas referência aos princípios gerais comuns aos Direitos dos Estados-Membros.

12. A acção de responsabilidade civil extracontratual no Tratado que estabelece uma Constituição para a Europa

A acção de responsabilidade civil extracontratual está prevista no artigo III-431.º, par. 2.º, da Constituição Europeia, o qual prevê que «*a União deve indemnizar, de acordo com os princípios gerais comuns aos Direitos dos Estados-Membros, os danos causados pelas suas instituições ou pelos seus agentes no exercício das suas funções*».

O parágrafo 3.º do preceito autonomiza a responsabilidade do Banco Central Europeu, devido ao facto de este órgão dispor de personalidade jurídica própria.

---

[781] Acórdão de 30/1/92, *Finsider et Falck c. Comissão*, procs. C-363 e C-364/88, Col. 1992, pgs. I-410.

CAPÍTULO V

AS PROVIDÊNCIAS CAUTELARES

Bibliografia específica: BLANCA PASTOR BORGOÑÓN / ERIC VAN GINDERACHTER, *El procedimento de medidas cautelares*, Madrid, 1993; EDUARDO GARCÍA DE ENTERRÍA, *La batalla por las medidas cautelares*, 2.ª ed., Madrid, 1995; VOLKER RÖBEN, *Die Einwirkung der Rechtsprechung des Europaïschen Gerichtshofs auf das Mitgliedstaaliche Verfahren in öffentlichrechtlichen Streitigkeiten*, Berlim, 1998; JOSÉ LUIS DA CRUZ VILAÇA, *La procédure en référé comme instrument de protection juridictionnelle des particuliers en droit communautaire, in* Scritti in onore di Guiseppe Federico Mancini, vol. II, Milão, 1998, pgs. 257-306; *Idem, A protecção jurisdicional dos particulares mediante medidas provisórias em Direito Comunitário da Concorrência, in <u>Ab uno ad omnes</u>* – 75 anos da Coimbra Editora, Coimbra, 1998, pgs. 1281-1322; FAUSTO DE QUADROS, *A nova dimensão do Direito Administrativo*, Coimbra, 1999; FAUSTO DE QUADROS, *Algumas considerações gerais sobre a reforma do Contencioso Administrativo. Em especial, as providências cautelares, in* Ministério da Justiça (ed.), Reforma do Contencioso Administrativo, Trabalhos preparatórios – O Debate Universitário, vol. I, Lisboa, 2000, págs. 151--166; *Idem, A responsabilidade civil extracontratual do Estado – problemas gerais, in* Gabinete de Política Legislativa e Planeamento (ed.), Responsabilidade civil extracontratual do Estado – trabalhos preparatórios da reforma, Lisboa, 2001.

1. Introdução

O Contencioso da União Europeia engloba também providências cautelares.

O Tratado CE ocupa-se delas distinguindo dois tipos de providências cautelares:

a) a suspensão da eficácia do acto impugnado (artigo 242.º, ex--artigo 185.º, segunda parte);

b) outras providências cautelares não especificadas (artigo 243.º, ex-artigo 186.º).

Vamos estudá-las de seguida separadamente.

SECÇÃO I

A suspensão da eficácia

1. O fundamento e a natureza da suspensão da eficácia

O artigo 242.º começa por dispor, na sua 1.ª parte, que «*os recursos perante o Tribunal de Justiça não têm efeito suspensivo*». Mas acrescenta logo, na 2.ª parte: «*Todavia, o Tribunal de Justiça pode ordenar a suspensão da execução do acto impugnado, se considerar que as circunstâncias o exigem*».

Esta providência reconduz-se, assim, à suspensão da eficácia (que, durante muito tempo, a lei chamou, entre nós, suspensão da executoriedade) do acto administrativo no sistema administrativo de tipo francês, portanto, também à suspensão da eficácia no contencioso administrativo português.

A suspensão da eficácia tem, por conseguinte, a natureza de uma injunção com conteúdo negativo[781].

2. O objecto da suspensão

A suspensão incide sobre a execução do "acto impugnado". O que se entende como tal?

O acto que pode ser suspenso ao abrigo do artigo 242.º é o acto que pode ser impugnado no recurso de anulação, regulado no artigo 230.º, que estudámos atrás, ou o acto que pode ser discutido num processo principal nascido no âmbito do contencioso da função pública comunitária, previsto no artigo 236.º (ex-artigo 179.º).

---

[782] Assim, VANDERSANDEN/BARAV, *op. cit.*, pg. 428, nota 12.

306 Contencioso da União Europeia

A suspensão da eficácia vê, portanto, a sua utilização limitada a essas duas áreas[783].

Portanto, ao abrigo deste preceito não pode ser suspensa a eficácia de qualquer acto de Direito nacional de um Estado-Membro, isto é, praticado por qualquer órgão estadual, com uma só excepção: a prevista no artigo 14.º, n.º 2, par. 2.º do Protocolo relativo ao Sistema Europeu de Bancos Centrais e do Banco Central Europeu. Este preceito define as condições em que um governador de um banco central nacional pode ser demitido pelos órgãos do respectivo Estado. E logo a seguir, o mesmo preceito admite recurso de anulação para o TJ, com fundamento em violação de lei, inclusive, violação do Tratado, do acto nacional de demissão do governador do banco central nacional. Ora, se o acto nacional pode ser objecto de recurso de anulação, por maioria de razão, também poderá ser objecto de suspensão da eficácia. Este é o único caso em que um acto de Direito nacional se encontra sujeito ao controlo de legalidade por um Tribunal da União Europeia[784].

Porque tanto o TJ como o TPI têm competência para os dois meios principais em causa, o regime processual da suspensão da eficácia encontra-se regulado quer no Regulamento de Processo (RP) do TJ (artigos 83.º e seguintes), quer no do TPI (artigos 104.º e seguintes).

3. O carácter acessório da suspensão em relação ao processo principal

Tal como também isso acontece no sistema administrativo de tipo francês, o requerimento da suspensão da eficácia é um meio acessório em relação ao respectivo processo principal. Ou seja, pressupõe que o requerente tenha lançado mão de um dos concretos meios principais aos quais atrás nos referimos. É o que estabelecem os artigos 83.º, n.º 1, do RP do TJ, e 104.º, n.º 1, do RP do TPI.

---

[783] Assim, por último, GRABITZ/HILF, op. cit., anotações ao artigo 242.º CE.
[784] V. FAUSTO DE QUADROS, Direito da União Europeia, cit., pgs. 336 e 337.

Capítulo V – As Providências Cautelares 307

A doutrina chama a isso "conexão" com o processo principal[785], fundando-se na jurisprudência do Tribunal[786]. Exactamente por isso, essa conexão não pode ir ao ponto de o processo principal já estar julgado quando se requer a suspensão da eficácia, porque esta, nesse caso, perderia qualquer sentido[787].

Todavia, uma das exigências que se colocam ao regime da suspensão da eficácia é a de que esta não pode pré-julgar a questão de fundo, isto é, o mérito da causa, que se discute no processo principal. Esta é, aliás, uma das características gerais do regime de qualquer providência cautelar em Direito Processual e, neste caso, encontra-se expressamente prevista no RP do TJ (artigo 86.°, n.° 4) e no do TPI (artigo 107.°, n.° 1).

4. Os requisitos da suspensão

A suspensão da eficácia está, naturalmente, sujeita a determinados requisitos. Eles constam, alguns, do RP do TJ e do TPI e, outros, extraem-se da jurisprudência do TJ e da doutrina formada em torno dela. Não existe, pois, infelizmente, um preceito que, como sucede nas leis administrativas internas, elenque esses requisitos.

Assim, esses requisitos são os seguintes:

a) ser o tribunal ao qual se requer a suspensão da eficácia o tribunal competente para o processo principal e ser o meio principal utilizado pelo requerente o meio adequado à impugnação daquele acto concreto, nas circunstâncias do caso[788];

b) já ter o requerente impugnado, à data da suspensão, o acto perante o tribunal comunitário competente, isto é, ou o TJ ou o TPI (artigo 83.°, n.° 1, do RP do TJ, e artigo 104.°, n.° 1, do RP do TPI);

---

785 Por exemplo, GRABITZ/HILF, *op.cit.*, anotação 14 ao artigo 242.°.

786 Veja-se o acordão de 14/7/81, *Suss c. Comissão*, proc. 186/80, Col. 1981, pgs. 3501 e segs. (3506).

787 Como decidiu o TJ no Despacho de 9/6/80, *Bélgica c. Parlamento Europeu*, Proc. 123/80, Col. 1980, pgs. 1793 e segs. (1795).

788 Acordão de 12/7/83, *Société d'initiatives et coopération agricole c. Comissão*, proc. 114/83, Col. 1984, pgs. 2315 e segs. (2330).

308   *Contencioso da União Europeia*

c) ser a suspensão necessária e urgente, ou seja, ser ela necessária para se evitar para o requerente prejuízos graves e irreparáveis que lhe advirão da imediata execução do acto[789]. Aliás, a urgência tem que ser demonstrada de forma expressa no requerimento de suspensão (artigos 83.°, n.° 2, do RP do TJ, e 104.°, n.° 2, do RP do TPI). Por prejuízos irreparáveis entende o TJ que eles devem ser insusceptíveis de reparação mediante uma acção de indemnização – se o forem, não há razão para a suspensão da eficácia do acto em causa[790]. Note-se, contudo, que a doutrina, interpretando a própria jurisprudência do TJ, entende que não é necessário que os prejuízos sejam irreparáveis e basta que eles sejam de difícil reparação[791]. Os prejuízos graves e irreparáveis podem ser materiais ou morais[792]. Note-se que, em bom rigor, neste requisito se encontram incluídos dois: por um lado, a necessidade da suspensão, e, por outro, a demonstração de que a imediata execução provocará prejuízos graves e irreparáveis. Neste último caso, está em causa um problema de intensidade dos prejuízos[793]. O Tribunal aprecia discricionariamente a existência desses requisitos;

d) existir a aparência de bom direito, ou seja, o *fumus boni iuris.* Cabe, pois, ao requerente demonstrar, ainda que de forma sumária, que o meio principal utilizado é admissível e é susceptível, no caso concreto, de ser julgado procedente[794]. Isto

---

[789] Despacho do TJ de 31/8/62, *Plaumann c. Comissão*, Proc. 25/62, Col. 1963, pgs. 263 e segs.; Despacho TJ de 7/7/81, *IBM c. Comissão*, Procs. 60 e 190/81, Col. 1981, pgs. 1857 e segs. (1862) e Despacho TJ de 9/7/86, *Espanha c. Conselho e Comissão*, Proc. 119/86, Col. 1986, pgs. 2241 e segs.

[790] Despacho do TJ de 21/8/80, *Reichardt*, Proc. 174/80, Col. 1980, pgs. 2665 e segs. (2668).

[791] GRABITZ/HILF, *op.cit.*, anotação 25 ao artigo 242.°.

[792] O TJ considerou, para este efeito, prejuízo moral o dano à realização pessoal do requerente na sua profissão, no Despacho de 2/7/80, *Turner*, Proc. 129/80, Col. 1980, pgs. 2135 e segs. (2139).

[793] Assim, RENDELING/MIDDEKE/GELLERMANN, *op.cit.*, pg. 307, com jurisprudência concordante.

[794] Assim, expressamente, o Acordão de 26/6/59, *Acciaiera*, proc. 31/59, Col. 1960, pgs. 217 e segs., e o Despacho do TJ de 16/1/75, *Johnson & Firth Brown*, proc. 3/75,

Capítulo V – As Providências Cautelares

quer dizer que o órgão competente para decidir o pedido de suspensão tem de ser convencido pelo requerente de que a suspensão é urgente e necessária, desde logo porque o pedido principal é minimamente verosímil. O conceito de aparência de bom direito é um conceito comunitário, embora ele esteja interpretado num sentido amplo, por manifesta influência dos Direitos francês e alemão[795];

e) ser a suspensão de decretar após a adequada ponderação do interesse da Comunidade em face do interesse do requerente na suspensão da eficácia do acto. Trata-se aqui de confrontar as vantagens que para o requerente podem advir da suspensão com os inconvenientes que para o interesse público da Comunidade podem resultar da não execução imediata do acto[796].

5. As regras processuais

O processo da suspensão da eficácia encontra-se regulado nos artigos 83.º e seguintes do RP do TJ e nos artigos 104.º e seguintes do RP do TPI.

Vejamos os traços principais do regime desse processo.

Tem legitimidade para requerer a suspensão qualquer pessoa que seja parte no processo principal, pendente no Tribunal (artigos 83.º, n.º 2, do RP do TJ, e artigo 104.º, n.º 2, do RP do TPI).

Como já se disse acima, o pedido de suspensão só será admitido se o requerente tiver impugnado o acto cuja execução pretende ver suspensa. Mas deve ser formulado em requerimento separado e tem de obedecer aos requisitos formais enunciados nos artigos 37.º e 38.º do RP do TJ, e 43.º e 44.º do RP do TPI, segundo dispõem, respectivamente, os artigos 83.º, n.º 3, do RP do TJ, e 104.º, n.º 3, do RP do TPI. Além disso, esse requerimento deve demonstrar o preenchimento no

---

Col. 1975, pgs. 1 e segs. (6), com expresso apoio de GRABITZ/HILF, *op.cit.*, anotação 27 ao artigo 242.º.

[795] RENDELING/MIDDEKE/GELLERMANN, *op.cit.*, pgs. 292-293.

[796] Acórdão de 19/12/90, *Compagnia Italiana Alcool*, proc. 358/90, Col. 1990, pgs. I-4887 e segs.

caso concreto dos requisitos da suspensão, que atrás estudámos (artigos 83.º, n.º 2, do RP do TJ, e 103.º, n.º 2, do RP do TPI).

O RP de qualquer dos dois Tribunais não fixa um prazo para o requerimento da suspensão da eficácia. Deixa-se a oportunidade do requerimento ao critério do requerente, dado que é ele que tem interesse na urgência da suspensão. De qualquer modo, como já se disse, a suspensão não poderá ser requerida antes de ter dado entrada no Tribunal o meio principal nem depois de o processo principal já ter sido julgado[797].

Embora o RP dos dois Tribunais submeta o pedido da suspensão à regra do contraditório, razões especiais de urgência, devidamente demonstradas, podem determinar que a suspensão seja concedida mesmo antes de a parte contrária se ter pronunciado (artigo 84.º, n.º 2, par. 2.º, do RP do TJ, e artigo 105.º, n.º 2, par. 2.º, do RP do TPI).

No TJ, o requerimento de suspensão é decidido pelo presidente ou, se este assim o entender, pelo Tribunal, tendo ele, neste último caso, prioridade sobre todos os processos (artigo 85.º do RP).

No TPI, o requerimento é decidido pelo presidente ou, por iniciativa deste, pela secção onde está pendente o processo principal, ou pela secção plenária caso o processo principal tenha sido entregue a esta. Em qualquer destes dois últimos casos, o requerimento de suspensão terá prioridade sobre todos os processos (artigo 106.º do RP).

A suspensão pode ser condicionada à prestação pelo requerente de uma caução, de montante a estabelecer, e pode ser concedida com efeitos até à decisão final do processo principal ou até uma data anterior, a fixar. Como já ficou dito acima, a decisão sobre a suspensão não pode ter a in-tenção de comprometer, e, de facto, não compromete o julgamento do processo principal, ou seja, a decisão sobre o fundo do litígio (artigos 86.º e 89.º, par. 2.º, do RP do TJ, e artigos 107.º e 110.º, par. 2.º, do RP do TPI).

Em função da evolução das circunstâncias de cada caso concreto, a suspensão decretada pode ser alterada no seu conteúdo ou revogada (artigo 87.º do RP do TJ e artigo 108.º do RP do TPI).

O indeferimento de um pedido de suspensão não impede que um igual pedido seja dirigido quanto ao mesmo acto desde que se

---

[797] GRABITZ/HILF, *op.cit.*, anotação 8 ao artigo 242.º.

Capítulo V – As Providências Cautelares

fundamente em factos novos (artigo 88.° do RP do TJ e artigo 109.° do RP do TPI).

6. O caso especial das decisões que imponham uma obrigação pecuniária

O artigo 256.° do Tratado CE autonomiza a execução das decisões do Conselho e da Comissão que imponham uma obrigação pecuniária e admite a suspensão da sua eficácia pelo TJ (pars. 1.° e 4.°). No que estritamente diz respeito à suspensão da sua eficácia aplica-se contudo, àquelas decisões, na íntegra, o regime geral da suspensão da eficácia, tal como o estudámos acima, a propósito do artigo 242.° – é o que decorre, aliás, do artigo 89.° do RP do TJ e do artigo 110.° do RP do TPI.

7. Os Tratados CECA e CEEA

Os Tratados CECA e CEEA não divergem do Tratado CE em matéria de suspensão da eficácia. Todavia, quanto ao Tratado CEEA temos de levar em conta que, em dois preceitos, o modo como o Tratado atribui eficácia ao respectivo acto parece recusar a possibilidade de essa eficácia poder ser suspensa: referimo-nos ao artigo 18.°, par. 2.°, e ao artigo 83.°, n.° 2, par. 2.°[798].

8. O Tratado que estabelece uma Constituição para a Europa

A Constituição Europeia consagra a suspensão da eficácia do acto no artigo III-379.°, n.° 1, em termos idênticos aos actualmente consagrados no artigo 242.° do Tratado CE. A regra é a de que «*os recursos interpostos para o Tribunal de Justiça da União Europeia não têm efeito suspensivo*», todavia, «*o Tribunal pode ordenar a suspensão da execução do acto impugnado, se considerar que as circunstâncias o exigem*».

---

[798] Neste sentido, também RENDELING/MIDDEKE/GELLERMANN, *op. cit.*, pg. 277.

SECÇÃO II

Outras providências cautelares

1. O fundamento das providências

Segundo o artigo 243.° do Tratado CE, «*O Tribunal de Justiça, nas causas submetidas à sua apreciação, pode ordenar as medidas provisórias adequadas*»[799].

Este preceito vem permitir hoje, tanto ao TJ como ao TPI, com grande generosidade, a adopção, em geral, de todo o tipo de providências cautelares que se imponham em cada caso concreto, com excepção, claro, da suspensão da eficácia, que, como vimos, e devido à sua importância, ficou autonomizada num artigo separado.

2. A natureza das providências

As providências cautelares admitidas no artigo 243.° encontram-se previstas como providências não especificadas ou inominadas, como decorre, desde logo, da redacção daquele preceito. Cabem, portanto, dentro delas todas e quaisquer providências que visem conceder tutela cautelar a qualquer tipo de relações jurídicas ou situações jurídicas que se encontrem ameaçadas, trate-se de situações jurídicas já existentes ou a criar[800]. Estas providências têm, portanto, um conteúdo positivo, no que se distinguem da suspensão da eficácia, que, como

---

[799] O itálico é nosso.

[800] V., por todos, o acordão de 10/7/85, *CMC c. Comissão*, proc. 118/83, Col. 1983, pgs. 2585 e segs. (2595), e Despacho do TJ de 17/1/80, *Pardini c. Comissão*, Proc. 809/79, Col. 1980, pgs. 139 e segs. (149).

314   *Contencioso da União Europeia*

atrás mostrámos, assume um conteúdo negativo[801]. Ou seja, podem consubstanciar-se em obrigações de fazer ou não fazer.

Exactamente porque estamos perante providências cautelares não tipificadas, é concebível que elas venham a ser requeridas e concedidas como acessórias a qualquer processo principal, tudo dependendo das circunstâncias concretas de cada caso. Todavia, se a suspensão da eficácia foi pensada para ser utilizada no processo principal do recurso de anulação e no contencioso da função pública comunitária (como atrás se viu), as providências admitidas pelo artigo 243.º foram-no a pensar sobretudo em três outros meios contenciosos: a acção declarativa de omissão, prevista no artigo 232.º, a acção de incumprimento, instaurada, à sombra do artigo 228.º, n.º 2, par. 2.º, contra um Estado--Membro por incumprimento do Direito Comunitário, desde logo, por violação do Tratado[802], e a acção de efectivação da responsabilidade civil extracontratual da Comunidade (artigo 288.º, par. 2.º)[803].

3. O carácter acessório das providências em relação ao processo principal

Tal como acontece com a suspensão da eficácia, também as providências cautelares não especificadas só podem ser requeridas na pendência de um processo principal. Isso decorre do que ficou dito no número anterior mas também do que se encontra expressamente disposto na lei processual aplicável: o RP do TJ, artigo 83.º, n.º 1, par. 2.º, e o RP do TPI, artigo 104.º, n.º 1, par. 2.º. Parece, portanto, que ficam excluídas providências cautelares do tipo das injunções ou intimações decretadas fora do quadro de qualquer processo principal, conhecidas do Direito Administrativo português[804].

---

[801] Assim, VANDERSANDEN/BARAV, *op.cit.*, pgs. 428, nota 12.

[802] Veja-se, por exemplo, o Despacho do TJ de 7-6-85, *Comissão c. Países Baixos*, Proc. 154/85, Col. 1985, pgs. 1753 e segs.

[803] Assim, RENDELING/MIDDEKE/GELLERMANN, *op.cit.*, pgs. 298-299; GRABITZ//HILF, *op. cit.*, anotação 1 ao artigo 243.º

[804] Ver Artigo 112.º, n.º 2, al. f), do Código de Processo dos Tribunais Administrativos.

Capítulo V – As Providências Cautelares

4. Os requisitos da concessão de providências cautelares

Os Regulamentos Processuais do TJ e do TPI, respectivamente, nos seus Títulos III, Capítulo I, regulam em conjunto tanto a suspensão da eficácia como as demais providências cautelares. Por isso, também os requisitos daquela e destas são comuns, com as devidas adaptações. E essa tem sido também a orientação da jurisprudência e da doutrina.

Existe só uma diferença a realçar quanto aos requisitos. É que, se na suspensão da eficácia se exige, como vimos, que o requerente tenha impugnado o acto a suspender, nas demais providências cautelares, porque não há um acto impugnado, impõe-se que a providência requerida "se refira" ao processo principal (artigo 83.º, n.º 1, par. 2.º, do RP do TJ, e artigo 104.º, n.º 1, par. 2.º, do RP do TPI).

5. As regras processuais

Também as regras processuais são definidas em conjunto para a suspensão da eficácia e para as demais providências cautelares pelos Regulamentos Processuais dos dois Tribunais.

A única diferença, de pormenor, a registar é a de que, aliás em consequência do que se disse no número anterior, tem legitimidade para requerer uma providência cautelar não especificada qualquer «pessoa que seja parte num processo principal», e não necessariamente a pessoa que tenha impugnado um acto. Trata-se de mais uma consequência do facto de as providências cautelares não especificadas terem sido pensadas sobretudo para meios contenciosos principais onde não há actos concretos impugnados ou a impugnar, no sentido de actos recorridos, e há, ao contrário, direitos a reconhecer ou a definir.

6. Os Tratados CECA e CEEA

O Tratado CEEA não contém nenhuma disposição sobre providências cautelares não especificadas que divirja do que estabelece sobre essas providências o Tratado CE.

Já quanto ao Tratado CECA, ele, no artigo 39.º, n.º 3, não exigia a acessoriedade da providência requerida em relação a qualquer processo principal, isto é, dispensava a pendência de um processo principal para o requerimento de uma providência cautelar não especificada. Todavia, não só era entendimento comum de que não havia razão para se não aplicar, também neste ponto, à CECA o mesmo regime que à CE e à CEEA[805], como também se deve sublinhar que do artigo 83.º, n.º 1, par. 2.º, *in fine*, do RP do TJ, e do artigo 104.º, n.º 1, par. 2.º, *in fine*, do RP do TPI parecia resultar com clareza a exigência daquela acessoriedade também na CECA.

7. O Tratado que estabelece uma Constituição para a Europa

O artigo 243.º do Tratado CE é retomado no artigo III-379.º, n.º 2, da Constituição Europeia, o qual dispõe que *«o Tribunal de Justiça da União Europeia, nas causas submetidas à sua apreciação, pode ordenar as medidas provisórias necessárias»*.

---

[805] Assim, RENDELING/MIDDEKE/GELLERMANN, *op.cit.*, pg. 298.

SECÇÃO III

**As providências cautelares fundadas no Direito Comunitário
mas decretadas por tribunais nacionais**

1. O fundamento dessas providências cautelares

À margem dos Tratados e do Direito derivado, a jurisprudência
comunitária construiu a obrigação – obrigação, e não só possibilidade
– de os tribunais nacionais, quando tal lhes for requerido, decretarem
providências cautelares para protegerem situações jurídicas ou direitos
subjectivos reconhecidos pelo Direito Comunitário e que sejam invocados perante tribunais nacionais[806]. Essa obrigação funda-se no
princípio da efectividade do Direito Comunitário, que tem como um
dos seus corolários o princípio da garantia judicial plena e eficaz da
Ordem Jurídica comunitária ou, se se preferir, da plena justiciabilidade
do Direito Comunitário. Ele impõe, segundo o TJ, que os tribunais
nacionais concedam protecção cautelar a direitos reconhecidos pelo
Direito Comunitário *nas mesmas circunstâncias* em que o devem
fazer os Tribunais Comunitários à sombra do artigo 243.°, como acima
estudámos. E, dentro dessa orientação, os tribunais nacionais deverão
conceder todo o tipo de providências cautelares adequadas a cada caso
concreto, inclusive providências antecipativas, ou antecipatórias, ou,
talvez melhor, de pagamento antecipado.

---

[806] Da bibliografia específica citada no início deste Capítulo veja-se sobre esta
matéria a dissertação de RÖBEN, especialmente pgs. 139 e segs., e as obras de GARCÍA DE
ENTERRÍA, pgs. 35 e segs., e de FAUSTO DE QUADROS, *A nova dimensão*, pgs. 28 e segs.,
Algumas considerações gerais, pgs. 160 e segs., e *A responsabilidade civil*.

2. O âmbito e a natureza dessas providências cautelares. Exclusão do seu estudo neste livro

Não estudaremos em pormenor neste livro estas providências cautelares porque, como se disse logo no início da obra, não cabe no seu objecto o estudo dos tribunais estaduais enquanto tribunais comuns, que são, do Contencioso da União Europeia. Todavia, indicaremos aqueles que entendemos ser os dois grandes marcos da jurisprudência comunitária na matéria.

O primeiro caso foi o caso *Factortame*[807]. Tratava-se duma questão prejudicial suscitada pela Câmara dos Lordes britânica. O TJ, seguindo as conclusões do Advogado-Geral TESAURO, decidiu aí que a plena eficácia das normas comunitárias na ordem interna impõe que o juiz nacional decrete providências cautelares sempre que tal se demonstre necessário para prevenir a lesão irreparável ou de difícil reparação de direitos subjectivos invocados com fundamento no Direito Comunitário, *inclusive afastando, se for preciso fazê-lo, qualquer norma de Direito nacional ou qualquer prática interna (neste caso, prática legislativa, administrativa ou judicial)* que a tal se oponha.

Esta jurisprudência foi confirmada e reforçada nos casos *Zuckerfabrik*[808] e *Atlanta*[809].

O segundo marco a considerar é o caso *Antonissen*. Trata-se de um dos mais felizes casos da jurisprudência comunitária dentro da sua ambição de querer criar Direito por via pretoriana e, sobretudo, de um caso em que o princípio da garantia judicial plena e eficaz do Direito Comunitário foi conduzido a um elevado grau de exigência, sem prejuízo da razoabilidade.

De facto, nesse caso, o Presidente do Tribunal de Justiça, por Despacho de 29 de Janeiro de 1997[810], proferido sobre recurso do Despacho do Presidente do TPI[811], e divergindo deste, entendeu não poder excluir, *de forma geral e abstracta*, que, numa acção de responsabilidade extracontratual instaurada por um particular contra a

---

[807] Acórdão de 19/6/90, Proc. n.° C-213/89, Col. 1990, pgs. I-2.433 e segs.

[808] Acórdão de 21/2/91, Procs. apensos n.os C-143/88 e C-92/89, Col. 1991, pgs. I-415 e segs.

[809] Acórdão de 9/11/95, Proc. n.° C-465/93, Col. 1995, pgs. I-3761 e segs.

[810] Proc. n.° C-393/96 P(R), Col. 1997, pgs. I-441 e segs.

[811] Despacho de 29-11-96, Proc. n.° T-179/96 R, Col. 1996, pgs. II-1641 e segs.

Capítulo IV – A Competência de Plena Jurisdição

Comunidade, ao autor devesse ser concedida, a título cautelar, e com base no ex-artigo 186.° (hoje, artigo 243.°), uma caução até à data da sentença definitiva na acção, mesmo aceitando-se o risco de a caução se perder, por insolvência do requerente, se entretanto este não viesse a obter provimento no processo principal.

De harmonia com a jurisprudência do Tribunal, acima referida, segundo a qual os tribunais nacionais devem conceder providências cautelares para a protecção de situações jurídicas ou direitos subjectivos conferidos pelo Direito Comunitário, segundo os mesmos critérios definidos para a concessão daquelas providências pelos Tribunais Comunitários, ao abrigo do artigo 243.°, os tribunais nacionais não poderão recusar a concessão de providências cautelares de tipo antecipativo, ou seja, providências cautelares de pagamento antecipado, nas circunstâncias de facto do caso *Antonissen*[812], sempre que elas se imponham para a garantia plena e eficaz de direitos reconhecidos pelo Direito Comunitário. E adiante-se que nenhum obstáculo de Direito nacional existe para que os tribunais portugueses vão tão longe na protecção cautelar de situações jurídicas ou direitos que tenham a sua fonte no Direito Comunitário, após a Constituição ter incluído, na revisão de 1997, a parte final do artigo 268.°, n.° 4, e atenta a grande amplitude com que as providências cautelares não especificadas se encontram previstas no artigo 381.°, n.° 1, do Código de Processo Civil[813]. Pelo contrário, o artigo 133.° do novo CPTA prevê, expressamente, uma nova providência cautelar especificada chamada «regulação provisória do pagamento de quantias», que pode ser concedida «sem necessidade de prestação de garantia» e em caso de «grave carência económica».

Esta providência, em nosso entender, equivale à providência concedida pelo TJ, no caso *Antonissen*. Aliás, ainda que sem citar este caso, a jurisprudência administrativa portuguesa já concedeu providências cautelares, à sombra do citado artigo 133.° do CPTA, louvando-se, inclusive, no nosso ensino[814].

---

[812] Ver essas circunstâncias de facto resumidas nos pontos 3 e 4 do Despacho do Presidente do TJ.

[813] Veja-se FAUSTO DE QUADROS, *Algumas considerações gerais,* cit., pg. 164, e *A responsabilidade civil,* cit.

[814] Por exemplo, Acórdão do Tribunal Administrativo e Fiscal de Braga – 1.ª Secção, de 7/12/2004, Proc. n.° 666/04.2, www.dgsi.pt.

BIBLIOGRAFIA CITADA

AAVV, *Colloque: Tribunal de première instance des Communautés Européennes*, Bordeaux, Maio 1995, RMCUE, 1995, pgs. 563-612.

ALEXANDER, WILLY – *La recevabilité des renvois préjudiciels dans la perspective de la réforme institutionnelle de 1996*, CDE, 1995, pgs. 561-576.

AMARAL PINTO CORREIA, MARIA LÚCIA – *Responsabilidade do Estado e dever de indemnizar do legislador*, Coimbra, 1998.

ANDERSON, DAVID W. K. – *References to the European Court*, Londres, 1995.

ARNULL, ANTHONY – *Does the Court of Justice Have Inherent Jurisdiction?* CMLR, 1990, pgs. 683-708.

ARNULL, ANTHONY – *Les incidences du Traité d'Amsterdam sur la Cour de justice des Communautés européennes*, RAE, 2000, pgs. 223-230.

ARNULL, ANTHONY – *Private Applicants and the Action for Annulment under Article 173 of the EC Treaty*, CMLR, 1995, pgs. 7-49.

ARNULL, ANTHONY – *Private Applicants and the Action for Annulment Since Codorniu*, CMLR, 2001, pgs. 7-52.

ARNULL, ANTHONY – *The Past and Future of the Preliminary Rulings Procedure*, EBLR, 2002, pgs. 183-191.

AROSO DE ALMEIDA, MÁRIO – *O Novo Regime do Processo nos Tribunais Administrativos*, 4.ª ed., Coimbra, 2005.

BARAV, A. – *Cour de Justice des Communautés Europeénnes*, in A. BARAV / C. PHILIP, Dictionnaire juridique des Communautés européennes, Paris, 1993, pgs. 319-327.

BARAV, A. – *Manquement (Recours en constatation de –)*, in AMI BARAV / CHRISTIAN PHILIP, Dictionnaire Juridique des Communautés Européennes, Paris, 1993, pgs. 639-644.

BARAV, A. – *Recours en carence*, in Dictionnaire Juridique des Communautés Européennes, pgs. 157-160.

BARAV, AMI – *Le renvoi préjudiciel communautaire*, Rev. Gen. Dr. Proc., 1997, pgs. 1-14.

BARBOSA DE MELO, A. – *Notas de contencioso comunitário*, Coimbra, 1986.

322 *Contencioso da União Europeia*

BARNARD, CATHERINE / SHARPSON, ELEANOR – *The Changing Face of Article 177 References*, CMLR, 1997, pgs. 1113-1171.

BEBR, G. – *Examen en validité au titre de l'article 177 du traité CEE et cohésion juridique de la Communauté*, CDE, 1975, pgs. 379-424.

BEBR, GERHARD – *Development of Judicial Control of the European Communities*, Haia, 1981.

BENOÎT-ROHMER, FLORENCE – *Le commissaire du governement auprès du Conseil d'État, l'avocat général auprès de la Cour de justice des Communautés européennes et le droit à un procès equitable*, RTDE, 2001, pgs. 727-741.

BERGERÈS, MAURICE-CHRISTIAN – *Contentieux communautaire*, 3.ª ed., Paris, 1998.

BIANCARELLI, JACQUES – *La création du Tribunal de première instance des Communautés européennes: une luxe ou une nécessité?*, RTDE, 1990, pgs. 1-25.

BIAVATI, PAOLO / CARPI, FEDERICO – *Diritto Processuale Comunitario*, Milão, 2.ª ed., 2000.

BONNIE, ANNE – *Commission Discretion under Article 171(2) EC*, ELR, 1998, pgs. 537-551.

BOTELLA, ANNE-SOPHIE – *La responsabilité du juge national*, RTDE, 2004, pgs. 283- -315.

BOULOUIS, J. / CHEVALLIER, R-M. – *Les grands arrêts de la Cour de Justice des Communautés européennes*, tomo I, 6.ª ed., Paris, 1997.

BOULOUIS, JEAN / DARMON, MARCO / HUGLO, JEAN-GUY – *Contentieux communautaire*, 2.ª ed., Paris, 2001.

BREUER, MARTEN – *State Liability for Judicial Wrongs and Community Law: the Case of Gerhard Köbler v Austria*, ELR, 2004, pgs. 243-254.

BRIBOSIA, HERVÉ – *Liberté, sécurité et justice: l'imbroglio d'un nouvel espace*, RMUE, 1998, pgs. 27-54.

BROWN, LIONEL NEVILLE / KENNEDY, TOM – *The Court of Justice of the European Communities*, 5.ª ed., Londres, 2000.

CAETANO, MARCELLO – *Manual de Direito Administrativo*, vol. I, 10.ª ed., Coimbra, 1980.

CAETANO, MARCELLO – *Manual de Direito Administrativo*, vol. II, 9.ª ed., Coimbra, 1980.

CALIESS, CHRISTIAN / RUFFERT, MATTHIAS – *Kommentar zu EU-Vertrag und EG- -Vertrag*, 2.ª ed., Neuwied Kriftel, 2002.

CANDELA CASTILLO, JOSE / MONGIN, BERNARD – *La loi européenne, désormais mieux protégée*, RMUE, 1997, pgs. 9-26.

CANEDO, MARGUERITE – *L'intérêt à agir dans le recours en annulation du droit communautaire*, RTDE, 2000, pgs. 451-510.

CAPELLI, FAUSTO / MIGLIAZZA, MARIA – *Recours en indemnité et protection des intérêts individuels: quels sont les changements possibles et souhaitables?*, CDE, 1995, pgs. 585-640.

CAPELLI, FAUSTO / NEHLS, ALBRECHT – *Die Ausservertragliche Haftung der Europäischen Gemeinschaft und Rechtbehelfe zur Erlangung von Schaden gemäss Art. 215 EGV – Wertung, Kritik und Reformvorschlag*, EuR, 1997, pgs. 132-147.

CARRERA HERNÁNDEZ, F. JESÚS – *La excepción de ilegalidad en el sistema jurisdiccional comunitario*, Madrid, 1997.

CARTOU, LOUIS – *Cour de Justice et Tribunal de Première Instance*, in AAVV, Contentieux et droit communautaire, Paris, 1995, pgs. 1-66.

CHAPUS, RENÉ – *Droit du Contentieux Administratif*, 12.ª ed., Paris, 2006.

CHENEVRIERE, CÉDRIC – *L´article 68 CE – Rapide survol d'un renvoi préjudiciel mal compris*, CDE, 2004, pgs. 567-589.

CHRISTIANOS, VASSILI – *Évolution récente du droit judiciaire communautaire*, vol. I, Maastricht, 1994.

CIENFUEGOS MATEO, MANUEL – *La noción comunitaria de órgano jurisdiccional de um Estado miembro ex artículo 234 del Tratado CE y su necesaria revisión*, GJ, 2005, pgs. 3-26.

CONDINANZI, MASSIMO – *Il Tribunale di Primo Grado e la giurisdizione comunitaria*, Milão, 1996.

Conselho da Europa – *L'Europe judiciaire*, Estrasburgo, 2000.

CONSTANTINESCO, VLAD / KOVAR, ROBERT / JACQUÉ, JEAN-PAUL / SIMON, DENYS (dir.) – *Traité instituant la CEE – commentaire article par article*, Paris, 1992.

CONSTANTINESCO, VLAD / KOVAR, ROBERT / JACQUÉ, JEAN-PAUL / SIMON, DENYS (dir.) – *Traité instituant l'Union européenne – commentaire article par article*, Paris, 1995.

COOKE, JOHN D. – *Conflict of Principle and Pragmatism Locus Standi Under Article 173 (4) ECT*, Saarbrücken, 1996.

COULON, EMMANUEL – *L'indispensable réforme du Tribunal de première instance des Communautés européennes*, RAE, 2000, pgs. 254-266.

CRAIG, PAUL / DE BÚRCA, GRAINNE – *EU Law. Text, Cases and Materials*, 3.ª ed., Oxford, 2003.

CRUZ VILAÇA, JOSÉ LUÍS DA – *A evolução do sistema jurisdicional comunitário: antes e depois de Maastricht*, BFDUC, 1999, pgs. 15-50.

CRUZ VILAÇA, JOSÉ LUÍS DA – *A evolução do sistema jurisdicional-comunicação*, AAVV, A Revisão do Tratado da União Europeia, Coimbra, 1996, pgs. 57-84.

CRUZ VILAÇA, JOSÉ LUIS DA – *A protecção jurisdicional dos particulares mediante medidas provisórias em Direito Comunitário da Concorrência*, in *Ab uno ad omnes* – 75 anos da Coimbra Editora, Coimbra, 1998, pgs. 1281-1322.

CRUZ VILAÇA, JOSÉ LUÍS DA – *Il controllo giurisdizionale di costituzionalità: alcune riflessioni, in* LUCIA SERENA ROSSI, Il progetto di Trattato-costituzione, Milão, 2004, pgs. 205-219.

CRUZ VILAÇA, JOSÉ LUÍS DA – *La procédure en référé comme instrument de protection juridictionnelle des particuliers en droit communautaire,* in Scritti *in* onore di Guiseppe Federico Mancini, vol. II, Milão, 1998, pgs. 257-306.

CRUZ VILAÇA, JOSÉ LUÍS DA / PAIS ANTUNES, Luís MIGUEL – *The Court of First Instance of the European Communities: A Significant Step Towards the Consolidation of the European Community as a Community Governed by the Rule of Law,* YEL, 1990, pgs. 1-56.

CUJO, EGLANTINE – *L'autonomie du recours en indemnité par rapport au recours en annulation – évolutions jurisprudentielles,* RMCUE, 1999, pgs. 414-420.

DAIG, HANS-WOLFRAM – *Nichtigkeits- und Untätigkeitsklagen im Recht der Europäischen Gemeinschaften,* Baden-Baden, 1985, pgs. 1-217.

DARMON, MARCO – *Réflexions sur le recours préjudiciel,* CDE, 1995, pgs. 577-584.

DASHWOOD, ALAN – *Enforcement Actions under Articles 169 and 170 EEC,* ELR, 1989, pgs. 388-413.

DE BÚRCA, GRAINNE / WEILER, J.H.H. (ed.) – *The European Court of Justice,* Oxford, 2001.

DE KOSTER, PHILIPPE – *L'évolution du système juridictionnel de l'Union européenne, in* MARIANNE DONY / EMMANUELLE BRIBOSIA, L'avenir du système juridictionnel de l'Union européenne, Bruxelas, 2002, pgs. 19-29.

DEBBASCH, CH. / RICCI, J. C. – *Contentieux Administratif,* 7.ª ed., Paris, 1999.

DIEZ-HOCHLEITNER, JAVIER – *Le Traité de Maastricht et l'inexécution des arrêts de la Cour de Justice par les Etats membres,* RMUE, 1994, pgs. 111-159 (versão espanhola na Revista de Instituciones Europeas, 1993, pgs. 837-897).

DOMINGUEZ GARRIDO, JOSE LUIS – *Juez nacional y juez comunitario, un analisis del articulo 177 del Tratado CEE,* Revista de Trabajo, 1989, pgs. 63-93.

DONY, MARIANNE / RONSE, THIERRY – *Réflexions sur la spécificité du recours en carence,* CDE, 2000, pgs. 595-636.

DOUGAN, MICHAEL – *National Remedies Before the Court of Justice – Issues of Harmonisation and Differentiation,* Oxford, 2004.

DUARTE, MARIA LUISA – *A acção de indemnização por responsabilidade extra-contratual da Comunidade Económica Europeia – âmbito, natureza e condições de acesso dos particulares,* ROA, 1993, pgs. 85-111.

DUARTE, MARIA LUÍSA – *Contencioso Comunitário – Programa, Conteúdos e Métodos de Ensino Teórico e Prático (relatório),* Cascais, 2003.

DUARTE, MARIA LUÍSA – *O estatuto do Parlamento Europeu no contencioso comunitário – notas sobre a evolução jurisprudencial recente,* Dir., 1991, pgs. 115-148.

Dubois, Patrick – *L'exception d'illégalité devant la Cour de Justice des Communautés Européennes*, CDE, 1978, pgs. 407-439.

Dubos, Olivier – *Quel avenir pour le Tribunal de première instance après le traité de Nice?*, RAE, 2000, pgs. 426-440.

Duffy, Peter – *Quelles réformes pour le recours en annulation?*, CDE, 1995, pgs. 553-560.

Economides-Apostolis, Rea Constatina – *Jurisprudence récente en matière de responsabilité non contratuelle dans les Communautés*, in Spyros Pappas, Tendances actuelles et évolution de la jurisprudence de la Cour de justice et du Tribunal de première instance des Communautés européennes: suivi annuel, Maastricht, IEAP, 1995, pgs. 13-77.

Escobar Hernández, Concepción – *El recurso por omisión ante el Tribunal de Justicia de las Comunidades Europeas*, Madrid, 1993.

Everling, Ulrich – *Das Vorabentscheidungsverfahren vor dem Gerichtshof der Europäischen Gemeinschaften – Praxis und Rechtsprechung*, Baden-Baden, 1986.

Fernandez Martin, Jose Ma – *El principio de tutela efectiva de los derechos subjectivos derivados del Derecho Comunitario. Evolucion y alcance*, Rev. Inst. Eur, 1994, pgs. 845-896.

Ferrer Correia, A. – *Lições de Direito Internacional Privado*, vol. I, Coimbra, 2000.

Fines, Francette – *Étude de la responsabilité extracontratuelle de la CEE*, Paris, 1990.

Freitas do Amaral, Diogo – *Curso de Direito Administrativo*, vol. II, Coimbra, 2000.

Freitas do Amaral, Diogo – *Curso de Direito Administrativo*, vol. II, Coimbra, 2001.

Freitas do Amaral, Diogo – *Direito Administrativo*, t. IV, Lisboa, 1988.

Fromont, M. – *L'influence du droit français et du droit allemand sur les conditions de recevabilité du recours en annulation devant la CJCE*, RTDE, 1966, pgs. 47-65.

Fumagalli, Luigi – *Competenza della Corte di Giustizia e ricevibilità della domanda nella procedura prègiudiziale*, DCDSI, 1993, pgs. 311-327.

Gaffney, John P. – *The Enforcement Procedure Under Article 169 EC and the Duty of Member States to Supply Information Requested by the Commission: is there a Regulatory Gap?*, LIEI, 1998, pgs. 117-129.

García Luengo, Javier – *El recurso comunitario de anulación: objeto y admisibilidad – Un estudio sobre el contencioso comunitario*, Madrid, 2004.

García Ureta, Agustín – *Misuse of powers as a Ground for the Annulment of Community Acts: A Case Law Approach*, Riv. Ital. Dir. Pubbl. Com., 2003, pgs. 774-809.

326   *Contencioso da União Europeia*

García, Ricardo Alonso – *La responsabilidad de los Estados miembros por infracción del Derecho Comunitario*, Madrid 1997.

Gautron, Jean-Claude – *Les compétences du Tribunal de première instance*, RMCUE, 1995, pgs. 568-575.

Gialdino, Carlo Curti – *Schengen et le troisième pilier: le contrôle juridictionnel organisé par le traité d'Amsterdam*, RMUE, 1998, pgs. 89-124.

Gilliaux, Pascal – *L'arrêt Unión de Pequeños Agricultores: entre subsidiarité juridictionnelle et effectivité*, CDE, 2003, pgs. 177-202.

Girerd, Pascal – *L'article 68 CE: un renvoi préjudiciel d'interprétation et d'application incertaines*, RTDE, 1999, pgs. 239-260.

Glaeser, Walter Schmitt / Horn, Hans-Detlef – *Verwaltungsprozessrecht*, 15.ª ed., Estugarda, 2006.

González Alonso / Luis Norberto – *La jurisdicción comunitaria en el nuevo espacio de libertad, seguridad y justicia*, Rev. Der. Com. Eur., 1998, pgs. 501-545.

Grabitz, Eberhard / Hilf, Meinhard – *Das Recht der Europäischen Union – Kommentar*, 4 volumes, Munique, Beck, 2003.

Grappiolo, Roberta – *La giurisprudenza della Corte de Giustizia sul rinvio pregiudiziale ai sensi dell'art. 177 del Trattato CEE*, DCDSI, 1992, pgs. 63-79.

Guerra Martins, Ana Maria – *A natureza jurídica da revisão do Tratado da União Europeia*, Lisboa, 2000.

Guerra Martins, Ana Maria – *Algumas reflexões sobre a reforma do sistema jurisdicional*, in AAVV, Em torno da revisão do Tratado da União Europeia, Coimbra, 1997, pgs. 205-230.

Guerra Martins, Ana Maria – *Curso de Direito Constitucional da União Europeia*, Coimbra, 2004.

Guerra Martins, Ana Maria – *Direito Internacional dos Direitos Humanos*, Coimbra, 2006.

Guerra Martins, Ana Maria – *O Tratado da União Europeia – contributo para a sua compreensão*, Lisboa, 1993.

Guerra Martins, Ana Maria – *O Tratado de Nice – a reforma institucional e o futuro da Europa*, AAVV, Estudos em homenagem à Professora Doutora Isabel de Magalhães Collaço, Coimbra, 2002, pgs. 779-815.

Guerra Martins, Ana Maria – *O Tribunal de Justiça como garante da constituição europeia*, in Estudos em homenagem ao Professor Doutor Armando Marques Guedes, Coimbra, 2004, pgs. 761-792.

Guerra Martins, Ana Maria – *Os efeitos dos acórdãos prejudiciais do art. 177.º do TR (CEE)*, Lisboa, 1988.

Guichot, Emilio – *La responsabilidad extracontratual de los poderes públicos según el Derecho Comunitário*, Valencia, 2001.

Bibliografia Citada

GUICHOT, EMILIO – *La responsabilidad extracontratual de los poderes públicos en el Derecho Comunitário: Balance y perspectivas de futuro*, Riv. Ital. Dir. Pubbl. Com., 2003, pgs. 585-619.

HAILBRONNER, KAY – *Die Neuregelung der Bereiche freier Personenverkehr, Asylrecht und Einwanderung*, in WALDEMAR HUMMER (Org.), Die Europäischen Union nach dem Vertrag von Amsterdam, Viena, 1998, pgs. 179-196.

HEDEMANN-ROBINSON, MARTIN – *Article 173 EC, General Community Measures and Locus Standi for Private Persons: Still Cause for Individual Concern?*, EPL, 1996, pgs. 127-156.

HILSON, CHRIS – *The Role of Discretion in EC Law on Non-Contratual Liability*, CMLR, 2005, pgs. 677-695.

JIMÉNEZ PIERNAS, CARLOS – *El incumplimiento del Derecho Comunitario por los Estados miembros cuando median actos de particulares: una aportación al debate sobre interdependencia entre Derecho Comunitário y Derecho Internacional*, Rev. Der. Com. Eur., 2000, pgs. 15-48.

JOHNSTON, ANGUS – *Judicial Reform and the Nice Treaty*, CMLR, 2001, pgs. 499-523.

JOLIET, R. / VOGEL, W. – *Le tribunal de première instance des Communautés européennes*, RMC, 1989, pgs. 423-431.

JOLIET, RENÉ – *Le Droit Institutionnel des Communautés européennes – Le contentieux*, Liège, 1981.

KAPTEYN, P.J.G. – *Reflections on the Future of the Judicial System of the European Union after Nice*, YEL, 2001, pgs. 173-190.

KLINKE, ULRICH – *Quelques réflexions à propos de la relation entre la Cour de Justice et le Tribunal de Première Instance des Communautés européennes*, RAE, 2000, pgs. 239-253.

KOENIG, CHRISTIAN / PECHSTEIN, MATTHIAS / SANDER, CLAUDE – *Einführung in das EG-Prozessrecht: mit Aufbaumustern und Prüfungsübersichten*, 2.ª ed., Tübingen, 2002.

KOMÁREK, JAN – *Federal Elements in the Community Judicial System: Building Coherence in the Community Legal Order*, CMLR, 2005, pgs. 9-34.

KOVAR, ROBERT – *L'évolution de l'article 177 du traité CE*, in GEORGES VANDERSANDEN (dir.), La reforme du système juridictionnel communautaire, Bruxelas, 1994, pgs. 35-57.

KOVAR, ROBERT – *La réorganisation de l'architecture juridictionnelle de l'Union européenne*, in MARIANNE DONY / EMMANUELLE BRIBOSIA, L'avenir du système juridictionnel de l'Union européenne, Bruxelas, 2002, pgs. 33-48.

LABAYLE, HENRI – *Architecte ou spectatrice? La Cour de Justice de l'Union dans l'Espace de liberté, sécurité et justice*, RTDE, 2006, pgs. 1-46.

LAFERRIÈRE, EUGÈNE – *Traité de la juridiction administrative et des recours contentieux,* tomos I e II, Paris, 1989.

LASOK, K. P. E. – *The European Court of Justice: practice and procedure,* 2.ª ed., Londres, 1994.

LE MIRE, PIERRE – *La limitation dans le temps des effets des arrêts de la Cour de Justice des Communautés européennes, in* Mélanges René Chapus, Paris, 1992, pgs. 367-386.

LEANZA, UBERTO / PAONE, PASQUALE / SAGGIO, ANTONIO (dir.) – *Il Tribunale de Primo Grado della Comunità Europea,* Nápoles, 1994.

LENAERTS, KOEN – *L'organisation de l'architecture juridictionnelle de l'Union européenne: quel angle d'approche adopter?, in* MARIANNE DONY / / EMMANUELLE BRIBOSIA, L'avenir du système juridictionnel de l'Union européenne, Bruxelas, 2002, pgs. 49-64.

LENAERTS, KOEN – *Le Tribunal de Première Instance des Communautés Européennes: regard sur une décennie d'activités et sur l'apport du double degré d'instance au droit communautaire,* CDE, 2000, pgs. 323-411.

LENAERTS, KOEN / ARTS, DIRK / MASELIS, IGNACE – *Procedural Law of the European Union,* 2.ª ed., Londres, 2006.

LÓPEZ ESCUDERO, MANUEL – *Modificaciones del Tratado de Niza en el sistema jurisdiccional comunitario,* BEUR, 2001, pgs. 27-40.

LOUIS, JEAN-VICTOR – *La Cour de justice après Nice, in* MARIANNE DONY / / EMMANUELLE BRIBOSIA, L'avenir du système juridictionnel de l'Union européenne, Bruxelas, 2002, pgs. 5-17.

LOUIS, JEAN-VICTOR – *La fonction juridictionnelle – De Nice à Rome… et au delà, in* OLIVIER DE SCHUTTER / PAUL NIHOUL, Une Constitution pour l'Europe – Réflexions sur les transformations du droit de l'Union européenne, Bruxelas, 2004, pgs. 119-140.

MAGALHÃES COLLAÇO, ISABEL – *Direito Internacional Privado,* Lisboa, 1959.

MANIN, PHILIPPE – *Droit Constitutionnel de l'Union Européenne,* Paris, 2004.

MARCHETTI, BARBARA – *L'eccezione di illegittimità nel processo comunitario,* Riv. Ital. Dir. Pubbl. Com., 1995, pgs. 345-388.

MARTIN ARRIBAS, JUAN JOSÉ / VAN OVERBERGH, PATRICIA DEMBOUR – *La cuestión prejudicial a la luz del artículo 68 del Tratado de la Comunidad Europea,* Rev. Der. Com. Eur., 2001, pgs. 321-346.

MARTÍN RODRIGUEZ, PABLO J. – *La cuestión prejudicial como garantía constitucional: a vueltas con la relevancia constitucional del derecho comunitário (A propósito de la STC 58/2004, de 19 de abril, asunto tasa fiscal sobre el juego),* Rev. Esp. Der. Const., 2004, pgs. 315-346.

MARTÍN RODRIGUEZ, PABLO J. – *La responsabilidad del Estado por actos judiciales en Derecho Comunitario,* Rev. Der. Com. Eur., 2004, pgs. 829-868.

MARTÍN RODRIGUEZ, PABLO J. – *La revisión de los actos administrativos firmes: un nuevo instrumento de la primacía y efectividad del Derecho comunitario?* Rev. Gen. Der. Eur., 2004, pgs. 1-28. http://www.iustel.com

MASSON, BÉNÉDICTE – *«L'obscure clarté» de l'article 228 § 2 CE,* RTDE, 2004, pgs. 639-668.

MATTERA, A. – *La procédure en manquement et la protection des droits des citoyens et des opérateurs lésés,* RMUE, 1995, pgs. 123-166.

MCDONAGH, ALISTAIR – *Pour un élargissement des conditions de recevabilité des recours en contrôle de la légalité par des personnes privées en Droit Communautaire: le cas de l'article 175 du traité CE,* CDE, 1994, pgs. 607-637.

MEDEIROS, RUI – *Ensaio sobre a responsabilidade civil do Estado por actos da função legislativa,* Coimbra, 1992.

MENGOZZI, PAOLO – *Le Tribunal de Première Instance des Communautés Euro-péennes et la protection des particuliers,* Dir. Un. Eur., 1999, pgs. 181-205.

MOITINHO DE ALMEIDA, JOSÉ CARLOS – *Evolución jurisprudencial en materia de acceso de los particulares a la jurisdicción comunitaria,* Granada, 1991.

MOITINHO DE ALMEIDA, JOSÉ CARLOS – *La notion de juridiction d'un Etat membre (article 177),* in Mélanges en hommage à Fernand SCHOCKWEILER, Baden--Baden, 1999, pgs. 463-478.

MOITINHO DE ALMEIDA, JOSÉ CARLOS – *Le recours en annulation des particuliers (article 173, deuxième alinéa, du traité CE): nouvelles réflexions sur l'expression "la concernent... individuellement",* Festschrift EVERLING, vol. I, pgs. 849-874.

MOITINHO DE ALMEIDA, JOSÉ CARLOS – *O reenvio prejudicial perante o Tribunal de Justiça das Comunidades Europeias,* Coimbra, 1992.

MOLINIER, JOËL – *L'apport du Tribunal de première instance au Droit du contentieux communautaire,* RMCUE, 1995, pgs. 576-583.

MORI, PAOLA – *Le sanzioni previste dall'art. 171 del Trattato CE: i primi criteri applicativi,* Dir. Un. Eur., 1996, pgs. 1015-1027.

MOTA DE CAMPOS, JOÃO / MOTA DE CAMPOS, JOÃO LUIZ – *Contencioso Comunitário,* Lisboa, 2002.

MOULINIER, JOËL – *Droit du contentieux européen,* Paris, 1996.

MOURA RAMOS, RUI MANUEL – *A evolução do sistema jurisdicional,* AAVV, A Revisão do Tratado da União Europeia, Coimbra, 1996, pgs. 51-55.

MOURA RAMOS, RUI MANUEL – *O Tratado de Nice e a reforma do sistema juris-dicional comunitário,* Temas de Integração, 2.° semestre 2001 / 1.° semestre 2002, pgs. 77-104.

MOURA RAMOS, RUI MANUEL – *Reenvio prejudicial e relacionamento entre as ordens*

330 Contencioso da União Europeia

jurídicas na construção comunitária, in Das Comunidades à União Europeia. Estudos de Direito Comunitário, Coimbra, 1994, pgs. 213-237.

MOUSSÉ, JEAN – *Le contentieux des organisations internationales et de l'Union Européenne,* Bruxelas, 1997.

MUÑOZ, RODOLPHE – *La participation du plaignant à la procédure en infraction au droit communautaire diligentée par la Commission,* RMCUE, 2003, pgs. 610-616.

NASCIMBENE, BRUNO / DANIELE, LUIGI (dir.), *Il ricorso di annulamento nel Trattato istitutivo della Comunità Europea,* Milão, 1998.

NEUWAHL, NANETTE A. E. M. – *Article 173 Paragraph 4 EC: Past, Present and Possible Future,* ELR, 1996, pgs. 17-31.

NIHOUL, PAUL – *La recevabilité des recours en annulation introduits par un particulier à l'encontre d'un acte communautaire générale,* RTDE, 1994, pgs. 171-194.

NIKKEN, PEDRO – *Andean Common Market, Court of Justice, in* R. BERNHARDT (ed.), Encyclopedia of International Law, Instalment 6 (1983), pgs. 15 e segs.

NIZZO, CARLO – *La notion de juridiction au sens de l'article 177: la portée de l'arrêt JOB CENTRE,* Riv. Dir. Eur., 1995, pgs. 335-343.

O'KEEFFE, DAVID – *Is the Spirit of Article 177 under Attack? Preliminary References and Admissibility,* ELR, 1998, pgs. 509-536.

OLIVER, PETER – *La recevabilité des questions préjudicielles: la jurisprudence des années 1990,* CDE, 2001, pgs. 15-43.

ORTLEPP, BEATE CHRISTINA – *Das Vertragsverletzungsverfahren als Instrument zur Sicherung der Legalität im Europäischen Gemeinschaftsrecht,* Baden-Baden, 1987.

PALACIO GONZÁLEZ, JOSÉ – *Derecho Procesal y del Contencioso Comunitario,* Navarra, 2000.

PALLARO, PAOL – *Il ricorso di annullamento degli atti comunitari da parte dei privati: proposte di lettura dell'attuale giurisprudenza,* Riv. Ital. Dir. Pubbl. Com., 2002, pgs. 87-140.

PEREIRA DA SILVA, VASCO – *O Contencioso Administrativo no Divã da Psicanálise. Ensaio sobre as acções no novo Processo Administrativo,* Coimbra, 2005.

PERNICE, INGOLF – *Le recours en indemnité,* CDE, 1995, pgs. 641-659.

PERTEK, JACQUES – *La pratique du renvoi préjudiciel en droit communautaire – Coopération entre CJCE et juges nationaux,* Paris, 2001.

PESCATORE, P. – *Art. 164.° – Comentário, in* VLAD CONSTANTINESCO e outros, Traité instituant la CEE – Commentaire article par article, Paris, 1992, pgs. 941-974.

PESCATORE, P. – *Comentário ao art. 177.°, in* VLAD CONSTANTINESCO e outros, Traité instituant la CEE – Commentaire article par article, Paris, 1992, pgs. 1073-1122.

Bibliografia Citada 331

PETITE, MICHEL – *Le traité d'Amsterdam: ambition et réalisme*, RMUE, 1997, pgs. 17-52.

PIÇARRA, NUNO – *O Tribunal de Justiça das Comunidades Europeias como juiz legal e o processo do artigo 177.° do Tratado CEE*, Lisboa, 1991.

PIÇARRA, NUNO – *O Tribunal de Justiça das Comunidades Europeias e o novo espaço de liberdade, de segurança e de justiça*, RFDUNL, 2000, pgs. 81-125.

PLIAKOS, ASTERIS – *Le principe général de la protection juridictionnelle efficace en droit communautaire*, Atenas, 1997.

PLOUVIER, LILIANE – *Les décisions de la Cour de justice des Communautés européennes et leurs effets juridiques*, Bruxelas, 1975.

QUADROS, FAUSTO DE – *A Europeização do Contencioso Administrativo, in* Estudos em Homenagem ao Professor Doutor Marcello Caetano no Centenário do seu Nascimento, Vol. I, Coimbra, 2006, pgs. 385-405.

QUADROS, FAUSTO DE – *A nova dimensão do Direito Administrativo*, Coimbra, 1999.

QUADROS, FAUSTO DE – *A responsabilidade civil extracontratual do Estado – problemas gerais, in* Gabinete de Política Legislativa e Planeamento (ed.), Responsabilidade civil extracontratual do Estado, trabalhos preparatórios da Reforma, Lisboa, 2001.

QUADROS, FAUSTO DE – *Considerações gerais sobre a reforma do contencioso administrativo. Em especial, as providências cautelares, in* Ministério da Justiça (ed.), Reforma do Contencioso Administrativo, Trabalhos preparatórios – O Debate Universitário, vol. I, Lisboa, 2000, pgs.151-166.

QUADROS, FAUSTO DE – *Direito da União Europeia*, Coimbra, 2004.

QUADROS, FAUSTO DE – *Direito das Comunidades Europeias e Direito Internacional Público – Contributo para o estudo da natureza jurídica do Direito Comunitário Europeu*, Lisboa, 1984.

QUADROS, FAUSTO DE – *Incumprimento (em Direito Comunitário), in* Dicionário Jurídico da Administração Pública, vol. V, Lisboa, 1993, pgs. 204-212.

QUADROS, FAUSTO DE – *Introdução, in* FAUSTO DE QUADROS (Coord), Responsabilidade civil extracontratual da Administração Pública, 2.ª ed., Coimbra, 2004, pgs. 7-36.

QUADROS, FAUSTO DE – *O princípio da exaustão dos meios internos na Convenção Europeia dos Direitos do Homem e a Ordem Jurídica portuguesa*, ROA, 1990, pgs. 119-157.

QUADROS, FAUSTO DE – *Responsabilidade dos poderes públicos no Direito Comunitário: Responsabilidade extracontratual da Comunidade Europeia e responsabilidade dos Estados por incumprimento do Direito Comunitário, in* La responsabilidad patrimonial de los poderes públicos, III Coloquio Hispano- -Luso de Derecho Administrativo, Valladolid, 1997, pgs. 137-153.

QUADROS, MARIA INÊS – *A função subjectiva da competência prejudicial do Tribunal de Justiça das Comunidades Europeias*, Coimbra, 2007.

QUEIRÓ, AFONSO – *O poder discricionário da Administração,* Coimbra, 1944.

RAIMONDI, LUIGI – *La nozione di giurisdizione nazionale ex art. 234 TCE alla luce della recente giurisprudenza comunitaria,* Dir. Un. Eur., 2006, pgs. 369-405.

RANGEL DE MESQUITA, MARIA JOSÉ – *Efeitos dos acórdãos do Tribunal de Justiça das Comunidades Europeias proferidos no âmbito de uma acção por incumprimento,* diss., Coimbra, 1997.

RANGEL DE MESQUITA, MARIA JOSÉ – *Condenação de um Estado membro da União Europeia no pagamento de sanções pecuniárias: um princípio com futuro – reflexões breves sobre o primeiro e o segundo acórdãos do Tribunal de Justiça que aplicam uma sanção pecuniária compulsória a um Estado membro, in* Estudos em homenagem ao Prof. Doutor Joaquim Moreira da Silva Cunha, Coimbra, 2005, pgs. 621-638.

RANGEL DE MESQUITA, MARIA JOSÉ – *O Projecto de Tratado que estabelece uma Constituição para a Europa e a competência ratione materiae do Tribunal de Justiça, in* Estudos em homenagem ao Prof. Doutor ARMANDO MARQUES GUEDES, Lisboa, 2004, pgs. 793-825.

RASMUSSEN, HJALTE – *European Court of Justice,* 1.ª ed., Copenhaga, 1998.

RATTI, GIOVANNI – *Prima e dopo Nizza: il futuro della «pregiudiziale comunitaria» tra opposte istanze di conservazione e innovazione,* Riv. Trim. Dir. Proc. Civ., 2002, pgs. 605-624.

REBELO DE SOUSA, MARCELO / SALGADO MATOS, ANDRÉ – *Direito Administrativo Geral – Introdução e Princípios Fundamentais,* tomo I, Lisboa, 2004.

REIS, JOSÉ ALBERTO DOS – *Comentário ao Código de Processo Civil,* vol. I, 2.ª ed., Coimbra, anotação ao artigo 97.º.

RENGELING, HANS-WERNER / MIDDEKE, ANDREAS / GELLERMANN, MARTIN – *Handbuch zum Rechtsschutz in der Europäischen Union,* 2.ª ed., Munique, 2002.

RIDEAU, J. – *Artigo 175 – Comentário, in* VLAD CONSTANTINESCO e outros, Traité instituant la CEE – commentaire article par article, Paris, 1992, pgs. 1059-1068.

RIDEAU, JOËL – *Droit institutionnel de l'Union et des Communautés européennes,* 4.ª ed., Paris, 2002.

RITLENG, DOMINIQUE – *Comentário ao artigo 171.º, in* VLAD CONSTANTINESCO e outros, Traité sur l'Union européenne – Commentaire article par article, Paris, 1995, pgs. 571-585.

RITTER, CYRIL – *Purely internal situations, reverse discrimination, Guimont, Dodzi and Article 234,* ELR, 2006, pgs. 690-710.

ROLDÁN BARBERO, JAVIER – *La reforma del poder judicial en la Comunidad Europea,* Rev. Der. Com. Eur., 2001, pgs. 77-116.

ROUHETTE, GEORGES – *Quelques aspects de l'application du mécanisme du renvoi préjudiciel,* Rev. Gen. Dr. Proc., 1997, pgs. 15-29.

RUIZ-JARABO COLOMER, DÁMASO – *El Juez nacional como Juez comunitario*, Madrid, 1993.

RUIZ-JARABO, DÁMASO – *La reforma del Tribunal de Justicia realizada por el Tratado de Niza y su posterior desarrollo, in* CARLOS MOREIRO GONZÁLEZ (coord.), Tratado de Niza – Análisis, comentarios y texto, Madrid, 2002, pgs. 83-104.

RUZIÉ, D. – *Arts. 165.° a 168.°A – Comentário, in* VLAD CONSTANTINESCO e outros, Traité sur l'Union Européenne – Commentaire article par article, Paris, 1995, pgs. 975-1006.

SÁENZ DE SANTA MARÍA, PAZ ANDRÉS – *Primera multa coercitiva a un Estado miembro por inejecución de sentencia (Comentario a la STJCE de 4 de julio de 2000, Comisión c. Grecia)*, Rev. Der. Com. Eur., 2000, pgs. 493-518.

SAGGIO, ANTONIO – *Appunti sulla ricevibilità dei ricorsi d'annulamento proposti da persona fisiche o giuridiche in base all'art. 173, quarto comma, del Trattato CE*, Riv. Dir. Eur., 1997, pgs. 401-420.

SARMIENTO, DANIEL – *Poder Judicial e Integración Europea – La construcción de un modelo jurisdiccional para la Unión*, Madrid, 2004.

SAURON, JEAN-LUC – *Le traité d'Amsterdam: une réforme inachevée?*, Rec. Dalloz, 1998, pgs. 68-78.

SAURON, JEAN-LUC – *Droit et pratique du contentieux communautaire*, 3.ª ed., Paris, 2001.

SCHENKE, WOLF-RÜDIGER – *Verwaltungsprozessrecht*, 10.ª ed., Heidelberga, 2006.

SCHERMERS, H. G. – *The European Court of First Instance*, CMLR, 1988, pgs. 541-558.

SCHERMERS, HENRY G. / WAELBROECK, DENIS – *Judicial Protection in the European Communities*, 6.ª ed., Deventer, 2001.

SCHIMA, BERNHARD – *Das Vorabentscheidungsverfahren vor dem EuGH: unter besonderer Berücksichtigung der Rechtslage in Österreich*, Viena, 1997.

SCHOB, FREDERIK K. / BIER, WOLFGANG / SCHMIDT-ASSMANN, EBERHARD / PIETZNER, RAINER – *Verwaltungsgerichtsordnung – Kommentar*, Munique, 1996.

SCHOCKWEILER, FERNAND – *Le régime de la responsabilité extra-contratuelle du fait d'actes juridiques dans la Communauté européenne*, RTDE, 1990, pgs. 27-75.

SCHWARZE, JÜRGEN – *EU-Kommentar*, 2 volumes, 1.ª ed., Baden-Baden, 2000.

SCHWARZE, JÜRGEN – *The Legal Protection of the Individual against Regulations in European Union Law*, EPL, 2004, pgs. 285-304.

SÉRVULO CORREIA, JOSÉ MANUEL – *Direito do Contencioso Administrativo*, vol. I, Lisboa, 2005.

SIMON, D. – *Comentário aos artigos 169.° a 171.°, in* VLAD CONSTANTINESCO e outros, Traité instituant la CEE – commentaire article par article, Paris, 1992, pgs. 1007-1033.

SIMON, DENYS – *Le système juridique communautaire*, 3.ª ed., Paris, 2001.

SINANIOTIS, DIMITRIOS – *The Plea of Illegality in EC Law*, EPL, 2001, pgs. 103-125.

SOBRINO HEREDIA, JOSÉ MANUEL – *El sistema jurisdiccional el el proyecto de Tratado constitucional de la Unión Europea*, Rev. Der. Com. Eur., 2003, pgs. 993-1040.

STREINZ, RUDOLF – *EUV / EGV Vertrag über die Europäische Union und Vertrag zur Gründung der Europäischen Gemeinschaft*, Munique, 2003.

SZYSZCZAK, ERIKA – *Making Europe More Relevant to Its Citizens: Effective Judicial Process*, ELR, 1996, pgs. 351-364.

TAMBOU, OLIVIA – *Le système juridictionnel communautaire revu et corrigé par le Traité de Nice*, RMCUE, 2001, pgs. 164-170.

TAULÈGNE, BEATRICE – *Le conseil européen*, Paris, 1993.

TEZCAN, ERCÜMENT – *Les sanctions prévues par l'article 171, alinéa 2 du Traité CE en cas de non-exécution d'un arrêt de la Cour de Justice par un Etat membre et les développements récents à ce propos*, ERPL/REDP, 1998, pgs. 40-67.

THEODOSSIOU, MARIA A. – *An Analysis of the Recent Response of the Community to Non-Compliance with Court of Justice Judgments: Article 228 (2) E.C.*, ELR, 2002, pgs. 25-46.

TIZZANO, A. – *La "Costituzione europea" e il sistema giurisdizionale comunitario*, Dir. Un. Eur., 2003, pgs. 455-479.

TRIDIMAS, TAKIS – *Knocking on Heaven's Door: Fragmentation, Efficiency and Defiance in the Preliminary Reference Procedure*, CMLR, 2003, pgs. 9-50.

TRIDIMAS, TAKIS – *Liability for Breach of Community Law: Growing Up or Mellowing Down?*, CMLR, 2001, pgs. 301-332.

ULE, CARL HERMANN / LAUBINGER, HANS-WERNER – *Verwaltungsverfahrensrecht*, 4.ª ed., Colónia, 1995.

USHER, JOHN A. – *Les renvois à titre préjudiciel*, in GEORGES VANDERSANDEN (dir.), La reforme du système juridictionnel communautaire, Bruxelas, 1994, pgs. 59-66.

VAN GERVEN, WALTER – *La jurisprudence récente de la C.J.C.E. dans le domaine de la responsabilité extracontratuelle vers un jus commune européen?»*, in PIERRE-MARIE DUPUY / CHARLES LEBEN (dir.), Droit Européen I, Paris, 1998, pgs. 61-81.

VAN GERVEN, WALTER – *Prendre l'article 215 du Traité C.E. au sérieux*, in PIERRE-MARIE DUPUY / CHARLES LEBEN (dir.), Droit Européen I, Paris, 1998, pgs. 83-100.

VAN RAEPENBUSCH, SEAN – *Les résultats du Conseil européen (les 16 et 17 juin 1997). Présentation générale du Traité d'Amsterdam*, Act. Dr., 1998, pgs. 7-67.

VANDERSANDEN, G. – *Pour un élargissement du droit des particuliers d'agir en annulation contre des actes autres que les décisions qui leur sont adressées*, CDE, 1995, pgs. 535-552.

VANDERSANDEN, G. / BARAV, A. – *Contentieux communautaire*, Bruxelas, 1977.

VANDERSANDEN, GEORGES – *La protection juridictionnelle effective: une justice ouverte et rapide?*, in MARIANNE DONY / EMMANUELLE BRIBOSIA, L'avenir du système juridictionnel de l'Union européenne, Bruxelas, 2002, pgs. 119-154.

VANDERSANDEN, GEORGES – *Le système juridictionnel communautaire après Nice*, CDE, 2003, pgs. 3-15.

VARJU, MARTON – *The Debate on the Future of the Standing under Article 230 (4) TEC in the European Convention*, EPL, 2004, pgs. 43-56.

VIDAL FERNÁNDEZ, BEGOÑA – *El Proceso de Anulación Comunitario – Control Jurisdiccional de la Legalidad de las Actuaciones de las Instituciones Comunitarias*, Barcelona, 1999.

VIEIRA DE ANDRADE, JOSÉ CARLOS – *A Justiça Administrativa (Lições)*, 8.ª ed., Coimbra, 2006.

VOGT, MATTHIAS – *Indirect Judicial Protection in EC Law – the Case of the Plea of Illegality*, ELR, 2006, pgs. 364-377.

VON DER GROEBEN, HANS / SCHWARZE, JÜRGEN – *Kommentar zum Vertrag über die Europäische Union und zur Gründung der Europäischen Gemeinschaft*, vol. I (art. 1.º a 53.º TUE e 1.º a 80.º TCE, vol. II (art. 81.º a 97.º TCE), 6.ª ed., Baden-Baden, 2003.

VON DER GROEBEN, HANS / THIESING, JOCHEN / EHLERMANN, CLAUS-DIETER – *Kommentar zum EU-/EG-Vertrag*, 5 volumes, 5.ª ed., Baden-Baden, 1999.

VOSS, REIMER – *The National Perception of the Court of First Instance and the European Court of Justice*, CMLR, 1993, pgs. 1119-1134.

WAELBROECK, D. / VERHEYDEN, A.-M. – *Les conditions de recevabilité des recours en annulation des particuliers contre les actes normatifs communautaires*, CDE, 1995, pgs. 399-441.

WAELBROECK, DENIS – *Le droit au recours juridictionnel effectif du particulier: trois pas en avant, deux pas en arrière*, CDE, 2002, pgs. 3-8.

WAELBROECK, M. / WAELBROECK, D. – *La Cour de Justice, les actes des institutions*, in Commentaire MEGRET. Le droit de la CEE, vol. 10, Bruxelas, 1993.

WARD, ANGELA – *Locus Standi under Article 230(4) of the EC Treaty: Crafting a Coherent Test for a 'Wobbly Polity'*, YEL, 2003, pgs. 45-77.

WATTEL, PETER J. – *KÖBLER, CILFIT AND WELTHGROVE: We can't go on like this*, CMLR, 2004, pgs. 177-190.

WEGENER, BERNHARD W. – *Die Neuordnung der EU-Gerichtsbarkeit durch den Vertrag von Nizza*, DVBl., 2001, pgs. 1258-1263.

WENNERÅS, PÅL – *A New Dawn for Commission Enforcement under Articles 226 and 228 EC: General and Persistent (GAP) Infringements, Lump Sums and Penalty Payments*, CMLR, 2006, pgs. 31-62.

ÍNDICE IDEOGRÁFICO*

Constituição Europeia – v. Tratado que estabelece uma Constituição para a Europa

Contencioso da União Europeia – 18-22; 34-36

- Os vários sentidos – 18-22
  - Amplo – 19
  - Material – 21, 22
  - Orgânico – 19-21
  - Restrito – 18, 19

Meios contenciosos – 51-58

- *Acção de omissão* – 195-212

  - Acórdão – 211
    - Conteúdo – 211
    - Efeitos – 211
  - Fundamento – 195, 196
  - Legitimidade – 200-205
    - Activa – 200-205
    - Passiva – 200
  - Natureza – 196, 197
  - Noção de omissão – 198, 199
  - Prazos – 210
  - Processo – 205-209
    - Fase procedimental – 205-207
    - Fase contenciosa – 207-209

- *Acção de responsabilidade extracontratual* – 265-301

  - Âmbito – 266, 267

---

* As remissões são para as páginas e devem ser entendidas como meramente indicativas.

- Autonomia – 271-275
- Direito à indemnização (elementos constitutivos) – 287-298
  - ➢ Culpa– 293-296
  - ➢ Ilicitude – 288-293
  - ➢ Nexo de causalidade – 296, 297
  - ➢ Prejuízo – 297, 298
- Fundamento – 267-269
- Natureza – 270
- Objecto – 270
- Princípios gerais comuns aos Direitos dos Estados-Membros – 281-284
- Processo – 284-287
  - ➢ Legitimidade – 284-286
  - ➢ Pedido – 286
  - ➢ Prazo – 286, 287
- Responsabilidade por acto dos agentes comunitários – 299, 300
  - ➢ Fora do exercício das funções – 299, 300
  - ➢ No exercício das funções – 300
- Subsidiariedade – 275-281
- Tribunal competente – 270

– Excepção de ilegalidade – 213-224; 249, 250

- Actos susceptíveis de ser objecto de excepção de ilegalidade – 216-218
- Efeitos do acórdão – 223
- Função – 215-216
- Fundamento – 213
- Legitimidade – 218, 219
  - ➢ Activa – 218, 219
  - ➢ Passiva – 216, 217
- Natureza – 213, 214
- Prazo – 223
- Processos onde pode ser invocada– 220-223

– Processo das questões prejudiciais – 65-132

- Carácter incidental do processo – 122
- Cooperação judiciária entre os tribunais nacionais e o TJ – 121, 122
- Efeitos dos acórdãos prejudiciais – 114-120
  - ➢ Materiais – 114-118
  - ➢ Temporais – 118-120
- Fundamento jurídico – 71-74
- Órgão jurisdicional nacional – 82-87
  - ➢ Noção – 82-87
  - ➢ Poderes do juiz nacional – 98-102

- Origem histórica – 68, 69
- Papel das partes no processo principal – 102-103
- Poderes do Tribunal de Justiça – 104-112
  - ➤ Reformulação das questões prejudiciais – 106, 107
  - ➤ Rejeição do pedido – 108-111
- Processos especiais de questões prejudiciais – 124-131
- Questões prejudiciais – 74-114
  - ➤ Âmbito – 74
  - ➤ Conteúdo material – 100-101
  - ➤ De apreciação de validade – 78-81
  - ➤ De interpretação – 75-78, 81
  - ➤ Facultativas – 87, 88
  - ➤ Obrigatórias – 88-98
  - ➤ Pertinência – 99
  - ➤ Trâmites – 112-113
- Recurso judicial de direito interno – 91
- Repartição de poderes entre os tribunais nacionais e o TJ – 104, 105
- Terminologia – 67-68

– Processo por incumprimento – 225-263

- Acórdão – 252-258
  - ➤ Efeitos – 252, 253
  - ➤ Inexecução – 253-258
- Função – 226, 227
- Incumprimento – 227-231
  - ➤ Entidades nacionais responsáveis – 232-234
  - ➤ Fontes relevantes – 230, 231
  - ➤ Noção – 227, 228
- Meios de defesa – 245-251
- Natureza – 259, 260
- Segunda acção por incumprimento – 256-258
- Terceiro pilar – 261
- Tipos de processos – 235-245
  - ➤ Comissão contra o Estado-Membro – 235-243
  - ➤ Estado-Membro contra Estado-Membro – 244, 245
- Tramitação processual – 234-245
  - ➤ Fase contenciosa – 242-244, 245
  - ➤ Fase pré-contenciosa – 235-242, 244
    - o Carta de notificação – 235-238
    - o Parecer fundamentado – 239-242

– Providências cautelares – 303-319

- Fundadas no Direito Comunitário e decretadas por tribunais nacionais – 317-319

- Outras providências cautelares – 313-316
  - Carácter acessório – 314
  - Fundamento – 313
  - Natureza – 313
  - Regras processuais – 315
  - Requisitos – 315
- Suspensão da eficácia – 305-311
  - Carácter acessório – 306, 307
  - Fundamento – 305
  - Natureza – 305
  - Objecto – 305, 306
  - Regras processuais – 309, 310
  - Requisitos – 307-309

– *Recurso de anulação* – 133-194

- Actos recorríveis – 137-149; 154-159
- Efeitos da interposição do recurso – 186, 187
- Efeitos do acórdão – 188-190
- Execução do acórdão – 190
- Legitimidade – 143-175
  - Activa – 150-175
  - Passiva – 143-149
- Natureza jurídica – 136, 137
- Objecto – 137-143
- Origem – 134
- Prazos para a interposição – 185, 186
- Recorrentes – 150
  - Não privilegiados – 152-172
  - Privilegiados – 150
  - Semi-privilegiados – 151, 152
- Terceiro pilar – 192, 193
- Vícios – 176-185
  - Desvio de poder – 183-185
  - Incompetência – 176, 177
  - Violação de formalidades essenciais – 177-180
  - Violação do Tratado ou de qualquer norma que o aplique – 180-183

Tratado CECA – 69, 136, 191, 192, 211, 212, 223, 224, 261, 262, 300, 301, 311, 315, 316

Tratado que estabelece uma Constituição para a Europa –

– Meios contenciosos – 64

- Acção de omissão – 212

Índice Ideográfico

- Acção de responsabilidade civil extracontratual – 301
- Excepção de ilegalidade – 224
- Processo das questões prejudiciais – 132
- Processo por incumprimento – 262, 263
- Providências cautelares – 311, 316
- Recurso de anulação – 193, 194

– Tribunais especializados – 63, 64

– Tribunal de Justiça da União Europeia – 58-62
  - Competência – 59-61; 62
  - Composição – 61, 62
  - Jurisdição – 59-61
  - Modo de funcionamento – 62

– Tribunal Geral – 62, 63

  - Competência – 63
  - Composição – 62
  - Modo de funcionamento – 62

Tribunais arbitrais – 34, 84

Tribunal da Função Pública da União Europeia – 30-32

– Base legal – 30, 31
– Competência – 30, 31
– Composição – 32
– Designação dos Juízes – 32
– Mandato dos Juízes – 32
– Estatuto dos Juízes – 32
– Objectivos – 31

Tribunal de Justiça – 23-26; 36

– Advogados-Gerais – 40-42
– Base legal – 23
– Competência – 24, 25
– Composição – 36, 37
– Designação dos juízes – 37
– Direito Processual – 46, 47
– Estatuto dos juízes – 38-40
– Jurisdição – 25, 26
– Jurisprudência – 47-50
– Mandato dos juízes – 38

– Organização e funcionamento – 44-46
– Secretário – 43
– serviços – 44

Tribunal de Primeira Instância – 26-30

– Base legal – 26-29
– Competência – 26-29
– Composição – 30
– Designação dos juízes – 30
– Estatuto dos juízes – 30
– Mandato dos juízes – 30
– Objectivos – 29

Tribunais estrangeiros – 34

Tribunais internacionais – 32-34

– Regionais – 33, 34
– Universais – 32, 33

Tribunais nacionais – 22, 23

ÍNDICE

Nota prévia à 2ª edição 5
Nota prévia à 1ª edição 7
Bibliografia geral 9
Abreviaturas utilizadas 13

CAPÍTULO I
Introdução

1. O conceito de Contencioso da União Europeia 18
1.1. Os conceitos restrito e amplo 18
1.2. O sentido orgânico e o sentido material 19
2. Os tribunais que aplicam o Direito da União Europeia 22
2.1. Os tribunais dos Estados-Membros 22
2.2. O Tribunal de Justiça das Comunidades Europeias 23
2.2.1. A competência 24
2.2.2. As características da jurisdição do TJ 25
2.3. O Tribunal de Primeira Instância.. 26
I. A base legal e a competência 26
II. Os objectivos do TPI.. 29
III. A composição do Tribunal, o modo de designação, a duração do mandato e o estatuto dos juízes... 30
2.4. O Tribunal da Função Pública da União Europeia.................... 30
I. A base legal e a competência do TFP 30
II. Os objectivos do TFP... 31
III. A composição do TFP, o modo de designação, a duração do mandato e o estatuto dos juízes 32
2.5. Os tribunais internacionais.. 32
I. Os tribunais internacionais universais............................... 32
II. Os tribunais internacionais regionais 33
2.6. Os tribunais estrangeiros.. 34
2.7. Os tribunais arbitrais.. 34

344   *Contencioso da União Europeia*

3. O lugar do Contencioso da União Europeia na disciplina de Direito da União Europeia 34
4. O lugar do Contencioso da União Europeia na Ciência do Direito; a subsidiariedade do Contencioso da União Europeia em relação ao Contencioso Administrativo, sobretudo francês e alemão 35
    4.1. O sistema de Contencioso da União Europeia na Ciência do Direito 35
    4.2. A influência do Contencioso Administrativo no Contencioso da União Europeia 36
5. O Tribunal de Justiça das Comunidades Europeias 36
    5.1. A composição do Tribunal 36
        5.1.1. Os juízes 37
                I. O modo de designação dos juízes, a duração e a renovação do mandato 37
                II. Os critérios de recrutamento dos juízes 38
                III. O estatuto dos juízes 38
                IV. As causas de cessação de funções dos juízes 40
        5.1.2. Os advogados-gerais 40
                I. O número de advogados-gerais 40
                II. O estatuto dos advogados-gerais 42
                III. As funções dos advogados-gerais 42
        5.1.3. O secretário 43
                I. O modo de designação, a duração do mandato e o estatuto 43
                II. As funções 43
        5.1.4. Os serviços 44
    5.2. A organização interna e o funcionamento do Tribunal 44
        5.2.1. O Presidente 44
        5.2.2. O funcionamento 44
    5.3. O Direito Processual no Tribunal 46
    5.4. A jurisprudência do Tribunal e a sua divulgação 47
        5.4.1. A importância da jurisprudência do Tribunal 47
        5.4.2. As técnicas de interpretação utilizadas pelo Tribunal 48
        5.4.3. A publicação da jurisprudência do TJ 50
6. Os meios contenciosos nos tribunais da União Europeia 51
    6.1. A classificação dos meios contenciosos 51
    6.2. A importância dos meios contenciosos para a caracterização da competência e da natureza dos Tribunais da União Europeia 56
    6.3. A restrição do estudo à CE e aos meios contenciosos mais importantes 57
7. O Tribunal de Justiça segundo a Constituição Europeia 58
    7.1. A nova denominação e a estrutura do Tribunal de Justiça 58
    7.2. A jurisdição do Tribunal de Justiça da UE 59
        I. Os casos de exclusão da competência 60
        II. Os casos de limitação da jurisdição do TJ 61
    7.3. O Tribunal de Justiça 61

Índice

7.3.1. A composição 61
7.3.2. O modo de funcionamento 62
7.3.3. A competência 62
7.4. O Tribunal Geral 62
7.4.1. A composição e o modo de funcionamento 62
7.4.2. A competência 63
7.5. Os tribunais especializados 63
7.6. Os meios contenciosos na Constituição Europeia 64

CAPÍTULO II
A competência a título prejudicial

O processo das questões prejudiciais (artigo 234.° – ex-artigo 177.°)

1. Prevenções quanto à terminologia a adoptar: não há «reenvio», não há «recurso prejudicial», não há «acção prejudicial» 67
  1.1. Não há «reenvio» 67
  1.2. Não há «acção» 67
  1.3. Não há «recurso» 68
2. A origem histórica do artigo 234.° (ex-artigo 177.°) 68
  2.1. A influência dos Direitos nacionais 68
  2.2. A influência do artigo 41.° do Tratado CECA 69
3. O fundamento jurídico deste meio contencioso 71
  3.1. Breve explicação do processo das questões prejudiciais .. 71
  3.2. As razões da existência do artigo 234.° (ex-artigo 177.°) .. 72
4. Análise do artigo 234.° (ex-artigo 177.°) 74
  4.1. O domínio material das questões prejudiciais 74
    4.1.1. O âmbito das questões prejudiciais 74
    4.1.2. As questões prejudiciais de interpretação 75
      I. O sentido da expressão «interpretar» 75
      II. As fontes sujeitas a interpretação 75
      A) O «presente tratado» 75
      B) «Os actos adoptados pelos órgãos comunitários» ... 76
      C) Os acordos internacionais em que a Comunidade é parte ... 77
      D) Os «estatutos de organismos criados por acto do Conselho, desde que estes o prevejam» 78
    4.1.3. As questões prejudiciais de apreciação de validade ... 78
      I. A noção de validade 79
      II. As fontes sujeitas a apreciação de validade 79
    4.1.4. As fontes de Direito excluídas da interpretação e da apreciação de validade 80
  4.2. Os tribunais nacionais que podem ou devem suscitar questões prejudiciais 81

346   *Contencioso da União Europeia*

4.2.1. A noção de órgão jurisdicional nacional 82
4.2.2. As questões prejudiciais facultativas 87
4.2.3. As questões prejudiciais obrigatórias 88
       I. A obrigação de suscitar a questão de apreciação de validade .. 89
       II. Os tribunais obrigados a suscitar a questão prejudicial 90
       III. A noção de recurso judicial de Direito interno 91
       IV. Os limites à obrigação de suscitar a questão prejudicial 91
       V. A eventual sanção para o desrespeito da obrigação de suscitar
       a questão prejudicial 93
5. Os poderes do juiz nacional no processo das questões prejudiciais 98
    5.1. A ausência de formalismo para o pedido de decisão prejudicial 98
    5.2. A decisão de suscitar a questão prejudicial 98
    5.3. A apreciação da pertinência da questão... 100
    5.4. A escolha do momento para suscitar a questão prejudicial.................... 100
    5.5. O conteúdo material da questão.. 100
    5.6. O papel das partes no processo das questões prejudiciais..................... 102
6. Os poderes do Tribunal de Justiça no processo das questões prejudiciais...... 104
    6.1. A repartição de poderes entre os tribunais nacionais e o TJ 104
    6.2. A reformulação das questões suscitadas pelos tribunais nacionais......... 106
    6.3. Casos de rejeição do pedido de questões prejudiciais por parte do TJ 108
       A) A ausência do litígio 108
       B) O Direito Comunitário não se aplica manifestamente ao caso con-
       creto 110
    6.4. A inoponibilidade dos recursos de Direito interno ao TJ....................... 111
7. Os trâmites da questão prejudicial 112
    7.1. A especificidade dos trâmites do processo 112
    7.2. A repercussão da repartição de poderes entre o juiz nacional e o Tribunal
    de Justiça nos trâmites do processo 113
8. Os efeitos do acórdão prejudicial 114
    8.1. Os efeitos materiais do acórdão prejudicial.. 114
       8.1.1. A colocação do problema 114
       8.1.2. Os efeitos materiais do acórdão interpretativo 115
       8.1.3. Os efeitos materiais da declaração de validade 117
       8.1.4. Os efeitos materiais da declaração de invalidade 117
    8.2. Os efeitos temporais do acórdão prejudicial 118
       8.2.1. Posição do problema... 118
       8.2.2. Os efeitos temporais do acórdão interpretativo 118
       8.2.3. Os efeitos temporais da declaração de invalidade...................... 120
9. A caracterização global do processo previsto no artigo 234.° (ex-artigo177.°) 121
    9.1. A cooperação judiciária entre os tribunais nacionais e o TJ 121
    9.2. A ausência de formalismo do processo do artigo 234.° (ex-artigo 177.°) 122
    9.3. O carácter incidental do processo 122
10. O significado do processo das questões prejudiciais para a caracterização
    da Ordem Jurídica comunitária.. 123

11. Os processos especiais de questões prejudiciais..	124
11.1. As especificidades do processo das questões prejudiciais previsto no artigo 68.°, n.° 1, do TCE..	125
11.2. O processo de interpretação no interesse da lei do artigo 68.°, n.° 3, TCE	129
11.3. As particularidades do artigo 35.°, n.os 1 a 3, do TUE........................	129
12. O processo das questões prejudiciais no Tratado que estabelece uma Constituição para a Europa	132

CAPÍTULO III
A competência de fiscalização de legalidade

SECÇÃO I
O recurso de anulação

(artigos 230.° e 231.° – ex-artigos 173.° e 174.°)

1. A origem	134
1.1. A influência do Contencioso Administrativo dos Estados-Membros	135
1.2. A influência do Tratado CECA	136
2. A natureza jurídica..	136
3. O objecto do recurso: actos susceptíveis de recurso	137
3.1. A noção de acto impugnável	137
3.2. Os critérios utilizados pelo Tribunal para definir o acto impugnável......	139
3.3. O princípio da presunção da legalidade..	141
3.4. As recomendações e os pareceres..	142
4. A legitimidade passiva: as entidades donde emanam os actos recorríveis	143
4.1. As entidades donde emanam os actos recorríveis	143
4.2. Os actos do Banco Europeu de Investimentos	144
4.3. Os actos do Conselho Europeu..	145
4.4. Os acordos internacionais concluídos pela Comunidade com terceiros ..	145
4.5. O caso especial dos actos do Parlamento Europeu	146
4.6. O caso dos actos atípicos	147
4.7. Os actos não recorríveis..	149
5. A legitimidade activa: quem pode recorrer	150
5.1. Os recorrentes privilegiados	150
5.2. Os recorrentes semi-privilegiados	151
5.3. Os recorrentes não privilegiados	152
5.3.1. A noção ampla de particular..	152
5.3.2. As condições restritas de acesso dos particulares	153
5.3.3. As restrições quanto à impugnação de regulamentos e directivas pelos particulares	154
I. O caso da impugnação de regulamentos..	154
II. O caso da impugnação de directivas por parte de particulares .	156

348   *Contencioso da União Europeia*

5.3.4. Os actos recorríveis pelos particulares 157
    I. As decisões aprovadas sob a forma de regulamento 157
    II. As decisões dirigidas a outrem 159
5.3.5. As condições da afectação directa e individual 159
    I. O interesse individual 159
        A) Os casos de rejeição do carácter individual 160
        B) Os casos de aceitação do carácter individual 163
        C) Os sectores específicos 165
        D) O balanço dos critérios utilizados pelo TJ para definir o ca-
           rácter individual 168
    II. O interesse directo.. 169
5.3.6. O balanço geral sobre a legitimidade activa dos particulares 172
5.3.7. As perspectivas de evolução 172
6. Os fundamentos do recurso: os vícios 176
    6.1. A incompetência 176
    6.2. A violação de formalidades essenciais 177
        6.2.1. A noção 177
        6.2.2. As formalidades essenciais obrigatórias 177
        6.2.3. Os casos em que não há violação de formalidade essencial 179
        6.2.4. A publicação e a notificação 180
    6.3. A violação do Tratado ou de qualquer norma que o aplique 180
        6.3.1. A noção de «violação» 180
        6.3.2. A noção de «Tratado».. 180
        6.3.3. A noção «de qualquer norma que o aplique» 181
            A) O Direito derivado 181
            B) Os acordos internacionais 181
            C) Os princípios gerais de Direito 182
            D) O Direito Internacional Consuetudinário 182
        6.3.4. A hierarquia das fontes de Direito Comunitário 183
    6.4. O desvio de poder 183
7. O prazo e os efeitos da interposição do recurso 185
    7.1. O momento a partir do qual se conta o prazo 185
        A) Os actos notificados ao recorrente...................................... 185
        B) Os actos publicados no JOUE 186
        C) Os actos não publicados nem notificados ao recorrente 186
    7.2. Os efeitos da interposição do recurso.. 186
8. A competência jurisdicional do Tribunal 187
    8.1. O âmbito da jurisdição do TJ em sede de recurso de anulação 187
    8.2. A competência de plena jurisdição 188
9. Os efeitos e a execução do acórdão do Tribunal 188
    9.1. Os efeitos temporais do acórdão.. 188
    9.2. Os efeitos materiais do acórdão 190
    9.3. A execução do acórdão 190

Índice 349

10. A comparação entre o Tratado CE e o Tratado CECA 191
   10.1. As semelhanças entre o Tratado CECA e o Tratado CE..................... 191
   10.2. As diferenças entre o Tratado CECA e o Tratado CE 191
11. O recurso de anulação no âmbito do terceiro pilar.. 192
12. O recurso de anulação no Tratado que estabelece uma Constituição para a
   Europa 193

SECÇÃO II
A acção de omissão

(artigo 232.º – ex-artigo 175.º)

1. O fundamento e a natureza da acção 195
   1.1. O fundamento 195
   1.2. A natureza 196
   1.3. O interesse prático da questão 197
2. A noção de omissão 198
   2.1. A abstenção da prática de um acto obrigatório 198
   2.2. A abstenção da prática de um acto não obrigatório 198
   2.3. A abstenção da Comissão de desencadear um processo por incumpri-
      mento 199
   2.4. A abstenção de revogação de um acto anterior 200
3. A legitimidade passiva: órgãos cuja omissão é impugnável 200
4. A legitimidade activa 200
   4.1. A distinção entre autores privilegiados e não privilegiados................... 200
   4.2. Os autores privilegiados.. 201
   4.3. Os autores não privilegiados... 201
      4.3.1. O carácter obrigatório do acto omitido... 202
      4.3.2. O destinatário do acto omitido 202
      4.3.3. A abstenção de um regulamento e de uma directiva..................... 204
5. O processo.. 205
   5.1. A fase procedimental 205
      5.1.1. Os objectivos da fase procedimental 205
      5.1.2. O convite para agir 206
      5.1.3. A delimitação do âmbito do pedido na posterior acção de omissão 206
      5.1.4. Os prazos... 207
   5.2. A fase contenciosa 207
      5.2.1. A noção de tomada de posição 207
      5.2.2. A não tomada de posição... 209
   5.3. Os prazos... 210
6. A competência do Tribunal 210
7. O conteúdo do acórdão 211
8. Os efeitos do acórdão... 211

350   *Contencioso da União Europeia*

9. As diferenças entre o TCE e o TCECA 211
10. A acção de omissão no Tratado que estabelece uma Constituição para a Europa 212

SECÇÃO III
A excepção de ilegalidade

(artigo 241.° – ex-artigo 184.°)

1. O fundamento e a natureza 213
   1.1. O fundamento 213
   1.2. A natureza 213
   1.3. A relação entre o acto impugnado e a norma geral cuja ilegalidade se invoca 214
2. A função 215
3. Os actos susceptíveis de ser objecto de excepção de ilegalidade 216
   3.1. Os actos de alcance geral 216
   3.2. Os casos duvidosos 217
4. A legitimidade activa: a noção de parte 218
   4.1. Os particulares 218
   4.2. Os Estados-Membros 218
   4.3. Os órgãos da União Europeia 219
5. Os vícios 219
6. Os tipos de processos onde pode ser invocada a excepção de ilegalidade 220
   6.1. O recurso de anulação 220
   6.2. A acção de omissão 220
   6.3. O processo por incumprimento 221
   6.4. A acção de responsabilidade 222
   6.5. O processo das questões prejudiciais 222
7. O prazo 223
8. Os efeitos e a autoridade do acórdão do Tribunal 223
9. As diferenças entre o TCE e TCECA 223
10. A excepção de ilegalidade no Tratado que estabelece uma Constituição para a Europa 224

CAPÍTULO IV
A competência de plena jurisdição

SECÇÃO I
O processo por incumprimento

(artigos 226.° a 228.° – ex-artigos 169.° a 171.°)

1. A função do processo por incumprimento 226

Índice

2. A noção de incumprimento 227
   2.1. A noção de violação 228
   2.2. As fontes de Direito Comunitário relevantes para o incumprimento 230
3. A natureza do incumprimento 231
   3.1. O incumprimento por acção 231
   3.2. O incumprimento por abstenção 232
4. A entidade nacional responsável pelo incumprimento 232
5. A tramitação processual 234
   5.1. O processo da Comissão contra o Estado membro 235
      5.1.1. A fase pré-contenciosa ou administrativa 235
         I. A carta de notificação 235
            A) Os objectivos da carta de notificação 236
            B) O conteúdo da carta de notificação 236
            C) A carta de notificação como condição de regularidade do processo 237
            D) As obrigações dos Estados e os poderes da Comissão no processo 238
         II. O parecer fundamentado 239
            A) Os objectivos do parecer fundamentado 239
            B) O conteúdo do parecer fundamentado 239
             C) A obrigatoriedade ou faculdade de a Comissão emitir o parecer fundamentado 241
      5.1.2. A fase contenciosa: a acção por incumprimento 242
   5.2. O processo de Estado contra Estado 244
      5.2.1. A fase pré-contenciosa ou administrativa 244
      5.2.2. A fase contenciosa: a acção por incumprimento 244
6. Os meios de defesa invocados pelos Estados 245
   6.1. Os meios de defesa relativos à admissibilidade da acção pelo Tribunal . 245
      6.1.1. O princípio da exaustão dos meios jurisdicionais internos 245
      6.1.2. A falta de identidade de objecto entre a fase pré-contenciosa e a fase contenciosa 246
      6.1.3. A ausência de interesse na acção por parte da Comissão 247
   6.2. Os meios de defesa relativos ao fundo da questão 248
      6.2.1. A formulação de reservas ao Direito derivado comunitário 248
      6.2.2. A ausência de culpa 249
      6.2.3. As circunstâncias excepcionais 249
      6.2.4. A excepção de ilegalidade 249
      6.2.5. A excepção do não cumprimento do contrato 250
      6.2.6. A força maior 251
7. O conteúdo e a execução do acórdão 252
   7.1. Os efeitos do acórdão e os poderes do Tribunal 252
   7.2. A inexecução do acórdão 253
      7.2.1. A solução consagrada na versão inicial do Tratado de Roma 253
      7.2.2. A solução encontrada pelo Tratado da União Europeia 256

352 *Contencioso da União Europeia*

8. A natureza: sua especificidade em face das queixas do Direito Internacional
Público Clássico 259
   8.1. Contencioso de declaração ou contencioso de plena jurisdição? 259
   8.2. A comparação com o Direito Internacional Público clássico 260
9. O processo por incumprimento no terceiro pilar 261
10. As diferenças entre o Tratado CE e o Tratado CECA 261
11. O processo por incumprimento no Tratado que estabelece uma Constituição
para a Europa 262

SECÇÃO II
**A acção de responsabilibade civil extracontratual
das Comunidades Europeias**
(artigos 235.º e 288.º – ex-artigos 178.º e 215.º)

1. A sede legal: o artigo 288.º (ex-artigo 215.º), par. 2.º, por remissão do ar-
tigo 235.º (ex-artigo 178.º) 266
2. O fundamento da acção de responsabilidade civil extracontratual 267
   2.1. A acção de responsabilidade civil extracontratual é uma decorrência da
ideia de Comunidade de direito 267
   2.2. Alguns exemplos de factos geradores de responsabilidade 268
3. O objecto e o âmbito da acção de responsabilidade civil extracontratual 270
4. O tribunal competente 270
5. A natureza da acção 270
6. As condições de admissibilidade da acção 271
   6.1. A autonomia da acção de responsabilidade civil extracontratual 271
      6.1.1. A autonomia em relação ao recurso de anulação 272
      6.1.2. A autonomia em relação à acção de omissão 273
      6.1.3. O fundamento da autonomia 274
   6.2. A subsidiariedade 275
      6.2.1. A resposta da jurisprudência do Tribunal de Justiça 276
      6.2.2. Os casos em que os órgãos jurisdicionais internos são competentes 277
      6.2.3. Os casos em que a Comunidade é responsável 278
      6.2.4. A responsabilidade do Estado por violação do Direito Comunitário 280
7. Os "princípios gerais comuns aos Direitos dos Estados-Membros" do artigo 288.º (ex-artigo 215.º), par. 2.º. O recurso ao Direito Comparado 281
8. O processo 284
   8.1. A legitimidade 284
      8.1.1. A legitimidade activa 284
      8.1.2. A legitimidade passiva 285
   8.2. O pedido 286
   8.3. O prazo 286
9. Os elementos constitutivos do direito à indemnização 287
   9.1. A ilicitude 288

Índice

9.1.1. A noção de acto normativo da Comunidade 289
9.1.2. A noção de regra superior de Direito 290
9.1.3. O conceito de violação suficientemente caracterizada 291
9.1.4. A regra violada deve conferir direitos aos indivíduos 292
9.2. A culpa 293
9.2.1. O grau de culpa exigido 293
9.2.2. A questão da responsabilidade objectiva 294
9.2.3. Alguns exemplos de actos culposos 295
9.3. O nexo de causalidade 296
9.4. O prejuízo 297
9.5. A responsabilidade por facto lícito 298
10. As especificidades da responsabilidade por acto dos agentes comunitários 299
10.1. A responsabilidade por acto praticado no exercício das funções 299
10.2. A responsabilidade por acto praticado fora do exercício das funções .. 300
11. As diferenças entre o Tratado CE e o Tratado CECA 300
12. A acção de responsabilidade civil extracontratual no Tratado que estabelece
uma Constituição para a Europa 301

CAPÍTULO V
As providências cautelares

1. Introdução 303

SECÇÃO I
A suspensão da eficácia

1. O fundamento e a natureza da suspensão da eficácia 305
2. O objecto da suspensão 305
3. O carácter acessório da suspensão em relação ao processo principal 306
4. Os requisitos da suspensão 307
5. As regras processuais 309
6. O caso especial das decisões que imponham uma obrigação pecuniária 311
7. Os Tratados CECA e CEEA 311
8. O Tratado que estabelece uma Constituição para a Europa 311

SECÇÃO II
Outras providências cautelares

1. O fundamento das providências 313
2. A natureza das providências 313

354 *Contencioso da União Europeia*

3. O carácter acessório das providências em relação ao processo principal 314
4. Os requisitos da concessão de providências cautelares 315
5. As regras processuais 315
6. Os Tratados CECA e CEEA 315
7. O Tratado que estabelece uma Constituição para a Europa 316

SECÇÃO III
**As providências cautelares fundadas no Direito Comunitário
mas decretadas por tribunais nacionais**

1. O fundamento dessas providências cautelares 317
2. O âmbito e a natureza dessas providências cautelares. Exclusão do seu estudo
   neste livro 318

Bibliografia citada 321

Índice ideográfico 337

Índice 343